创业投资法律实务丛书

總部智庫

私募投资基金法理基础与法律适用

创业投资运作合规指南

张钢成　黄乐平　主编

SIMU TOUZI JIJIN FALI JICHU YU FALÜ SHIYONG
CHUANGYE TOUZI YUNZUO HEGUI ZHINAN

法律出版社
LAW PRESS · CHINA
北京

图书在版编目(CIP)数据

私募投资基金法理基础与法律适用：创业投资运作合规指南／张钢成，黄乐平主编. -- 北京：法律出版社，2024
ISBN 978-7-5197-8833-9

Ⅰ. ①私… Ⅱ. ①张… ②黄… Ⅲ. ①证券投资基金法-法律解释-中国 Ⅳ. ①D922.287.5

中国国家版本馆 CIP 数据核字(2024)第036818号

私募投资基金法理基础与法律适用：创业投资运作合规指南
SIMU TOUZI JIJIN FALI JICHU YU FALÜ SHIYONG: CHUANGYE TOUZI YUNZUO HEGUI ZHINAN

张钢成　黄乐平 主编

责任编辑 陶玉霞
装帧设计 鲍龙卉

出版发行 法律出版社
编辑统筹 法规出版分社
责任校对 张红蕊
责任印制 耿润瑜
经　　销 新华书店

开本 710毫米×1000毫米　1/16
印张 27　**字数** 430千
版本 2024年3月第1版
印次 2024年3月第1次印刷
印刷 北京中科印刷有限公司

地址：北京市丰台区莲花池西里7号(100073)
网址：www.lawpress.com.cn
投稿邮箱：info@lawpress.com.cn
举报盗版邮箱：jbwq@lawpress.com.cn

销售电话：010-83938349
客服电话：010-83938350
咨询电话：010-63939796

书号：ISBN 978-7-5197-8833-9
定价：98.00元

凡购买本社图书，如有印装错误，我社负责退换。电话：010-83938349

本书编委会

主　编

张钢成　黄乐平

副主编

欧阳浩　贾一鹏　纪红勇

顾　问

夏利民

编委会成员

（按姓氏字母拼音排序）

戴　伟　郭卫华　黄乐平　纪红勇
贾一鹏　李　婧　李　亚　欧阳浩
沈　健　宋　刚　徐海燕　杨　光
袁治杰　张钢成　赵晓舒　赵潇潇

前　言

自20世纪90年代我国确立社会主义市场经济体制以来，私募投资基金（以下简称私募基金）作为一种专业性的投资，在市场经济的发展中发挥着越来越大的作用。它不仅解决企业创业和运营资金的困难，更重要的是推动企业的技术创新、公司治理机构的革新和证券市场的健康发展。可以说，市场经济越是发展，越是离不开私募基金的作用。

我国的私募基金经历了一个高速发展的过程。2004年深圳国际信托投资有限公司发行了一款名为“深国投－赤子之心”的证券类信托产品，开启了中国历史上第一个“阳光私募基金”。到2024年1月底，在中国证券投资基金业协会登记的私募基金管理机构达到约21,594家，管理基金153,756只，管理基金规模达20.33万亿元。

私募基金的发展，需要有健全的法制对其进行规范。我国对私募基金的立法经历了一个较长的过程。1999年11月16日，科学技术部、国家计划委员会、国家经济贸易委员会、财政部、中国人民银行、国家税务总局、中国证券监督管理委员会等部门联合发布了《关于建立风险投资机制的若干意见》，对风险投资和私募基金的募集提出了管理意见，但是缺乏强制性的法律效力。之后，相关部门也陆续出台了一些规定和办法，但是法律层级都比较低。直到2014年8月21日，中国证券监督管理委员会出台了《私募投资基金监督管理暂行办法》，作为部门规章规范私募投资基金的活动。虽然立法位阶有所提升，但与法律法规相比，其法律效力权威性仍显不足，无法适应私募基金活动的发展需要。

法律法规的缺乏，使私募基金的发展受到制约。私募基金管理人在募集和运作基金的过程中，缺乏有效的法律法规的监督指导，募集和运作基金不规范的现象屡见不鲜，甚至一些不法的企业和个人利用私募基金的名义进行非法集资；私募基金监督管理机构在监督管理执法过程中缺乏法律法规依据，往往根据暂时性的办法或规定进行监督管理和处罚，缺乏权威性；投资者与私募基金管理人、受托人一旦发生纠纷，法院在审理纠纷时也缺乏相应的权威法律法规作为裁判适用的依据，不得不运用一般的民法原则、规则，类比适用《信托法》《证券投资基金法》的规定作出裁判，使案件审判从案由到裁判依据、理由呈现出繁杂多样的现象，裁判尺度不统一，也影响了裁判的公信力。这些状况的存在，影响了投资者的信心，制约着私募基金的健康发展，对于我国市场经济特别是资本市场的健康发展是不利的，也与我国的法治要求不相适应。

《私募投资基金监督管理条例》（以下简称《私募条例》）的出台，可谓是适应我国市场经济与私募基金活动不断发展的需要。它虽然只是国务院制定的行政法规，还不是全国人大及其常委会制定的法律；但是，它在法律体系的地位上毕竟高于部门规章，无论是对于规范私募基金活动，还是对于行政执法和司法裁判的依据来说，都更有权威性。可以说，《私募条例》的颁布和实施，对促进我国私募基金的发展，推动市场经济的健康发展，产生了积极的影响。

《私募条例》实施后，如何理解和适用这一行政法规，无论是投资者、私募基金管理人、托管人，还是私募基金监督管理的行政执法机构和司法裁判机构，都面临一系列的新问题。为此，北京市创业投资法学研究会组织了长期从事私募基金法律实务与理论研究的资深专家编写了本书。本书的作者，既有从事审判工作的专业法官、长期处理法律实务的资深律师，也有致力于法学研究的专家学者，还有一直活跃在私募基金管理最前沿的投资人。为了帮助广大读者更好地学习、掌握与运用私募基金法律规定、理论与裁判规则，本书编委会组织作者进行了多次讨论，不仅明确了各个作者的分工，还对全书的内容、结构、体例安排进行了精心的研究，其目的是让读者在理解《私募条例》和相关法律规定的同时，也能掌握运用法律解决问题的方法。为了帮助读者有效解决实际问题，我们在写作过程中，始终坚持既要确保内容专业精练，也要兼顾语言通俗易懂的原则，因此本书具有较强的实用性是不言而喻的。

与同类法律图书相比，本书具有以下几个鲜明的特点：

第一，创新性。本书在内容、结构和体例的编排方面都有较多创新。首先在内容安排上别具匠心，在一本著作中将法律释义、法理基础与案例分析有机地结合起来，这在私募基金类的法律书籍中还是首次。其次在结构安排上也是让人耳目一新，从法理阐述、条文释义到案例分析安排的三编，遵循认知逻辑帮助读者更好地掌握私募基金监管的法律知识，各章节也是按照由浅入深条分缕析的原则编写内容。最后是体例的编排体现了作者的良苦用心，即各章节的内容始终按照以主带辅、主辅相融的原则在写作，即为了帮助读者更好地掌握相关专业知识，每一编的内容，都会同时兼具法理分析、法律释义及典型案例剖析的内容。

第二，实用性。《私募条例》是一部行政法规，其条文主体是私募基金活动中监督管理机构与基金管理人之间行政法律关系中管理与被管理、监督与被监督的内容。但从私募基金活动产生的纠纷来看，行政监督管理产生的法律纠纷却仅是纠纷的一小部分，大部分的纠纷还是投资人与基金管理人之间的民事法律纠纷。作为私募基金法律适用方面的著作，首要任务就是解决其实用性问题，特别是要处理好一般原则与特殊规定（政策）的关系。本书的处理是，就一般性而言，对《私募条例》的所有条文及相关的法律问题，做到精确释义、阐释法理，并使全书的内容前后呼应、逻辑清晰，使读者在阅读后能够系统掌握《私募条例》及相关的法律知识，能够对一般性法律问题有一种整体的把握，避免对某些问题陷入片面的认识。对于特殊性的处理，我们是把特殊问题当作重点内容来写。例如，涉及投资人与基金管理人的法律关系的条文很少，但私募基金的纠纷不仅量大，而且非常复杂。为了让读者对私募基金民事法律纠纷有一个整体的把握，我们从第一编就开始对私募基金民事法律纠纷的性质、法律关系的内容、诉讼中当事人的证明责任分配进行了详细的法理分析；在第二编中对基金管理人与投资人之间的法律关系内容，即投资人的权利和基金管理人的适当性义务、忠实义务等条文内容做了详细的解析；在第三编则从大量的案例中详细分析基金管理人违反适当性义务、忠实义务的类型、裁判规则以及投资人权利救济的方法，为读者在遇到问题时如何解决纠纷提供了法律依据和方法指引。这些重点内容的介绍和论述，不仅投资人和基金管理人阅读后受益，作为执法者的监督管理人、从事法律服务的律师和裁判的法官，阅读后也会得到启发。

第三，系统性。本书对私募基金的相关法律知识做了系统而全面的介绍。在第一编中，对私募基金管理人的适当性义务法理依据和规则内容进行概括性的论述；在第二编中，则对《私募条例》中具体的适当性义务根据条文规定逐条进行了详细的解释；在第三编中，根据具体案例对基金管理人的适当性义务在不同案件中的各种具体情形及违反后果进行了详细的分析，使读者能够系统地、深入地了解基金管理人应当遵守适当性义务的具体要求，以及投资人如何维护其权利的关键点。这种从抽象到具体，层层递进的写作内容和逻辑，对于读者系统、深入理解私募基金活动的法律制度是非常有帮助的。《私募条例》是行政法规，在处理具体民事法律纠纷时，除了适用《私募条例》的规定，还需要适用其他相关的法律，如《民法典》《信托法》《证券投资基金法》等。为了方便读者更好地理解《私募条例》和相关法律的内容，我们将《私募条例》的条文释义进行了拓展，在阐述基本法理的基础上，对相关法律的知识点进行了梳理、归纳和总结，提炼出法律适用的各项规则，以便读者更好的适用。在确保法律知识的系统性和准确性的同时，本书还非常重视裁判方法的分析和介绍。考虑到读者了解和处理投资人与基金管理人纠纷的需要，本书在知识性和专业性的基础上，对纠纷的性质、类型和裁判规则、投资人维权的路径，也做了系统的分析和介绍。第一编为读者分析如何识别投资人与基金管理人的法律关系，在诉讼中如何确定投资人与基金管理人证明责任分配；第二编通过释义详细解释纠纷的权利与义务的依据；第三编则使用了大量的典型案例分析纠纷产生的原因、纠纷的类型、投资人选择诉讼路径与裁判规则等方法。通过对这些方法的分析和介绍，使读者对纠纷的处理方法有一种整体的认识，对投资人如何维权提供借鉴。当然，对基金管理人如何避免产生纠纷，法官如何作出裁判，也有一定的参考价值。

第四，可读性。如果说专业性是法律类书籍的魂，那么可读性则是法律类书籍的魄。只有准确地解释法律，才能正确适用法律。在编写本书的过程中，我们查阅了大量理论著作、法律文献和生效判决，梳理出处理私募基金纠纷的法理基础和裁判依据，力求最大程度上准确解释条文的含义，并对其法律适用涉及的相关法律的关联性进行了分析，同时也从大量判决书中提炼出裁判的规则，为读者提供诉讼的方法和路径。确保本书的专业性品质毋庸置疑是我们努力的目标之一，但我们在写作过程中更多的考量，是希望有更多的读者可以通过本书受益。因此，我们一直孜孜以求的是把专业的知识写得通俗易懂，让读者好读易学能用。在本书的写作中，我们在解释条文时，尽可能做到既保留条文的法律含义，又尽量使用通俗化的语言表述，使条文解释变得通俗易懂。在写作涉及审理私募基金民事法律纠纷法理依据最为专业化、学术化的理论——证明责任分配内容时，也是将证明责任理论、规则进行系统的梳理，对复杂的证明责任分配规则在各类案件中如何适用进行了通俗易懂的解释，使复杂的理论和法律问题成为读者可以理解和运用的法律方法。

参加本书撰写的人员如下：

第一编撰稿人：第一章　卢岩熠；第二章　张钢成、李涵睿；第三章　张钢成

第二编撰稿人：第一章　黄乐平；第二章　沈健；第三章　贾一鹏、卓懿伟；第四章　欧阳浩；第五章　李亚；第六章　杨光；第七章　黄乐平

第三编撰稿人：第一章　纪红勇、梁诗晨、喻盛洁、郭聪聪；第二章　沈再兴、纪红勇；第三章　沈再兴、纪红勇

本书的写作得到了法律出版社的大力支持，责任编辑陶玉霞女士为本书的顺利出版倾注了大量心血，法规分社社长李群女士给予了诸多有力的指导与支持。研究会监事长、原法律出版社首席编辑戴伟先生也为本书的出版付出了很多努力，研究会的多位理事与专家对本书的写作提出了很多宝贵的意见与建议。在此，我们一并表示衷心的感谢！

由于时间仓促，加上作者水平有限，书中难免存在一些谬误。真诚欢迎专家与读者批评指正。

本书编委会

2024年3月

目　录

第一编

私募投资基金的基本法律理论

第一章　私募投资基金制度的变迁和完善

第一节　私募投资基金的发展历程

一、世界私募投资基金发展概况

私募投资基金于19世纪末20世纪初起源于美国，最初的形式是投资者通过律师、会计师等专业人士的介绍和安排将资金投资于风险较大的石油、钢铁、铁路等新兴产业，当时这类投资完全是由投资者个人决策的，并没有专门的机构或专业人员进行募集和管理，因此只能算是私募股权投资基金的雏形而非现代意义的私募股权投资基金。直到1946年，美国成立了世界第一家私募股权投资公司——美国研究与发展公司（American Research and Development Corporation，ARDC），标志着现代意义的私募股权投资（Private Equity，PE）开始起步。20世纪80～90年代PE发展的特点是以大量发行垃圾债券为资金杠杆进行并购，其中代表性事件是对著名的美国食品烟草公司雷诺纳贝斯克（RJR Nabisco）的疯狂杠杆并购。20世纪90年代初期出现储蓄和贷款危机、内幕交易丑闻以及房地产业危机等金融和经济现象，在20世纪末至21世纪初又出现了互联网泡沫高潮。这些频发的投资风险，推动了更多私募股权投资企业通过完善制度对投资者风险进行管控。进入21世纪后，全球经济受之前的互联网泡沫影响而逐步走弱，杠杆收购也达到了空前的规模，私募投资机构治理的规范性得到了进一步提升。2007年美国黑石集团（Blackstone Group）甚至通过首次公开募股（Initial Public Offering，IPO）跨入公众公司行列。如今，医药、人工智能、新能源等众多高科技领域的投资更是对投资机构及其人员的专业化提出了更高的要求，从而促使私募企业在决策和管理制度化的同时，还根据其投资领域向专业化方向深入发展，对投资管理人员的专业知识要求在过去的金融、法律、财务背景上更强调了在所投资行业领域具备必要的专业知识背景。

国际私募股权投资基金经过70多年的发展，成为仅次于银行贷款和IPO的重要融资手段，特别是对于上市前快速发展的科技企业而言，往往是其最重要的融资方式。优秀私募股权基金的进入，给创业团队带来的不只是资金，还有促进企业完善公司治理和对接资本市场的指导，甚至可以扩大企业在产业链上下游的资源，助推企业主业发展。迄今为止，全球已有数千家私募股权投资公司，黑石、凯雷、贝恩、阿波罗、德州太平洋、高盛、美林等机构是其中的佼佼者。

二、私募投资基金在我国的发展

与美国私募股权投资的发展相似，我国的私募股权投资也是从风险投资开始起步的。改革开放后，风险投资在我国的尝试最早可以追溯到20世纪80年代。1985年3月，中共中央发布的《关于科学技术体制改革的决定》中首次提出了创业投资的概念，并规定“对于变化迅速、风险较大的高技术开发工作，可以设立创业投资给以支持”，这是国内第一个鼓励创业投资发展的中央文件。1985年9月，国务院批准成立了我国第一家风险投资机构——中国新技术创业投资公司（中创公司），开启了国内创业投资的实践探索。20世纪90年代之后，随着我国科教兴国战略的实施和大量海外私募股权投资基金陆续的进入，推动了我国私募股权投资的迅速发展。1999年11月，科学技术部、国家计划委员会、国家经济贸易委员会、财政部、中国人民银行、国家税务总局、中国证券监督管理委员会等部门联合发布了《关于建立风险投资机制的若干意见》，带动了各地发展创业投资及私募股权投资的热潮。2005年4月29日，经国务院批准，中国证券监督管理委员会（以下简称中国证监会）发布《关于上市公司股权分置改革试点有关问题的通知》，启动了股权分置改革的试点工作。2006年年底股权分置改革工作基本完成，私募股权投资中专注于Pre－IPO阶段投资的机构迎来了雨后春笋般的大发展，中小板、创业板、科创板、北交所等板块的相继推出，使Pre－IPO轮投资成为我国私募股权投资的最主要形式，在境内外上市成为基金投资者退出的主要形式。2014 年中国证券投资基金业协会发布了《私募投资基金管理人登记和基金备案办法（试行）》（2023 年废止）、中国证监会制定了《私募投资基金监督管理暂行办法》，推动了我国私募股权基金向规范化和有序发展的方向迈出重要一步，私募股权基金管理人和存续基金数量持续快速增长。随后，中国证监会又于 2019 年推出科创板、2020 年实现创业板注册制、2021 年设立北京证券交易所和 2023 年完成全面注册制改革，推动战略新兴产业、“三创四新”和“专精特新”中小企业发展成为 A 股市场的主要功能，使股权私募基金的主要投资方向也逐步集中于这些领域的拟上市公司。

在私募证券基金领域，2004 年深圳国际信托投资有限公司（以下简称深国投）发行了一款名为“深国投－赤子之心”的证券类信托产品，这是中国历史上第一个“阳光私募基金”。从此，私募基金“阳光化”的大幕正式拉开。

在多种因素的综合推动下，我国登记的私募基金管理人数量最多时超过 2.4 万家，近年来，监管机构和行业自律组织针对前期管理人数量增长过快、规范性问题较多等情况，持续加强管理人登记和产品备案要求，对问题较大的管理人进行了注销登记。截至 2023 年 5 月，在中国证券投资基金业协会（以下简称中国基金业协会）登记的私募基金管理机构约 2.2 万家，其中私募股权、创业投资基金管理人超过 1.3 万家；私募基金管理规模在 21 万亿元左右，其中超过 14 万亿元为股权、创投私募基金；证券类私募基金超过 8000 家，管理规模约 6 万亿元。私募基金特别是私募股权基金在服务实体经济、支持创业创新、提高直接融资比重以及服务居民财富管理等方面发挥了积极作用，其中私募股权基金投资呈现典型的初创期、中小型、高科技特点，积极支持计算机、半导体、医药生物等重点科技创新和国家战略领域。

第二节　我国私募投资基金监管制度的发展

一、2012 年 12 月前：初步探索阶段

尽管 20 世纪 80 年代后我国已经出现了私募股权投资基金的雏形，但在

2012年12月修订《证券投资基金法》前，具有私募性质的投资机构主要以“创业投资企业”的形式存在，这一时期我国法律体系中尚没有专门针对“私募股权投资基金”进行规范的法律文件，对其的规范主要在“创业投资企业”相关的法律文件中进行。例如，1999年8月20日中共中央、国务院出台了《关于加强技术创新发展高科技实现产业化的决定》（中发〔1999〕14号），提出“要培育有利于高新技术产业发展的资本市场，逐步建立风险投资机制，发展风险投资公司和风险投资基金，建立风险投资撤出机制，加大对成长中的高新技术企业的支持力度。引进和培养风险投资管理人才，加速制定相关政策法规，规范风险投资的市场行为。优先支持有条件的高新技术企业进入国内和国际资本市场。在做好准备的基础上，适当时候在现有的上海、深圳证券交易所专门设立高新技术企业板块”。这一原则性规定，从整体上指明了我国在科技企业股权投资及对接资本市场方面较长时期的政策方向。

为贯彻该决定精神，1999年11月16日科学技术部等七部委联合发布了《关于建立风险投资机制的若干意见》，是我国第一个系统性规定风险投资相关问题的战略性、纲领性文件，在风险投资机制的意义、基本原则、投资主体、撤出机制、中介服务体系、建立健全相关政策和法规体系等多个维度对风险投资作出了系统性、原则性的规定，这一文件明确规定“风险投资公司和风险投资基金，是风险投资主体中的主导性机构”，对风险投资公司和风险投资基金进行了定义，并确定了风险投资基金的募集方式、募集对象、运作方式、管理人员要求、激励和约束机制等，为日后私募股权基金的立法奠定了基础。但其没有明确风险投资基金的组织形式，没有明确界定风险投资公司和风险投资基金，未规定风险投资基金需由专业的管理机构进行管理。由于当时A股市场主要功能还是为大中型国有企业改革和融资保驾护航，主要定位于服务中小企业和科技创新企业的中小板和创业板等都还没有出现，因此私募股权投资存在退出渠道不畅的问题，这严重地限制了私募股权基金的发展壮大。

随着2004年和2009年深圳证券交易所小企业板和创业板的陆续推出，私募股权投资迎来了快速发展的热潮。2003年1月30日对外贸易经济合作部、科学技术部、国家工商行政管理总局、国家税务总局和国家外汇管理局联合颁布的《外商投资创业投资企业管理规定》和2005年11月15日经国务院批准，国家发展改革委、科学技术部、财政部、商务部、中国人民银行、国家税务总局、国家工商行政管理总局、中国银行保险监督管理委员会、中国证监会、国家外汇管理局联合发布的《创业投资企业管理暂行办法》分别对外商投资创业投资企业、创业投资管理企业及普通创业投资企业和管理顾问机构的设立、出资、组织机构、投资等经营行为、政策支持和监督管理等作出了具体的规定。在管理体制上，内外资机构分别由国家发展改革委和原对外经贸部门采取备案制和审批制管理。上述规范性文件均对作为投资主体的创业投资企业和作为管理人的创业投资管理企业做了区分，“创业投资企业”的组织形式可以是有限责任公司、股份有限公司或法律规定的其他企业组织形式，外资则是根据外商投资企业相关法律规定采取法人制或非法人制形式，投资形式主要是股权投资，投资对象都只能是未上市企业，具备了私募股权基金大部分特征，主要区别是创业投资企业既可以自行管理也可以委托管理机构进行管理，而非必须由经登记的专业股权私募管理机构担任管理人，除了对投资者人数和最低出资金额限制外，也没有对创业投资企业向投资者募集资金的行为作出具体的规范。

由于《创业投资企业管理暂行办法》和《外商投资创业投资企业管理规定》对管理机构及管理人员与投资者之间法律地位与法律关系未作出全面具体的规定，而该关系的性质具备信托属性，司法实践中一般将《信托法》中对信托关系的规定作为处理股权私募案件的法律依据。

2006年8月27日全国人大常委会对《合伙企业法》进行了修订，以专章首次确立了有限合伙企业形式，通过普通合伙人（GP）和有限合伙人（LP）的划分有效实现出资与管理的分离，同时还可以避免公司制下的双重征税问题，对私募股权基金的组织形式发展产生了巨大而深远的影响，使有限合伙逐步成为占私募股权基金绝对多数的组织形式。

二、2012年10月至2023年7月：系统化立法阶段

2012年12月28日对《证券投资基金法》进行修订，首次将“通过非公开募集方式设立的基金”纳入该法调整范围，并在第十章专门规定了适用于

“非公开募集基金”的特殊规则，是将私募基金正式纳入法律调整范围的重要标志。同时《证券投资基金法》第2条也将该法的适用范围限制在“进行证券投资活动”的基金，未上市公司股权不属于证券，因此，根据文义解释该法只适用于“证券私募基金”而不适用于“股权私募基金”。

《证券投资基金法》在2012年的修订开启了私募基金监管体制改革和系统化立法的大门，监管机关、相关部门和行业协会随即在较短时间内相继发布了很多重要的规范性文件。中央机构编制委员会办公室在2013年6月27日发布《关于私募股权基金管理职责分工的通知》，将私募股权基金的监管部门由国家发展改革委调整为中国证监会，首次将私募股权基金与证券投资的私募基金和公募基金一同纳入专业证券监督管理机构的管理范围，有利于在基金领域上实现管理的专业性以及在行业准入、运行管理、监督执法等方面实现规则和执法尺度上的统一性。

根据《证券投资基金法》的规定和中国证监会的授权，中国基金业协会于2014年1月17日制定了《私募投资基金管理人登记和基金备案办法（试行)》(2023年废止)，以行业自律规则的形式对私募基金管理人登记、基金备案、人员管理、信息报送和自律监管等问题作出了比较全面和具体的规范，在我国首次实现了私募基金机构和产品登记备案管理的规范化，并将私募股权基金纳入其中，对推动大量私募基金特别是私募股权基金正规化和纳入行业自律管理发挥了至关重要的作用。

中国证监会在2014年8月21日颁布《私募投资基金监督管理暂行办法》(中国证券监督管理委员会令第105号)。作为部门规章，该办法除了登记备案制度外，还对合格投资者条件、资金募集、投资运作、行业自律和监督管理作出了较为全面的规定，并以专章对创业投资基金作出特别规定。该文件明确“私募基金财产的投资包括买卖股票、股权、债券、期货、期权、基金份额及投资合同约定的其他投资标的”，即将证券类、股权/创投类和其他类资金投向的私募投资基金都包括在内，并确认了《证券投资基金法》在证券私募投资基金中的适用效力以及部分内容在私募股权基金中的参照效力，成为我国第一部系统性规范私募基金法律问题的基础性文件。

2016年，在《私募投资基金监督管理暂行办法》的指导下，中国基金业协会又相继发布了《私募投资基金管理人内部控制指引》《私募投资基金信息披露管理办法》《关于进一步规范私募基金管理人登记若干事项的公告》《私募投资基金募集行为管理办法》等行业自律规范，在私募投资基金管理人登记、内部控制、资金募集、信息披露等若干关键具体业务环节作出了更加具体和可操作的规定。

上述系列文件的相继发布标志着我国在私募投资基金管理领域已初步形成较为完整的法律体系，对私募投资基金及相关立法工作的发展产生了巨大的推动作用。但《私募投资基金监督管理暂行办法》作为部门规章，法律效力层级偏低，因此2017年国务院发布了《私募投资基金监督管理条例（征求意见稿）》（以下简称《征求意见稿》），希望进一步完善私募投资基金监督管理制度并提升该基础性规定的法律效力层级，但由于理论和实践中很多问题都存在不同观点，我国资本市场各板块也还在调整改革过程中，注册制尚未落地，立法实际并不成熟，因此，《征求意见稿》自2017年起经历了长达6年的征求意见阶段。这一时期我国资本市场发生了一系列的重大深刻变革：2019年中国证监会和上海证券交易所发布系列相关文件设立科创板，专门服务于战略新兴产业中具有核心技术优势和自主创新能力的企业，采取多样化的上市标准，打破了对盈利的刚性要求，并且IPO审核直接采取注册制；2020年中国证监会和深圳证券交易所发布系列相关文件，将创业板IPO审核由核准制调整为注册制，目前主要为“三创四新”类企业上市提供服务；2020年新三板（“中小企业股份转让系统”）推出精选层，2021年我国新设与上海证券交易所、深圳证券交易所平行的北京证券交易所，专门服务于“专精特新”产业的中小企业，IPO审核采取注册制，并将新三板精选层存量挂牌企业整体平移至北京证券交易所；2023年2月17日，中国证监会发布全面实行股票发行注册制相关制度规则并自公布之日起施行，标志着我国A股市场持续多年的全面注册制改革终于完成，并成为我国资本市场发展中具有里程碑意义的事件。

受到我国资本市场发展变化和相关立法体系化的双重因素推动，私募投资基金迎来了空前的发展和繁荣，大量各种不同管理模式、不同投资风格的私募投资基金管理人和产品涌现，在近几年进行规范整顿导致机构总数有所下降的情况下，截至 2023 年 5 月，我国登记的私募投资基金管理机构约 2.2 万家，涉及私募投资基金管理规模在 21 万亿元左右，其中超过 14 万亿元为股权、创投私募基金。

三、2023 年 7 月后：继续完善阶段

2023 年 7 月 3 日，经过 6 年时间征求意见的《私募投资基金监督管理条例》（国务院令第 762 号）（以下简称《私募条例》）正式公布，已于 2023 年 9 月 1 日起施行。《私募条例》的出台反映了党中央、国务院对私募投资基金行业功能作用的高度重视，有利于进一步完善私募投资基金法规体系，促进私募投资基金行业健康发展。

同样作为规范私募投资基金的综合性规范文件，《私募条例》是在《私募投资基金监督管理暂行办法》的基础上，根据立法指导思想，立足实践的发展，在向社会广泛征求意见后制定的，两者相比有以下主要区别：（1）立法主体不同，《私募条例》由司法部、中国证监会会同有关部门在深入调查研究，广泛听取各部门、各机构和业内专家的意见，并向社会公开征求意见的基础上，形成草案，最终由国务院通过和公布；《私募投资基金监督管理暂行办法》则是由中国证监会制定和发布的。（2）法律效力层级不同，《私募条例》属于行政法规，效力层级显然高于作为部门规章的《私募投资基金监督管理暂行办法》。（3）具体内容和侧重点存在差异，《私募条例》共 62 条 1 万多字，《私募投资基金监督管理暂行办法》共 41 条 5000 余字，尽管二者有不少近似或重复的内容，但《私募条例》的内容更加充实丰富。《私募投资基金监督管理暂行办法》对合格投资者条件和行业自律作了具体的规定，《私募条例》则把这些内容授权给了监管机构或行业自律组织；《私募条例》对管理人的条件、职责、禁止性行为和注销条件，以及资金募集、投资运作、监督管理、创业投资基金特别规定和法律责任的规定比《私募投资基金监督管理暂行办法》更加丰富，具体要求也略有差异。

《私募条例》的发布既是健全私募投资基金监管基础性法规的标志，也是促进行业高质量发展进入新阶段的标志，对行业具有里程碑意义。《私募条例》施行后相关规则还将继续完善：从立法层面，有必要重新明确《证券投

资基金法》的适用范围，特别是其对私募股权基金的效力问题。为贯彻落实好《私募条例》，还需要继续完善部门规章、规范性文件和自律规则等规则体系。中国证监会需要根据《私募条例》修订《私募投资基金监督管理暂行办法》，进一步细化相关要求，逐步完善私募投资基金资金募集、投资运作、信息披露等相关制度，根据私募投资基金管理人业务类型、管理资产规模、持续合规情况、风险控制情况和服务投资者能力等实施差异化监管。中国基金业协会需要按照《私募条例》和中国证监会行政监管规则，完善配套登记备案、合同指引、信息报送等自律规则。

第三节　我国私募投资基金法律体系

一、立法的基本情况

（一）相关法律

按照一般逻辑，基金法应当是包括各类公募和私募投资基金的最为系统、位阶最高的法律渊源，但如前所述，我国目前实施的《证券投资基金法》适用范围仅包含了证券投资的公募和私募基金，而未包含投资于未上市公司股权的私募投资基金，尽管《私募投资基金监督管理暂行办法》中规定私募股权基金在部分具体问题上参照适用《证券投资基金法》相关条款，但严格意义上《证券投资基金法》不属于私募股权基金法律体系中的上位法（《证券投资基金法》适用范围仅限于证券投资基金而未包括股权投资基金），也就是说，目前我国在私募股权基金领域仍然缺乏发挥纲领性作用的基本法律。

除了《证券投资基金法》以外，目前作为私募股权基金基础性法规的《私募条例》还明确其制定依据包括《信托法》、《公司法》和《合伙企业法》等法律，尽管这些不是主要调整私募投资基金相关社会关系的法律，但其并未排除在私募投资基金领域的适用，基金管理人、托管人和基金份额持有人之间的关系具备信托关系的本质属性，有限合伙是绝大多数私募股权基金的组织形式，因此上述法律仍是私募投资基金法律体系中的重要法律渊源。

（二）行政法规

2023 年通过并施行的行政法规（《私募条例》）目前是私募股权基金法律体系中的基础性法律文件，是处理相关行政管理法律问题的基本依据，在现行法律体系下发挥着重要作用。

（三）证监会部门规章

私募投资基金领域的部门规章主要是中国证监会制定的相关规范文件，其中最主要的是 2014 年制定的综合性规范《私募投资基金监督管理暂行办法》，但随着效力更高、内容更丰富、更适应实践发展的《私募条例》的施行，《私募投资基金监督管理暂行办法》的内容将面临较大幅度的修订和补充以适应时代发展的需要和上位法的具体要求。另外，中国证监会还陆续制定了一些处理特定问题的专门规范和解释，例如，《私募基金监管问答——关于首发企业中创业投资基金股东的认定标准》（中国证监会 2017 年 6 月 2 日）、《私募基金监管问答——关于享受税收政策的创业投资基金标准及申请流程》（中国证监会 2019 年 6 月 19 日）、《关于加强私募投资基金监管的若干规定》（中国证监会 2020 年 12 月 30 日）等。

（四）行业自律规则

中国基金业协会在中国证监会的授权下，可以制定相关的行业自律规则，主要内容一般涉及登记备案和自律管理等。其中内容具备系统性且仍在生效状态的文件主要包括《私募投资基金管理人登记和基金备案办法（试行）》（2014 年 1 月 17 日）、《私募投资基金管理人内部控制指引》（2016 年 2 月 1 日）、《私募投资基金信息披露管理办法》（2016 年 2 月 4 日）、《私募投资基金募集行为管理办法》（2016 年 4 月 15 日）、《私募投资基金非上市股权投资估值指引（试行）》（2018 年 3 月 30 日）、《私募投资基金登记备案办法》（2023 年 2 月）等。

（五）其他规范性文件

除以上四类外，其他有关私募投资基金较为重要的规范性文件还包括：

1.《关于规范金融机构资产管理业务的指导意见》（银发〔2018〕106号）。该文件系由金融行业各相关部门共同参与制定并经中央全面深化改革委员会第一次会议审议通过，以指导意见的形式颁布，是统一规范资管业务的一项具有重大影响的中央政策文件，不属于行政法规或部门规章，而是在资管领域具有普遍约束力的规范性文件。其中“私募投资基金专门法律、行政法规中没有明确规定的适用本意见，创业投资基金、政府出资产业投资基金的相关规定另行制定”的内容明确了该文件在私募领域的补充适用效力，由于该文件在资管领域的特殊重要地位，即确立了禁止“刚性兑付”、禁止“资金池”、禁止“多层嵌套”等重大原则和产品杠杆比例、分级比例等具体标准，其中很多内容在目前私募投资基金专门规范文件中都没有明确规定，因此可以说该文件对于处理私募投资基金相关法律问题仍具有重大指导意义。

2. 关于创业投资企业管理的规范文件。如前所述在我国私募股权基金法律制度建设的初步探索阶段，相关专门规范主要是通过创业投资企业管理的规范文件体现，由于当时监管部门还不是中国证监会，因此，相关文件的发布主体也不同，很多是由多个相关部门联合发布的，尽管随着后续私募股权基金制度的完善，这些早期文件也逐步失去了对处理相关法律问题的指导作用，但仍有许多文件并未废止，如《外商投资创业投资企业管理规定》《创业投资企业管理暂行办法》等。

3. 对相关税收和其他优惠政策问题的专项处理意见。私募股权基金组织形式多数采取有限合伙形式，也有少量采取公司形式，主要收益一般为股息红利分配或股权转让所得，在征收个人所得税时可能面临因收入类别认定标准不同而造成税率差异、双重征税等问题，另外，国家为鼓励创业投资还有一些配套的税收及其他优惠政策，这些问题都需要通过财税部门的专项文件进行规范，这类文件一般数量众多，且通常都是对特定问题作出的专门规定，涉及面较窄但针对性很强，例如，2007 年 2 月 7 日财政部、国家税务总局《关于促进创业投资企业发展有关税收政策的通知》（已失效）、2009 年 4 月

30 日国家税务总局《关于实施创业投资企业所得税优惠问题的通知》（部分失效）、2012 年 8 月 1 日财政部、国家税务总局《关于苏州工业园区有限合伙制创业投资企业法人合伙人企业所得税试点政策的通知》、2015 年 11 月 16 日国家税务总局《关于有限合伙制创业投资企业法人合伙人企业所得税有关问题的公告》、2015 年 8 月 11 日财政部《关于取消豁免国有创业投资机构和国有创业投资引导基金国有股转持义务审批事项后有关管理工作的通知》（已失效）等。

二、《私募条例》与相关法律的关系

《私募条例》第 1 条明确了《证券投资基金法》《信托法》《公司法》《合伙企业法》等法律都是制定《私募条例》的法律依据，那么《私募条例》与上述法律之间又是什么关系呢？

（一）与《证券投资基金法》的关系

《证券投资基金法》作为调整公募和私募投资基金行政管理关系的基本法律文件，原则上应当是用于调整私募投资基金行政管理关系的《私募条例》的上位法。如前所述，《证券投资基金法》适用范围仅限于证券投资基金而未包括股权投资基金，严格意义上不属于私募股权基金法律体系中的上位法，《私募条例》则是对包括证券类、股权和创业投资类以及其他各类私募投资基金进行规范的基础性文件，由此造成在私募证券投资基金领域内《证券投资基金法》与《私募条例》构成上位法和下位法的关系，而在股权/创投私募和其他各类私募投资基金领域内，《证券投资基金法》与《私募条例》不构成上位法和下位法的关系。

对于处理私募股权投资基金法律问题时是否仍可参照适用《证券投资基金法》的问题，之前的《私募投资基金监督管理暂行办法》总体持肯定态度，而《私募条例》中却并未明确规定。在私募股权基金行政管理关系中，鉴于《私募条例》对私募股权基金行政监督管理相关内容比《证券投资基金法》的规定更加详细，实践中一般直接适用《私募条例》即可，《私募条例》中不够具体的内容还有《私募投资基金监督管理暂行办法》进行补充，基本上也没有需要参照适用《证券投资基金法》的客观必要性。而在基金管理人、托管人和基金份额持有人等法律主体的民事关系领域，《证券投资基金法》通过列举方式对基金管理人、托管人可能造成基金份额持有人损失并由此应当承担民事赔偿责任的具体行政违法行为作了较为详细的规定，而《私募条例》则没有关于民事责任方面的具体内容。在私募股权基金民事纠纷领域是否可以参照《证券投资基金法》相关规定认定行为人违法并承担相应民事责任存在较大问题，如果不能参照《证券投资基金法》，则只能适用《信托法》中受托人相关行为准则、《合伙企业法》中普通合伙人和执行事务合伙人的关系和行为准则以及适用《民法典》中违反委托合同或侵权的民事责任相关规定进行处理。

（二）与《公司法》及《合伙企业法》的关系

《公司法》与《合伙企业法》均兼具组织法和行为法内容，兼具行政管理与民事关系内容，是专门规范公司或合伙企业的组织及其在设立、运行、终止过程中相关民事关系和行政管理关系的法律规范。《私募条例》第 2 条规定："在中华人民共和国境内，以非公开方式募集资金，设立投资基金或者以进行投资活动为目的依法设立公司、合伙企业，由私募投资基金管理人或者普通合伙人管理，为投资者的利益进行投资活动，适用本条例。"因此，公司、合伙企业都是私募投资基金可能采取的组织形式，实践中绝大多数股权私募基金都采取了有限合伙企业形式，而证券私募基金则较多采用契约型基金模式，不另行设立法律主体。以公司、合伙企业组织形式运作的私募投资基金，同时适用《私募条例》和《公司法》及《合伙企业法》的相关规定。

《公司法》及《合伙企业法》属于法律，位阶较高，但两部法律主要是关于相关企业组织形式下的行政管理和民事关系的一般法律规范；《私募条例》属于行政法规，位阶低于法律，但其却是关于以公司、合伙企业组织形式运作的私募投资基金相关的行政管理和民事关系的特别规范，对私募投资基金主体的管理比一般公司、合伙企业更加严格。在行政管理领域，基金管理人首先要按照《私募条例》要求确定基金产品的组织形式、公司股东或合伙企业的合伙人构成、出资规模以及公司章程或合伙协议等要素，再根据组织形式按照《公司法》或《合伙企业法》规定办理设立工商和税务登记、开立银行账户等，设立后根据《私募条例》及时向中国基金业协会办理备案；在企业治理结构上，应当同时符合《私募条例》的私募投资基金产品管理的要求和《公司法》或《合伙企业法》的相关企业治理结构；在基金产品运作中，不仅要遵守《私募条例》、接受中国证监会行业监管和中国基金业协会的自律管理，还要和其他公司、合伙企业一样按照《公司法》或《合伙企业法》接受工商、税务等部门的行政管理；在产品终止时，要遵守《私募条例》按照监管要求进行清算，采取公司或合伙企业形式的还需要按照《公司法》或《合伙企业法》相关要求办理注销；违反《私募条例》相关行业管理规定的，由监管机构根据《私募条例》采取监管措施和给予行政处罚，违反《公司法》或《合伙企业法》等一般管理规定的，由工商行政管理部门（市场监督管理部门）等依照《公司法》或《合伙企业法》处罚，既违反行业管理又违反一般行政管理的，各部门应分别进行处罚。在民事关系领域，基金份额持有人同时也是公司股东或合伙企业的有限合伙人，同时具有《私募条例》和基金合同中基金份额持有人和《公司法》或《合伙企业法》中股东或有限合伙人的权利义务，管理人也同时具备公司股东或普通合伙人双重身份，具有相应的权利义务；《私募条例》作为行政管理法未对基金管理人、托管人的民事责任作出相应规定，因此，在民事法律关系领域，如管理人、托管人虽未实施《私募条例》中明确规定的禁止性行为，但违反了《公司法》或《合伙企业法》中的义务且给投资者造成了损失，仍可以根据《公司法》、《合伙企业法》以及《民法典》等相关法律要求其承担相应民事责任。

（三）与《信托法》的关系

《信托法》具有行为法性质，是专门调整信托民事关系、规范信托行为的法律。所谓信托行为，是指委托人基于对受托人的信任，将其财产权委托给受托人，由受托人按委托人的意愿以自己的名义，为受益人的利益或者特定目的，进行管理或者处分的行为。私募投资基金管理人、托管人与基金份额持有人之间的关系在性质上具备受托人与委托人之间信托关系的基本属性，即基于信任关系实施的委托财产管理和处置行为，但需要注意两点差异：（1）信托关系中的受益人不一定是委托人，而私募投资基金中的受益人均为委托人；（2）信托关系中受托人以自己的名义管理信托财产，而私募投资基金中只有契约型基金以受托人名义管理基金资产，以公司、合伙企业组织形式的私募投资基金则是由管理人设立新的法律主体并以该主体的名义管理和处置基金资产。

根据《信托法》第24条规定，“具有完全民事行为能力的自然人、法人”都可以担任受托人，因此并非只有信托公司才可以从事信托活动，《信托法》的适用范围也不局限于信托公司从事的信托业务活动。《信托法》内容虽不多，但是对信托的设立、信托财产、信托当事人、信托的变更与终止等重要内容均作出了原则性规定，是我国唯一一部系统性调整信托关系、规范信托行为的民事特别法律，因此，该法成为《证券投资基金法》《私募条例》等所有调整信托性质关系的规范文件的制定依据。《信托法》与《私募条例》的性质不同，《信托法》主要是规范信托行为当事人之间民事关系的法律，而《私募条例》的内容则主要是针对私募投资基金的行政监督管理，几乎不涉及规范民事关系的内容。因此，在民事关系领域，对于私募投资基金管理人、托管人的具体行为规范及与基金份额持有人之间的民事权利义务关系，如《证券投资基金法》中有相关规定且可以适用应当优先适用，如果《证券投资基金法》未规定或不能适用，则可以依据《私募条例》确认是否构成违法行为；如在《私募条例》中也没有明确规定，则需要依据《公司法》或《合伙企业法》中股东、合伙人之间的权利义务或者《信托法》中受托人与委托人基于信托关系所产生的权利义务关系作为基本行为准则。

三、关于完善我国私募投资基金法律体系的若干建议

（一）建议制定法律以规范与促进私募基金行业发展

目前的《证券投资基金法》是为调整与证券投资基金相关的行政管理关系和民事关系，规范证券投资基金活动，保护投资人及相关当事人的合法权益所制定的法律，其适用范围既包括公募基金也包括私募基金，但只限于证券投资基金，致使目前的《证券投资基金法》并不能作为规范所有营利性基

金领域的基本法律规范。私募基金中的股权类和其他类基金所涉及的社会关系和行为准则尽管在性质和特征上与证券类基金非常相似，却并未包括在《证券投资基金法》的调整范围内，对于股权类和其他类私募基金，我国目前尚没有相关法律直接对此进行规范。

尽管股权私募基金和证券私募基金的投资标的范围有所差异，但在管理人和托管人设置、当事人之间的管理和权利义务、管理人登记、产品备案、合格投资者条件、资金募集和运作管理等方面都具有很强的共性，均属于证监会部门行政监管和证券投资基金业协会行业自律管理的范围，一般也都在相同的部门规章和行业自律规则中进行规范，但由于《证券投资基金法》适用范围的限制，导致其只是证券私募基金相关规则的上位法，而不是股权私募基金相关规则的上位法，使私募投资基金乃至整个投资基金领域都无法形成一个完整统一的法律体系，这一问题如果不能妥善解决，对于相关立法、执法和司法工作实践都将在长期造成持续困扰。因此，在《私募条例》实施后，有关部门应考虑私募基金行业发展的需求，尽早制定一部覆盖私募基金全行业的法律以解决私募基金长远发展的难题。

（二）建议对标《私募条例》规定将相关规范性文件进行清理形成统一体系

目前股权私募基金领域效力层级最高的规范文件《私募条例》是2023年发布的，内容较为全面，且基本体现了当前时代发展的需要，而中国证监会和中国基金业协会制定的相关文件在时间上则要比该条例早很多年，例如《私募投资基金监督管理暂行办法》是中国证监会于2014年制定的，中国基金业协会的相关主要文件制定时间跨度较大，从2014年至2023年都有，这些文件目前基本上都还处于生效状态，并且与《私募条例》相比内容更加细化和具有可操作性，在股权私募基金管理实践中发挥着不可忽视的作用。然而其内容与《私募条例》新的规则相比较，存在很多重复、缺失甚至矛盾之处，亟待修订完善，使相关文件能更好体现《私募条例》的基本精神，与《私募条例》的规则相一致，并对《私募条例》原则性的规定进行细化和补充，使其在实践中更便于适用，从而形成统一、协调、完整的规则体系。

（三）建议对创业投资基金相关规定进行完善

我国对股权私募基金制度最初的探索就是从创业投资企业规范开始的，当前从我国国家发展战略、产业政策导向和资本市场发展方向看，创业投资、特别是对科技类企业的创业投资更应当成为股权私募基金投资的重中之重。为此，《私募条例》和《私募投资基金监督管理暂行办法》均以专章对创业投资基金作出了特别规定，但内容都较为简略，其他有关创业投资基金的专项规定，有些因为制定时间过早，已经无法适应经济发展、社会环境和法治建设发展变化的需要，更多的则是散见于众多的单项制度中，缺乏在《私募条例》指导下制定相对统一和系统化的创业投资基金规范文件。为了更好地规范和发展创业投资基金，需要对原有相关规定进行修改完善，并根据《私募条例》的基本原则和立法精神创设新的规定，从而制定出关于创业投资基金行业完整统一的规范性文件体系。

第二章　私募投资基金的法律关系分析

第一节　《私募条例》所调整的法律关系与法律适用要求

一、《私募条例》所调整的法律关系及其特征

《私募条例》是一部行政法规，其调整的对象是基金管理人以非公开方式向投资人募集资金，设立投资基金，进行投资活动产生的监督管理机构与基金管理人、托管人之间以及投资人与基金管理人、托管人之间的法律关系。它有如下特征：

第一，《私募条例》所调整的对象是双重的法律关系。《私募条例》作为一部行政法规，其主要调整的是私募基金管理监督机构对私募基金管理人在私募基金的募集、运作等活动中形成的行政法律关系，但也包括了投资人与基金管理人因私募基金的募集、设立和投资活动中产生的民事法律关系。因此，《私募条例》所调整的对象是双重的法律关系。

第二，在《私募条例》所调整的双重的法律关系中，无论是法律规范的数量，还是法律规范的内容，行政法律关系都居于主导地位，民事法律关系处于从属的地位。

第三，从《私募条例》的法律规范性质来看，无论是行政法律关系规范，还是民事法律规范，都是强行法规范。行政法律关系是强制性规范，是被管理主体，即行政相对人必须遵守的规范。这是由行政法规范所调整的对象决定的，这里无须论述。但是，一般的民事法律规范大多数是任意性规范。任意性规范的一个显著特点是规范中的当事人在权利与义务的配置上大体上是

均衡的，并且，当事人对规范是否适用有选择的余地。但在《私募条例》中涉及民事活动的规范，如第 3 章中涉及私募基金的募集和投资运作中投资人与基金管理人之间的民事法律规范的内容中，对投资人的义务几乎没有作明确的规定，只规定了投资人的权利，如对基金投资的知情权（见第 31 条）。但对基金管理人则规定了大量的义务，从开始募集到基金运作，其都有具体的义务，而且，这些义务都是法定的义务，还有相当一部分义务是禁止性义务，如第 12 条、第 20 条，基金管理人只能遵守，不能选择。这表明这些义务都具有强制性。

第四，《私募条例》中有些规范既有行政法律规范的属性，也有民事法律规范的属性。例如，第 11 条规定的私募基金管理人应当履行的职责，既是其作为行政相对人应当履行的义务，也是其作为民事主体应当遵守的诚信原则并应当履行的忠实义务（积极义务）；第 12 条，既是对基金管理人监督管理的要求，也是基金管理人作为民事主体必须遵守的诚信义务（消极义务）。这些都是《私募条例》中法律规范的特点。

二、《私募条例》在法律适用上的要求

《私募条例》所调整的法律关系的上述特点，对于如何理解《私募条例》的适用，提供了一把钥匙。同时，也对法律适用的各个主体提出了要求。

第一，从守法的角度，行政法律关系中的相对人，同时也是民事法律关系的主体的基金管理人和托管人，在从事私募基金的募集和运作中，既要遵守行政规范规定的法定义务，也要遵守民事法律规范规定的义务以及基金合同约定的义务。《私募条例》第 1 章“总则”第 3 条第 2 款和第 3 款规定：“从事私募基金业务活动，应当遵守自愿、公平、诚信原则，保护投资者合法利益，不得违反法律、行政法规和国家政策，不得违背公序良俗，不得损害国家利益、社会公共利益和他人合法利益。私募基金管理人管理、运用私募基金财产，私募基金托管人托管私募基金财产，私募基金服务机构从事私募基金服务业务，应当遵守法律、行政法规规定，恪尽职守，履行诚实守信、谨慎勤勉的义务。”《私募条例》第 3 条是原则性的规定，该条例的其他条文整体和具体体现了第 3 条的规定精神和要求。需要指出的是，基金管理人作

为双重法律关系的主体，遵守行政法律规范规定的义务，是基金合同有效的前提。例如，基金管理人及其股东、实际控制人、合伙人以及募集的基金向证券管理机构登记备案，是募集基金行为有效的条件。

第二，从行政执法的角度，由于《私募条例》所调整的对象，具有双重的法律关系，这样的法律关系特征，对于执法机构即行政监督管理机构来说，其监管、处罚作为行政相对人的基金管理人时，不仅要监督、审查、检查基金管理人是否履行了其作为行政相对人应当履行的义务，如基金的登记备案、信息的报送等，还要审查、检查基金管理人在基金募集、运作过程中的民事活动是否违反了适当性义务。行政监督管理机构不仅对基金管理人、托管人违反行政法律规范的行为可以作出处罚，而且可以就基金管理人违反民事法律规范中适当性义务、禁止性义务的行为作出处罚。例如，《私募条例》第49条规定，基金管理人在募集基金过程中，没有按《私募条例》第19条规定履行适当性义务即投资风险揭示义务，并误导投资者投资与其风险识别能力和风险承担能力不匹配的私募基金产品的，根据违法情节进行不同的处罚。《私募条例》第45条规定，对基金管理人的股东、实控人、合伙人的虚假出资、抽逃出资、委托他人或者接受他人出资等违反第12条禁止性规定的行为进行处罚。

第三，审判机关在处理私募投资基金信托关系纠纷中，在确定基金管理人的民事责任时不仅要适用民事法律规范，而且要适用行政性规范，即基金管理人是否履行了其作为行政相对人应尽的行政性义务，如业务的登记备案义务等。而基金管理人是否履行了行政性义务，是其民事法律行为是否有效的前提条件，也是确定其承担何种民事责任的一个重要考量。

第二节　私募投资基金行政法律关系分析

《私募条例》是一部行政法规，主要调整因私募投资基金的募集、运作而产生的行政法律关系，部分涉及民事法律关系。就行政法律关系而言，行政监督管理主体是国务院证券监督管理机构及其授权的派出机构。行政相对人是基金管理人和托管人，主要是基金管理人。有关行政法律关系的内容，《私募条例》赋予了管理机构一系列的监督管理权利（力），而对基金管理人规定了一系列相应的义务。基金管理人的义务主要有如下几类：

一是基金管理人以及基金管理人的股东、合伙人、实际控制人的登记备案义务，如第 10 条、第 22 条等。

二是基金管理人的职责，如第 11 条规定了 7 项职责：依法募集资金，办理私募基金备案，对所管理的不同私募基金财产分别管理、分别记账，进行投资等 7 项职责。

三是基金管理人禁止性义务，如第 12 条规定“私募基金管理人的股东、实际控制人、合伙人不得有下列行为：（一）虚假出资、抽逃资金、委托他人或者接受他人委托出资；（二）未经股东会或者董事会等法定程序擅自干预私募基金管理人的业务活动”等；第 27 条第 1 款规定，私募基金不得将投资管理职责委托他人行使。

此外，《私募条例》还对基金管理人规定了诸如向管理机构报送信息、配合管理机构调查等义务。

《私募条例》第 5 章规定了监督管理机构的职责及其对基金管理人、托管人监督管理时有权采取的措施。第 6 章则规定了基金管理人、托管人违反规定时应当承担的法律责任。

从《私募条例》规定的行政法律关系的内容来看，国务院证券监督管理机构与基金管理人、托管人之间的关系是监督、管理与被监督、被管理的关系。

第三节 私募投资基金民事法律关系分析

私募投资基金的核心系为投资者利益进行的投资活动，该活动本身含有交易过程，即由委托人投入资金交由具有法定资质的基金管理人运作投资并将收益按约定返还投资人，在此过程中基金管理人具有按照法律规定和合同约定“管理、运用”基金财产的权限，故而基金管理人与投资者之间构成特殊的委托法律关系，该关系在交易内容、行为目的、权限与资格上均与一般的有偿性委托法律关系存在区别，另外，因私募投资基金活动具有专业性和风险性特征，故在基金运作管理过程中还会涉及托管人、服务机构等多方主体。《私募条例》为了规范投资者与基金管理人、托管人等之间因私募基金的募集、运作产生的民事活动，设置了民事法律关系的规范。

一、民事法律关系中相关主体的法律地位

综观整个《私募条例》，从民事法律关系的角度看，私募基金活动涉及的主体主要包括私募基金管理人、私募基金托管人、私募基金服务机构和投资者。其中投资人是权利主体，而私募基金管理人、托管人是主要规范对象和义务主体，《私募条例》第2章从组织形式、履职要求和登记手续方面明确了基金管理人、托管人及其从业人员从事私募投资基金业务的准入资格条件和退出（注销）情形。就资格条件、职责要求而言，私募基金管理人系以专业的知识与经验，依照法律、法规及基金章程、基金合同的内容，妥当管理基金财产，并按照科学的投资组合原理进行投资决策，谋求所管理的基金资产不断增值，并使基金持有人获取尽可能多的投资回报的专业机构。《私募条例》第11条从募集设立、投资管理、分配收益等基金运作的不同阶段，明确了私募基金管理人应当履行依法募集、分别管理、有效风控、及时公开、妥善保存的法定义务。私募基金托管人系依据基金运行中“管理与保管分开”的原则，对基金管理人进行监督和对基金资产进行保管的机构，基金托管人需由依法设立的商业银行或者其他金融机构担任，主要负责执行基金管理人的投资指令，并对基金管理人的投资运作进行监督管理，同时负责审核基金资产、保存基金会记账册和记录、出具基金业绩报告等。《私募条例》第15条、第16条明确托管意在保障私募基金财产安全和纠纷的有序解决，托管人应当依法建立托管业务和其他业务的隔离机制，确保基金财产的独立和安全。私募投资基金服务机构是一种专业的金融服务机构，为私募基金提供包括基金募集、投资管理、风险控制、法律顾问、财务顾问、市场营销等方面的服务。《私募条例》第27条明确了服务机构的法定范围为《证券投资基金法》规定的基金投资顾问机构，功能要求为私募基金提供咨询建议服务。综上，私募基金管理人、托管人和服务机构，在履职阶段和内容上具有延续性和补充性特点，托管人和服务机构实际上为私募基金管理人的资产管理和运用活

动发挥了监督制约和专业补强作用，以确保基金财产的安全性和高效性，有效保护投资者权益。

上述私募投资基金活动的主体，在私募基金的募集、运作的不同阶段、不同方面形成不同的法律关系。在基金的募集阶段，主要是基金管理人与投资人之间，就基金的募集形成特殊的委托关系，这个阶段由基金管理人对投资者进行合格性审查、揭示投资风险并按照风险识别和承担能力为投资者匹配产品，并在后续的私募基金信托活动中遵循专业化管理和投资者利益优先原则开展各项工作。在基金的管理运作阶段则存在不同层次的法律关系内容，其中基金管理人和托管人之间是运营和监管的关系，前者系指令的发出者，后者系指令的执行者和基金的监督者，后者可以对投资对象、投资范围、投资比例和禁止投资行为等监督，保障基金的合规性运作；而面向投资者，两者又构成共同受托人，围绕委托人（投资者）合法权益履职尽责；私募基金管理人和服务机构之间则构成委托服务关系，基金管理人作为委托人，由受托机构提供证券投资建议服务，私募投资基金服务机构不直接管理基金，而是为基金管理人提供服务，协助其管理基金。

二、投资人与基金管理人的法律关系的性质

《私募条例》第 3 章明确了私募基金募集和投资运作过程中相关民事主体的权利义务要求，其中，投资人与基金管理人之间的法律关系，是各民事主体之间最重要的法律关系。从资金的募集筹备，到基金的运作，再到基金投资收益的分配、基金的清算，投资人与基金管理人之间都始终形影相随，利益相关。如何正确认识这一对法律关系的性质，对于正确处理投资人与基金管理人的民事法律纠纷，意义重大。

关于投资人与基金管理人之间法律关系的性质，存在不同的观点。有观点认为是委托理财合同关系，有观点认为是信托关系，等等。其中，信托关系是主流观点。本书认为，投资人与基金管理人的法律关系，是一种特殊的信托法律关系。主要理由是，从私募基金的民事法律关系的内容来看，其与信托关系有较多的相同点。

（1）取得财产的根据相同。《信托法》第 14 条第 1 款规定："受托人因

承诺而取得的财产是信托财产。”也就是说，信托财产是由受托人通过信托合同取得的委托人的财产。基金管理人也是通过基金合同募集取得投资人的财产，两者都是通过特殊的委托合同取得财产。

（2）基金财产与信托财产都具有独立性。《私募条例》第4条第1款规定：“私募基金财产独立于私募基金管理人、私募基金托管人的固有财产。私募基金的债务由私募基金财产本身承担，但法律另有规定的除外。”《信托法》第16条规定，信托财产与属于受托人所有财产相区别，不得归入受托人的固有财产或者成为固有财产的一部分。受托人死亡或者依法解散、被依法撤销、被宣告破产而终止，信托财产不属于其遗产或者清算财产。私募基金财产独立于基金管理人、股东、合伙人、托管人固有财产，与信托财产独立于受托人所有的财产，在法律效果上是一样的。

（3）信托关系中，受托人可以根据委托人的意愿以自己的名义对信托财产进行管理或者处分。《信托法》第2条规定：“本法所称信托，是指委托人基于对受托人的信任，将其财产权委托给受托人，由受托人按委托人的意愿以自己的名义，为受益人的利益或者特定目的，进行管理或者处分的行为。”《私募条例》第11条第2款规定：“以非公开方式募集资金设立投资基金的，私募基金管理人还应当以自己的名义，为私募基金财产利益行使诉讼权利或者实施其他法律行为。”《私募条例》第21条规定：“私募基金管理人运用私募基金财产进行投资的，在以私募基金管理人名义开立账户、列入所投资企业股东名册或者持有其他私募基金财产时，应当注明私募基金名称。”

（4）作为特殊的委托关系，两者除了遵守民事活动的平等、自愿原则外，还都把公平诚信原则作为当事人活动的基本原则。从以上的相同点来看，基金管理人与投资人之间的法律关系与信托法律关系最相类似，可以说，这是一种特殊的信托法律关系，可以称为私募基金信托法律关系。所以，《信托法》是《私募条例》在涉及民事活动时遵循的上位法。但是，《私募条例》毕竟是行政法规，而且是针对私募基金活动而作的立法，私募基金管理人与投资人之间的法律关系与《信托法》中受托人与委托人的信托关系还是有区别的。基金管理人与信托关系中受托人的资格条件有所不同，《私募条例》对基金管理人包括其股东、实际控制人、合伙人的要求，比《信托法》对受托人的要求更严格，如登记备案制度；在民事法律规范方面，《私募条例》的强制性规范更多，并有相应的行政处罚措施。这种不同，在法律适用上应当考虑这种特殊性。

三、基金管理人义务的类型：一般义务与特殊义务（适当性义务）

1. 基金管理人的一般义务：忠实义务和勤勉义务

私募基金信托法律关系，作为一种特殊的有偿委托关系，基金管理人须承担一般有偿的委托关系的义务，即忠实义务和勤勉义务。但是，这种忠实义务和勤勉义务，又有其一定的特殊性，这是由私募基金信托法律关系的特殊性决定的。由于《私募条例》在私募基金的募集、运作和管理上对基金管理人有特殊的要求，如行政法规对作为相对人的要求（登记备案等），在忠实义务和勤勉义务上也有一定的特殊要求。

《私募条例》第 11 条第 1 款规定，私募基金管理人应当履行下列职责：（1）依法募集基金，办理私募基金备案；（2）对所管理的不同私募基金财产分别管理、分别记账，进行投资；（3）按照基金合同约定管理私募基金并进行投资，建立有效的风险控制制度；（4）按照基金合同的约定确定私募基金收益分配方案，向投资者分配收益；（5）按照基金合同约定向投资者提供与私募基金业务活动相关的信息；（6）保存私募基金财产业务活动的记录、账册、报表和其他相关资料；（7）国务院证券监督管理机构规定和基金合同约定的其他职责。

《私募条例》第 12 条则以禁止性规范的形式规定了私募基金管理人的股东、实际控制人、合伙人不得有损投资人利益、私募基金财产的行为。需要指出的是，《私募条例》第 11 条第 1 款和第 12 条规定的内容，既是基金管理人作为行政相对人应当履行的行政性义务，也是其作为民事法律关系主体应当履行的忠实义务。这体现了《私募条例》对基金管理人规定的义务特点。除了《私募条例》对基金管理人规定的忠实义务外，《民法典》规定的有偿委托关系中的忠实义务、《信托法》和《证券投资基金法》规定的忠实义务，都是基金管理人应当遵守的忠实义务。

《私募条例》没有专门的条文对勤勉义务作出规定。只在第 1 章第 3 条第

3款中作为基金管理人应当遵守的原则加以规定。对勤勉义务，适用《民法典》中有关有偿委托合同特别是有偿合同的受托人的勤勉义务内容中的规定。

2. 基金管理人的特殊义务：适当性义务

适当性义务规则源于美国证券法领域，旨在解决金融市场领域中交易双方地位不平等、信息不对称问题，以有效维护投资者的合法权益。理论上，适当性义务分为两个层次，即信息披露、风险告知义务和投资建议的适当性义务，该项义务亦属于特殊的信托法律关系中的特殊内容。具体而言，《私募条例》第2章的第11条对基金管理人的信息披露义务进行了概括性规定，即要求管理人按照基金合同约定向投资者提供与私募基金管理业务活动相关的信息，此外，该条例第3章的第19条、第20条、第28条、第29条、第31条、第32条又从资金募集和投资运作层面上对基金管理人的适当性义务进行了明确和细化。

《私募条例》第19条规定，基金管理人应当向投资者充分揭示投资风险，根据投资者的风险识别能力和风险承担能力匹配不同风险等级的私募基金产品，即明确了募集阶段的投资风险揭示和产品合理建议义务。第20条规定，基金管理人不得以虚假、片面、夸大等方式宣传推介，不得向投资者承诺投资本金不受损失或者承诺最低收益，即一方面防止虚假宣传行为扭曲产品信息真实性，有碍投资者在获取完整、真实、准确的投资产品预期收益和风险信息基础上，作出不恰当的投资决定；另一方面不允许管理人作出“保收”或“保不损”承诺，避免投资者陷入风险认知错误状态，影响交易判断。第28条规定，基金管理人运用私募基金进行关联交易时应当履行基金合同约定的决策程序，及时向投资者和托管人提供相关信息。第29条规定，基金管理人应当向投资者提供审计结果。第31条规定，基金管理人应当按照监管机构规定和合同约定向投资者提供信息，以及在对基金财产进行托管时应当按照监管机构规定和托管协议约定向托管人提供投资者基本信息、投资标的权属变更证明材料等信息，该条一方面以“兜底”形式明确了基金管理人对投资者的信息提供义务，另一方面明确了基金管理人就投资者、投资标的等重要信息对托管人负有披露义务，实质上属于对基金管理人对投资者所负适当性义务的延展和完善，亦是为了避免出现信息误差影响托管的顺畅性和安全性，维护投资者权益。第 32 条规定，基金管理人、托管人及其从业人员提供、报送的信息应当真实、准确、完整，不得虚假记载、不得对业绩预测以及不得作出“保收”承诺等。该条实际上将托管人与从业人员也纳入了适当性义务履行主体范围中，通过扩大义务主体范围，更大程度保障投资者的知情权，防止在基金运行中出现虚假陈述和不当建议行为，保障投资者知情权。

综上，从适当性义务内容来看，《私募条例》在信息获取和投资建议两个维度，明确了基金管理人在募集、运作资金时的信息披露、风险告知义务，以及在通过专业能力进行产品建议时的妥当性要求。从适当性义务履行主体来看，《私募条例》将基金托管人及其从业人员也纳入适当性义务履行主体，以充分保障投资者知情权。从适当性义务履行对象来看，《私募条例》除了强调基金管理人、托管人及其从业人员应当向投资者履行适当性义务，还明确了基金管理人亦应向托管人履行必要的信息披露义务，该项义务实际上并未突破适当性义务原有之意（以投资者为对象），依旧是为了弥补信息获取能力上的偏差，有效解决信息不对称带来的基金托管风险。

四、法律关系的转化

从理论上看，民事欺诈可分为民事违约的欺诈和民事侵权的欺诈，相应的民事责任也分为违约损害赔偿责任和侵权损害赔偿责任。而在特定情况下，会出现违约损害赔偿和侵权损害赔偿请求权竞合的情况，也即法律关系性质发生了转化。

在私募基金信托法律关系中，如基金管理人、托管人违反投资者适当性义务，投资者有权依照法律规定和基金合同约定诉请基金管理人、托管人承担违约责任，而依据违反适当性义务程度不同又可分为履约瑕疵行为与欺诈行为。在出现欺诈行为时，投资者与基金管理人、托管人从违约关系转化为侵权关系，即出现请求权基础竞合情况。在此种情形下，投资者可以要求基金管理人、托管人承担违约损害责任，亦可要求其承担侵权损害赔偿责任。

对欺诈行为的识别应当结合适当性义务具体履行情况，从《私募条例》相关规定来看，应根据行为内容、不当程度和主观目的综合判断，应当认为出现了欺诈行为的两种具体情况，即虚构理财产品和过度夸大宣传。虚构理财产品行为针对的内容系私募基金投资活动的核心——理财产品，理财产品真实存在是投资者进行决策的重要前提和基础，故而在基金管理人虚构理财产品进行推广介绍宣传的情形下，其损害后果更严重、主观恶意更明显，其行为不能归入履行瑕疵范畴。过度夸大宣传行为同样指向的是理财产品，在管理人过度夸大收益率等重要信息情况下，损害了投资者的知情权。

值得注意的是，基金管理人、托管人的欺诈行为可能构成刑事犯罪，分为虚假陈述导致的欺诈罪和其他欺诈行为导致的诈骗罪，该两种刑事犯罪类型与民事欺诈之间的存在一定区别，同样应当根据欺诈的内容、欺诈的程度和目的进行综合考虑和判断。

第三章　私募投资基金民事法律纠纷与证明责任分配

第一节　证明责任的基本含义与基本内容

一、证明责任的基本含义

举证责任的多义性与证明责任含义的界定

在我国学术界，“证明责任”一词被大量地采用是在介绍德国民诉法学者罗森贝克的学说和民法学者汉斯·普维庭的著作被引进后才在法学界流行起来。在这之前，法学界一般使用“举证责任”一词。我国学者对举证责任有三种解释：第一种观点认为，举证责任即提供证据的责任。第二种观点认为，举证责任既包括由谁提供证据来证明案件事实责任的内容，也包括由谁承担不能提供证据证明案件事实的法律后果。① 第三种观点认为，举证责任包括三

---

① 在大陆法系中，首次将举证责任分为主观的举证责任与客观的举证责任的是德国著名学者尤里乌斯·格拉查（Julius Glaser）。他在1883年出版的《刑事诉讼导论》中将举证责任作了“实质上的举证责任”和“诉讼上的举证责任”的划分。但真正使实质上的举证责任或客观的举证责任概念走向独立的是奥地利学者威利（Wehli）和阿得拉（Adler），他们于1896年和1897年先后提出了“客观的举证责任（客观的证明责任）”这一具有划时代意义的概念，为德国式证明责任理论的形成奠定了基石。在1900年德国法学界将举证责任的双重含义奉为通说。参见陈刚：《证明责任法研究》，中国人民大学出版社2000年版，第19、29页。按照德国学者的通说，所谓主观的举证责任（又称行为责任、形式上举证责任，或提供证据的责任，或举证之必要），是指当事人为避免败诉的风险，负有提供证据证明其主张的事实存在的责任。“举证之必要，则为在具体的诉讼状态，何造当事人如不提出证据，将招致不利益之结果之问题。”参见骆永家：《民事举证责任论》，台北，台湾商务印书馆1995年版，第115页。所谓客观的举证责任，又称为确定责任、实质的举证责任、结果责任，是指当法律规定的要件事实在诉讼最后阶段（如当事人主义诉讼方式中的辩论阶段结束）仍处于真伪不明状态时，主张该事实的当事人则承担不利的后果（败诉）。参见骆永家：《民事举证责任论》，台北，台湾商务印

层含义：一是指当事人对自己提出的事实主张有责任提供证据；二是指当事人所提供的证据能证明其主张的事实的真实性；三是当事人不能提供证据或提供的证据不能证明其主张的事实时，承担不利于己的裁判。①

上述三种观点，第一种观点只是一种提供证据的责任。第二种观点虽然提到了举证不能的后果，但并未涉及证明责任的根本，只是提供证据的责任的表述。第三种观点中的第一、二部分是提供证据责任的内容，第三部分则有证明责任的内容。但由于第三部分没有对提供证据的责任与证明责任区别开来，故未能揭示证明责任的本质。

要理解证明责任的含义，须对提供证据的责任与证明责任各自的语域进行区分。按德国学者的通说，所谓提供证据的责任或主观的举证责任（又称行为责任、形式上举证责任，或举证之必要），是指当事人为避免败诉的风险，负有提供证据证明其主张的事实存在的责任。“举证之必要，则为在具体

书馆 1995 年版，第 45 页。在我国法学界，目前通说将“客观的举证责任”表述为客观的证明责任，或证明责任；将主观的举证责任表述为具体提供证据的责任、提供证据的责任。本书认为，此种表述更准确地反映了两种不同的举证责任的性质和特点以及功能，故采之。

英美法学者中，最早提出“举证责任或证明责任”双重含义的学者是赛叶（Thayer）。他在 1890 年即提出区分证明责任双重含义，他在 1898 年出版的《证据理论研究》中详细地论述了证明责任双重含义。按赛叶的阐述，在传统上，英美法学者是从三种含义上来理解和使用证明责任的：第一，是指当事人如果不证明自己的命题就会对该命题承担败诉危险的责任；第二，是指当事人在整个诉讼过程中承担提供证据的责任；第三，是指在对第一种和第二种含义不加区分的基础上使用“证明责任”一词，即采用包含或混同的方法来使用“证明责任”一词。他认为，由于在使用“证明责任”一词的混乱，使法院作出的裁判中出现了许多令人费解的判决。因此，有必要用不同的概念来表述“证明责任”的两种不同的含义。参见陈刚：《证明责任法研究》，中国人民大学出版社 2000 年版，第 20 页。赛叶对“证明责任”的两种不同的含义的划分，得到了威格曼（Wigmore）、摩根（Morgan）等英美法学者的肯定和推崇。威格曼根据英美审判制度中陪审团对事实作出裁决的特点，恰如其分地将赛叶上述称的第一种含义称之为“说不服的危险”（rise of non persuasion），哥兰威尔（Glanville）则称为“说服责任”（persuasion burden）。参见毕玉谦：《民事证据法判例实务研究》，法律出版社 1999 年版，第 466 页。“说服责任”即说服陪审团相信其事实主张的责任。可见，英美法中的说服责任与德国学者提出的客观的证明责任的含义大致相同。而赛叶提出的第二种含义与尤里乌斯 · 格拉查提出的“主观证明责任”的含义大致相同，亦即提供证据的责任。参见杨荣新主编：《民事诉讼法教程》，中国政法大学出版社 1991 年版，第 244 页。

① 参见王甲乙、杨建华、郑健才：《民事诉讼法新论》，台中，广益印书局 1983 年版，第 368 页。

的诉讼状态，何造当事人如不提出证据，将招致不利益之结果之问题。”[①] 所谓证明责任，又称为客观的证明责任、实质的举证责任、结果责任，是指当法律规定的要件事实在诉讼最后阶段（如当事人主义诉讼方式中的辩论阶段结束）仍处于真伪不明状态时，主张该事实的当事人则承担不利的后果（败诉的风险）。[②]

二、证明责任与提供证据的责任的区别与联系

第一，在大多数情况下，证明责任决定提供证据的责任，提供证据的责任是证明责任在程序法上的要求。其中包括三层含义：一是证明责任（在大多数情况下，但不全是）决定着提供证据的责任。换言之，负有证明责任的一方提供的证据不能使法官形成确切的心证，其证明责任不能由此卸下，还将承担败诉的危险。二是在一方承担证明责任的情况下，另一方只承担提供证据的责任，对同一要件事实不可能由双方当事人同时负证明责任。例如，在《民法典》合同编有关质量纠纷中，卖方对货物、定作方对定作物的质量总是承担证明责任，而买方不管其是作为原告以标的物存在质量瑕疵要求解除合同或要求退货，还是作为被告对卖方请求付款提出质量瑕疵的抗辩，其只承担提供证据的责任，而不承担证明责任。三是一方当事人负有证明责任是恒定的，由此决定了在具体的诉讼过程中由承担证明责任的一方承担提供证据的责任，以此来加深法官对其主张事实的心证，当法官的心证倾向某一方时，对方当事人为了避免不利于己的裁判而承担提供证据的责任。

第二，证明责任的分配主要属于实体法，从某个具体的请求权或抗辩的前提要件来说，证明责任的分配（真伪不明时将败诉的危险分配给哪一方当事人）在实体法中已被事先预置，因此它不能被转换或者倒置。而当事人在具体的诉讼过程中，依据当事人的具体事实主张、诉讼中的不同阶段以及法院对事实评价的不同，会出现此一阶段由原告承担提供证据的责任，下一阶段由被告承担提供证据的责任，在同一诉讼中当事人提供证据的责任被多次

① 骆永家：《民事举证责任论》，台北，台湾商务印书馆 1995 年版，第 115 页。
② 参见骆永家：《民事举证责任论》，台北，台湾商务印书馆 1995 年版，第 45 页。

转换或者倒置。显然，提供证据的责任属于程序法的范畴。

第三，从功能上看，证明责任是一种抽象而一般的实体法上的风险分配，它不但在诉前准备、诉讼过程和诉讼结果中，而且在诉讼之外也有一般、抽象的预置的作用，从而起到规范人们生活的作用。而提供证据的责任总是具体的，只有在诉讼过程中针对某个具体的请求权或抗辩的前提要件来说，区分由谁承担提供证据的责任才是有意义的。

由于提供证据的责任与证明责任是两种不同性质的责任，故两者不能混淆。

三、证明责任的基本内容

为了进一步地了解证明责任的含义，我们有必要对证明责任的基本内容作分析。

（一）证明责任的对象是要件事实

在大陆法系中，某一案件所涉及的可能在当事人之间引起争议的事实大致包括三类：第一类是要件事实。所谓要件事实，是指相当于规定法律效力发生、变更或消灭的法律构成要件事实。第二类是间接事实，是指推定主要事实存在的事实。第三类是补助事实，是指对主要事实的证据的证明力起辅助作用的事实。在大陆法系中，当事人必须要对要件事实承担主张责任和提供证据的责任，并在该要件事实处于真伪不明时承担败诉的风险责任，即证明责任。根据我国《民法典》第 172 条规定，构成表见代理的法律效果的构成要件事实是：一是行为人没有代理权；二是行为人以被代理人的名义与相对人签订或履行合同；三是相对人有理由相信行为人有代理权；四是相对人对行为人无代理权是不知情的。如果相对人欲主张表见代理的法律效果，须对第二、第三、第四个要件事实承担证明责任，使法官能对这三个要件事实形成确切的心证。这三个要件事实就是产生表见代理的法律效果的要件事实。间接事实与补助事实不是要件事实，不是证明责任的对象。

在英美法系中证明责任的对象是诉讼中的争点事实。争点事实包括两项内容：一是诉讼原因的构成事实；二是抗辩的构成事实。所谓诉讼原因，是指原告作为请求理由而主张的并能够被实体法（判例法规则）评价的同一生活关系事实。在此意义上，诉讼原因相当于大陆法系中的法律构成要件事实。被告对原告主张的诉讼原因提出的抗辩事实，只有被法官或陪审团确认，才能形成心证，所以抗辩的构成要件也与大陆法系中的法律构成要件事实相似。诉讼原因与抗辩事实都是当事人必须要证明的事实，如果在诉讼的最后阶段仍不能使法官形成心证，提供的证据仍真伪不明时将承担败诉的风险。所以，英美法系中的争点事实相当于大陆法系中的要件事实，是证明责任的对象。

（二）证明责任的适用条件是裁判所依据的要件事实处于真伪不明的状态

真伪不明来源于拉丁语“non liquet”，其含义是指在诉讼结束时，当所有能够释明事实真相的措施都已被采用，但是争议的事实仍然不清楚（法官心证模糊）的最终状态。按照德国学者汉斯·普维庭的观点，一项要件事实处于真伪不明的条件是：

1. 原告提出了有说服力的主张；

2. 被告提出实质性的反主张；

3. 对争议的事实主张有证明的必要，在举证规则领域，自认的、不争议的和众所周知的事实不再需要证明；

4. 用尽了所有程序上许可的和可能的证明手段，法官仍不能获得心证；

5. 口头辩论已经结束，上述第 3 项的证明需要和第 4 项的法官心证不足仍没有改变。①

在大陆法系中，证明责任的适用条件可用一句法谚来表述，即“自由心证用尽”。自由心证是指法官在综合证据调查的结果和辩论的全部宗旨的基础上，不受任何约束，只依内心形成的判断，评价证据的证明力。当法官的自由心证用尽后仍不能对要件事实形成确切的心证，此时根据证明责任规范的

---

① 参见［德］汉斯·普维庭：《现代证明责任问题》，吴越译，法律出版社 2000 年版，第 22～23 页。

预置作出裁判。换言之，法官的自由心证用尽是适用证明责任的前提条件。如果法官对要件事实形成“存在”或“不存在”的心证，则不能适用证明责任，不能将证明责任分配给任何一方当事人来作出裁判。在英美法系中，证明责任的适用条件是“未能说服陪审团”。这是由于在英美法系国家，传统上法官对事实判定后交由陪审团作出裁决。如果在诉讼结束时争点事实仍处于真伪不明状态，则可适用证明责任作出裁判。

需要指出的是，“真伪不明”与法官对案件要件事实或争点事实的认识有关，而法官对事实为什么处于真伪不明状态、何以对当事人主张的事实作出“存在”或“不存在”的心证或事实认定，与法官对证明尺度的掌握和运用有关。在大陆法系国家，民事裁判所依据的事实的真实性属于相对的真实性，其证明尺度一般是高度的真实概然性。“高度的真实概然性”是指“达到排除所有的合理怀疑程度的真实概然性”，抑或指“能够达到确信程度的真实概然性”，而以优越的真实概然性为例外。[①] 而英美法系的刑事案件方面，证明尺度一般达到“超越合理的怀疑”（proof beyond a resonable doubt）的程度即可。民事案件的证明尺度，原则上需达到证据优越（preponderance of the evidence），例外地，对诈欺、不当胁迫、灭失文件、中止赠与等的证明，证明尺度则介于“超越合理的怀疑”与“证据优越”之间，即达到“明白且具有说服的证明”的程度即可。我们无意在此分析两大法系中证明尺度之间的差异，在此，我们要说明的是，虽然法官对案件事实作出的判断与证明尺度有关，即依据一定的证明尺度，对案件事实作出评价，当法官自由心证用尽或最终未能说服陪审团时适用证明责任。但是，证明尺度仅是法官对案件事实认识的标准和方法，是程序法中规定的内容，其本身与证明责任的分配无本质的关系。证明责任的分配是立法者对当事人风险分配的预置，主要属于实体法领域。[②]

---

① 参见陈刚：《证明责任法研究》，中国人民大学出版社2000年版，第82~83页。

② 参见［德］汉斯·普维庭：《现代证明责任问题》，吴越译，法律出版社2000年版，第89~138页。

（三）证明责任的性质

两大法系的学者普遍认为，它属于当事人因裁判依据的事实未被证明而承担的责任（buren）。由于该责任的内容是当事人一方因法官适用证明责任法进行裁判而承担的不利的诉讼结果，因此，证明责任的性质是一种诉讼负担，即当事人因未实施某种诉讼行为而可能接受的不利后果。① 而德国学者汉斯·普维庭认为，程序法中的责任仅仅是对当事人提出的一种要求，而证明责任是独立于当事人的诉讼行为而存在的。理由是：证明责任是在诉讼程序的辩论阶段结束以后，裁判所依据的事实处于真伪不明状态时才有可能产生，所以，它是独立于诉讼活动之外的，只是为法院克服真伪不明所提供的裁判途径（因为法院即使在真伪不明时也须作出裁判而不能搁置判决），法院是适用证明责任规范的主体。② 证明责任规范也不是克服真伪不明的一种方法。如果认为这是一种方法，则必定认为其是法官在诉讼过程中依据一定的逻辑方法推导出来的，而这样一来，必须设想法官把某个真伪不明的事实虚构出来。这就不能叫证明责任规范了。③

汉斯·普维庭认为，首先，证明责任的性质是法定的，是由请求权人还是请求权人的对方当事人，是卖方还是买方，是雇主还是雇员对于既定的法律要件事实承担证明责任，只有法律能告诉我们，而与真伪不明的法律要件相联系的法律规范所属的法域主要是实体法。立法者在制定实体法时已经对证明责任如何在当事人之间进行分配作了预置。其次，证明责任的性质是法律对当事人的风险分配，即当要件事实处于真伪不明时对不利后果的分配。④ 本书作者认同汉斯·普维庭的观点。因此，本书作者认为，如何确定证明责任在当事人之间进行分配，应主要从实体法中去寻找。

---

① 参见沈达明编著：《英美证据法》，中信出版社 1996 年版，第 42 页。

② 参见［德］汉斯·普维庭：《现代证明责任问题》，吴越译，法律出版社 2000 年版，第 255～257 页。

③ 参见［德］汉斯·普维庭：《现代证明责任问题》，吴越译，法律出版社 2000 年版，第 246 页。

④ 参见［德］汉斯·普维庭：《现代证明责任问题》，吴越译，法律出版社 2000 年版，第 246、249、255、257 页。

第二节 证明责任分配原则

一、证明责任分配学说

证明责任的分配原则有许多学说。在大陆法系国家，无论是在法学理论界还是司法实务界，最有影响的是德国学者莱奥·罗森贝克在1910年提出的证明责任分配学说。莱奥·罗森贝克的学说一般称为规范说。规范说的含义是指，一方当事人主张某一法律效果存在，若该法律效果只能被法律规定的一个或若干个法律要件事实所支持，该方当事人就须对支持该法律效果的法律要件事实承担证明责任。莱奥·罗森贝克对证明责任的分配原则是这样表述的："不适用特定的法律规范其诉讼请求就不可能实现的当事人，必须对法律规范在特征的真实的事件中得以实现承担主张责任和证明责任。"① 简言之，"每一方当事人均必须主张和证明对自己有利的规范（法律效果对自己有利的规范）的条件"②，"我们的原则是，每一个在诉讼中主张法律规范的效力的当事人，应当承担该法律规范的前提条件已具备的证明责任。需要确认和需要证明的事实的范围，只可通过对实体法的解释来确定"③。莱奥·罗森贝克认为这是证明责任分配的根本原则。这个原则的核心是法律规范对哪一方当事人有利的，由有利的一方承担证明责任。

在莱奥·罗森贝克看来，各条法律规范之间不是属于相互补助或支援的关系，就是互相对抗或排斥的关系。证明责任的基本原理可以通过分析法律规定之间的关系得出。识别方法是：从具体法律规定来看，在条款的正文中规定的要件，由要求适用该规定的当事人承担证明责任，而有但书或另一款除外规定的，则由对适用该规定存在异议的当事人承担证明责任。例如，民法规定的"相对人善意则产生权利"，主张权利的人对"善意"承担证明责任，但在但书中又规定"但有恶意的不在此限"，在这种情况下否认对方权利

---

① ［德］莱奥·罗森贝克：《证明责任论》，庄敬华译，中国法制出版社2018年版，第121页。
② ［德］莱奥·罗森贝克：《证明责任论》，庄敬华译，中国法制出版社2018年版，第121页。
③ ［德］莱奥·罗森贝克：《证明责任论》，庄敬华译，中国法制出版社2018年版，第143页。

的人对“恶意”承担证明责任。

按莱奥·罗森贝克的规范说，应将民事实体法的各个构成要件作不同的分类，在此基础上确定证明责任的分配。莱奥·罗森贝克认为，民事实体法规范按对立的关系分为两大类：一是权利形成规范，又称基本规范、请求权规范、主要规范、通常规范，是指能够形成一定权利的规范。例如，我国《民法典》第928条规定：“受托人完成委托事务的，委托人应当按照约定向其支付报酬。因不可归责于受托人的事由，委托合同解除或者委托事务不能完成的，委托人应当向受托人支付相应的报酬。当事人另有约定的，按照其约定。”受托人可以该条为委托合同发生的债权根据向委托人主张权利。二是对立规范。关于对立规范，莱奥·罗森贝克又将其分为三种：其一，权利妨碍规范，权利妨碍规范往往与权利形成规范相对应。在一般情况下，权利妨碍规定与权利形成根据的要件事实，在权利发生的基准时间，两者并存。权利妨碍规定为权利形成的消极要件，若此要件事实存在，权利不得发生，其所对抗的不是已经发生的法律效果，而是阻止权利的发生；如果有相反的要件，即积极的要件，则成为权利形成要件。法律通过规定权利形成要件事实与权利妨碍要件事实并存，使双方当事人的权利均能得到救济。例如，《民法典》第145条规定：“限制民事行为能力人实施的纯获利益的民事法律行为或者与其年龄、智力、精神健康状况相适应的民事法律行为有效；实施的其他民事法律行为经法定代理人同意或者追认后有效。相对人可以催告法定代理人自收到通知之日起三十日内予以追认。法定代理人未作表示的，视为拒绝追认。民事法律行为被追认前，善意相对人有撤销的权利。撤销应当以通知的方式作出。”根据该条规定（但书的前段），一方面，对于限制民事行为能力人来说，可以通过其法定代理人的意思表示追认其所做的民事法律行为，产生对其有利的法律效果，产生权利形成规范的效果；民事限制行为能力人也可以其意思表示未经其法定代理人追认为依据，主张民事法律行为不生效，从而使相对方的权利发生效果受到妨碍。另一方面，相对人可在限制民事行为能力人的法定代理人追认前，行使撤销权，使对方的权利发生效果受到妨碍。其二，权利消灭规范，是指在权利发生后，能使已经存在的权利归于消灭的规范。其三，权利受限制规范，又称权利排除规范，即在权利形成之后，准备行使之时，通过对权利的效果加以限制和排除，使该权利不能实现的法律规范，如有关时效抗辩的规定。

从莱奥·罗森贝克的学说中我们可看出，他将民事实体法的各个构成要件分为两大类规范，这是一种对法律要件的事实分析方法，而按照法律规范的前提条件对谁有利（要件事实）则由谁承担证明责任的分配方法，则是一种价值判断的方法。他将这两者结合起来便形成了这样的判断：权利形成要件对请求权的当事人有利，而权利妨碍要件、权利受限制要件和权利消灭要件则对请求权人的对方当事人有利。据此，他对证明责任的分配确立了如下具体的原则："原告必须证明，其诉讼请求赖以存在的法律规范的前提条件在事实上已经实现，也就是说，原告必须对权利产生规范（连同相关的补充规范）的前提条件加以证明，而被告则必须对其试图驳回原告的诉讼所依据的规范前提条件加以证明。"[①] 由此，被告必须对权利妨碍规范、权利消灭规范或者权利排除规范的前提条件承担证明责任。

莱奥·罗森贝克的学说尽管仍有不完善的地方，如随着科学技术的发展，出现了一些具有高度危险又包含大量高科技的行业、作业和产品，而这些行业、作业、产品又是社会生活所必需的，因而产生了大量的案件，如产品责任案件。在产品责任纠纷案件中，如果按规范说就可能要求由消费者或者受害人对产品质量或产品中的瑕疵、缺陷承担证明责任，这对于产品的购买者或消费者来说是极不公平的。产品购买者或消费者不可能知道生产者的技术，消费者对产品中的缺陷不可能承担证明责任。所以，德国学者普尔斯提出了危险领域说。所谓危险领域，是指加害方能够依据法律上或事实上的方法进行实际控制的生活领域。按危险领域说的解释，在一定条件下（主要是积极性债权侵害以及特殊的侵权行为损害赔偿领域）应以危险领域为标准来分配证明责任，当损害原因处于债务人或加害方控制的危险领域时，相对于规范说而言，证明责任应当发生转换，即作为请求权人的相对方的债务人或加害人应当对故意、过失以及危险行为与受损害结果之间不存在因果关系承担证明责任。危险领域说并未全部否定规范说，而是在特定的领域，以危险领域

---

① ［德］莱奥·罗森贝克：《证明责任论》，庄敬华译，中国法制出版社 2018 年版，第 130 页。

为标准来分配证明责任。危险领域说是对规范说的修正和补充，它本身并不否认规范说的主导地位。在大陆法系国家规范说的主导地位并未发生过动摇。①

规范说的优点在于，它不仅简单明了，可以通过实体法的规范分类进行识别，而且从实体法到程序法都体现了攻击与防御相均衡的原则，对双方当事人都较为公平，因而在大陆法系国家，无论其是在理论界还是司法实务界均有着最广泛的影响，值得我们借鉴。

二、各国民事立法对证明责任的分配

1888 年《德国民法典》第一草案第 193 条规定："如果谁提出请求权，应当证明其依据必要的事实，如果谁提出请求权的消除或者请求权的阻碍，就应当证明消除或者阻碍请求权的必要的事实依据。"该条规定在《德国民法典》正式颁布时被删除，但它已成为德国学者公认的规则，并且许多国家的民事立法都作了与该条大致相同的规定。

《瑞士民法典》第 8 条规定："只要本法没有相反规定，提出权利的主张应当对其所主张的权利所依据的事实的存在进行证明。"

《法国民法典》第 1315 条规定："请求履行义务的人，必须对其进行证明。相反，主张免除义务的人，必须证明其已履行或者证明它的义务消灭的事实。"

《意大利民法典》第 2697 条规定："在诉讼中主张权利的人，应当对权利依据的事实进行举证。就上述事实的无效提出抗辩的人或者提出主张的权利已经变更或者撤销进行抗辩的人，应当就其抗辩所依据的事实进行举证。"

西班牙、土耳其、荷兰等国的民法典都对证明责任作了与上述国家民法典相似的规定。有些国家则在民事诉讼法中作了相似的规定，如《巴西民事诉讼法》（1972 年）第 333 条规定："原告对形成权利的事实承担证明责任；被告对权利妨碍、权利改变和权利消灭的事实承担证明责任。"大陆法系国家

---

① 参见［德］汉斯·普维庭：《现代证明责任问题》，吴越译，法律出版社 2000 年版，第 516 页。

大多在民法典中对证明责任的分配原则作出规定。英美法系国家，大多在证据法中对证明责任的分配原则作出规定，如美国等。这些国家关于证明责任的分配，大多数与莱奥·罗森贝克的规范说吻合或相似。可见，规范说具有普适性。

三、我国法律对证明责任分配的规定

我国《民法典》对证明责任分配没有作概括性或者原则性的规定。在《民事诉讼法》第67条第1款规定："当事人对自己提出的主张，有责任提供证据。"该条规定只是要求提出主张的当事人负有提供证据的责任，并未明确其应承担对事实主张的证明责任。最高人民法院《关于适用〈中华人民共和国民事诉讼法〉的解释》第90条规定："当事人对自己提出的诉讼请求所依据的事实或者反驳对方诉讼请求所依据的事实，应当提供证据加以证明，但法律另有规定的除外。在作出判决前，当事人未能提供证据或者证据不足以证明其事实主张的，由负有举证责任的当事人承担不利的后果。"该条明确了当事人对其主张的证明责任。第91条对当事人的举证责任分配作了规定："人民法院应当依照下列原则确定举证证明责任的承担，但法律另有规定的除外：（一）主张法律关系存在的当事人，应当对产生该法律关系的基本事实承担举证证明责任；（二）主张法律关系变更、消灭或者权利受到妨碍的当事人，应当对该法律关系变更、消灭或者权利受到妨害的基本事实承担举证证明责任。"从最高人民法院的司法解释来看，其基本上采用了莱奥·罗森贝克的规范说，这也是我国民事审判中法官应当遵照的裁判规则。

第三节　证明责任的转换

一、证明责任转换的基本含义

证明责任转换是指在承认学理上的规范说的前提下，根据法律（特别是实体法）、法官的判断或当事人的约定对有关当事人在诉讼上提出权利主张所涉及的权利要件事实的证明责任进行特别的分配或设置。这里的转换不是证

明责任的整体转换或者抽象意义上的转换，而是数项要件事实当中的某一项要件事实的转换。这种转换是证明主体在当事人之间的转换，是本证，而不仅仅是提出证据责任的转换。例如，在一般的侵权案件中，原告应对被告是否有过错承担证明责任，但在特殊的侵权案件中，如适用过错推定原则的案件被告要对其无过错承担证明责任。被告这种证明责任是本证责任，而原告承担的是反证责任。按规范说本来应由原告承担的证明责任转换为被告承担，有学者称之为举证责任倒置。本书讨论的是法律（实体法和诉讼法）规定的证明责任转换。

二、证明责任转换的成因

按照莱奥·罗森贝克的规范说，当事人对有关权利构成要件或形成要件事实所负担的证明责任是在实体法制定时所预先设置的，因此，证明责任的分配在当事人之间是不得任意转换的。应当说，规范说在大多数或者一般情况下是正确的。但是，随着社会经济特别是科学技术的发展，规范说所设定的由原告承担的证明责任，由于被告在技术、经营、信息等方面处于绝对的优势地位，被告制造和控制的风险，如技术含量高的医药、易燃易爆物品、高速运行的运输工具等，在发生侵害事故时，原告举证难度太大，要求原告承担证明责任显然是不公平的。鉴于此，各国通过实体法或诉讼法对某些特殊的侵权和合同案件的证明责任进行了重新分配，使证明责任转换有法可依。

在所有证明责任转换的成因中，最大的成因是民法上的归责原则的变化发展。在 19 世纪前期，过错责任占绝对统治地位，到 19 世纪中后期特别是 20 世纪初以来工业化时代后过错推定、无过失责任的适用，在诉讼中对证明责任的分配产生了重要的影响。

三、归责原则与证明责任分配

民事责任的认定必须依循一定的归责原则。归责原则乃是归责的规则，它是指行为人的行为导致他人损害或者违约的事实发生以后，应依何种根据承担责任。“它是确定行为人的民事责任的根据和标准，也是贯穿于整个民事责任制度并对责任规范起统帅作用的立法方针。”① 归责原则是民事责任的内在的构成要素，是民事责任得以产生的最根本的正当性依据。法律对归责原则的规定，旨在解决请求权基础规范在构成要件上对行为人之主观状况具有何种事实的问题，它直接决定着民事责任的构成要件，决定着证明责任在双方当事人之间如何分配，决定着行为人的免责事由，决定着损害赔偿的范围。因为适用何种归责原则对民事各方当事人的权利影响极大，故立法者一般都在实体法中作出规定。特别是合同法和侵权责任法等对归责原则作出了明确的规定。

我国《民法典》侵权责任编的归责原则体系是由过错责任原则、过错推定原则和无过错责任原则等组成。其中，过错责任原则是适用于一般侵权行为的一般原则，过错推定和无过错责任原则是适用于特殊侵权行为的原则。《民法典》合同编中的违约责任则以严格责任为一般原则，以过错责任、过错推定为补充。《民法典》侵权责任编和合同编中的各项归责原则是彼此相互联系、相辅相成的，它们在侵权责任法、合同法等民事责任领域，各自构成了有机的归责体系。

（一）过错责任原则与证明责任分配

过错责任原则，是指在受害人的损害事实与行为人的行为之间存在因果关系的情形下，如果要求行为人对损害承担责任，不仅要以行为人的过错作为归责的构成要件，而且要以过错作为归责的最终要件。同时，过错也是确定行为人责任范围的重要依据。如果行为人无过错，则无责任。对此，我国《民法典》第1165条第1款规定：“行为人因过错侵害他人民事权益造成损害的，应当承担侵权责任。”过错责任是侵权责任的一般归责原则。

在过错归责的侵权案件诉讼中，原告不仅要对损害事实、侵害行为以及损害事实与行为之间有因果关系承担证明责任，而且还要对被告有过错承担证明责任。如果受害人不能举证证明行为人有过错，即使其已经举证证明其损害事实与被告行为之间有因果关系，原告也会承担败诉的风险。

---

① 王利明：《违约责任论》，中国政法大学出版社1996年版，第44页。

（二）过错推定归责原则与证明责任分配

过错推定原则，是指原告（受害人）在诉讼中，在能够证明加害行为与损害事实之间存在因果关系的情况下，如果被告（行为人、加害人）不能证明自己无过错，那么就损害事实推定被告在致人损害、致物损害的行为中有过错，并据此推定被告对过错承担责任。我国《民法典》第1165条第2款规定："依照法律规定推定行为人有过错，其不能证明自己没有过错的，应当承担侵权责任。"

过错推定的法律特征是：

第一，免除了受害人就行为人的过错应承担的证明责任。受害人仅需证明行为人的行为与损害结果之间具有因果关系，而不必证明行为人在实施侵权行为时有过错。

第二，适用举证责任转换的规则，由行为人就其没有过错提出反证。如果行为人提出的反证不能证明其没有过错，行为人就须对其行为所造成的侵权结果承担责任。

第三，在某些特殊的过错推定的案件中，法律对行为人的抗辩事由做出了严格的限定。一般规定为自然原因（不可抗力）、第三人的过错和受害人的过错。行为人只有在证明存在这些抗辩事由的情况下，才能证明自己没有过错。

过错推定原则与过错责任原则虽然都是以过错作为归责的最终要件，但是，过错推定原则免除了受害人对行为人的过错应承担的证明责任，而行为人需对致受害人损害的行为承担无过错的证明责任，证明责任的承担主体由过错责任原则中的受害人转换到加害人，减轻了受害人的证明责任，加重了加害人的证明责任。所以，过错责任原则与过错推定原则，两者最根本的区别是证明责任的分配。

过错推定有两种类型，相应地，证明责任的内容也有所不同。一种是一般的过错推定，另一种是特殊的过错推定。两者的区别是，一般的过错推定在实体法上没有规定特定的免责事由，而特殊的过错推定则在实体法中规定了特定的免责事由，如自然原因（不可抗力）、第三人的过错、受害人的过错等原因。在一般的过错推定案件中，受害人对侵权行为、损害事实、损害事实与侵权行为之间存在因果关系承担证明责任，行为人则对其行为的无过错承担证明责任。而在特殊过错推定案件中，行为人须对在法律规范中规定的免责事由承担证明责任，并通过证明免责事由的存在，排除其对损害结果的产生有过错的存在。

（三）无过错责任原则与证明责任分配

1. 无过错责任原则及其法律特征

无过错责任是指在损害发生以后，既不考虑加害人的过失，也不考虑受害人的过失的一种法定责任的形式，其目的在于补偿受害人所受到的损失。我国《民法典》第 1166 条规定："行为人造成他人民事权益损害，不论行为人有无过错，法律规定应当承担侵权责任的，依照其规定。"无过失责任的法律特征是：

（1）不考虑双方当事人的过错。民法上的"过错"既包括加害人的过错，也包括受害人的过错。只有在确定责任时，既不考虑加害人的过错，也不考虑受害人的过错，才可称为无过错责任。

（2）不能推定加害人有过错。即使通过"过错"概念客观化和举证责任倒置的方式也难以确定加害人有过错。更确切地说，加害行为本身不具有非难性，很难用体现了法律对加害人的行为的否定评价的过错概念来衡量。例如，某些高度危险的作业、运营本身就是合法的，是社会允许甚至鼓励的行为，如《民法典》第 1236 条、第 1237 条、第 1238 条、第 1239 条规定的民用核设施、民用航空器等造成的损害，不能适用过错标准来衡量，因此不能推定行为人有过错。

（3）因果关系是决定责任的基本要件。在适用过错责任的情况下，过错不仅是责任要件，而且是决定责任的最终要件。而在无过错责任的归责原则下，行为人有无过错，不取决于他是否有过错，而取决于损害结果与其行为之间是否有因果关系。所以，在适用无过错责任的情况下，能使行为人免责的事由一般只有受害人故意。不可抗力通常不是免责事由，因为若将不可抗力作为免责事由，会与无过错责任的原则相冲突。[①]

（4）依照法律的特别规定。民事法律应对无过错原则确立作出明确的规定，在具体适用无过错原则的法律规范中未标明无过错责任时，可通过法律解释推导出该法律规范包含无过错责任的归责要件。

2. 无过错责任原则的责任基础

无过错责任不考虑行为人的过错，行为人的“无过错”并不是行为人承担责任的根据，即道义和伦理基础。通过“无过错”对行为人进行归责时，不以过错为基础，过错不是责任的构成要件。但是，“无过错”只是不考虑过错，即行为人“无过错”只是一种状态描述，不能成为归责的道义和伦理基础。因此，无过错责任原则的归责基础不是行为人的“无过错”状态，而是在这种状态下的其他因素。[②] 该因素是非对等风险的存在。随着社会的发展，大量高速运输、高空作业、高科技工业成为社会生活不可或缺的存在。但是，这些高度危险的作业又极易对人身和财产造成损害，行为人即使尽到一个理性人应有的注意义务也不可避免损害的发生。而对于受害人来说，其对于风险处于被动的地位，其对风险不可预知、不可控。这种风险的非对等性，是无过错责任的归责根据。一方面，超出常态的高度危险，是社会发展的产物，是社会生活所必需的，是合法的存在。作为高度技术的产物，高度危险的作业、产品的所有人、使用人，对危险是有能力管控的。另一方面，受害人在这种风险的关系中处于弱势的地位，对危险不可控。为了平衡行为人与受害人的利益，要求风险的制造者、控制者承担对受害人的损害的赔偿责任，是公平合理的。所以，对风险控制的非对等性是承担无过错责任的基础。此外，无过错责任通常是与保险制度联系在一起的。保险制度的基本功能在于转移、分散危险造成的损失。从事超出常规危险的行业和个人通过投保将损害赔偿责任转嫁给保险公司，而保险公司则将损害责任转嫁给千千万万的投保人，从而达到了损害赔偿的社会化。

---

① 参见王利明：《侵权行为法研究》（上卷），中国人民大学出版社2004年版，第317～319页。

② 参见张新宝：《中国民法典释评：侵权责任编》，中国人民大学出版社2020年版，第19页。

3. 无过错责任原则与证明责任分配

从无过错责任原则的基本含义可以知道，在损害发生后，只要损害与行为人的行为有因果关系，不论行为人是否有过错，行为人都必须承担侵权责任。从证明责任来说，受害人无须对行为人有过错承担证明责任，这样就减轻了受害人的证明责任。相对于过错责任原则下的证明责任来说，这是证明责任的转换。免除受害人对行为人过错的证明责任后，行为人如果要免责，须对法定的免责事由即受害人的故意（个别情形下包括重大过失）事实承担证明责任。

由于适用无过错责任时对受害人的损害不以行为人的过错为归责要件，行为人也不能因其无过错而免责，故因果关系便成为构成无过错责任的关键要件。在民法学界，关于受害人受损害的事实与行为人的行为之间因果关系该由谁承担证明责任，有不同的观点。有学者认为，无过错责任，多发生在高度危险领域，或者致害原因包含高科技因素，受害人囿于自身的条件，举证很困难，要求受害人对造成损害的原因与其受到损害结果之间的因果关系承担举证责任是不公平的。还有学者认为，无过错责任原则下，行为人不论是否有过错都要承担民事责任，其责任已经很重了，如果还要求行为人对其行为与损害结果之间不存在因果关系承担证明责任，对行为人来说是不公平的。从实体法的规范来看，明确因果关系不存在的证明责任由行为人承担的只有民法典关于环境污染和生态破坏侵权责任的规定。我国《民法典》第1230条规定："因污染环境、破坏生态发生纠纷，行为人应当就法律规定的不承担责任或者减轻责任的情形及其行为与损害之间不存在因果关系承担证明责任。"这是因果关系证明责任的倒置，即在过错责任下由受害人承担的对因果关系的证明责任，转换为由加害人承担。如果加害人不能举证证明因果关系不存在，加害人就得承担责任。在侵权法领域，无过错责任多发生在危险行业或者作业领域，例如，《民法典》第1237条规定的民用核设施造成他人的损害、第1238条规定的民用航空器造成他人的损害、第1239条规定的占有或者使用易燃、易爆、剧毒、高放射性、强腐蚀性、高致病性等高度危险物造成他人损害的责任案件，从侵权行为法律构成的要件来看，损害结果与损害原因之间的因果关系应当作为其中的一个要件事实，而从上述高度危险作业的性质来看，损害原因当属加害人实际控制的危险领域，与受害人相比，加害人更有能力对于损害原因这一要件事实进行证明。为了发挥无过失责任的功能，更有效地防范损害事故的发生，更好地维护受害人的合法权益，由从事高度危险作业的组织和个人就其危险作业的行为与受害人所遭受的损害之间不存在因果关系承担证明责任，符合公平正义原则。[①] 退一步说，受害人在诉讼过程中提出并初步证实了加害人的行为与受害人的损害结果的因果关系，如果加害人不能提出法定的抗辩事由，如受害人的故意是损害的原因，法官应推定因果关系存在，加害人就得承担责任。

（四）严格责任原则与证明责任分配

1. 严格责任及其特征

严格责任，最初是英美法中的概念。我国法学界在借鉴英美法的基础上，也将该概念作为侵权责任和合同责任的归责原则。普遍的观点认为，严格责任是指根据法律的特别规定，不论行为人主观上有无过错，只要其行为给对方当事人造成明显的损害，就应当承担民事责任。严格责任具有以下特征：

（1）它是一种法定的责任。在侵权法中，严格责任针对的是一种特殊的侵权行为，具有法定性。一方面，严格责任通过法律规范确立，即在法律规范中包含严格责任的要件，在适用中具有类型的法定性，当事人不能约定适用。另一方面，严格责任的免责事由必须由法律作出规定，法官在诉讼中不能变更法律的规定。

（2）严格责任是与过错责任相对应的一种民事责任。严格责任的“严格”，是与过错责任相比较而言的，其对于行为人的责任，比过错责任更加严格，即责任的严格性。严格责任的严格性在于：

第一，免责的事由是法定的，并且法律对免责事由作出了严格的限制，一般只有受害人的过错、第三人的行为和不可抗力。而在过错责任中，正当地行使权利、自助、紧急避险等均可以作为行为人的行为无过错的抗辩事由。但在严格责任中，这些抗辩事由不能完全适用，行为人至少不能通过这些事

---

① 参见毕玉谦：《民事证明责任研究》，法律出版社2007年版，第344～347页。

由证明自己已经尽了最大的注意义务，即无过错而免责。

第二，由于严格责任不以行为人有过错为构成要件，而以行为人的行为与行为的损害结果之间存在因果关系为要件，受害人无须对被告有过错举证，但行为人必须通过自行举证法定的免责事由的存在来否定因果关系才能免责，而这种被倒置的免责事由在法律上又被称为严格限制，这意味着其免责的机会被严格限制，所以严格责任相对于过错责任来说是严格的。

2. 严格责任与过错责任、无过错责任的区别

（1）严格责任与过错责任的区别。严格责任以行为人的行为与损害结果之间的因果关系为最终要件，而不以行为人有过错为要件。行为人是否有过错，不是法院判定行为人是否承担责任的构成要件，也不是受害人证明责任的内容，无过错也不是行为人免责的事由。而过错责任，包括过错推定责任，以行为人的过错为最终要件，这是严格责任与过错责任原则、过错推定责任原则最根本的区别。

（2）严格责任与无过错责任的区别。严格责任原则下，不论行为人主观上是否有过错，只要其行为给对方造成了明显的损害，就应当承担责任。这是一种关于行为人即使在没有过错的情况下也需要承担的责任，这与无过错责任有相同的地方。此外，严格责任和无过错责任都以因果关系存在为最终要件，而不以行为人的过错为要件，两者都不要求受害人对行为人是否有过错承担证明责任，行为人也不得以无过错作为抗辩理由来获得免责，两种责任有很大的相似性。有些学者认为严格责任就是无过错责任。但是，这两种责任还是有区别的。首先，无过错责任是一种绝对责任，它不仅不考虑行为人是否有过错，而且也不考虑受害人的过失，是一种客观归责。而严格责任虽然严格（strict），但并非绝对（absolute），也就是说，严格责任并不是绝对地不考虑加害人的过错，而只是在损害行为发生后，确定加害人的责任时，主要考虑损害的结果是否为加害人的行为造成的，而不考虑其行为是否为故意或者过失。所以，在严格责任下，并非表示加害人就其行为产生的损害，在任何情况下都应当承担责任。各国立法和判例都允许加害人提出特定的抗辩或者免责事由，例如，在美国，产品责任适用严格责任的情况下，受害人的过失、受害人自冒风险、受害人不当使用或滥用产品、第三者不当使用或

滥用产品等都可以成为加害人的抗辩事由。[1] 不可抗力一般也是严格责任的抗辩事由。从形式上看，严格责任并不根据加害人造成损害是出于故意或者能通过合理的注意来避免损害，确定加害人的责任，但实际上，其采用了一种特殊的过错推定的方法，即从损害事实中推定加害人有过错，但允许加害人通过证明损害是由受害人的过错、第三人行为或者不可抗力造成的而免责或者减轻其责任。加害人通过证明抗辩事由的存在否定其行为与损害结果之间存在因果关系，同时也表明其无过错，从而得到免责，或者减轻责任。所以，严格责任并不是绝对责任，也不是客观归责。无过错责任的免责事由只限于受害人的故意，部分法律规范包括受害人的重大过失，但不包括一般过失，也不包括不可抗力。由于无过错责任免责的事由太少，加害人要通过免责事由推翻其行为与损害结果之间的因果关系，即证明该损害与其行为无关，而是其他原因造成的，这几乎需要否定因果关系的存在才能免责，所以，无过错责任是客观归责，是一种绝对责任，其免责的证明难度比严格责任要大。其次，从归责的基础来看，无过错责任的基础是超出常规的危险给人带来的可能危险和损害以及与之相应的保险制度，通过保险制度实现损害分配的社会化。严格责任虽然要对被告施以严格责任，但其归责的基础是受害人的权利受到侵犯，而行为人从其活动中受益，只有对行为人施以严格责任，才能促使行为人履行其对他人和社会的责任。严格责任从英美法中的普通法发展而来，其原则是，"谁造成事故的损失，就由谁承担责任。"美国著名侵权法学者艾波斯汀认为，严格责任的合理性，应该从侵犯权利的角度解释。也就是说，法律承认人们对其身体和财产享有排他性的权利，侵犯这些权利就应该作出赔偿。[2] 美国法院一般都认为，虽然加害人的行为在道德和法律上都没有过错，但因为加害人从他的活动中受益，而且他比起受害人来，更有责任和更有能力承担其行为所造成的后果，所以加害人应该对受害人所受的伤害进行赔偿。[3]

美国大法官崔诺（Traynor）在伊氏诉可口可乐（Escola v. Cocla Cocla

---

① 参见李亚虹：《美国侵权法》，法律出版社1999年版，第148～150页。
② 参见王利明：《侵权行为法研究》（上卷），中国人民大学出版社2004年版，第259页。
③ 参见李亚虹：《美国侵权法》，法律出版社1999年版，第128页。

Bottlling Co. 1944）案的判决书中说，之所以在产品责任中使用严格责任，是因为制造商将其产品投放到市场，就使消费者不得不信赖该产品的安全性，严格责任促使制造商加强质量管理，提高安全系数，而且也只有制造商才有能力克服产品瑕疵，防止由瑕疵带来的伤害。[①] 严格责任作为一项法律政策，能起到补偿受害人损失、预防损害发生和实现公平正义的功能。

3. 严格责任与证明责任分配

在侵权责任法上，严格责任有四个构成要件：一是被告负有保证他人安全的绝对责任；二是被告不履行他的责任；三是不履行该责任是造成损害的真实原因；四是对原告人身和财产造成了损害。[②] “不履行该责任就是有过错”，第 3 项与第 4 项要求加害行为与损害结果之间有因果关系。如何理解严格责任与证明责任的关系，按照著名学者王利明的分析，严格责任是一种特殊的过错推定，主要是通过举证责任倒置的方式来实现的。[③] 这是理解严格责任与证明责任分配关系的关键。首先，在适用严格责任时，不论加害人是否有过错，只要其行为对受害人造成了明显的损害，其就需承担责任，这样就免除了受害人对加害人的行为有过错的证明责任，由加害人对受害人是否有过错承担证明责任，这是“过错”证明责任的转换，也是法定的证明责任转换。其次，在诉讼过程中，受害人在初步证明加害人的加害行为与受害人的损害结果之间有相当的关联后，加害人若要证明该损害结果与自己的行为无关，须通过举证证明法定抗辩事由的存在，即受害人的过错、第三人的行为、不可抗力，至少其中一项免责事由能够推翻受害人初步证明的因果关系，才能免责或者减轻责任。如果加害人不能推翻受害人已经初步证明的因果关系，法官就会推定加害人有过错，推定加害人的行为与受害人受损害的结果之间有因果关系，加害人就得对损害承担赔偿责任。这是证明责任的进一步转换。从这种证明责任的转换中可以看出，严格责任并不是不包含加害人的过错，加害人的行为，如提供有缺陷的产品、不履行对他人的责任等，本身就包含过错。只是严格责任原则作为一项法律政策，考虑到受害人对某些类型化行

---

① 参见李亚虹：《美国侵权法》，法律出版社 1999 年版，第 141 页。
② 参见李亚虹：《美国侵权法》，法律出版社 1999 年版，第 128 页。
③ 参见王利明：《侵权行为法研究》（上卷），中国人民大学出版社 2004 年版，第 247 ~ 248 页。

业的加害行为存在举证的困难，故将过错的举证转换给加害人。同时，为了更好地保护受害人的利益，在归责上不以加害人有过错作为归责基础，而是把加害人行为构成明显的侵权，受害人应得到补偿作为归责基础。在归责上不考虑加害人是否有过错，但在诉讼中又以特定的过错推定方式实现严格责任，这似乎是矛盾的，但如果从严格责任的宗旨来看，并不矛盾。因为归责上不考虑加害人是否有过错，加害人不能以无过错提出免责，其目的是免除受害人对加害人有过错的证明责任，这仅仅是问题的一方面；另一方面，严格责任又在实体法上为行为人设定法定免责事由证明其没有过错，从而证明受害人的损害是由受害人过错、第三人行为或不可抗力造成的，因而得以免责或减轻责任。严格责任的免责理由在本质上是让加害人证明自己没有过错，以及对受害人的损害可由免责事由而免责。严格责任的优点正是不把过错作为归责根据，同时又不排除将加害人行为中的过错因素作为致害原因并通过特殊的过错推定的证明责任方式实现其在行为人即使没有过错的情形下仍然需要对受害人补偿的法律政策目的。

严格责任作为一种特殊的过错推定，与过错推定有相似之处。但严格责任与过错推定还是有区别的。首先，严格责任不仅不要求受害人对加害人的过错承担证明责任，而且在归责上不考虑加害人的过错，过错不是严格责任的构成要件。而过错推定虽然也免除了受害人对加害人过错的证明责任，但是，过错仍然是过错推定责任的构成要件。其次，严格责任的免责事由是法定的，而且只限于受害人的过错、第三人的行为和不可抗力，而一般的过错推定的免责事由没有限制。值得注意的是，过错推定原则下的特殊过错推定类型，与严格责任最相类似。因为两者的免责事由都是法定的，免责事由的范围也与严格责任基本相同，但是，由于归责的基础不同，其证明责任的目的也不同。过错责任下过错推定的证明目的是通过举证责任倒置的方式证明加害人是否有过错，如有过错，就要承担责任。而严格责任下，由于过错不是归责要件，特殊的过错推定方式只是实现严格责任的构成要件，即加害人行为与受害人损害之间是否存在因果关系，过错不是严格责任下证明责任的目的，只是证明加害人的行为是否为构成原因行为的一种证明工具。从这个意义上说，“严格责任是一种特殊的过错推定”只是一种借用语，如果要明确严格责任与过错推定的区别，不妨将严格责任下的推定称为责任推定。

按照学者的解释，我国《民法典》规定的侵权责任归责体系由过错责任、过错推定和无过错责任原则组成，并不包括严格责任原则。① 实际上，《民法典》第 1166 条规定："行为人造成他人民事权益损害，不论行为人有无过错，法律规定应当承担侵权责任的，依照其规定。"也可以理解为严格责任原则。不过，本书在此就不讨论了。

《民法典》合同编明确了违约责任以严格责任为归责原则。《民法典》第 577 条规定："当事人一方不履行合同义务或者履行合同义务不符合约定的，应当承担继续履行、采取补救措施或者赔偿损失等违约责任。"从违约责任的规定来看，《民法典》确立了严格责任是违约责任的归责原则，是违约方承担违约责任的依据。在违约责任的体系中，严格责任是一般归责原则，过错责任是补充。合同领域的严格责任原则，是指在合同的履行过程中，违约方不履行合同约定的义务或者履行不符合合同的约定，不管违约方是否有过错，只要其构成违约，就得承担违约责任。就违约责任的归责，不考虑违约方在主观上是否有过错，只要违约方有违约行为就需要承担违约责任而言，违约方没有过错也不能免责，这一点与侵权责任下的严格责任是相同的。此外，非违约方不须对违约方的过错承担证明责任，这与侵权责任中受害人不须对加害人的过错承担证明责任也是相同的。但是，两者也有不同点。第一，法定的抗辩事由有所不同。在合同案件中，不可抗力和对方当事人的违约行为是抗辩事由，其中，对方的违约行为是合同双方当事人约定的内容，这在侵权责任中是不存在的。此外，第三人的行为在违约责任中不是抗辩事由，因为合同是双方当事人的意思表示，具有相对性，第三人的行为导致违约方违约，一般不能成为违约方的抗辩事由，但违约方承担违约责任后，可向第三方追偿。在侵权案件中，第三人的行为致受害人的损害是加害人的抗辩事由，加害人以此证明受害人的损害与自己无关，并以此作为免责的事由。第二，在证明责任分配上存在区别。在适用严格责任处理违约责任的案件，非违约

① 参见张新宝：《中国民法典释评：侵权责任编》，中国人民大学出版社 2020 年版，第 17～20 页。

方只须对违约方的违约事实、违约行为与其损失之间的因果关系举证，而无须对违约方的过错举证。违约方须对合同法规定的免责事由，即不可抗力和约定的抗辩事由承担证明责任。而在侵权责任案件中适用严格责任，加害人要免责，须对不可抗力、第三人的行为或受害人的过错承担证明责任。

（五）特殊侵权民事责任中因果关系的推定与证明责任的转换

特殊侵权，是相对于一般侵权而言的。一般侵权与特殊侵权的区别是两者侵权的归责根据不同。一般侵权，是适用以过错为归责根据的过错责任原则的侵权。在侵权案件中，最普遍适用的是以过错为归责根据确定民事责任。而适用过错推定原则、无过错责任原则或严格责任原则确定民事责任，是特殊侵权民事责任。

在特殊的侵权民事责任的证明责任中，有一种特殊的证明责任转换，即因果关系推定。在过错责任原则下，受害人不仅要承担加害人的行为具有过错的证明责任，而且还要承担加害人的行为与受害人遭受到的损害结果之间存在因果关系的证明责任。在特殊侵权责任的证明责任中，因果关系采用推定的方式，由加害人负担因果关系不存在的证明责任。

所谓因果关系推定，是指某种表见事实致使损害发生，即推定损害与该表见事实之间存在因果关系，受害人无须对因果关系承担证明责任，而由加害人对因果关系不存在承担最终证明责任。如果加害人不能通过举证否定因果关系的存在，法官就可以推定因果关系成立并判决加害人承担赔偿责任。

从因果关系推定的证明模式来看，因果关系推定实质上是受害人（原告）与加害人（被告）之间因果关系证明责任的转换，这个转换的内容尽管是侵权责任构成要件中的一个要件事实，但其毕竟改变了规范说的证明责任分配关系，因此，这种转换必须是法定的，法官在诉讼过程中不能随意适用。但是，不能对“法定的”作机械性的理解。“法定的”当然是在实体法或诉讼法中有明确的规定。如果法律上有明确的规定，在诉讼一开始，因果关系的证明责任就已经确定，即由加害人对因果关系不存在承担证明责任。如果法律没有规定因果关系这一责任要件的证明责任由哪一方承担，则应当对归责原则与法律规范规定的法律要件中蕴含的证明责任分配进行法律解释，从中找出法律规范中是否包含证明责任分配的依据。适用过错推定原则、无过错责任原则、严格责任原则的法律规范，都可能包含因果关系推定的证明模式。当然，并不是特殊侵权责任的归责原则下的法律规范都包含因果关系推定的逻辑要素或内容，因果关系推定的证明模式与特殊的侵权责任的归责根据，没有必然的联系。在没有法律明确规定的情况下，是否适用因果关系推定的证明模式，还需要对法律规范进行识别。这种因果关系推定的适用的条件是在诉讼过程中，受害人提供的证据已经证明加害人的行为与其损害结果之间有较大程度的关联性，即初步的因果关系，并且已经排除了特殊侵权民事责任的法律规范规定中的免责事由，如受害人的故意、重大过失、不可抗力、第三人的行为致受害人损害，才适用因果关系推定。

在特殊侵权责任领域，在无过错责任原则下，有相当部分的法律规范包含因果关系推定的证明责任。有的法律规范明确规定了因果关系的证明责任，如《民法典》第1229条规定：“因污染环境、破坏生态造成他人损害的，侵权人应当承担侵权责任。”第1230条规定：“因污染环境、破坏生态发生纠纷，行为人应当就法律规定的不承担责任或者减轻责任的情形及其行为与损害之间不存在因果关系承担举证责任。”有的法律规范，虽然没有明确规定因果关系的证明责任，但是，可以从其法律规范的文义解释中得出因果关系证明责任的要素或意义。主要适用无过错责任的案件，大多发生在高度危险领域，加害人又可以控制风险的行业，由加害人证明其行为与受害人的损失之间的因果关系，符合公平正义的要求。

在适用过错推定原则时，也有因果关系推定的证明模式。在这种证明责任模式下，加害人不仅要对其致受害人损害的行为无过错承担证明责任，而且还要对其行为与损害事实之间无因果关系承担证明责任。

在既适用过错推定原则又适用因果推定的证明模式中，因果关系推定与过错推定有着密切的联系，过错推定往往包含在因果关系的推定之中。因为适用因果关系推定的前提是，已排除了损害由受害人和第三人的行为所致、受害人和第三人对损害的发生具有故意或者重大过失的可能。在推定过程中，若加害人通过反证证明，损害的发生与其行为无关，则该证明既是对因果关系的否定，也是对过错存在的否定。[①]

在适用严格责任的特殊侵权责任中，也有对因果关系推定的情形，如产品责任案件中，由于有些高技术产品致人损害，受害人难以证明，为了保护受害人的利益，促使产品制造商采取更有效的措施保障产品的安全，适用因果关系推定的证明模式是一种法律政策。理由与无过失责任原则下适用因果关系推定的理由相同。但是，在合同领域适用严格责任时，一般不适用因果关系推定。因为合同是意思自治的产物。当事人在订立合同时对各自的权利义务安排是明知的，双方对承担合同责任的风险也是明知的。在一方出现违约的情形时，非违约方举证证明本方的损失与违约方的违约行为之间的因果关系的难度不是特别大，如果把因果关系不存在的证明责任转换给违约方，显然是不公平的。

第四节　私募投资基金民事法律纠纷的证明责任分配

一、适用法律规范的识别

因私募投资基金活动产生的民事法律纠纷，在法律适用上，除了《私募条例》，还涉及《民法典》、《信托法》、《证券基金投资法》、《公司法》和《合伙企业法》等。有关证明责任分配的法律规范，主要是《民法典》、《信托法》、《证券投资基金法》和《私募条例》。

《民法典》是处理私募投资基金民事纠纷的最大的上位法，特别是民事法律行为编、合同编、侵权责任编，对理解纠纷的性质，究竟是侵权纠纷还是合同纠纷，是何种归责的类型等，都极为重要。《信托法》是民法的特别法。私募投资基金活动，是一种特殊的委托关系，与信托关系相类似，处理私募投资基金民事纠纷可以适当参照信托纠纷的法律适用。《证券投资基金法》在法律性质上与《私募条例》最为类似，涉及投资人与基金管理人的法律关系

---

① 参见王利明主编：《民法：侵权行为法》，中国人民大学出版社 1993 年版，第 103 页。

内容可以参照适用。

二、法律规范的性质与证明责任分配

《私募条例》的法律性质主要为行政法规范，其中涉及监督管理的规范具有很强的强行法的规范性质，即使是有关投资人与基金管理人之间的民事法律规范，也很少有任意性规范，多为强行法性质的规范。其主要体现为规范规定的内容，多是基金管理人的法定义务。如第 19 条规定："基金管理人应当向投资人揭示风险、根据投资者的风险识别能力和风险承担能力匹配不同风险等级的私募基金产品。"基金管理人的义务大多是法定的适当性义务。这样的规定，主要是基于基金投资行为具有特殊性，即在投资人投资后，基金管理人控制了基金和投资，投资人处于非常弱势的地位。在这种资产、投资、信息严重不对称的关系中，通过强行法规范约束基金管理人是为了使基金管理人更好地履行其适当性义务，从而使投资人的利益得到保障。

关于私募投资基金的法律纠纷，目前法院统称为委托理财纠纷。根据第二章法律关系的分析，私募基金民事法律关系的性质应为特殊的信托关系，其纠纷应为私募基金信托纠纷。在这个大类案由下，也有侵权型纠纷和合同型纠纷之分。这两种纠纷的归责原则不同，其证明责任分配也不同。

从侵权类型的私募基金信托纠纷来看，其适用的法律规范主要是《私募条例》中涉及基金管理人、托管人的具有适当性义务的规范。基金管理人违反这些法定适当性义务，意味着其在基金的发行和进行投资理财的活动中有过错。所以，就基金管理人承担责任的归责原则来说，按过错推定原则处理比较符合相关法律法规的立法目的。首先，就其违反法定的适当性义务而言，其违反的都是强行法的规定，这种情况下，轻则违反先合同义务，构成缔约过失，重则构成侵权。其次，《私募条例》和《证券投资基金法》，对基金管理人提出了大量的义务，如要求备案、留存记录等强制性规定，这些规定具有行政法规范的性质，是其要求管理机构必须履行的法定义务。按照"卖者尽责，买者自负"的原则处理金融消费者与基金管理人之间以侵权为诉因的案件时，在诉讼过程中，如何判断基金管理人已"尽责"？根据过错推定归责原则的证明责任分配规则，应该采取举证责任倒置的方式，由基金管理人就其在发行基金和管理基金以及在从事投资活动中是否履行适当性义务承担举证责任，从而证明其没有过错而免责。最后，投资人与基金管理人在控制基金、掌握基金信息时存在严重不对称，投资人处于非常弱势的地位，如果按一般过错责任的归责原则处理投资人与基金管理人之间以侵权为诉因的案件时，要求投资人对基金管理人的过错承担证明责任，显然是不公平的。所以，在审理投资人与基金管理人之间以侵权为诉因的案件时，应当以过错推定的归责原则给投资人和基金管理人分配证明责任，即适用证明责任转换的规则，由基金管理人对其无过错，即其履行了法定的适当性义务，承担证明责任。这一点在2019年11月8日施行的《全国法院民商事审判工作会议纪要》（以下简称《九民纪要》）中得到确认。《九民纪要》第75条“举证责任分配”规定：“在审理案件的过程中，金融消费者应当对购买产品（或者接受服务）、遭受的损失等事实承担举证责任。卖方机构对其是否履行了适当性义务承担举证责任。卖方机构不能提供其已经建立了金融产品（或者服务）的风险评估及相应管理制度、对金融消费者的风险认知、风险偏好和风险承担能力进行了测试、向金融消费者告知产品（或者服务）的收益和主要的风险因素等相关证据的，应当承担举证不能的法律后果。”

对于以合同纠纷为诉因的案件，由于私募基金投资合同是一种特殊的有偿的信托合同，应以违约责任的一般归责原则即严格责任原则作为私募基金信托合同纠纷的裁判规则。在证明责任分配上，投资人只须证明基金管理人存在违约行为、其损失与基金管理人的违约行为之间有因果关系，而不需要证明基金管理人有过错。基金管理人的证明责任，不仅要对其履行了合同约定的义务承担证明责任，而且还须证明其履行了法定的适当性义务、勤勉义务和忠实义务。

第二编

《私募条例》释义

第一章　总　　则

第一节　导　　读

一、如何看待总则在立法中的法律地位与作用

总则，对应的英文为“general provisions”，可直译为立法的“一般规定”。一般认为，法的总则是对全法具有统领性的规定，主要规定与立法目的、立法根据、法的原则、基本法定制度、法的效力、法的适用等内容相对应的法的条文和法的规范的总称。[①] 在立法文本中，总则、分则与附则都是立法文本的有机组成部分，共同构成立法文本的完整内容。相对于分则、附则而言，总则在立法文本中居于统领的位置，对于整部法律的内容，它起到统揽全局与提纲挈领的作用。总则作为法律文本（本书所说的法律是广义上的法律，包括行政法规、地方性法规、国务院部门规章与地方性规章等）中具有统领性的组成部分，与其自身的内容有直接关系。总则部分的基本内容一般涵括立法目的、立法根据、法律原则、法律效力、适用范围及与法律主干内容相关的一般性规定。

立法目的，又称立法宗旨，一般是指法律的制定与实施所要追求的目标。在执法、司法过程中，法律文本的内容可能会存在不够完善与周延的地方，对于具体法律规定的适用特别是法律文本的解释，就需要通过溯源至立法目的确定法律规定的立法本意来加以解决。立法目的统领整部法律（规），整部法律（规）都要为实现立法目的服务。制定实施办法与部门规章，开展行政

① 参见周旺生：《论法的总则部分构造》，载《政治与法律》1995 年第 3 期。

监管，进行司法裁判，都应围绕立法目的理解与实施法律法规的具体规定，使最终结果符合立法目的的基本要求。立法根据，就是立法部门制定法律的立法权限与法律依据。根据《立法法》第 2 条规定，无论是法律、行政法规、地方性法规、自治条例和单行条例的制定、修改和废止，还是国务院部门规章和地方政府规章的制定、修改和废止，均应当依照法定的权限和程序进行。一般来说，立法根据主要指的是上位法的法律依据，如制定法律要以《宪法》为根据，制定行政法规要以《宪法》、法律为根据，制定地方性法规、部门行政规章或地方性规章，要以法律、行政法规为根据。立法根据是所制定的法律是否具有合法性的关键。法律原则，是法律规制的内容在具体实施过程中应该遵循的基本规范，几乎所有的基本法律在立法中都明确了法律的基本原则，只要看看常见的基本法律文本就一目了然了。法律原则相对于法律文本中关于权利义务的具体规定而言具有抽象性、超然性，但其绝不是可有可无的法律装饰，在具体法律规范不足以解决现实问题时就需要考量法律的一般性规定，即法律原则的价值取向与立法本意。法的效力与法的适用，是解决法律在何种范围内发挥作用的规定，是法律终极地位的体现，是总则部分不可或缺的重要内容。法的效力，一般指的是所制定的法律对什么人（包括自然人、法人及其他相关法律主体），在什么时间、什么空间范围内具有法律约束力。法的适用，一般指的是法律适用范围，即所制定的法律在什么空间、什么时间范围内对什么范围的人（包括自然人、法人及其他相关法律主体）适用。在很多法律文本中，二者往往合二为一，如《刑法》《民法典》《民事诉讼法》在总则中关于“适用范围”的规定，就是这方面的典型例子。

二、《私募条例》“总则”的基本内容导读

《私募条例》第 1 章“总则”，内容主要涵括了《私募条例》的立法目的、立法根据、适用范围、私募基金的基本行为规范、私募基金财产独立性、权利义务合同约定、法定监管机构及监管原则等。相对于《征求意见稿》关于总则部分的规定，最终出台的《私募条例》在“总则”部分还是做了较大的调整，也更符合《私募条例》立法的需求。“总则”开宗明义，明确了《私募条例》的立法目的是规范私募基金的业务活动，既要保护投资者及相关

利益主体的合法权益，也要规范私募基金行业的健康发展。制定《私募条例》的立法依据，主要是《证券投资基金法》、《信托法》、《公司法》与《合伙企业法》等法律。《私募条例》作为行政法规，其立法依据必须是法律等上位法。《私募条例》的适用范围，凡是在中华人民共和国境内开展私募基金的业务活动均可适用。对于何谓私募基金业务活动，“总则”做出了一般性的业务活动规定，即以非公开方式募集资金，设立投资基金或者以进行投资活动为目的依法设立公司、合伙企业，由私募基金管理人或者普通合伙人管理，为投资者的利益进行投资活动。《私募条例》的业务活动原则主要有四项：一是私募基金业务要发挥服务实体经济、促进科技创新的作用；二是私募基金业务要遵循自愿、公平、诚信、守法与公序良俗的原则；三是私募基金相关业务主体要履行依法行事、恪尽职守、诚实守信与谨慎勤勉的义务；四是私募基金从业人员应当遵守的基本职业要求，包括遵守法律规定、恪守职业道德、遵循行为规范、依规接受培训等。

由于私募基金的行业特点与特殊属性，私募基金的投资者与私募基金的管理人、托管人是相分离的。所以，“总则”特别规定了私募基金财产的独立性，强调私募基金财产独立于私募基金管理人、私募基金托管人的固有财产，私募基金财产的债务由私募基金财产本身承担。鉴于私募基金具有显著的商法属性，“总则”也明确了投资者享有权利（主要是投资收益）、承担义务（主要投资亏损的风险）的依据是合同约定，包括基金合同、公司章程、合伙协议。“总则”明确规定了私募基金的法定监管机构，是国务院证券监督管理机构（中国证监会）及其派出机构。中国证监会依照法律与《私募条例》的规定对私募基金业务活动实施监管，中国证监会的派出机构要依据上级部门的授权履行监督管理的职责。“总则”也规定了法定监管机构对私募基金实施监督管理的基本原则，即坚持差异化监督管理与分层分类监督管理。坚持差异化监督管理是指监管机构要根据私募基金管理人业务类型、管理资产规模、持续合规情况、风险控制情况和服务投资者能力等，实施有差别的管理。分层分类管理则是指监管机构根据私募基金的投资类型是上市前的股权投资（特别是创业投资）还是证券投资，而采取分类监督管理方式。

第二节 条文解读

第一条 【立法目的与立法根据】为了规范私募投资基金（以下简称私募基金）业务活动，保护投资者以及相关当事人的合法权益，促进私募基金行业规范健康发展，根据《中华人民共和国证券投资基金法》（以下简称《证券投资基金法》）、《中华人民共和国信托法》、《中华人民共和国公司法》、《中华人民共和国合伙企业法》等法律，制定本条例。

【条文解读】 该条是关于《私募条例》立法目的与立法根据的规定。

一、《私募条例》的立法目的

《私募条例》作为维护资本市场秩序、促进私募投资基金健康发展的第一部行政法规，其立法目的是规范私募投资基金业务活动，保护投资人及相关当事人的合法权益，促进私募投资基金行业的规范健康发展。对照《证券投资基金法》第1条之规定，“为了规范证券投资基金活动，保护投资人及相关当事人的合法权益，促进证券投资基金和资本市场的健康发展，制定本法”。显然，《私募条例》的立法目的与《证券投资基金法》的立法目的是完全相同的。

1. 规范私募基金业务活动

私募基金业务活动，就是以非公开方式募集资金，设立投资基金或者以进行投资活动为目的依法设立公司、合伙企业，由私募基金管理人或者普通合伙人管理，为投资者的利益进行投资活动（见第2条规定）。私募证券基金和私募股权基金的相关活动都属于私募基金业务活动。如本书第一编所述，我国私募基金起步较晚，发展速度又非常快，立法规制滞后于私募基金产业的发展，因此亟须规范。而《私募条例》的出台，相关配套规定的制定与完善，为私募基金业务规范开展提供了充分的法律支持。

2. 保护投资人及相关当事人的合法权益

投资人是私募基金的出资人，也是基金份额的所有人。相关当事人是指除投资人以外的参与私募基金活动的其他当事人，包括私募基金管理人、私募基金托管人、私募基金服务机构等。依法保护投资人及相关当事人的合法权益，是《私募条例》立法目的的核心内容。投资者的合法权益能否得到有效保护，是私募基金能否规范健康发展的关键。私募基金要想获得发展，必须保障投资者的合法权益，让投资者有安全感，投资者才能放心大胆地对私募基金进行投资。因侵犯投资者的合法权益导致私募基金受到处罚、投资失败的案例有很多，所以立法上加强对投资者的权益保护势在必行。投资者的合法权益固然应该得到保护，但其他当事人的合法权益也应该得到保护，在法治的轨道上运行，才能营造一个健康的产业生态。《私募条例》关于投资人、私募基金管理人、私募基金托管人、资金募集和投资运作、私募基金监督管理以及法律责任承担方式的各种制度设计，都是围绕如何保护投资人及相关当事人的合法权益而展开的。

3. 促进私募投资基金行业的规范健康发展

私募基金是资本市场发展的产物，依法促进私募基金规范运行、健康发展，对于培育优质的投资者，增强中小投资者对私募基金的投资信心，促进资本市场的健康发展，是非常重要的。近年来，私募基金行业出现了“阜兴系”“金诚系”等诸多重大风险事件，监管部门通过对典型案例的处理，对行业存在的主要风险和突出问题有了更深入的把握。《私募条例》在总结过往监管经验的基础上，更加注重风险源头管控，以规范私募投资基金管理人及其控股股东、实际控制人、普通合伙人等为着力点，抓住募集资金、投资运作、信息提供等关键环节，并且具体规定了私募基金行业的顶层设计，划定了监管底线，为私募基金行业的发展提供了明确指引，有利于实现全行业的健康发展，也有助于推动资本市场的高质量发展。

二、《私募条例》的立法根据

根据该条规定，《私募条例》的立法依据主要是《证券投资基金法》《信托法》《公司法》《合伙企业法》这 4 部法律。因此《私募条例》的立法内容必符合法律的立法本意，不得与已有的法律内容相冲突。具体来说，涉及私募证券基金相关规定的内容必须符合《证券投资基金法》的规定，涉及基金托管规定的内容必须符合《信托法》的规定，涉及私募基金、私募基金管理人的组织形式、治理结构、任职要求的内容则必须满足《公司法》《合伙企业法》对应的规定。

第二条　【适用范围】在中华人民共和国境内，以非公开方式募集资金，设立投资基金或者以进行投资活动为目的依法设立公司、合伙企业，由私募基金管理人或者普通合伙人管理，为投资者的利益进行投资活动，适用本条例。

【条文解读】　该条是关于《私募条例》适用范围的规定，包括《私募条例》适用的主体范围、客体范围及地域管辖范围。

《私募条例》适用于哪些法律主体，其法律关系调整的客体范围又包括哪些？这与我国关于私募基金的界定有关。关于私募基金的最早的定义是“以非公开方式向合格投资者募集资金设立的投资基金，包括资产由基金管理人或者普通合伙人管理的以投资活动为目的设立的公司或者合伙企业”①。这一定义遵循了《证券投资基金法》关于非公开募集基金的规定与要求，内容是比较完整的，但是没有充分考虑到私募证券投资基金中私募证券基金与私募股权基金的差异，没有将私募基金与私募基金管理人区分开来。《征求意见稿》对此做了调整，私募基金“是指在中华人民共和国境内，以非公开方式向合格投资者募集资金设立，由基金管理人管理，为投资者的利益进行投资活动的私募证券投资基金和私募股权投资基金”。在征求各方面的意见后，“总则”第 2 条最终确定了现在的文本内容。依据第 2 条规定，《私募条例》适用的主体范围包括投资人、基金管理人、基金托管人及投资活动相关当事人，所适用的客体范围是以非公开方式募集的资金，由基金管理人或普通合伙人管理，为投资者利益而进行的投资活动。

《私募条例》的地域管辖范围，是由其作为行政法规的属性所决定的，其效力范围覆盖全国，但不适用于香港、澳门特别行政区。因为根据《宪法》、《香港特别行政区基本法》和《澳门行政区基本法》的规定，不在两个基本法附件中规定的特别行政区适用的全国性法律都不适用于特别行政区。

① 《私募投资基金管理人登记和基金备案办法（试行）》（中基协发〔2014〕1 号）第 2 条的规定。

第三条 【政策方针、活动原则与基本行为规范】 国家鼓励私募基金行业规范健康发展，发挥服务实体经济、促进科技创新等功能作用。

从事私募基金业务活动，应当遵循自愿、公平、诚信原则，保护投资者合法权益，不得违反法律、行政法规和国家政策，不得违背公序良俗，不得损害国家利益、社会公共利益和他人合法权益。

私募基金管理人管理、运用私募基金财产，私募基金托管人托管私募基金财产，私募基金服务机构从事私募基金服务业务，应当遵守法律、行政法规规定，恪尽职守，履行诚实守信、谨慎勤勉的义务。

私募基金从业人员应当遵守法律、行政法规规定，恪守职业道德和行为规范，按照规定接受合规和专业能力培训。

【条文解读】 该条是关于私募基金行业的政策方针、活动原则及基本行为规范的规定。

一、明确国家关于私募基金行业发展的政策方针：鼓励规范健康发展，充分发挥功能作用

近年来，我国私募基金行业稳步发展。截至 2023 年 8 月末，存续私募基金管理人 21,948 家，管理基金数量 152,961 只，管理基金规模 20.82 万亿元。私募基金在服务实体经济、支持创业创新、提高直接融资比重以及服务居民财富管理等方面发挥了重要积极作用。司法部、中国证监会负责人就《私募条例》答记者问时指出，党中央、国务院高度重视私募基金行业的规范健康发展和风险防控，党的二十大报告提出，健全资本市场功能，提高直接融资比重。为贯彻落实党中央、国务院决策部署，司法部、中国证监会会同有关部门在深入调查研究，广泛听取部门、机构、专家等方面意见，并向社会公开征求意见的基础上，形成了《私募条例》草案。《私募条例》注重统筹发展和安全。坚决贯彻落实党中央、国务院关于防范化解重大风险、维护金融安全的决策部署，抓住行业关键主体和关键环节，强化风险源头管控，同时发挥私募基金行业服务实体经济、支持科技创新等方面的作用。

二、业务活动要遵循自愿、公平、诚信、守法与公序良俗原则

私募基金业务活动是重要的民事活动，我国《民法典》规定的民事主体从事民事活动时必须遵循的基本原则也是私募基金业务活动必须遵循的基本原则。

自愿原则是《民法典》第 5 条规定的原则，是指民事活动当事人地位平等，其参与民事活动完全出于意思自治，可以按照自己的意思设立、变更、终止民事法律关系。投资人、基金管理人、基金托管人作为民事主体参与私募基金活动，地位平等，订立基金合同、公司章程、合伙协议，应当遵循自愿原则，任何机构、组织或者个人都不得非法干预。

公平原则是《民法典》第 6 条规定的原则，是指平等的民事主体从事民事活动，权利义务对等，基于意思自治合理确定各方当事人的权利和义务，任何一方不得随意扩大自己的权利，加重对方的义务。在私募基金活动中，基金管理人、基金托管人“受人之托，代人理财”，在依法取得报酬的同时，必须履行忠实、勤勉、尽责义务，并应当对由自己的过错给基金财产或者基金份额持有人造成的损害依法承担赔偿责任。

诚信原则是《民法典》第 7 条规定的原则，是指民事主体从事民事活动，要坚持诚实守信，执行合同要恪守承诺，不欺骗其他当事人。投资人出于对基金管理人和基金托管人的信任，将自己的财产委托给基金管理人管理运用，基金管理人和基金托管人应该对投资人诚实守信、充分保护投资人的合法权益，并以其实际行动来回报投资人的信任。

守法与公序良俗原则是《民法典》第 8 条规定的原则，是指民事主体从事民事活动时，不得违反法律、行政法规和国家政策，不得从事违背公序良俗的行为。守法是基金管理人和基金托管人应该坚持的最低道德底线，任何违反法律、行政法规和国家政策的行为，都是私募基金行业所不允许的。在遵守法律底线维护投资人及其自身合法权益的同时，基金管理人与基金托管人也不得有违反公序良俗、损害国家利益、社会公共利益和他人合法权益的行为。

三、私募基金活动应遵循的基本行为规范

1. 基金管理人、基金托管人及私募基金服务机构应遵循的基本行为规范

该条关于基金管理人、基金托管人及基金服务机构的基本行为规范的内

容，与《证券投资基金法》关于基金管理人、基金托管人及基金服务机构的基本行为规范的规定基本一致，说明了《私募条例》对于上述法律主体行为规范的重视。私募基金管理人、私募基金托管人依照《私募条例》和合同的约定，履行受托职责，是基金财产的受托人，在私募基金活动中处于主导地位，他们基于投资人的信任而取得财产管理、运用或托管的权利，应当依法开展业务活动，恪尽职守，履行诚实守信、谨慎勤勉的义务。所谓恪尽职守，就是指基金管理人、基金托管人在开展业务活动时，必须尽职尽责，要以投资人的利益最大化为出发点。所谓诚实守信，是指基金管理人、基金托管人及基金服务机构在业务活动中，要实事求是、不弄虚作假、讲信用、守承诺。所谓谨慎勤勉，是指基金管理人、基金托管人及基金服务机构在业务活动中，要做到尽职尽责，始终将投资人的利益放在第一位，不得有为了牟取自身利益而损害投资人及第三人利益的行为。

2. 私募基金从业人员应遵循的基本行为规范

《私募条例》对私募基金从业人员的行为规范有三项要求：一是守法，必须遵守法律、行政法规的规定，违反法律与行政法规有严重的法律后果；二是恪守职业道德和行为规范，《基金从业人员管理规则》对此作了明确规定；三是按照规定接受合规和专业能力培训，私募基金从业人员必须依照法律、行政法规、规章及行业协会的要求接受继续教育。

第四条 【基金财产独立及权利义务约定】私募基金财产独立于私募基金管理人、私募基金托管人的固有财产。私募基金财产的债务由私募基金财产本身承担，但法律另有规定的除外。

投资者按照基金合同、公司章程、合伙协议（以下统称基金合同）约定分配收益和承担风险。

【条文解读】 该条是关于私募基金财产独立性及投资者收益风险依循约定的规定。

一、私募基金财产的独立性

所谓私募基金财产独立，是指私募基金财产相对于私募基金管理人、私募基金托管人的固有财产是独立开来的；在投资过程中发生的债务，由私募基金独立承担，与私募基金管理人、私募基金托管人的债务严格区分。由于私募基金活动以信托原理为基础，以此确定的基金财产的法律地位需遵循信托法的规定。依照信托原理，基金合同当事人应当被视为信托关系当事人；投资者应当被视为信托关系的委托人，在自益信托条件下，也是受益人；基金管理人和基金托管人应当被视为信托关系中的受托人；基金财产应当被视为信托财产。[①] 就法律意义上的财产独立性来说，私募基金与公募基金应该是一致的。由此私募基金产生了两个显著的特点：一是私募基金固有财产具有独立性，私募基金募集设立后，虽然基金财产处于基金管理人管理、基金托管人托管之下，但是基金财产并不属于基金管理人和基金托管人的固有财产，基金财产始终是独立于基金管理人和基金托管人的固有财产，基金管理人、基金托管人也不得将基金财产归入其固有财产。二是基金财产独立于其他固有财产，由其产生的债务也因此独立于其他固有财产，所以基金财产的债务仅由基金财产本身承担。将该债务分配到相应的投资人，则各以其出资为限对基金财产的债务承担责任。[②]

二、私募基金投资人的权利义务承担

由于《证券投资基金法》规定，非公开募集基金的收益分配和风险承担由基金合同约定，部分基金份额持有人可以作为基金管理人并承担无限连带责任，故根据基金合同各方当事人的意思表示确定，基金合同依照《证券投资基金法》对基金财产的债务责任另有约定的，从其约定。

该条规定的基金合同既包括基金合同，也包括公司章程、合伙协议，投资人签订的公司章程、合伙协议与基金合同一样，都要遵循各签订方的真实意思表示，这是所有民商事合同中都要注意的问题。需要说明的是，随着中国基金业协会对行业监管力度的加强，先后出台了一系列规范私募基金发展

---

① 参见李飞主编：《中华人民共和国证券投资基金法释义》，法律出版社 2013 年版，第 13 ~ 14 页。

② 参见李飞主编：《中华人民共和国证券投资基金法释义》，法律出版社 2013 年版，第 15 页。

的文件，继《私募投资基金管理人登记和基金备案办法（试行）》发布之后，又出台了《私募投资基金合同指引1号——契约型私募基金合同内容与格式指引》《私募投资基金合同指引2号——公司章程必备条款指引》及多个关于私募基金管理人登记指引的文件。因此，基金合同的内容除了合同各方必须达成一致外，还需要符合中国基金业协会的有关要求。

第五条 【监管机构】私募基金业务活动的监督管理，应当贯彻党和国家路线方针政策、决策部署。国务院证券监督管理机构依照法律和本条例规定对私募基金业务活动实施监督管理，其派出机构依照授权履行职责。

国家对运用一定比例政府资金发起设立或者参股的私募基金的监督管理另有规定的，从其规定。

【条文解读】 该条是关于私募基金业务活动的监管机构及监管要求的规定。

一、监管机构与监管要求

国务院证券监督管理机构（中国证监会），担负国家对证券期货统一监管的职责。私募基金投资活动是证券市场活动的重要组成部分，对证券市场的监管包括对私募基金投资活动的监管。国务院证券监督管理机构对私募基金业务活动实施监督管理。依法制定有关私募基金业务活动监督管理的规章、规则，并对私募投资基金的成立、运营、退出、清算等相关活动实施监管。私募基金的监管曾经涉及多个部门，2012年修订的《证券投资基金法》对私募证券投资基金的监管作了规定，但私募股权投资基金并未被纳入《证券投资基金法》的调整范围。2013年6月，中央机构编制委员会办公室印发了《关于私募股权基金管理职责分工的通知》，明确将包括创业投资基金在内的私募股权基金的监管职责授予了中国证监会。2014年8月，中国证监会以部门规章形式发布了《私募投资基金监督管理暂行办法》，明确规定中国证监会及其派出机构依法对私募基金管理人、私募基金托管人、私募基金销售机构及其他私募服务机构开展的私募基金业务情况进行统一监管。

国务院证券监督管理机构的派出机构是国务院证券监督管理机构的内部组成部门，国务院证券监督管理机构授权其派出机构履行有关职责，性质上属于国务院证券监督管理机构的内部分工。目前共有派出机构38个，包括设立在31个省份的证监局，5个计划单列市的证监局以及上海证券监管专员办事处、深圳证券监管专员办事处。派出机构对私募基金投资活动进行的监督管理行为，是国务院证券监督管理机构的行政行为。该条规定国务院证券监督管理机构的派出机构依照授权履行职责，是对派出机构依法规范履职的要求。

国务院证券监督管理机构及其派出机构对私募基金的监管必须坚持两个原则：一是要贯彻党和国家路线方针政策、决策部署，对于私募基金的监管工作，要根据国家政策的变化而进行适当调整；二是依法进行监管，所依据的法律法规主要是《证券投资基金法》与《私募条例》。

二、特殊监管规定

该条第2款规定的内容，主要是指财政部、国家发展改革委等部门对运用一定比例政府资金发起设立或者参股的私募基金的监督管理存在另外规定的，依然要遵循相应的规定分别由相应的部门进行监管。

2015年11月12日财政部印发了《政府投资基金暂行管理办法》（财预〔2015〕210号），并自当日施行。该办法明确要求，对于由各级政府通过预算安排，以单独出资或与社会资本共同出资设立，采用股权投资等市场化方式，引导社会各类资本投资经济社会发展的重点领域和薄弱环节，支持相关产业和领域发展的资金（包括通过一般公共预算、政府性基金预算、国有资本经营预算等安排的资金），均需要按照《政府投资基金暂行管理办法》接受财政部的监管。

2016年12月30日国家发展改革委印发了《政府出资产业投资基金管理暂行办法》（发改财金规〔2016〕2800号），于2017年4月1日施行。对于资金来源包括财政预算内投资、中央和地方各类专项建设基金及其他财政性资金，主要投资于非公开交易企业股权的股权投资基金和创业投资基金的政府出资，均需要接受国家发展改革委及对应的同级地方发改部门对政府出资产业投资基金业务活动实施的事中事后管理，并报全国政府出资产业投资基金信用信息登记系统登记管理。

第六条 【监管原则】国务院证券监督管理机构根据私募基金管理人业务类型、管理资产规模、持续合规情况、风险控制情况和服务投资者能力等，对私募基金管理人实施差异化监督管理，并对创业投资等股权投资、证券投资等不同类型的私募基金实施分类监督管理。

【条文解读】 该条是关于私募基金监管应遵循差异化监管、分类监管原则的规定。

差异化管理，主要是针对私募基金管理人而言。私募基金经过多年发展，培育了一批优秀的基金管理人，对于带动行业的发展发挥了重要的作用。与此同时，随着私募基金规模的扩大，基金管理人的规模也在不断扩大，行业竞争不断加剧，部分基金管理人基金管理能力、合规控制能力、风险控制能力不足的情况也时有暴露，有些还受到了行业自律机构、行政监管机构甚至是司法机构的处分（罚）。鉴于私募基金管理人的发展现状，《私募条例》第6条规定国务院证券监督管理机构应当对私募基金管理人实施差异化管理，要根据业务类型、管理资产规模、持续合规情况、风险控制情况和服务投资者的能力在监管上有所区别，这有利于私募基金长远发展。但具体如何区别对待，还有赖于中国证监会制定实施细则并出台相应的文件。

分类管理，主要是针对私募基金的不同类型而言。私募基金主要分为股权投资基金与证券投资基金两类，创业投资属于股权投资的范畴，但与一般股权投资基金不同的是，创业投资基金的投资主要是针对早期、初创型的科技企业。因此对创业投资基金应实施区别于一般股权投资基金、证券投资基金的监管政策。《私募条例》特设一章（第4章），对创业投资基金的监管作出了规定。具体内容详见本编第4章的内容。

第二章　私募基金管理人和私募基金托管人

第一节　导　　读

一、私募基金管理人和私募基金托管人的界定

《私募条例》第2章突出了其对关键主体私募基金管理人和私募基金托管人的监管要求，其中明确私募基金管理人不仅包括依法设立的公司和合伙企业，同时以合伙企业形式设立的私募基金，资产由普通合伙人管理的，普通合伙人也被纳入了私募基金管理人的监管范围。此外，《私募条例》对于私募基金集团化运作也预留了接口。由于私募基金管理人和私募基金托管人在私募基金的募、投、管、退各个环节中都起着至关重要的作用，规范私募基金的运行，首先就是要明确私募基金管理人和私募基金托管人的责任和义务，加强基金运作的合规性，这样才有助于防范市场乱象和风险，起到加强对投资者保护的作用，促进私募基金行业稳健发展。

对于私募基金管理人和私募基金托管人而言，中国证监会和中国基金业协会适时地出台了一些新规则以应对市场的变化，尤其是中国基金业协会制定的《私募投资基金登记备案办法》，其中很多规则与《私募条例》基本一致，但囿于其立法层级和监管权限，这些法律文件的效力无法与行政法规相匹敌，其实际效果也未达到预期目的。《私募条例》的出台结束了私募基金行业内始终缺少一部体现顶层设计、可以有效协调各条线监管部门对行业内各方面主要问题作出纲领性规定的行政法规的现状，进而为各方面细则的出台和各层级监管部门在实践中落实新的监管理念奠定了基础。同时，《私募条例》作为《证券投资基金法》的下位法，由于《证券投资基金法》未明确私

募基金管理人和私募基金托管人的相关规定，故《私募条例》针对我国私募基金行业整体生态环境、发展阶段的重要转变，结合私募基金的实务需求，对私募基金管理人和私募基金托管人作出了明确的规定，在法的层面上对公募基金和私募基金都进行了规定，填补了这一领域的空白。由此可见，在私募基金管理人和私募基金托管人的方面，《私募条例》的出现使其实现了“有法可依”，为私募基金的可持续健康发展提供了有力保障。

《私募条例》的出台进一步完善了我国私募基金行业的监管规则体系，尤其是对私募基金管理人的职责、专业性、持续运营等标准提出了要求。同时，《私募条例》也填补了私募基金领域行政法规立法层面的空白，形成了“法律—行政法规—部门规章—部门规范性文件—自律规则”的一系列私募基金监管规则，在很大程度上解决了长期以来私募基金监管方面法律制度供给不足的现状。

二、《私募条例》第 2 章的基本内容

该条例第 2 章包括第 7 条至第 16 条，共 10 条，条文虽然不多，但是涵盖了私募基金管理人和私募基金托管人的重要标准和规则。

（一）私募基金管理人

该条例第 2 章对私募基金管理人的主体资格进行了规定。

1. 明确了私募基金管理人的范围（第 7 条）。该规定承继了《证券投资基金法》对基金管理人的标准，即自然人不能登记为私募基金管理人。同时根据实践的发展，以合伙企业形式设立的私募基金，资产由普通合伙人管理的，将该普通合伙人纳入私募基金管理人的范畴，并纳入私募基金集团化经营的认定标准。

2. 以负面清单的形式列出了不得担任私募基金管理人及其控股股东、实际控制人或者普通合伙人的情形。只要属于《私募条例》第 8 条规定的四类情况之一的，均不得拥有前述法定资格。这些内容基本吸收了《私募投资基金登记备案办法》中的相关规定。

3. 明确了私募基金管理人应当履行的职责（第 11 条），此项规定是《私

募条例》第2章的核心内容。除国务院证券监督管理机构规定和基金合同约定的职责外，私募基金管理人还应诚信地履行6项职责，其中包括办理私募基金备案、不同私募基金财产分别管理、分别记账、建立有效的风险控制制度、依约定向投资者分配收益、依约定向投资者披露、保存私募基金财产管理业务活动的相关资料。同时，以非公开方式募集资金设立投资基金的，例如契约型基金，私募基金管理人应以自己的名义，为私募基金财产利益行使诉讼权利或者实施其他法律行为。

4. 明确了私募基金管理人的持续经营要求（第13条）。该项规定基本沿用了《私募投资基金登记备案办法》的规定。除国务院证券监督管理机构规定的其他要求外，私募基金管理人应保持财务状况良好，法定代表人、执行事务合伙人或者委派代表、负责投资管理的高级管理人员按规定持有一定比例的私募基金管理人的股权或者财产份额。持续经营要求的目的是保护投资者的合法权益、维护市场稳定，防止私募基金管理人利用不对称的信息侵害投资者的权益。同时，如果违反该项规定，根据《私募条例》第46条规定，相关责任人将受到处罚。

5. 规定了私募基金管理人登记事项的相关内容。一类是设立登记和变更登记（第10条）。私募基金管理人应当依法向国务院证券监督管理机构委托的机构报送相关材料，履行登记手续。其中，私募基金管理人应报送受益所有人的信息，其目的是对金融机构客户身份进行穿透识别，防范洗钱风险；未经登记，任何单位或者个人不得使用“基金”或者“基金管理”字样或者近似名称进行投资活动，此类“投资活动”将不被视为私募投资基金活动。如果任何单位或者个人违反此项规定，未经登记，使用“基金”或者“基金管理”字样或者近似名称进行投资活动，根据《私募条例》第44条之规定，将受到相应的处罚。私募基金管理人的重大事项发生变更的，应当按照规定向登记备案机构履行变更登记手续。另一类是登记备案机构的注销登记（第14条）。除个别的时限要求不同外，注销登记规定的5种情形基本与《私募投资基金登记备案办法》相同，分别为自行申请，依法或被依法撤销、被依法宣告破产，因重大违法行为被追究法律责任，登记之日起12个月内未备案首只私募基金，所管理的私募基金全部清算后，自清算完毕之日起12个月内未备案新的私募基金以及国务院证券监督管理机构规定的其他情形。同时，登记备案机构注销私募基金管理人登记前还有通知义务。

6. 对私募基金管理人中的两类人分别进行了规定。一类是私募基金管理人的股东、实际控制人、合伙人（第 12 条），作为关键主体中的关键角色，《私募条例》专门对他们的行为进行了禁止性规定。除兜底条款外，该条规定基本与《证券投资基金法》的规定相同，只有“委托他人或者接受他人委托出资”在《证券投资基金法》中未作规定，但该项规定与《私募投资基金登记备案办法》第 9 条第 1 款第 1 项类似。同时，如果私募基金管理人的股东、实际控制人、合伙人违反了此项规则，根据《私募条例》第 45 条的规定，此类人员将受到相应的处罚。另一类是私募基金管理人的董事、监事、高级管理人员、执行事务合伙人或者委派代表（第 9 条），《私募条例》对此类人员的资格采取了“负面清单”的规定。该条规定中的 7 项消极要件与《私募投资基金登记备案办法》的规定相似，既有来自《公司法》《合伙企业法》的内容，也有属于基金行业特有的规则。

（二）私募基金托管人

《私募条例》第 2 章对于私募基金托管人的规定相对较少，但是并不代表私募基金托管人在私募基金的运行中不重要。私募基金托管人关系着资金的正常使用，因为托管人的托管行为，私募基金财产才不会因各种原因被挪为他用。该条例第 2 章主要规定了私募基金托管人的两大重要职责，即私募基金应进行托管、建立托管业务隔离机制。

私募基金应进行托管（第 15 条）。原则上，私募基金应由托管人进行托管。但是，根据私募基金的特点，依据差异化监管的原则，并非所有私募基金都必须进行托管。一般而言，契约型私募基金必须进行托管，而合伙型、公司型私募基金并不强制要求托管。因此，对于可以不进行托管的私募基金，《私募条例》规定应明确保障私募基金财产安全的制度措施和纠纷解决机制。

私募基金托管人应建立托管业务隔离机制（第 16 条）。为保护私募基金财产的独立和安全、防范利益冲突和利益输送，私募基金托管人应建立托管业务隔离机制，《证券投资基金托管业务管理办法》已有类似的规定。

三、立法的依据与渊源

《私募条例》第2章内容主要是针对以往私募基金领域各类风险的经验总结。加强对私募基金底层和源头的管控。首先，从行政法规的层面，对私募基金管理人、私募基金管理人的董监高和执行事务合伙人、私募基金管理人的控股股东和实际控制人等明确了具体要求和禁止性行为；其次，对私募基金管理人、私募基金托管人的职责和义务作出明确规定。从其内容可以体现出，《私募条例》第2章的很多规定并非来自第1条所提到的《证券投资基金法》、《信托法》、《公司法》以及《合伙企业法》这些上位法，而更多的是来自中国证监会和中国基金业协会的规则。由于《私募条例》第2章的特殊性，因此该条例第2章很多规定与《私募投资基金登记备案办法》相似甚至一致。这种情况恰恰说明该条例第2章的规定是来自私募基金的实践，符合当下我国私募基金的监管需要，也与我国私募基金行业的发展方向一致，因此，该条例第2章的规定是在过往私募基金的发展经验基础上凝练总结而成的，既符合法律原则又满足现实需求。

四、立法新规的影响

1. 强化风险源头管控。通过强化源头的风险管控，《私募条例》对私募基金管理人及其控股股东、实际控制人、普通合伙人做出规范要求，对募集资金、投资运作、信息等关键环节严格管控。此外，《私募条例》划定了监管机构的监管底线。例如对私募基金管理人的受益所有人落实穿透监管要求，不断优化私募基金整体生态。私募基金管理人和私募基金托管人是私募基金的关键主体，只有牵住这个牛鼻子，才能确保我国的私募基金行业健康有序发展。

2. 私募基金的法治化提升。如前所述，《私募条例》的出台填补了私募基金监管行政法规的空白，对于私募基金管理人和私募基金托管人而言，该条例第2章的内容为私募基金管理人和私募基金托管人提供了规则供给，由于《证券投资基金法》以公募基金为主，故该法在私募基金规则方面存在缺失，尤其是关键主体规则的欠缺，导致部门规章、部门规范性文件、自律规则师出无名。《私募条例》的出台尤其是第 2 章的规定，为未来的下位法甚至是自律规则的制定提供了依据，势必带动我国对私募基金管理人和私募基金托管人的规则的完善，进而提升私募基金的法治化。

3. 私募基金的合规标准提高。《私募条例》第 2 章对私募基金管理人和私募基金托管人的规定比此前法律法规和自律规则更加明确，标准也更加严格。已设立的私募基金应当进行内部审查，对不符规定的行为予以纠正，根据第 2 章的内容明确合规标准。对于尚未设立的私募基金，合规标准的明确，有利于基金的顺利运行。

第二节 条文解读

第七条 【私募投资基金管理人资格】 私募基金管理人由依法设立的公司或者合伙企业担任。

以合伙企业形式设立的私募基金，资产由普通合伙人管理的，普通合伙人适用本条例关于私募基金管理人的规定。

私募基金管理人的股东、合伙人以及股东、合伙人的控股股东、实际控制人，控股或者实际控制其他私募基金管理人的，应当符合国务院证券监督管理机构的规定。

【条文解读】 该条主要明确了任职私募基金管理人资格的问题。

该条第 1 款关于私募基金管理人的主体要求规定与《证券投资基金法》第 12 条第 1 款规定一致——“基金管理人由依法设立的公司或者合伙企业担任”[①] 由此可见，基金管理人可由公司或者合伙企业担任，自然人不能登记为私募基金管理人。此外，该条明确了私募基金管理人的类型仅包括公司、合伙企业两种。

---

① 夏晶、汪景涛：《〈私募投资基金监督管理条例〉解读（二）》，载北大法宝网，https：//www. pkulaw. com/lawfirmarticles/01bb71c2fde2d7108397912ef14a4c76bdfb. html？keyword = 《私募投资基金监督管理条例》解读（二）&way = listView，最后访问日期：2024 年 1 月 7 日。

在《私募条例》第7条第2款中，明确了在资产由普通合伙人管理的合伙制私募基金中，普通合伙人亦适用私募基金管理人的规定。在阐述第2款及第3款之内涵前，需首先对控股股东、实际控制人、合伙人等概念进行厘清。《公司法》第265条第2项规定，控股股东，是指其出资额占有限责任公司资本总额50%以上，或者其持有的股份占股份有限公司股本总额50%以上的股东；出资额或者持有股份的比例虽然不足50%，但依其出资额或者持有的股份所享有的表决权已足以对股东会、股东大会的决议产生重大影响的股东。《公司法》第265条第3项规定，实际控制人，是指虽不是公司的股东，但通过投资关系、协议或者其他安排，能够实际支配公司行为的人。《合伙企业法》第2条对合伙人进行了以下界定，普通合伙企业由普通合伙人组成，合伙人对合伙企业债务承担无限连带责任。该法对普通合伙人承担责任的形式有特别规定的，从其规定。有限合伙企业由普通合伙人和有限合伙人组成，普通合伙人对合伙企业债务承担无限连带责任，有限合伙人以其认缴的出资额为限对合伙企业债务承担责任。

从《私募条例》第7条第2款内涵上的宏观层面来看，该款体现了对私募投资基金监管所采取的“实质重于形式”原则——将实践中实际从事私募基金业务，但未委托私募基金管理人管理并在中国基金业协会完成登记备案的普通合伙人纳入监管范畴，对于实质上符合私募基金构成要件，但未设置私募基金管理人的合伙企业有重要影响。[①] 具体而言，普通合伙人在被纳入监管范围后，适用《私募条例》对私募基金管理人在财务状况、高管持股、资金募集和投资运作等规范和法律责任承担等方面的要求。从目前中国基金业协会对私募基金采取“间接监管”模式的现状来看，其通过监管在中国基金业协会登记的私募基金管理人来间接实现对管理人名下所备案的私募基金的监管，而此款规定通过要求普通合伙人适用私募基金管理人规则，来将该等合伙企业纳入私募基金的统一监管范畴，从而弥补对此类企业监管

① 赵伟伟：《〈私募投资基金监督管理条例〉内容简析》，载北大法宝网，https：//www.pkulaw.com/lawfirmarticles/28657cfcac15ceba74078da5881ff52fbdfb.html？keyword =《私募投资基金监督管理条例》内容简析 &way = listView，最后访问日期：2024年1月7日。

路径的缺失。① 当然，该款规定在落实上也存在一些需要进一步明确的问题。例如，该条款的涵摄对象为单普通合伙人（GP）与私募基金管理人的分离架构还是双 GP 单私募基金管理人架构。目前普遍采取的私募基金架构为双 GP 单私募基金管理人架构，即由私募基金管理人担任其中一 GP，另一 GP 由未登记为私募基金管理人的主体担任。② 一般认为，在单 GP 与私募基金管理人分离的架构中，私募基金管理人不能借用该安排转移管理责任，如 GP 实际承担了管理职责，则其需满足私募基金管理人的相关规定，这意味着该 GP 需申请私募基金管理人登记。而在现行监管下，中国基金业协会是禁止双管理人基金架构的。因此，在该架构下，如存在 GP 管理私募基金的情形，则应进行及时的整改。此外，依据该规定，此前业内曾出现的借用合伙企业募资，但 GP 未登记为私募基金管理人而意图规避监管的现象已被禁止。由此可知，无论采取何种基金架构，未登记为私募基金管理人的 GP 不能管理私募基金。再如，该条款还产生了“基金设置了私募基金管理人且 GP 与管理人分离情形下，普通合伙人是否仍应全面满足管理人的各项要求”的疑问。对于这一问题，有观点认为，该款规定对目前可行的“双 GP”模式以及“外部委托管理人”模式可能形成挑战，理由在于，“双 GP”模式下，适用该款规定将导致全部普通合伙人均需具备私募基金管理资质，与现行政策不允许一家私募基金由两家管理人进行管理的规定相悖；“外部委托管理人”模式下，适用该款规定则要求实际管理基金资产的普通合伙人具备私募基金管理资质，这样也就无须再委托具有关联关系的私募基金管理机构进行管理。③《私募条例》第 2 条规定，设立投资基金或者以进行投资活动为目的依法设立公司、合伙企

---

① 张平、张摩西：《〈私募投资基金监督管理条例〉要点解读》，载北大法宝网，https：//www.pkulaw.com/lawfirmarticles/024016a0134deb9101895c8f48ace5f3bdfb.html? keyword =《私募投资基金监督管理条例》要点解读 &way = listView，最后访问日期：2024 年 1 月 7 日。

② 王伟、刘少华：《私募基金新时代的开启——〈私募投资基金监督管理条例〉对行业影响的浅析》，载北大法宝网，https：//www.pkulaw.com/lawfirmarticles/377877f83ce9e77c15c6d692e7af7d0 dbdfb.html? keyword = 私募基金新时代的开启——《私募投资基金监督管理条例》对行业影响的浅析 &way = listView，最后访问日期：2024 年 1 月 7 日。

③ 夏晶、汪景涛：《〈私募投资基金监督管理条例〉解读（二）》，载北大法宝网，https：//www.pkulaw.com/lawfirmarticles/01bb71c2fde2d7108397912ef14a4c76bdfb.html? keyword =《私募投资基金监督管理条例》解读（二）&way = listView，最后访问日期：2024 年 1 月 7 日。

业，由私募基金管理人或者普通合伙人管理。结合《私募条例》第 2 条和第 7 条第 2 款规定，《私募条例》并未明确要求仅由一家普通合伙人管理私募基金财产或者明确禁止另行委托有关联关系的私募基金管理机构，而是强调在普通合伙人管理私募基金财产的情况下，则该普通合伙人需取得私募基金管理资质且满足《私募条例》关于私募基金管理人的规定；反之，在普通合伙人不管理私募基金财产的情况下（在此情况下，“双 GP”模式、“外部委托管理人”模式仍具有存在空间)，则该普通合伙人无须满足《私募条例》关于私募基金管理人的规定。也有观点认为，该条款内涵应为仅对其中一名普通合伙人有此要求，而非对全部普通合伙人均有要求，否则将出现双管理人的情况，不符合现行规定。因此，该条款不影响现阶段关于双 GP 以及委托管理的结构设计。鉴于目前对该款规定的理解存在不同认识，这一规定是否对“双 GP”模式、“外部委托管理人”模式存在实质性影响，还有待中国证监会制定的配套规定予以释明。

此外，《私募条例》第 7 条对于采取“双 GP”或“多 GP”结构的基金的每一位普通合伙人是否均应适用这项要求也规定不明。在基金管理人与 GP 分离的情形下，容易诱发基金治理风险。私募基金监管实践中，已注意并要求两者具有强关联关系。然而，在实践中双 GP 和多 GP 的情形也依旧存在，并为行业所关注，有观点认为此处的 GP 应该特指与基金管理人存在关联关系的 GP，对于其他 GP 满足合格投资人标准即可。由此可见，监管有意限制但并非禁止双 GP 架构的存在。对于该条第 3 项而言，此次纳入了私募基金集团化经营的认定标准，较《私募投资基金登记备案办法》第 17 条第 1 款有所变化。具体而言，《私募投资基金登记备案办法》的认定标准为，同一控股股东、实际控制人控制两家以上私募基金管理人的，即作为私募基金管理人需具备充分的合理性与必要性，其控制的私募基金管理人应当持续、合规、有效展业。控股股东、实际控制人应当合理区分各私募基金管理人的业务范围，并就业务风险隔离、避免同业化竞争、关联交易管理和防范利益冲突等内控制度作出合理有效安排，应当建立与所控制的私募基金管理人的管理规模、业务情况相适应的持续合规和风险管理体系，在保障私募基金管理人自主经营的前提下，加强对私募基金管理人的合规监督、检查。[①] 而根据《私募条例》规定，满足任一股东、合伙人以及股东、合伙人的控股股东、实际控制人，控股或者实际控制即构成认定。由此可见，《私募条例》集团化管理的适用范围非常大，该表述既为集团化管理人后续立法预留了空间，又认可了监管对集团化管理人存续的事实。[②] 当然，对私募基金管理人的股东以及其控股股东、实际控制人，存在控股其他私募基金管理人的情形，须符合中国证监会的规定。然而，对于是否会对适用集团化管理的股东、合伙人持有私募基金管理人的股权或财产份额的比例作进一步限缩，以及对于无控制力的参股股东或有限合伙人是否应纳入集团化运作的认定范围等问题，还有待相关配套规定予以明确。

总之，该条关于私募基金管理人的股东、合伙人以及股东、合伙人的控股股东、实际控制人，控股或者实际控制其他私募基金管理人的规定，应当符合国务院证券监督管理机构的规定。[③] 这一方面体现出国务院对于行业内合理的管理人集团化需求的认可，另一方面也可以看出监管部门对于该等情形的审慎监管态度。

第八条　【私募投资基金管理人消极资格】 有下列情形之一的，不得担任私募基金管理人，不得成为私募基金管理人的控股股东、实际控制人或者普通合伙人：

（一）本条例第九条规定的情形；

---

① 赵伟伟：《〈私募投资基金监督管理条例〉内容简析》，载北大法宝网，https://www.pkulaw.com/lawfirmarticles/28657cfcac15ceba74078da5881ff52fbdfb.html?keyword=《私募投资基金监督管理条例》内容简析&way=listView，最后访问日期：2024年1月7日。

② 郭卫锋：《〈私募投资基金监督管理条例〉深度解读》，载北大法宝网，https://www.pkulaw.com/lawfirmarticles/d97ef136679885daf94dd922b260ded4bdfb.html?keyword=《私募投资基金监督管理条例》深度解读&way=listView，最后访问日期：2024年1月7日。

③ 王勇、李子阳：《〈私募投资基金监督管理条例〉评析》，载北大法宝网，https://www.pkulaw.com/lawfirmarticles/34d03726fbe37e66bf0d12cdd77a2e31bdfb.html?keyword=《私募投资基金监督管理条例》评析&way=listView，最后访问日期：2024年1月7日。

（二）因本条例第十四条第一款第三项所列情形被注销登记，自被注销登记之日起未逾3年的私募基金管理人，或者为该私募基金管理人的控股股东、实际控制人、普通合伙人；

（三）从事的业务与私募基金管理存在利益冲突；

（四）有严重不良信用记录尚未修复。

【条文解读】 该条是关于担任私募基金管理人及成为其控股股东、实际控制人、普通合伙人的禁止性规定。

从主体上来看，相较于《征求意见稿》第7条规定的私募基金管理人"主要股东或者合伙人"的"负面清单"要求，《私募条例》将主体修改为"控股股东、实际控制人或者普通合伙人"，相对而言判断标准更为清晰、明确。而在《私募投资基金登记备案办法》的禁止性规定中的主体，除上述列举外，还包括了主要出资人（指持有私募基金管理人25%以上股权或者财产份额的股东、合伙人），且其包含的不得担任私募基金管理人或成为其控股股东、实际控制人或者普通合伙人的情形更多。[①]《私募条例》作为上位法明确了禁止情形，而《私募投资基金登记备案办法》规定了更多的主体及情形。

从内容上来看，《私募条例》第8条规定的四项"负面清单"要求基本沿用了《私募投资基金登记备案办法》第15条第1、4、6、7款的规定，对照《私募投资基金登记备案办法》的相关规定并无实质性差异。[②] 从条文内容上进行分析，《私募条例》第8条第4款规定"有严重不良信用记录尚未修复"，该条被认为是兜底条款，除去"所负债务数额较大，到期未清偿或者被纳入失信被执行人名单"等不良信用情形外，如涉及可能需赔偿巨额款项的纠纷，亦有可能无法成为私募基金管理人的控股股东、实际控制人或者普通合伙人。

---

① 王伟、刘少华：《私募基金新时代的开启——〈私募投资基金监督管理条例〉对行业影响的浅析》，载北大法宝网，https：//www. pkulaw. com/lawfirmarticles/377877f83ce9e77c15c6d692e7af7d0 db-dfb. html？ keyword = 私募基金新时代的开启——《私募投资基金监督管理条例》对行业影响的浅析 &way = listView，最后访问日期：2024年1月7日。

② 夏晶、汪景涛：《〈私募投资基金监督管理条例〉解读（二）》，载北大法宝网，https：//www. pkulaw. com/lawfirmarticles/01bb71c2fde2d7108397912ef14a4c76bdfb. html？ keyword = 《私募投资基金监督管理条例》解读（二）&way = listView，最后访问日期：2024年1月7日。

从该规定可以看出，私募基金行业目前对于相关主体诚信的重视程度日趋增加。①

虽然《私募条例》第8条并未明确授权登记备案机构可规定“负面清单”的其他情形，但《私募条例》第8条明确规定私募基金管理人应当依法向国务院证券监督管理机构委托的机构（登记备案机构）履行登记手续。《私募投资基金登记备案办法》第15条除第1、4、6、7款以外其他款规定的“负面清单”要求，属于中国基金业协会依其职权进行的操作性规定。除非中国证监会制定相关规定明确在《私募条例》第8条规定基础上不得对“负面清单”增设条件，否则《私募投资基金登记备案办法》第15条除第1、4、6、7款以外其他款规定的“负面清单”要求同样具有规范效力。私募基金管理人以及私募基金管理人的控股股东、实际控制人或者普通合伙人应满足《私募投资基金登记备案办法》第15条规定的全部“负面清单”要求。同理，《私募条例》第8条仅从“负面清单”角度规定了私募基金管理人以及私募基金管理人的控股股东、实际控制人或者普通合伙人的条件。因此，《私募投资基金登记备案办法》第8条规定的私募基金管理人的“正面”要求，第9条规定的不得担任私募基金管理人的股东、合伙人、实际控制人的情形，以及《私募投资基金登记备案办法》第24条、第25条规定的中国基金业协会中止办理及终止办理私募基金管理人登记情形的规定，同样具有规范效力，投资者应予以关注。②

第九条　【从业人员消极资格】有下列情形之一的，不得担任私募基金管理人的董事、监事、高级管理人员、执行事务合伙人或者委派代表：

---

① 王伟、刘少华：《私募基金新时代的开启——〈私募投资基金监督管理条例〉对行业影响的浅析》，载北大法宝网，https：//www. pkulaw. com/lawfirmarticles/377877f83ce9e77c15c6d692e7af7d0 db-dfb. html？keyword = 私募基金新时代的开启——《私募投资基金监督管理条例》对行业影响的浅析&way = listView，最后访问日期：2024年1月7日。

② 夏晶、汪景涛：《〈私募投资基金监督管理条例〉解读（二）》，载北大法宝网，https：//www. pkulaw. com/lawfirmarticles/01bb71c2fde2d7108397912ef14a4c76bdfb. html？keyword = 《私募投资基金监督管理条例》解读（二）&way = listView，最后访问日期：2024年1月7日。

（一）因犯有贪污贿赂、渎职、侵犯财产罪或者破坏社会主义市场经济秩序罪，被判处刑罚；

（二）最近3年因重大违法违规行为被金融管理部门处以行政处罚；

（三）对所任职的公司、企业因经营不善破产清算或者因违法被吊销营业执照负有个人责任的董事、监事、厂长、高级管理人员、执行事务合伙人或者委派代表，自该公司、企业破产清算终结或者被吊销营业执照之日起未逾5年；

（四）所负债务数额较大，到期未清偿或者被纳入失信被执行人名单；

（五）因违法行为被开除的基金管理人、基金托管人、证券期货交易场所、证券公司、证券登记结算机构、期货公司以及其他机构的从业人员和国家机关工作人员；

（六）因违法行为被吊销执业证书或者被取消资格的律师、注册会计师和资产评估机构、验证机构的从业人员、投资咨询从业人员，自被吊销执业证书或者被取消资格之日起未逾5年；

（七）担任因本条例第十四条第一款第三项所列情形被注销登记的私募基金管理人的法定代表人、执行事务合伙人或者委派代表，或者负有责任的高级管理人员，自该私募基金管理人被注销登记之日起未逾3年。

【条文解读】 该条是关于私募基金管理人的董事、监事、高级管理人员、执行事务合伙人或者委派代表的消极资格的规定。

《私募条例》将集团化管理的要求扩大至私募基金管理人的董事、监事、高级管理人员等实际控制人，适用范围增大。不同于公募基金、上市的资产管理公司有严格的信息披露规则，投资者能够较为便捷和直接地查阅基金管理人信息和行为。[①] 在私募基金领域，投资者较难直接了解到项目的真实情况。因此，投资者一旦投入资产，自我进行尽职调查与材料搜集是很困难的，对管理人的委托和信赖程度非常高。并且私募基金行业本身存在普遍的集团

① 参见赵伟伟：《〈私募投资基金监督管理条例〉内容简析》，载北大法宝网2023年8月3日，https：//www. pkulaw. com/lawfirmarticles/28657cfcac15ceba74078da5881ff52fbdfb. html。

化现象，因此对私募基金实行集团化、差异化管理，对私募基金管理人设置高门槛是必然之径。

根据该条规定，失格私募基金管理人至少存在一项以下情形：（1）所负债务巨大被列入失信执行人名单；（2）曾经实施了违反刑法、证券法、行政法规、部门规章的重大违法违规行为；（3）因个人原因导致企业营业执照吊销或执业执照吊销或私募基金管理人注销。

其中，重大违法违规行为是指违反国家法律、行政法规和规章，且受到行政处罚、情节严重的行为。在我国，根据《行政处罚法》第 8 条的规定，行政处罚的种类包括：警告、通报批评；罚款、没收违法所得、没收非法财物；限制开展生产经营活动、责令停产停业、责令关闭、限制从业；暂扣许可证件、降低资质等级、吊销许可证件；行政拘留；法律、行政法规规定的其他行政处罚。但一些法律法规又授予了中国证监会一些新的行政处罚措施，例如，撤销担任上市公司高管的任职资格、责令强制出售其非法持有的股票、市场禁入等。中国证监会在其颁布制定的一系列部门规章及规范性文件当中，还创设了一些“非行政处罚性监管措施”，[①] 例如 2023 年修订的《证券期货经营机构私募资产管理业务管理办法》第 78 条规定：“证券期货经营机构、托管人、销售机构和投资顾问等服务机构违反法律、行政法规、本办法及中国证监会其他规定的，中国证监会及相关派出机构可以依法对其采取责令改正、监管谈话、出具警示函、责令定期报告等措施；依法对直接负责的主管人员和其他直接责任人员采取监管谈话、出具警示函、认定为不适当人选等措施。”其中，监管谈话等就属于“非处罚性监管措施”。这些措施还包括：责令更换董事、监事与高级管理人员；认定一部分人不适格；一定期间内不接受相关公司或个人申请；违法违纪记入诚信档案并列入失信名单等。根据《首次公开发行股票并上市管理办法》、《首次公开发行股票并在创业板上市管理办法》、《上市公司证券发行管理办法》以及《创业板上市公司证券发行管理暂行办法》等规定，重大违法违规行为包括以下情形：（1）未经法定机关

---

① 方哲：《中国证监会行政处罚特征的实证研究——以上市公司及中介机构为视角》，中国政法大学 2015 年硕士学位论文。

核准，擅自公开或者变相公开发行过证券。(2) 违反证券法律、行政法规或规章，受到中国证监会的行政处罚，或者受到刑事处罚。(3) 违反工商、税收、土地、环保、海关以及其他法律、行政法规，受到行政处罚且情节严重，或者受到刑事处罚。(4) 向中国证监会提出发行申请但报送的发行申请文件有虚假记载、误导性陈述或重大遗漏；不符合发行条件以欺骗手段骗取发行核准；以不正当手段干扰中国证监会及其发行审核委员会审核工作；伪造、变造发行人或其董事、监事、高级管理人员、控股股东、实际控制人的签字、盖章。(5) 严重损害投资者合法权益和社会公共利益的违法行为。(6) 违反国家其他法律、行政法规且情节严重的行为。

一、与可操作性规范的兼容

《证券期货经营机构私募资产管理业务管理办法》作为可操作性规范，其第 2 条明确了证券期货经营机构作为管理人以非公开募集资金或者接受财产委托方式设立私募资产管理计划的，适用该办法。其第 18 条对证券期货经营机构、托管人、投资顾问及相关从业人员作出了禁止性的规定。

《证券期货经营机构私募资产管理业务管理办法》第 18 条规定：证券期货经营机构、托管人、投资顾问及相关从业人员不得有下列行为：(1) 利用资产管理计划从事内幕交易、操纵市场或者其他不当、违法的证券期货业务活动；(2) 泄露因职务便利获取的未公开信息、利用该信息从事或者明示、暗示他人从事相关交易活动；(3) 为违法或者规避监管的证券期货业务活动提供交易便利；(4) 利用资产管理计划，通过直接投资、投资其他资产管理产品或者与他人进行交叉融资安排等方式，违规为本机构及其控股股东、实际控制人或者其他关联方提供融资；(5) 为本人或他人违规持有金融机构股权提供便利；(6) 从事非公平交易、利益输送等损害投资者合法权益的行为；(7) 利用资产管理计划进行商业贿赂；(8) 侵占、挪用资产管理计划财产；(9) 利用资产管理计划或者职务便利为投资者以外的第三方谋取不正当利益；(10) 直接或者间接向投资者返还管理费；(11) 以获取佣金或者其他不当利益为目的，使用资产管理计划财产进行不必要的交易；(12) 法律、行政法规和中国证监会规定禁止的其他行为。

《证券期货经营机构私募资产管理业务管理办法》第 79 条第 1 款规定：

证券公司及其子公司、基金管理公司及其子公司违反本办法规定构成公司治理结构不健全、内部控制不完善等情形的，对证券公司、基金管理公司及其直接负责的董事、监事、高级管理人员和其他直接责任人员，依照《证券投资基金法》第24条、《证券公司监督管理条例》第70条采取行政监管措施。

此外，私募基金管理人及私募基金管理人的董事、监事、高级管理人员、执行事务合伙人也可参照适用国家证券监督机构公示的行政处罚文件的具体情形，包括在管理过程中规范工作、履行勤勉义务、及时自查与变更信息。例如，豫金刚石信息披露违法违规案（2022年证监稽查20起典型违法案例之一），旨在警示上市公司实际控制人应当严守法律底线，不得滥用控制地位从事违法行为。在2016年至2019年，郭某希时任豫金刚石董事长、董事会秘书，作为郑州华晶金刚石股份有限公司实际控制人与其他主管人员策划、指使公司通过虚构销售交易及股权转让交易等方式累计虚增利润1.5亿元，通过虚构采购业务等方式虚增资产18.56亿元。豫金刚石通过虚构采购业务、支付采购款、账外借款及开具商业汇票等形式向实际控制人及其关联方提供资金，形成控股股东及其关联方非经营性占用资金。根据《证券法》第80条第1款、第2款第12项，《深圳证券交易所创业板股票上市规则》（深证上〔2014〕378号）第10.2.4条，《深圳证券交易所创业板股票上市规则》（深证上〔2018〕556号）第10.2.4条规定，豫金刚石应当及时披露。同时，根据《证券法》第79条，《公开发行证券的公司信息披露内容与格式准则第2号——年度报告的内容与格式》（证监会公告〔2016〕31号、证监会公告〔2017〕17号）第31条、第40条的规定，豫金刚石应当在相关年度报告中披露报告期内重大关联交易事项，及控股股东及其关联方非经营性占用资金情况。豫金刚石未及时披露不仅完全未履行对上市公司的忠实、勤勉义务，郭某希利用其实际控制人地位严重损害上市公司利益，证监会对郭某希给予警告，并处以1500万元罚款，其中对直接负责的主管人员罚款500万元，对实际控制人罚款1000万元。[①]

---

① 《中国证监会行政处罚决定书（豫金刚石及相关责任人员）》（〔2022〕57号），载中国证券监督管理委员会2023年9月2日，http：//www.csrc.gov.cn/csrc/c101928/c7034745/content.shtml。

二、与《私募投资基金登记备案办法》的兼容问题

当前，私募基金管理人及其发行的私募基金应适用的法律规定分为法律、行政法规、自律办法三类，其中自律办法又包括办法、指引、公告、解答、材料清单及备案关注要点等，其中于2023年5月1日生效的《私募投资基金登记备案办法》及3项管理人登记指引（《私募基金管理人登记指引第1号——基本经营要求》《私募基金管理人登记指引第2号——股东、合伙人、实际控制人》《私募基金管理人登记指引第3号——法定代表人、高级管理人员、执行事务合伙人或其委派代表》）是规范私募基金登记备案业务的基础性文件，其中有大量篇幅规定了对私募基金管理人的正面、负面清单。《私募条例》第9条第7款规定基本沿袭了《私募投资基金登记备案办法》第16条第1、2、5、6、7、10、11款规定，[①]《私募投资基金登记备案办法》在内容上更广泛，例如，《私募基金管理人登记指引第3号——法定代表人、高级管理人员、执行事务合伙人或其委派代表》第2条针对“最近3年被中国证监会采取行政监管措施或者被协会采取纪律处分措施，情节严重”的具体情形予以明确。该条内容即可以作为对《私募条例》第9条第2款“最近3年因重大违法违规行为被金融管理部门处以行政处罚”的补充参考。同时关于《私募投资基金登记备案办法》与《私募条例》之间的关系仍然还有再厘清的空间。

表1 《私募投资基金登记备案办法》中关于私募基金管理人董事、监事、高级管理人员、执行事务合伙人或者委派负面清单的列举

第10条 第1款	有下列情形之一的，不得担任私募基金管理人的法定代表人、高级管理人员、执行事务合伙人或其委派代表： （一）最近5年从事过冲突业务； （二）不符合中国证监会和协会规定的基金从业资格、执业条件； （三）没有与拟任职务相适应的经营管理能力，或者没有符合要求的相关工作经验； （四）法律、行政法规、中国证监会和协会规定的其他情形。

---

① 参见李田、法融团队/轴之承法融：《私募基金管理人现行适用的相关规定梳理》，载微信公众号“元年金服”2023年8月4日，https：//mp. weixin. qq. com/s/alicGZTRUrvgXyQaMKnRjQ。

续表

第 16 条	有下列情形之一的，不得担任私募基金管理人的董事、监事、高级管理人员、执行事务合伙人或其委派代表： （一）因犯有贪污贿赂、渎职、侵犯财产罪或者破坏社会主义市场经济秩序罪，被判处刑罚； （二）最近 3 年因重大违法违规行为被金融管理部门处以行政处罚； （三）被中国证监会采取市场禁入措施，执行期尚未届满； （四）最近 3 年被中国证监会采取行政监管措施或者被协会采取纪律处分措施，情节严重； （五）对所任职的公司、企业因经营不善破产清算或者因违法被吊销营业执照负有个人责任的董事、监事、高级管理人员、执行事务合伙人或其委派代表，自该公司、企业破产清算终结或者被吊销营业执照之日起未逾 5 年； （六）因违法行为或者违纪行为被开除的基金管理人、基金托管人、证券期货交易场所、证券公司、证券登记结算机构、期货公司等机构的从业人员和国家机关工作人员，自被开除之日起未逾 5 年； （七）因违法行为被吊销执业证书或者被取消资格的律师、注册会计师和资产评估等机构的从业人员、投资咨询从业人员，自被吊销执业证书或者被取消资格之日起未逾 5 年； （八）因违反诚实信用、公序良俗等职业道德或者存在重大违法违规行为，引发社会重大质疑或者产生严重社会负面影响且尚未消除；对所任职企业的重大违规行为或者重大风险负有主要责任未逾 3 年； （九）因本办法第二十五条第一款第六项、第八项所列情形被终止私募基金管理人登记的机构的控股股东、实际控制人、普通合伙人、法定代表人、执行事务合伙人或其委派代表、负有责任的高级管理人员和直接责任人员，自该机构被终止私募基金管理人登记之日起未逾 3 年； （十）因本办法第七十七条所列情形被注销登记的私募基金管理人的控股股东、实际控制人、普通合伙人、法定代表人、执行事务合伙人或其委派代表、负有责任的高级管理人员和直接责任人员，自该私募基金管理人被注销登记之日起未逾 3 年； （十一）所负债务数额较大且到期未清偿，或者被列为严重失信人或者被纳入失信被执行人名单； （十二）法律、行政法规、中国证监会和协会规定的其他情形。
《私募基金管理人登记指引第 1 号——基本经营要求》第 17 条	法律、行政法规、国家有关部门对相关人员出资或者执业有限制的，相关人员在限制期限内不得成为私募基金管理人的股东、合伙人、实际控制人，或者担任私募基金管理人的董事、监事、高级管理人员及从业人员。

续表

《私募基金管理人登记指引第3号——法定代表人、高级管理人员、执行事务合伙人或其委派代表》第2条	私募基金管理人的董事、监事、高级管理人员、执行事务合伙人或其委派代表不得存在《私募投资基金登记备案办法》第十六条规定的情形，其中第四项规定的“最近3年被中国证监会采取行政监管措施或者被协会采取纪律处分措施，情节严重”，是指有下列情形之一： （一）被中国证监会及其派出机构认定为不适当人选或者被协会采取加入黑名单的纪律处分措施，期限尚未届满； （二）被中国证监会撤销基金从业资格或者被协会取消基金从业资格； （三）其他社会危害性大，严重损害投资者合法权益和社会公共利益的情形。

《私募投资基金登记备案办法》属于自律规则，不属于国务院证券监督管理机构的规定，相较于《私募投资基金登记备案办法》第9条规定的负面清单明显有所限缩，[①]《私募条例》实施后，《私募投资基金登记备案办法》及后续发布的细化规则指引与《私募条例》的衔接问题还有待国务院证券监督管理机构对此进行明确，以便有效衔接。

第十条　【私募投资基金管理人备案的材料要求】私募基金管理人应当依法向国务院证券监督管理机构委托的机构（以下称登记备案机构）报送下列材料，履行登记手续：

（一）统一社会信用代码；

（二）公司章程或者合伙协议；

（三）股东、实际控制人、董事、监事、高级管理人员，普通合伙人、执行事务合伙人或者委派代表的基本信息，股东、实际控制人、合伙人相关受益所有人信息；

（四）保证报送材料真实、准确、完整和遵守监督管理规定的信用承诺书；

（五）国务院证券监督管理机构规定的其他材料。

① 参见尚帅利、朱云等：《〈私募投资基金监督管理条例〉要点简析》，载北大法宝网2023年7月14日，https：//www. pkulaw. com/lawfirmarticles/d97ef136679885daa304e9b1db51c383bdfb. html。

私募基金管理人的控股股东、实际控制人、普通合伙人、执行事务合伙人或者委派代表等重大事项发生变更的，应当按照规定向登记备案机构履行变更登记手续。

登记备案机构应当公示已办理登记的私募基金管理人相关信息。

未经登记，任何单位或者个人不得使用“基金”或者“基金管理”字样或者近似名称进行投资活动，但法律、行政法规和国家另有规定的除外。

【条文解读】 该条是关于私募基金管理人履行登记手续报送材料的规定。

其中第1款第1项规定，私募基金管理人应当依法向国务院证券监督管理机构委托的机构报送“统一社会信用代码”。“统一社会信用代码”的规定是对《私募条例》第2条私募基金定义的再回应，旨在解决“实质私募但不备案”这一问题。[①]

回顾私募基金的监管历程，2012年年底修订的《证券投资基金法》，增设了第10章“非公开募集基金”专章并在第89条明确规定，“担任非公开募集基金的基金管理人，应当按照规定向基金行业协会履行登记手续，报送基本情况”。该条款确定了私募基金管理人向基金业协会备案登记的法律基础与依据。

《证券投资基金法》第94条第2款规定，“非公开募集基金财产的证券投资，包括买卖公开发行的股份有限公司股票、债券、基金份额，以及国务院证券监督管理机构规定的其他证券及其衍生品种”，意即“未上市公司的股权，包括有限责任公司股权”并未包括在《证券投资基金法》所规范的私募证券投资基金的标的内。这意味着私募股权基金的基金管理人如规避监管，成立一个有限责任公司或合伙企业作为私募基金管理人，发起设立基金性质的产品（如“有限合伙”）进行股权投资，只要管理人及基金产品在基金或

---

① 参见夏晶、汪景涛：《〈私募投资基金监督管理条例〉解读（二）》，载北大法宝网2023年8月3日，https：//www. pkulaw. com/lawfirmarticles/01bb71c2fde2d7108397912ef14a4c76bdfb. html。

产品中未使用“基金”“基金管理”“股权投资”“投资管理”“创业投资”等字样，监管部门就很难介入监管；即使介入也很难处置，除非该机构明显涉及非法集资等违法行为。[①]

不过，这个漏洞被随后出台的中国证监会部门规章《私募投资基金监督管理暂行办法》所弥补。2014 年 8 月 21 日公布并生效的《私募投资基金监督管理暂行办法》第 2 条第 1 款规定，“本办法所称私募投资基金（以下简称私募基金），是指在中华人民共和国境内，以非公开方式向投资者募集资金设立的投资基金”，私募基金财产投资标的亦扩展到“包括买卖股票、股权、债券、期货、期权、基金份额及投资合同约定的其他投资标的”。

《私募条例》第 2 条规定，“在中华人民共和国境内，以非公开方式募集资金，设立投资基金或者以进行投资活动为目的依法设立公司、合伙企业，由私募基金管理人或者普通合伙人管理，为投资者的利益进行投资活动，适用本条例”。至此，可以从法条中提炼出中国境内私募基金的非公开募集、以投资活动为目的、由专业的合格合规机构管理的三大特征。

结合《私募条例》第 10 条对私募基金管理人设立材料、变更材料、公示材料的规则以及《私募条例》第 32 条报送不当的情形、第 44 条未履行登记手续的法律责任，该条例对登记备案的规定覆盖了募、投、管、退四个流程，做到了全方位的监管，该条例根据投资者倾斜性保护的原则，合理分配募、投、管、退全周期的证明责任，贯彻和落实了私募基金管理人的信义义务和勤勉义务。

一、与《证券投资基金法》的衔接

《私募条例》第 10 条包含了《证券投资基金法》第 89 条、第 90 条的内容，将主体进行扩张，对履行登记手续的报送材料进行了细化，并明确了登记备案机构应当公示已办理登记的私募基金管理人相关信息。未经登记，任何单位或者个人不得使用“基金”或者“基金管理”字样或者近似名称进行证券投资活动；但是，法律、行政法规另有规定的除外。在法律责任层面，

---

① 参见吴景洪大成厦门办公室：《私募基金监管后条例时代，实质私募不备案还行得通吗?》，载微信公众号“元年金服”2023 年 8 月 23 日，https://mp.weixin.qq.com/s/TKVLCKb72WWn4JbdzVw4dQ。

《私募条例》第44条规定对应的罚则与《证券投资基金法》第133条一致，这也使得私募证券投资基金和私募股权投资基金的行政处罚幅度一致，同等的违法行为对应的罚则相匹配，体现了过罚相当。[①]

表2 《证券投资基金法》中非公开募集基金登记备案与行政处罚相关规范梳理

第89条	担任非公开募集基金的基金管理人，应当按照规定向基金行业协会履行登记手续，报送基本情况。
第90条	未经登记，任何单位或者个人不得使用“基金”或者“基金管理”字样或者近似名称进行证券投资活动；但是，法律、行政法规另有规定的除外。
第94条	非公开募集基金募集完毕，基金管理人应当向基金行业协会备案。对募集的资金总额或者基金份额持有人的人数达到规定标准的基金，基金行业协会应当向国务院证券监督管理机构报告。 非公开募集基金财产的证券投资，包括买卖公开发行的股份有限公司股票、债券、基金份额，以及国务院证券监督管理机构规定的其他证券及其衍生品种。
第133条	违反本法规定，未经登记，使用“基金”或者“基金管理”字样或者近似名称进行证券投资活动的，没收违法所得，并处违法所得一倍以上五倍以下罚款；没有违法所得或者违法所得不足一百万元的，并处十万元以上一百万元以下罚款。对直接负责的主管人员和其他直接责任人员给予警告，并处三万元以上三十万元以下罚款。

二、与《私募投资基金登记备案办法》的衔接

《私募条例》第10条第1款第5项规定，私募基金管理人应当依法向国务院证券监督管理机构委托的机构（以下简称登记备案机构）报送国务院证券监督管理机构规定的其他材料。对照中国基金业协会颁布的《私募投资基金登记备案办法》第22条规定，《私募条例》第10条并未规定私募基金管理人办理登记手续需要提交实缴资本、财务状况的文件材料，分支机构、子公司以及其他关联方的基本信息，资金募集、宣传推介、运营风控和信息披露等业务规范和制度文件，也未规定需要提交财务报告、法律意见书等。

① 参见吴景洪：《私募基金监管后条例时代，实质私募不备案还行得通吗?》，载微信公众号“元年金服”2023年8月23日，https://mp.weixin.qq.com/s/TKVLCKb72WWn4JbdzVw4dQ。

按严格解释，中国基金业协会属于国务院证券监督管理机构委托的机构而不属于国务院证券监督管理机构本身，《私募投资基金登记备案办法》不属于“国务院证券监督管理机构规定”，但不排除后续中国证监会将通过完善部门规章、规范性文件的方式对此作出规定。[①]《私募条例》第10条规定并不代表私募基金管理人登记不再需要提交《私募投资基金登记备案办法》规定的前述材料，目前投资者仍应以中国基金业协会规定的私募基金管理人登记手续的材料要求为准。此外，应中国基金业协会的要求，根据《私募投资基金登记备案办法》施行前已提交办理的登记、备案和信息变更等业务，协会按照现行规则办理。施行后提交办理的登记、备案和信息变更业务，协会按照《私募投资基金登记备案办法》办理。已登记的私募基金管理人在《私募投资基金登记备案办法》施行后提交办理除实际控制权外的登记备案信息变更的，相关变更事项应当符合《私募投资基金登记备案办法》的规定。提交办理实际控制权变更的，变更后的私募基金管理人应当全面符合《私募投资基金登记备案办法》的登记要求。自2023年5月1日起，《私募投资基金登记备案办法》施行前已提交但尚未完成办理的登记、备案及信息变更事项，协会按照《私募投资基金登记备案办法》办理。[②]

表3 《私募投资基金登记备案办法》关于私募基金管理人履行报送、登记手续的规定

第22条	私募基金管理人应当在开展基金募集、投资管理等私募基金业务活动前，向协会报送以下基本信息和材料，履行登记手续： （一）统一社会信用代码等主体资格证明材料； （二）公司章程或者合伙协议； （三）实缴资本、财务状况的文件材料； （四）股东、合伙人、实际控制人、法定代表人、高级管理人员、执行事务合伙人或其委派代表的基本信息、诚信信息和相关投资能力、经验等材料；

① 参见王勇、李子阳：《〈私募投资基金监督管理条例〉评析》，载北大法宝网2023年8月11日，https：//www. pkulaw. com/lawfirmarticles/34d03726fbe37e66bf0d12cdd77a2e31bdfb. html。

② 《关于发布〈私募投资基金登记备案办法〉的公告》（中基协发〔2023〕5号）。

续表

	（五）股东、合伙人、实际控制人相关受益所有人信息； （六）分支机构、子公司以及其他关联方的基本信息； （七）资金募集、宣传推介、运营风控和信息披露等业务规范和制度文件； （八）经中国证监会备案的会计师事务所审计的财务报告和经中国证监会备案的律师事务所出具的法律意见书； （九）保证提交材料真实、准确、完整和遵守监督管理、自律管理规定，以及对规定事项的合法性、真实性、有效性负责的信用承诺书； （十）中国证监会、协会规定的其他信息和材料。 私募基金管理人应当确保在登记备案电子系统中填报的邮寄地址、传真地址、电话号码、电子邮箱等联系方式和送达地址真实、有效和及时更新，并承担中国证监会及其派出机构、协会按照上述联系方式无法取得有效联系的相应后果。 律师事务所、会计师事务所接受委托为私募基金管理人履行登记手续出具法律意见书、审计报告等文件，应当恪尽职守、勤勉尽责，审慎履行核查和验证义务，保证其出具文件的真实性、准确性、完整性。

第十一条　【私募投资基金管理人职责】私募基金管理人应当履行下列职责：

（一）依法募集资金，办理私募基金备案；

（二）对所管理的不同私募基金财产分别管理、分别记账，进行投资；

（三）按照基金合同约定管理私募基金并进行投资，建立有效的风险控制制度；

（四）按照基金合同约定确定私募基金收益分配方案，向投资者分配收益；

（五）按照基金合同约定向投资者提供与私募基金管理业务活动相关的信息；

（六）保存私募基金财产管理业务活动的记录、账册、报表和其他有关资料；

（七）国务院证券监督管理机构规定和基金合同约定的其他职责。

以非公开方式募集资金设立投资基金的，私募基金管理人还应当以自己的名义，为私募基金财产利益行使诉讼权利或者实施其他法律行为。

【条文解读】　该条是关于私募基金管理基本职责的规定。

一、该条规定了契约型私募基金管理人的诉讼权

该条规定通过开放式列举方式规定了私募基金管理人在募集、管理私募基金过程中及私募基金清算完成后的职责。其中第1款第2项中“分别管理、分别记账”的规定与《私募条例》第27条私募基金管理人不得将投资管理职责委托他人行使的相关规定钩稽，明确了转委托的职责内涵，提供了明确的监管依据。[①] 第2款规定，私募基金管理人还应当以自己的名义，为私募基金财产利益行使诉讼权利或者实施其他法律行为，该款规定从法律层面赋予私募基金管理人代表契约型私募基金实施法律行为的权利。在公司制私募基金组织架构中，公司管理者通常仅对股东而非其他债权人承担信义义务；而在合伙型私募基金中，普通合伙人GP要持续担当受托人（基金管理人），还要同时服务于多个不同委托人（有限合伙人LP），容易引发利益冲突。[②] 在我国有限合伙型基金和公司型基金本身作为合伙企业、公司即具有独立的法律主体地位，因此有限合伙型基金和公司型基金自身可行使诉讼权利。契约型基金依据我国现行法律法规并无法律实体存在，基金份额持有人与管理人主要依据基金合同形成合同法律关系，因而需要私募基金管理人“以自己的名义，为私募基金财产利益行使诉讼权利或者实施其他法律行为”，以避免因契约型私募基金无明确的法律实体，导致私募基金管理人以自身名义为契约型私募基金实施法律行为存在的相关障碍，如私募基金管理人无法以自身的名义代表契约型基金向相关违约方提起诉讼或者仲裁。[③]

二、关于第1款第3、4、5项的解释

同样，该条规定在《私募投资基金登记备案办法》第17条、第18条也有相应规定，强调私募基金管理人有需要注意风险隔离、避免同业化竞争、关联交易管理和防范利益冲突。不同于其他基金的运转方式，私募基金具有

---

① 参见龚牧龙、万敏秀：《〈私募投资基金监督管理条例〉发布——私募基金行业法治化进程迈入新阶段》，载北大法宝网，2023年7月19日，https：//www. pkulaw. com/lawfirmarticles/61a20bf04195d21cca2b2b71c93c4b83bdfb. html。

② 参见许多奇：《论全周期视野下私募基金管理人的信义义务》，载《武汉大学学报（哲学社会科学版）》2022年第5期。

③ 参见夏晶、汪景涛：《〈私募投资基金监督管理条例〉解读（三）》，载北大法宝网，https：//www. pkulaw. com/lawfirmarticles/01bb71c2fde2d7100d0243fac02100d8bdfb. html。

显著的弱市场调节能力，谨慎投资标准的典范“分散投资”在客观上难以适用于私募基金管理。[①] 首先，私募投资显然缺少组合性和分散性，尤其是基于有限合伙关系设定的私募基金流动性很低，且通常伴随相对较长的固定投资期限，具有极强的针对性和特定性。再加上私募基金资金规模远小于证券投资，私募基金投资人通过选择多样化产品进行分散投资以规避风险的意愿并不强烈。因此，私募基金管理人在投资和管理阶段需要承担更为审慎的信义义务及忠实义务，让其负责的各投资项目独立运作是最基础的要求，每只产品的资金单独管理、单独建账、单独核算，不得开展或者参与具有滚动发行、集合运作、分离定价特征的资金池业务，即履行《私募条例》第 11 条第 1 款第 2 项的规定。同时，基金管理人也应当履行该条第 1 款第 3 项建立有效的风险控制制度的信义义务，以基金合同约定为准操作基金财产，不得擅自操作基金财产，依据合同约定在基金触及预警线和止损线时进行减仓和平仓操作，不可提前反向操作，导致基金产生亏损；必须随时结合投资标的业务领域判断是否存在各类法律风险等。[②] 该条第 1 款第 3、4、5 项作为指引性规范也应当引起私募基金管理人的注意。中国证监会发布的 2022 年证监稽查 20 起典型违法案例中，信息披露违法违规案数量最多，共 9 起，其中中介机构未勤勉尽责的有 3 起，出借账户、虚报材料的各 1 起，内幕交易的有 2 起。[③] 2023 年 5 月 9 日，中国基金业协会对上海淘谷资产管理有限公司处以纪律处分，其存在以下违法违规行为：（1）违法出借证券账户。根据公司自认，上海淘谷将其发行的 11 只“淘谷进取系列”私募基金产品的证券账户及密码交由上海映雪投资管理中心（有限合伙）（私募基金管理人）进行投资操作。（2）未向投资者披露影响其权益的重大事项。上海淘谷未就持有违约债券这一影响投资者权益的重大事项向投资者进行风险提示或特别披露，严重损害了投资者知情权。（3）未尽到谨慎勤勉义务。上海淘谷持有的某项债券于

① 参见陈祉璇：《私募基金管理人谨慎义务的审查标准探析》，载《金融服务法评论》。

② 参见许多奇：《论全周期视野下私募基金管理人的信义义务》，载《武汉大学学报（哲学社会科学版）》2022 年第 5 期。

③ 参见《2022 年证监稽查 20 起典型违法案例》，载证监会官网 2023 年 3 月 24 日，www. cscr. gov. cn/cscr/c 100028/c7397653/content. shtml。

2019 年 10 月发生实质性违约，但上海淘谷于 2020 年至 2022 年向投资者披露的净值仍为 1 左右。上海淘谷向投资者披露的产品净值明显偏离其实际净值情况，不能真实客观反映底层债券价值，上海淘谷未能充分履行其对投资者负有的谨慎勤勉义务。[①] 此类违规案件的数量众多，对其的严厉处罚，体现出了监管部门对私募基金管理人忠实、勤勉义务的高要求。信义义务作为康德式的忠义，既包含技术上的忠义，如及时审查、登记备案和变更信息等，也代表着私募基金管理人只能为投资人的最佳利益行事，审慎进行投资和管理活动，为投资者降低风险；鉴于抵制利用自身地位谋取私利的诱惑较为困难，《私募条例》在“法律责任”一章对私募基金管理人的法律责任进行了详细的规定。

表 4 《私募投资基金管理暂行条例（征求意见稿）》与《私募投资基金登记备案办法》中关于私募基金管理人职责规定的列举与对比

《私募投资基金管理暂行条例（征求意见稿）》		《私募投资基金登记备案办法》	
第 9 条	私募基金管理人应当履行下列职责： （一）依法募集资金，办理基金备案手续； （二）按照基金合同管理基金，进行投资； （三）按照基金合同的约定确定基金收益分配方案，及时向投资者分配收益； （四）按照基金合同的约定负责基金会计核算并编制基金财务会计报告； （五）办理与基金财产管理业务活动有关的信息提供事项； （六）保存基金财产管理业务活动的记录、账册、报表和其他相关资料； （七）以基金管理人名义，为基金财产利益行使诉讼权利或者实施其	第 17 条 与 第 18 条	同一控股股东、实际控制人控制两家以上私募基金管理人的，应当符合中国证监会和协会的规定，具备充分的合理性与必要性，其控制的私募基金管理人应当持续、合规、有效展业。 控股股东、实际控制人应当合理区分各私募基金管理人的业务范围，并就业务风险隔离、避免同业化竞争、关联交易管理和防范利益冲突等内控制度作出合理有效安排。 同一控股股东、实际控制人控制两家以上私募基金管理人的，应当建立与所控制的私募基金管理人的管理规模、业务情况相适应的持续合规和风险管理体系，在保障私募基金管

① 《纪律处分决定书》（上海淘谷资产管理有限公司），中基协处分（2023）123 号。

续表

《私募投资基金管理暂行条例（征求意见稿）》		《私募投资基金登记备案办法》	
	他法律行为； （八）国务院证券监督管理机构规定和基金合同约定的其他职责。 除前款规定外，私募证券投资基金管理人还应当履行下列职责： （一）编制定期基金报告； （二）按照基金合同的约定计算并向投资者报告投资者账户信息。		理人自主经营的前提下，加强对私募基金管理人的合规监督、检查。 协会根据私募基金管理人的业务开展情况、投资管理能力、内部治理情况和合规风控水平，对私募基金管理人实施分类管理和差异化自律管理。
		第 30 条	私募基金管理人应当按照诚实信用、勤勉尽责的原则切实履行受托管理职责，不得将投资管理职责委托他人行使。私募基金管理人委托他人履行职责的，其依法应当承担的责任不因委托而减轻或者免除。 私募基金的管理人不得超过一家。

第十二条 【禁止性行为】私募基金管理人的股东、实际控制人、合伙人不得有下列行为：

（一）虚假出资、抽逃出资、委托他人或者接受他人委托出资；

（二）未经股东会或者董事会决议等法定程序擅自干预私募基金管理人的业务活动；

（三）要求私募基金管理人利用私募基金财产为自己或者他人牟取利益，损害投资者利益；

（四）法律、行政法规和国务院证券监督管理机构规定禁止的其他行为。

【条文解读】 该条是关于私募基金管理人的股东、实际控制人、合伙人的禁止性行为的规定，主要是资本方面的禁止性行为和代持行为的禁止。

该条在立法技术上采取了列举加兜底条款的形式。该条第 1 项要求对私募基金管理人的股东、实际控制人、合伙人进行穿透管理，不得虚假出资、抽逃出资、不得委托他人或接受他人委托出资。该条第2项强调私募基金业务流程合规，明确禁止“未经股东会或董事会决议等法定程序擅自干预私募基金管理人的业务活动”，即不得未经法定程序干预私募基金管理人业务活动。该条第3项则列出了违反治理结构的内容和损害投资者的关联交易行为，该项指出私募基金管理人的股东、实际控制人、合伙人不得支配管理人，不得利用私募基金财产为自己牟利。该项规定包含了两层含义：一是，基金管理人的股东、实际控制人、合伙人作为能够在一定程度上影响基金管理人业务活动的人，除依法取得报酬外，不得要求基金管理人利用基金财产为自己谋取利益；二是，基金管理人的股东、实际控制人、合伙人对投资者负有忠实义务，应当为基金份额持有人的利益最大化服务，不得要求基金管理人利用基金财产为投资者以外的其他人谋取利益。

这些禁止性行为的目的是维护私募投资基金投资者的利益，避免私募基金管理人的股东、实际控制人、合伙人利用其地位进行不当行为，从而维护市场的公平、公正和透明。通过明确私募基金管理人的股东、实际控制人、合伙人的责任和义务，规范其行为，促进私募投资基金行业的发展，提高市场的稳定性和可靠性。除上述三项涉及出资、干预基金管理人的业务活动、损害投资者利益的禁止性行为外，该条第4项以兜底条款的形式明确了法律、行政法规和国务院证券监督管理机构规定禁止的其他行为也属于私募基金管理人的股东、实际控制人、合伙人的禁止性行为。

全国人大官方网站对《证券投资基金法》第23条关于公开募集基金的基金管理公司的股东、实际控制人的禁止性行为的新增规定进行阐释时提到，“实践中，基金管理公司的股东、实际控制人的违法违规行为，会在一定程度上损害基金管理公司的稳定性，影响基金管理人履行受托人义务，进而侵害基金份额持有人的合法利益。而且，证券法和《期货交易管理条例》都已将监管延伸至证券公司和期货公司股东及其实际控制人。因此这次修改法律参考了证券法、期货交易管理条例相关内容，将基金公司的股东和实际控制人也纳入监管范围。”同样，对私募基金而言，实践中存在私募基金管理人的股东、实际控制人、合伙人违法违规，损害基金份额持有人的合法权益的情形，因而也应当将私募基金管理人的股东、实际控制人、合伙人纳入监管、规制的范围中，对早于《私募条例》颁布出台的法律法规，在解读其中关于私募基金管理人的有关禁止性规定时应该扩大解释为“私募基金管理人的股东、实际控制人、合伙人”①。

值得注意的是，《私募条例》第 12 条实际上参考了《证券投资基金法》第 23 条对公募基金的要求，《证券投资基金法》第 23 条规定：“公开募集基金的基金管理人的股东、实际控制人应当按照国务院证券监督管理机构的规定及时履行重大事项报告义务，并不得有下列行为：（一）虚假出资或者抽逃出资；（二）未依法经股东会或者董事会决议擅自干预基金管理人的基金经营活动；（三）要求基金管理人利用基金财产为自己或者他人牟取利益，损害基金份额持有人利益；（四）国务院证券监督管理机构规定禁止的其他行为。公开募集基金的基金管理人的股东、实际控制人有前款行为或者股东不再符合法定条件的，国务院证券监督管理机构应当责令其限期改正，并可视情节责令其转让所持有或者控制的基金管理人的股权。在前款规定的股东、实际控制人按照要求改正违法行为、转让所持有或者控制的基金管理人的股权前，国务院证券监督管理机构可以限制有关股东行使股东权利。”

针对《私募条例》第 12 条第 1 款第 1 项关于私募基金管理人的股东、实际控制人、合伙人不得“委托他人或者接受他人委托出资”这一要求，《投资基金登记备案办法》第 9 条第 1 款第 1 项规定：“有下列情形之一的，不得担任私募基金管理人的股东、合伙人、实际控制人：（一）未以合法自有资金出资，以委托资金、债务资金等非自有资金出资，违规通过委托他人或者接受他人委托方式持有股权、财产份额，存在循环出资、交叉持股、结构复杂等情形，隐瞒关联关系。”

中国证监会为进一步加强私募投资基金监管，严厉打击各类违法违规行为，严控私募基金增量风险，稳妥化解私募基金存量风险，提升行业规范发展水平，保护投资者合法权益，于 2020 年制定了《关于加强私募投资基金监

① 参见《〈中华人民共和国证券投资基金法〉全国人大官方网站释义》，https：//www. amac. org. cn/governmentrules/xgwd/202003/t20200313_ 7756. html，最后访问日期：2023 年 9 月 6 日。

管的若干规定》，该规定中的诸多条款都是关于私募基金管理人的出资人、实际控制人的禁止性规定。其中第5条是针对私募基金管理人的出资人的禁止性规定，该条文细化了资本方面的禁止性规定，具体条文表述如下："私募基金管理人的出资人不得有代持、循环出资、交叉出资、层级过多、结构复杂等情形，不得隐瞒关联关系或者将关联关系非关联化。同一单位、个人控股或者实际控制两家及以上私募基金管理人的，应当具有设立多个私募基金管理人的合理性与必要性，全面、及时、准确披露各私募基金管理人业务分工，建立完善的合规风控制度。"通过该条规定不难看出，《关于加强私募投资基金监管的若干规定》要求私募基金管理人如实披露其出资结构，不得隐瞒关联关系，严禁出资人实施代持、交叉持股、循环出资等行为。为优化对集团化私募基金管理人监管效能，《关于加强私募投资基金监管的若干规定》允许同一主体设立两家以上私募基金管理人，但其应当如实说明设立多个管理人的合理性与必要性，披露各管理人业务分工，建立完善的合规风控制度，确保集团能对其控制的各管理人说得清楚、控制得住、负得起责。[①] 该规定第6条规定了私募基金管理人、私募基金销售机构及其从业人员，私募基金管理人的出资人、实际控制人、关联方在私募基金募集过程中的禁止性行为，该规定中所禁止的行为可视为《私募条例》第12条第4项中规定的"法律、行政法规和国务院证券监督管理机构规定禁止的其他行为"。该规定第6条明确要求："私募基金管理人、私募基金销售机构及其从业人员在私募基金募集过程中不得直接或者间接存在下列行为：（一）向《私募办法》规定的合格投资者之外的单位、个人募集资金或者为投资者提供多人拼凑、资金借贷等满足合格投资者要求的便利；（二）通过报刊、电台、电视、互联网等公众传播媒体，讲座、报告会、分析会等方式，布告、传单、短信、即时通讯工具、博客和电子邮件等载体，向不特定对象宣传推介，但是通过设置特定对象确定程序的官网、客户端等互联网媒介向合格投资者进行宣传推介的情形除外；（三）口头、书面或者通过短信、即时通讯工具等方式直接或者间接向投资者承诺保本保收益，包括投资本金不受损失、固定比例损失或者承诺最低收益

---

① 参见《〈关于加强私募投资基金监管的若干规定〉起草说明》。

等情形；（四）夸大、片面宣传私募基金，包括使用安全、保本、零风险、收益有保障、高收益、本金无忧等可能导致投资者不能准确认识私募基金风险的表述，或者向投资者宣传预期收益率、目标收益率、基准收益率等类似表述；（五）向投资者宣传的私募基金投向与私募基金合同约定投向不符；（六）宣传推介材料有虚假记载、误导性陈述或者重大遗漏，包括未真实、准确、完整披露私募基金交易结构、各方主要权利义务、收益分配、费用安排、关联交易、委托第三方机构以及私募基金管理人的出资人、实际控制人等情况；（七）以登记备案、金融机构托管、政府出资等名义为增信手段进行误导性宣传推介；（八）委托不具有基金销售业务资格的单位或者个人从事资金募集活动；（九）以从事资金募集活动为目的设立或者变相设立分支机构；（十）法律、行政法规和中国证监会禁止的其他情形。私募基金管理人的出资人、实际控制人、关联方不得从事私募基金募集宣传推介，不得从事或者变相从事前款所列行为。私募基金募集完毕，私募基金管理人应当按照规定到基金业协会履行备案手续。私募基金管理人不得管理未备案的私募基金。”该条立足私募基金“非公开募集”本质，坚守“合格投资者”基石不动摇，细化重申私募基金募集过程中的禁止性行为要求，包括不得违反合格投资者要求募集资金，不得通过互联网等载体向不特定对象宣传推介，不得向投资者承诺保本保收益、夸大宣传、虚假宣传，不得设立以从事资金募集活动为目的的分支机构以及不得突破投资者人数限制等。

《关于加强私募投资基金监管的若干规定》第 9 条是关于私募基金管理人及其从业人员，私募基金管理人的出资人和实际控制人，私募基金托管人、私募基金销售机构和其他私募基金服务机构及其出资人、实际控制人从事私募基金业务时禁止性行为的规定，该规定中所禁止的行为同样可视为《私募条例》第 12 条第 4 项中规定的“法律、行政法规和国务院证券监督管理机构规定禁止的其他行为”。该规定第 9 条要求：“私募基金管理人及其从业人员从事私募基金业务，不得有下列行为：（一）未对不同私募基金单独管理、单独建账、单独核算，将其固有财产、他人财产混同于私募基金财产，将不同私募基金财产混同运作，或者不公平对待不同私募基金财产；（二）使用私募基金管理人及其关联方名义、账户代私募基金收付基金财产；（三）开展或者参与具有滚动发行、集合运作、期限错配、分离定价等特征的资金池业务；（四）以套取私募基金财产为目的，使用私募基金财产直接或者间接投资于私募基金管理人、控股股东、实际控制人及其实际控制的企业或项目等自融行为；（五）不公平对待同一私募基金的不同投资者，损害投资者合法权益；（六）私募基金收益不与投资项目的资产、收益、风险等情况挂钩，包括不按照投资标的实际经营业绩或者收益情况向投资者分红、支付收益等；（七）直接或者间接侵占、挪用私募基金财产；（八）不按照合同约定进行投资运作或者向投资者进行信息披露；（九）利用私募基金财产或者职务之便，以向私募基金、私募基金投资标的及其关联方收取咨询费、手续费、财务顾问费等名义，为自身或者投资者以外的人牟取非法利益、进行利益输送；（十）泄露因职务便利获取的未公开信息、利用该信息从事或者明示、暗示他人从事相关的交易活动；（十一）从事内幕交易、操纵证券期货市场及其他不正当交易活动；（十二）玩忽职守，不按照监管规定或者合同约定履行职责；（十三）法律、行政法规和中国证监会禁止的其他行为。私募基金管理人的出资人和实际控制人，私募基金托管人、私募基金销售机构及其他私募基金服务机构及其出资人、实际控制人，不得有前款所列行为或者为前款行为提供便利。”

《关于加强私募投资基金监管的若干规定》第 12 条是关于私募基金管理人及其出资人和实际控制人、私募基金托管人、私募基金销售机构和其他私募基金服务机构在提交登记备案信息及其他信息材料时禁止性行为的规定，该规定中所禁止的行为同样可视为《私募条例》第 12 条第 4 项中规定的“法律、行政法规和国务院证券监督管理机构规定禁止的其他行为”。该规定第 12 条要求：“私募基金管理人及其出资人和实际控制人、私募基金托管人、私募基金销售机构和其他私募基金服务机构所提交的登记备案信息及其他信息材料，不得有虚假记载、误导性陈述或者重大遗漏，并应当按照规定持续履行信息披露和报送义务，确保所提交信息材料及时、准确、真实、完整。私募基金管理人及其出资人和实际控制人、私募基金托管人、私募基金销售机构和其他私募基金服务机构及其从业人员应当配合中国证监会及其派出机构依法履行职责，如实提供有关文件和材料，不得拒绝、阻碍和隐瞒。”

第十三条 【私募投资基金管理人的持续要求】私募基金管理人应当持续符合下列要求：

（一）财务状况良好，具有与业务类型和管理资产规模相适应的运营资金；

（二）法定代表人、执行事务合伙人或者委派代表、负责投资管理的高级管理人员按照国务院证券监督管理机构规定持有一定比例的私募基金管理人的股权或者财产份额，但国家另有规定的除外；

（三）国务院证券监督管理机构规定的其他要求。

【条文解读】 该条是关于私募基金管理人持续要求的原则性规定。

持续要求，是指私募基金管理人运营的过程中始终应当满足的要求。该条在立法技术上采取了列举加兜底条款的形式，该条第1项规定的“财务状况良好，具有与业务类型和管理资产规模相适应的运营资金”，明确了私募基金管理人在财务方面的持续性要求，即私募投资基金管理人要保持财务状况和运营资金的良性运转，促进运营资金与业务类型和管理资产规模相匹配；该条第2项规定“法定代表人、执行事务合伙人或者委派代表、负责投资管理的高级管理人员按照国务院证券监督管理机构规定持有一定比例的私募基金管理人的股权或者财产份额，但国家另有规定的除外”明确了私募投资基金管理人的“高管”需持续持股的原则性要求；该条第3项“国务院证券监督管理机构规定的其他要求”用兜底条款授权中国证券监督管理委员会规定私募基金管理人应当持续满足的其他要求与条件。

《私募条例》第13条对私募基金管理人的财务状况与高管持股情况作了原则性规定，立法目的在于强调对私募基金管理人进行持续监督管理，始终规范私募投资基金的健康平稳运行。上述财务状况与高管持股的持续要求的目的是要求私募基金管理人在运营的过程中自始至终具备与从事私募基金管理业务对应的管理能力与运营条件，保持良好的商业信誉，确保私募基金管理人能够勤勉稳健地履行管理职责，严格遵守相关法律法规和行业自律规范，保证私募基金的合法合规运作，并能够妥当维护投资者的合法权益。对财务状况与高管持股方面的持续性要求，有利于提高私募基金行业的专业水平和信誉，促进私募基金市场的和谐稳定与健康发展。

与《私募条例》第 13 条的原则性规定相对应，《私募投资基金登记备案办法》第 8 条对私募投资基金管理人财务状况、实缴资本、出资架构、高管持股、内部治理等要求方面做了更为全面的规定。该办法第 8 条明确规定："私募基金管理人应当是在中华人民共和国境内依法设立的公司或者合伙企业，并持续符合下列要求：（一）财务状况良好，实缴货币资本不低于 1000 万元人民币或者等值可自由兑换货币，对专门管理创业投资基金的私募基金管理人另有规定的，从其规定；（二）出资架构清晰、稳定，股东、合伙人和实际控制人具有良好的信用记录，控股股东、实际控制人、普通合伙人具有符合要求的相关经验；（三）法定代表人、执行事务合伙人或其委派代表、负责投资管理的高级管理人员直接或者间接合计持有私募基金管理人一定比例的股权或者财产份额；（四）高级管理人员具有良好的信用记录，具备与所任职务相适应的专业胜任能力和符合要求的相关工作经验；专职员工不少于 5 人，对本办法第十七条规定的私募基金管理人另有规定的，从其规定；（五）内部治理结构健全、风控合规制度和利益冲突防范机制等完善；（六）有符合要求的名称、经营范围、经营场所和基金管理业务相关设施；（七）法律、行政法规、中国证监会和协会规定的其他情形。商业银行、证券公司、基金管理公司、期货公司、信托公司、保险公司等金融机构控制的私募基金管理人，政府及其授权机构控制的私募基金管理人，受境外金融监管部门监管的机构控制的私募基金管理人以及其他符合规定的私募基金管理人，不适用前款第三项的规定。"从内容上看，《私募条例》第 13 条第 1、2 项规定与《私募投资基金登记备案办法》第 8 条第 1 款第 1、3 项规定正好相对应。

在财务状况要求方面，《私募投资基金登记备案办法》第 8 条规定私募基金管理人应持续符合"财务状况良好，实缴货币资本不低于 1000 万元人民币或者等值可自由兑换货币"，与此不同的是，《私募条例》第 13 条第 1 项并未要求私募基金管理人的实缴货币资本金额，而是要求私募基金管理人"具有与业务类型和管理资产规模相适应的运营资金"，显然《私募条例》第 13 条第 1 项的规定作为行政法规，因具有原则性而更加灵活，对于"具有与业务类型和管理资产规模相适应的运营资金”这一规定的具体判断标准，实际上赋予了中国基金业协会作为登记备案机构一定的自由裁量权。私募基金管理人首先应符合中国基金业协会在《私募投资基金登记备案办法》第 8 条第 1 款第 1 项规定中关于最低实缴货币资本的要求，而“具有与业务类型和管理资产规模相适应的运营资金”则衍生出对私募基金管理人运营资金隐性的要求，即运营资金与管理资产规模相适应，在私募基金管理人登记环节中，中国基金业协会将对其提交商业计划书中的展业计划、储备基金规模与机构运营资金的匹配性予以审查。财务状况方面的持续性合规要求意味着私募基金管理人不仅需要在至中国基金业协会办理私募投资基金管理人登记之时满足资本充足的要求，而且可能在日后私募投资基金管理人日常运营过程中应持续合规，例如在从事风险较大的业务时资本应充足，满足可能的风险资本要求。至于由持续合规要求衍生出的动态监管，是否根据管理人的业务类型以及在管资产规模来确定不同金额和比例的运营资金要求，实际上有待后续相应监管规则的细化。另外，根据中国基金业协会发布的《私募基金管理人登记指引第 1 号——基本经营要求》第 5 条规定，私募基金管理人注册资本及实缴资本均应当符合《私募投资基金登记备案办法》相关规定，确保有足够的资本金保证机构有效运转。私募基金管理人的资本金应当以货币出资，不得以实物、知识产权、土地使用权等非货币财产出资。境外出资人应当以可自由兑换的货币出资。《私募基金管理人登记指引第 1 号——基本经营要求》第 7 条规定，私募基金管理人应当具有良好的财务状况，不存在大额应收应付、大额未清偿负债或者不能清偿到期债务等可能影响正常经营的情形。私募基金管理人存在大额长期股权投资的，应当建立有效隔离制度，保证私募基金财产与私募基金管理人固有财产独立运作、分别核算。私募基金管理人与关联方存在资金往来的，应当就是否存在不正当关联交易进行说明。这些规定对私募投资基金管理人的注册资本与负债情况提出了进一步的要求。

在高管持股要求方面，以强制要求私募投资基金管理人的法定代表人、执行事务合伙人或其委派代表、负责投资管理的高级管理人员在私募基金管理人中持有股权或财产份额作为规定，这保证了私募投资基金高管任职的稳定性。《私募投资基金登记备案办法》第8条第1款第3项规定与《私募条例》第13条第2项规定基本一致，仅作了笼统规定。另外，根据中国基金业协会发布的《私募基金管理人登记指引第1号——基本经营要求》第6条规定，《私募投资基金登记备案办法》第8条第1款第3项规定的“直接或者间接合计持有私募基金管理人一定比例的股权或者财产份额”，是指法定代表人、执行事务合伙人或其委派代表、负责投资管理的高级管理人员均直接或者间接持有私募基金管理人一定比例的股权或者财产份额，且合计实缴出资不低于私募基金管理人实缴资本的20%，或者不低于《私募投资基金登记备案办法》第8条第1款第1项规定的私募基金管理人最低实缴资本的20%，该规定进一步明确了私募投资基金管理人高管需持股的底线要求。需要注意的是，现有规定是要求私募投资基金管理人的法定代表人、执行事务合伙人或其委派代表、负责投资管理的高级管理人员中每个人都要直接或间接持股，并且合计持股比例不低于20%或者200万股。

《私募条例》第6条规定：“国务院证券监督管理机构根据私募基金管理人业务类型、管理资产规模、持续合规情况、风险控制情况和服务投资者能力等，对私募基金管理人实施差异化监督管理，并对创业投资等股权投资、证券投资等不同类型的私募基金实施分类监督管理。”中国基金业协会对私募投资基金实施差异化管理，政府投资基金、创业投资基金和证券期货资管子公司可能同时适用国家其他规定，如财政部印发的《政府投资基金暂行管理办法》和国家发展改革委印发的《政府出资产业投资基金管理暂行办法》。国家发展改革委印发的《政府出资产业投资基金管理暂行办法》第20条规定：“基金管理人应符合以下条件：（一）在中国大陆依法设立的公司或合伙企业，实收资本不低于1000万元人民币；（二）至少有3名具备3年以上资产管理工作经验的高级管理人员；（三）产业投资基金管理人及其董事、监事、高级管理人员及其他从业人员在最近三年无重大违法行为；（四）有符合要求的营业场所、安全防范设施和与基金管理业务有关的其他设施；（五）有良好的内部治理结构和风险控制制度。”《创业投资企业管理暂行办法》第9条规定：“创业投资企业向管理部门备案应当具备下列条件：（一）已在工商行政管理部门办理注册登记。（二）经营范围符合本办法第十二条规定。（三）实收资本不低于3000万元人民币，或者首期实收资本不低于1000万元人民币且全体投资者承诺在注册后的5年内补足不低于3000万元人民币实收资本。（四）投资者不得超过200人。其中，以有限责任公司形式设立创业投资企业的，投资者人数不得超过50人。单个投资者对创业投资企业的投资不得低于100万元人民币。所有投资者应当以货币形式出资。（五）有至少3名具备2年以上创业投资或相关业务经验的高级管理人员承担投资管理责任。委托其他创业投资企业、创业投资管理顾问企业作为管理顾问机构负责其投资管理业务的，管理顾问机构必须有至少3名具备2年以上创业投资或相关业务经验的高级管理人员对其承担投资管理责任。前款所称'高级管理人员'，系指担任副经理及以上职务或相当职务的管理人员。"

需要注意的是，《私募条例》第46条规定了与其第13条对应的罚则。《私募条例》第46条规定："私募基金管理人违反本条例第十三条规定的，责令改正；拒不改正的，给予警告或者通报批评，并处10万元以上100万元以下的罚款，责令其停止私募基金业务活动并予以公告。对直接负责的主管人员和其他直接责任人员给予警告或者通报批评，并处3万元以上30万元以下的罚款。"因此，虽然《私募条例》并未明确其第13条关于私募基金管理人应持续满足的合规性要求是否适用于《私募条例》实施前已经存续的私募基金管理人，但结合《私募条例》第46条关于私募基金管理人财务状况和法人、负责投资管理的高管持股不合规的法律责任，私募基金管理人在运营私募基金时应满足财务与高管持股等方面的持续性合规要求。

第十四条　【私募投资基金管理人的注销登记】私募基金管理人有下列情形之一的，登记备案机构应当及时注销私募基金私募投资基金管理人登记并予以公示：

（一）自行申请注销登记；

（二）依法解散、被依法撤销或者被依法宣告破产；

（三）因非法集资、非法经营等重大违法行为被追究法律责任；

（四）登记之日起12个月内未备案首只私募基金；

（五）所管理的私募基金全部清算后，自清算完毕之日起12个月内未备案新的私募基金；

（六）国务院证券监督管理机构规定的其他情形。

登记备案机构注销私募基金管理人登记前，应当通知私募基金管理人清算私募基金财产或者依法将私募基金管理职责转移给其他经登记的私募基金管理人。

【条文解读】 该条是关于私募投资基金管理人应当及时注销情形的具体规定。

该条在立法技术上采取了列举加兜底条款的形式，第1款第1项至第5项列举了登记备案机构应当及时注销私募基金私募投资基金管理人登记并予以公示的情形，第1款第6项用兜底条款授权中国证券监督管理委员会规定登记备案机构应当及时注销私募基金金管理人登记并予以公示的其他情形，该条中的登记备案机构即中国基金业协会。具体而言，在以下5种情况下（不含兜底条款），私募基金管理人应当向中国基金业协会申请注销登记：（1）私募基金管理人主动申请注销登记；（2）私募基金管理人依法解散、被依法撤销或被依法宣告破产的；（3）涉及非法集资、非法经营等重大违法行为被追究法律责任；（4）私募投资基金管理人不再具备从事私募基金管理业务的能力和经验，如登记之日起12个月内未备案首只私募基金；（5）所管理的私募基金全部清算后，自清算完毕之日起12个月内未备案新的私募基金。

及时对私募基金管理人注销登记的目的是确保私募基金管理人注销后，不再具备从事私募基金管理业务的资质，从而在私募基金市场上及时清退能力和经验不足的私募基金管理人，避免资质不足的私募投资基金管理人扰乱私募投资基金市场。注销不适格私募投资基金管理人登记这一方式，有利于维护市场的公正、公平和透明，避免不适格的私募基金管理人利用其业务资质地位在私募基金市场上进行不当行为。总结而言，注销登记是私募基金管理人退出私募基金管理市场的重要程序，其有助于保护投资者的利益，维护市场健康稳定发展。

《私募条例》第14条的内容与《私募投资基金登记备案办法》第76条、

第77条的内容基本一致。根据《私募投资基金登记备案办法》第76条规定，私募投资基金管理人有下列情形之一的，协会注销其私募投资基金管理人登记并予以公示：（1）主动申请注销登记，理由正当；（2）登记后12个月内未备案自主发行的私募基金，或者备案的私募基金全部清算后12个月内未备案新的私募基金，另有规定的除外；（3）依法解散、注销，依法被撤销、吊销营业执照、责令关闭或者被依法宣告破产；（4）中国证监会、协会规定的其他情形。因前款第1项规定的情形注销的，如管理的私募基金尚未清算，私募基金管理人应当取得投资者的一致同意，或者按照合同约定的决策机制达成处理意见。根据《私募投资基金登记备案办法》第77条规定，私募基金管理人有下列情形之一的，协会注销其私募基金管理人登记：（1）因非法集资、非法经营等重大违法犯罪行为被追究法律责任；（2）存在《私募投资基金登记备案办法》第25条第1款第6项规定的情形；[①]（3）金融管理部门要求协会注销登记；（4）因失联状态被协会公示，公示期限届满未与协会取得有效联系；（5）采取拒绝、阻碍中国证监会及其派出机构、协会及其工作人员依法行使检查、调查职权等方式，不配合行政监管或者自律管理，情节严重；（6）未按照《私募投资基金登记备案办法》第73条、第74条的规定提交专项法律意见书，或者提交的法律意见书不符合要求或者出具否定性结论；（7）中国证监会、协会规定的其他情形。相较于《私募条例》第14条的规定，《私募投资基金登记备案办法》第76条、第77条规定的中国基金业协会应当及时注销私募基金管理人的范围要更宽泛一些。需要注意的是，《私募条例》第14条规定的私募基金管理人在登记后未在12个月内备案首只私募基金以及私募基金管理人所管理的私募基金全部清算后、自清算完毕之日起12个月内未备案新的私募基金两种情形，都应予注销，是进一步强化了存续私募基金管理人的持续展业要求。

相较于《私募投资基金登记备案办法》的规定，《私募条列》第14条新

① 根据《私募投资基金登记备案办法》（2023年修订）第25条第1款第6项规定，提供有虚假记载、误导性陈述或者重大遗漏的信息、材料，通过欺骗、贿赂或者以规避监管、自律管理为目的与中介机构违规合作等不正当手段办理相关业务。

增了因非法集资、非法经营等重大违法行为被追究法律责任的注销情形，另外对注销前基金财产及相关权利义务的处置作出了明确的规定，即私募投资基金管理人要清算私募基金财产或者依法将私募基金管理职责转移给其他经登记的私募基金管理人，该项规定较为原则，私募基金财产清算需要一定时间，况且合适的承继私募基金管理人短期内难寻，因此该项规定在具体落地方面有一定的难度，有待后续中国证监会、中国基金业协会就该规定的具体程序、时间限制要求做出进一步的明确。另外，根据中国基金业协会《关于加强经营异常机构自律管理相关事项的通知》（中基协字〔2022〕37 号）的规定，如果私募基金管理人在管私募基金全部清算后，存在超过 12 个月持续无在管私募基金的情形，则中国基金业协会可要求出具异常专项法律意见书，由中国基金业协会审核判定是否注销私募基金管理人。《私募条例》与《私募投资基金登记备案办法》的现有规定均是 12 个月届满后，中国基金业协会可直接注销私募基金管理人，直接免除了私募基金管理人出具专项异常法律意见书交由中国基金业协会审核的前置程序。

私募基金管理人注销包括两层不同的含义：第一，是私募基金管理人作为公司或合伙企业在市场监督部门层面的企业注销登记，意味着企业主体资格不再存续，前提条件通常是需要按《公司法》或《合伙企业法》等完成相关清算程序；第二，是指私募基金管理人在中国基金业协会层面不再申请登记或不再被登记为具有从事私募基金管理业务资格的“持牌”机构，涉及管理人资质的“注销”及相关账户的“注销”，结合《私募投资基金登记备案办法》的相关规定，私募基金管理人在中国基金业协会层面被注销登记分为私募基金管理人主动注销登记与被动注销登记，私募基金管理人在中国基金业协会注销登记后不得再以私募的名义从事私募基金的募集管理工作。《私募条例》第 14 条也明确了私募基金管理人的三种注销类别，分别是主动注销、依公告注销、协会注销。[①] 其中“主动注销”指私募基金管理人放弃开展私

---

① 参见贰与贰拾 Market：《一文读懂！私募管理人：不同注销类型有何影响？注销后需要做什么？哪些情形会被注销?》，载微信公众号“积募”2023 年 2 月 15 日，https：//mp. weixin. qq. com/s/VcjVJ_ A3xaIGmXx4S36IJg。

募基金业务，主动申请注销私募基金管理人登记，例如《私募条例》第 14 条第 1 款第 1 项中规定的“自行申请注销登记”的情形；“依公告注销”指依据《关于进一步规范私募基金管理人登记若干事项的公告》（中基协发〔2016〕4 号），在办结登记手续之日起 6 个月内（已更改为 12 个月）仍未备案首只私募基金产品被注销的机构，例如，《私募条例》第 14 条第 1 款第 4 项中规定的“登记之日起 12 个月内未备案首只私募基金”情形；“协会注销”机构包括因纪律处分、异常经营及失联等情形被协会注销的私募基金管理人，例如，《私募条例》第 14 条第 1 款第 3 项中规定的“因非法集资、非法经营等重大违法行为被追究法律责任”情形。

对合伙型、公司型、契约型三种私募基金的主动申请注销，私募基金管理人均应当在中国基金业协会 AMBERS 系统办理私募基金产品的注销程序，主要涉及如下步骤：（1）一般程序。其是指主动注销登记通用过程，包括申请、核查、退回补正、办结、结果公示等。（2）申请。其是指机构在 AMBERS 系统填报注销登记材料并提交。（3）核查。其是指基金业协会对机构提交的注销登记材料进行齐备性核查并反馈。（4）退回补正。其是指经基金业协会核查后，将注销登记申请退回给机构，并向机构反馈退回意见。后续机构应按照反馈意见补充材料并再次提交。（5）办结。其是指基金业协会对申请机构申请注销登记做出办理通过的意见。（6）结果公示。其是指在基金业协会官网公示已注销私募基金管理人名单等信息。

私募基金管理人注销后仍存在历史遗留问题有待处理。首先，在私募投资基金管理人主动注销的情形下，需私募基金管理人名下的基金产品已经处理完毕，其方可申请主动注销；但是，如果是私募基金管理人因违规而被中国基金业协会注销或依公告注销，并且私募管理人名下还有继续运作的基金产品，那么应依据法律法规规定或者基金合同约定，与投资者沟通，完成基金清算等事宜。其次，对于被注销或撤销规定的私募基金管理人，《私募投资基金登记备案办法》则进一步明确禁止基金管理人新增展业，并规定基金管理人的受托管理职责和应当承担的法律责任，不因基金管理人被注销或撤销登记而免除。《私募投资基金登记备案办法》第 78 条规定：“私募基金管理人被注销或者撤销登记后，应当符合下列要求：（一）不得新增投资者和基金规模，不得新增投资；（二）不得继续使用‘基金’‘基金管理’字样或者近似名称进行私募基金业务活动，但处置存续私募基金有关事项的除外；（三）采取适当措施，按照规定和合同约定妥善处置基金财产，维护投资者的合法权益；（四）基金财产处置完毕的，应当及时向市场主体登记机关办理变更名称、经营范围或者注销市场主体登记。被注销或者撤销登记的私募基金管理人对未清算的私募基金的受托管理职责和依法承担的相关责任，不因私募基金管理人被注销或者撤销登记而免除；不得通过注销市场主体登记、变更注册地等方式逃避相关责任。”目前部分地方证监局已经陆续发布相关通知，督促已注销私募管理人登记的机构妥善处理后续事宜，[①] 督促相关机构及时主动注销工商登记或变更机构名称及经营范围，不得再以“基金”“基金管理”字样或者近似名称进行私募基金业务活动。另外，私募基金管理人注销登记规定对基金管理人的影响包括特定期限内基金管理人出资人身份限制、高管身份限制。《私募条例》第 8 条第 2 项规定，“因本条例第十四条第一款第三项所列情形被注销登记，自被注销登记之日起未逾 3 年的私募基金管理人，或者为该私募基金管理人的控股股东、实际控制人、普通合伙人”，不得担任私募基金管理人，不得成为私募基金管理人的控股股东、实际控制人或者普通合伙人。《私募条例》第 9 条第 7 项规定，“担任因本条例第十四条第一款第三项所列情形被注销登记的私募基金管理人的法定代表人、执行事务合伙人或者委派代表，或者负有责任的高级管理人员，自该私募基金管理人被注销登记之日起未逾 3 年”，不得担任私募基金管理人的董事、监事、高级管理人员、执行事务合伙人或者委派代表。

① 参见中国证监会北京监管局：《关于督促已注销私募基金管理人登记的机构妥善处理后续事宜通知》，载中国证券监督管理委员会官网 2022 年 8 月 25 日，http：//www. csrc. gov. cn/beijing/c105551/c5566688/content. shtml。

第十五条 【私募投资基金财产的托管】除基金合同另有约定外，私募基金财产应当由私募基金托管人托管。私募基金财产不进行托管的，应当明确保障私募基金财产安全的制度措施和纠纷解决机制。

【条文解读】 该条规定了私募基金财产的托管事项。

该条文吸纳了《私募投资基金监督管理暂行办法》第21条的规定："除基金合同另有约定外，私募基金应当由基金托管人托管。基金合同约定私募基金不进行托管的，应当在基金合同中明确保障私募基金财产安全的制度措施和纠纷解决机制。"基金托管是指商业银行接受基金管理人的委托，为维护基金持有人的利益，保管其基金资产，监督基金管理人日常投资运作的行为。[①] 根据《证券投资基金托管业务管理办法》第2条的规定，基金托管是指由依法设立并取得基金托管资格的商业银行或者其他金融机构担任托管人，按照法律法规的规定及基金合同的约定，对基金履行安全保管基金财产、办理清算交割、复核审查净值信息、开展投资监督、召集基金份额持有人大会等职责的行为。基金托管是私募基金行业的重要制度安排，有助于确保基金财产的安全、独立性和合法性，保护投资者的利益，促进私募基金行业的规范健康发展。需要注意的是，该条规定的基金托管人仅限于依法设立的商业银行或者其他金融机构，并不能涵盖拥有履行基金托管人职能的其他机构，例如有些学者建议的基金受托人委员会或者基金董事会。如果私募基金的投资人与基金受托人在基金合同中约定由基金受托人委员会或者基金董事会承担托管职能，则可以不将基金交由《私募条例》第15条规定的基金托管人托管。此外，该条文明确了对不托管的基金配套相应的保障私募基金财产安全的制度措施和纠纷解决机制，此种安排有效地保护了基金财产的安全，同时也为投资者提供了较为有效的维权路径。

从文义上来看，该条文并没有强制要求私募基金财产必须进行托管，但是根据相关规定及我国私募基金财产托管的实践情况来看，并非所有的私募基金财产都可以不进行托管。根据现行规章规定，除基金合同另有约定外，

① 参见潘修平等：《金融创新法律风险防范精析》，中国金融出版社2015年版，第113页。

私募基金应当由基金托管人托管，中国基金业协会发布的《私募投资基金备案须知》（2019 年版）（以下简称《备案须知》）① 明确提出了 4 类法定托管情形：一是基金合同未约定基金托管职责的契约型基金，根据《备案须知》第 1 条第 4 款规定，“契约型私募投资基金应当由依法设立并取得基金托管资格的托管人托管，基金合同约定设置能够切实履行安全保管基金财产职责的基金份额持有人大会日常机构或基金受托人委员会等制度安排的除外……”二是私募资产配置类基金，《备案须知》第 1 条第 4 款规定：“……私募资产配置基金应当由依法设立并取得基金托管资格的托管人托管”。三是私募基金通过公司或合伙企业等特殊目的载体间接投资底层资产，《备案须知》第 1 条第 4 款规定：“私募投资基金通过公司、合伙企业等特殊目的的载体间接投资底层资产的，应当由依法设立并取得基金托管资格的托管人托管……”四是有扩募要求的已备案通过的私募股权基金，《备案须知》第 1 条第 11 款规定，“已备案通过的私募股权投资基金或私募资产配置基金，若同时满足以下条

① 《备案须知》规定：“一、私募投资基金备案总体性要求

……

（四）【托管要求】私募投资基金托管人（以下简称‘托管人’）应当严格履行《证券投资基金法》第三章规定的法定职责，不得通过合同约定免除其法定职责。基金合同和托管协议应当按照《证券投资基金法》、《私募投资基金监督管理暂行办法》等法律法规和自律规则明确约定托管人的权利义务、职责。在管理人发生异常且无法履行管理职责时，托管人应当按照法律法规及合同约定履行托管职责，维护投资者合法权益。托管人在监督管理人的投资运作过程中，发现管理人的投资或清算指令违反法律法规和自律规则以及合同约定的，应当拒绝执行，并向中国证券监督管理委员会（以下简称‘中国证监会’）和协会报告。

契约型私募投资基金应当由依法设立并取得基金托管资格的托管人托管，基金合同约定设置能够切实履行安全保管基金财产职责的基金份额持有人大会日常机构或基金受托人委员会等制度安排的除外。私募资产配置基金应当由依法设立并取得基金托管资格的托管人托管。

私募投资基金通过公司、合伙企业等特殊目的的载体间接投资底层资产的，应当由依法设立并取得基金托管资格的托管人托管。托管人应当持续监督私募投资基金与特殊目的的载体的资金流，事前掌握资金划转路径，事后获取并保管资金划转及投资凭证。管理人应当及时将投资凭证交付托管人。

……

（十一）【封闭运作】私募股权投资基金（含创业投资基金，下同）和私募资产配置基金应当封闭运作，备案完成后不得开放认/申购（认缴）和赎回（退出），基金封闭运作期间的分红、退出投资项目减资、对违约投资者除名或替换以及基金份额转让不在此列。

已备案通过的私募股权投资基金或私募资产配置基金，若同时满足以下条件，可以新增投资者或增加既存投资者的认缴出资，但增加的认缴出资额不得超过备案时认缴出资额的 3 倍：

……

2. 基金由依法设立并取得基金托管资格的托管人托管……

件，可以新增投资者或增加既存投资者的认缴出资……2. 基金由依法设立并取得基金托管资格的托管人托管……”

除此之外，还有几种私募基金财产也必须进行托管，一是不动产私募投资基金，《不动产私募投资基金试点备案指引（试行）》第 9 条第 1 款规定：“不动产私募投资基金应当由依法取得基金托管资格的机构托管。”二是政府出资产业投资基金，《政府出资产业投资基金管理暂行办法》（发改财金规〔2016〕2800 号）第 5 条规定：“政府出资产业投资基金由基金管理人管理基金资产，由基金托管人托管基金资产。”三是政府投资基金，《政府投资基金暂行管理办法》（财预〔2015〕210 号）第 15 条规定：“政府投资基金应选择在中国境内设立的商业银行进行托管。托管银行依据托管协议负责账户管理、资金清算、资产保管等事务，对投资活动实施动态监管。”四是被《关于加强经营异常机构自律管理相关事项的通知》（中基协字〔2022〕37 号）列为第（五）类经营异常机构的私募基金管理人在收到出具专项法律意见书通知后申请备案的首只私募基金，该通知明确提出：“针对第（五）类经营异常机构，协会将要求其出具专项法律意见书。此类私募基金管理人提交专项法律意见书时，应完成新设私募基金产品备案。其中，此类私募基金管理人在收到出具专项法律意见书通知后申请备案的首只私募基金产品应当托管，且需在资产管理业务综合报送平台（以下简称‘AMBERS 系统’）同时上传托管人关于私募基金管理人的尽职调查底稿或托管人出具的已按尽职调查审核要点完成尽职调查的书面说明文件……”此处需要注意的是，根据《私募投资基金登记备案办法》第 76 条的规定，管理人备案的私募基金全部清算后 12 个月内未备案新的私募基金的，协会可直接注销其私募基金管理人登记。管理人被直接注销的情况下，自无须出具专项法律意见书，亦不涉及基金财产的托管。五是证券公司私募子基金，《证券期货经营机构私募资产管理业务管理办法》（2023 修订）第 14 条第 1 款规定：“证券期货经营机构应当将受托财产交由依法取得基金托管资格的托管机构实施独立托管。法律、行政法规和中国证监会另有规定的除外。”此处需要注意的是，单一资产管理计划可以约定不聘请托管机构进行托管，根据《证券期货经营机构私募资产管理计划运作管理规定》（2023 修订）第 12 条第 1、2 款的规定，证券期货经营机构应当及时将投资者参与资金划转至资产管理计划托管账户。单一资产管理计划可以约定不聘请托管机构进行托管，但应当在资产管理合同中明确保障资产管理计划资产安全的制度措施和纠纷解决机制。

除上述9种情形外，私募基金可以在基金合同中约定不进行基金财产的托管。但是如果私募基金在基金合同中约定不进行基金财产的托管，则根据该条文的规定“应当明确保障私募基金财产安全的制度措施和纠纷解决机制”。《私募投资基金合同指引2号》和《私募投资基金合同指引3号》中也对不进行托管的情形作了规定，其中提到合伙型及公司型基金，全体股东/合伙人一致同意不托管的，应在公司章程/合伙协议中明确约定基金不进行托管，并明确约定保障基金财产安全的制度措施和纠纷解决机制，可以看出此处的规定与该条文关于不托管情形的规定基本一致。此外，根据2023年的《私募投资基金登记备案办法》第28条的规定，在私募基金财产不进行托管的情形下，私募基金管理人应当通过风险揭示书向投资者进行特别提示；根据《私募投资基金登记备案办法》第29条的规定，基金合同应当对基金财产不进行托管的相关安排进行约定。《私募投资基金登记备案办法》第29条规定的“基金合同还应当对下列事项进行约定……（四）基金财产不进行托管时的相关安排”与《私募条例》第15条规定的“应当明确保障私募基金财产安全的制度措施和纠纷解决机制”的精神是一致的，可以理解为《私募条例》对约定的内容作了更具体的要求。

在私募基金财产的托管事项上，该条文仅做了一般性、原则性的规定，还有一些托管的具体问题需要适用其他的法律法规，与之相关的诸多规则也有待于进一步的完善。例如关于私募基金托管人的资格问题，应参考《证券投资基金法》第3章第32条规定：“基金托管人由依法设立的商业银行或者其他金融机构担任。商业银行担任基金托管人的，由国务院证券监督管理机构会同国务院银行业监督管理机构核准；其他金融机构担任基金托管人的，由国务院证券监督管理机构核准。”此外，《证券投资基金法》还对基金托管人的净资产和风控指标、相关部门设置和人员配置、基金财产安保条件、清算/交割系统条件以及其他与基金托管相关的设置配备均提出了要求。另外，根据《私募投资基金登记备案办法》第 32 条[①]的规定，私募基金的托管人不得超过一家。

第十六条 【私募投资基金托管人的职责】私募基金财产进行托管的，私募基金托管人应当依法履行职责。

私募基金托管人应当依法建立托管业务和其他业务的隔离机制，保证私募基金财产的独立和安全。

【条文解读】 该条是关于私募基金托管人职责的规定。

私募基金托管人是参与私募基金运作的重要法律主体之一，其职责的履行有助于确保基金财产的安全、投资的合法合规以及提供专业的服务支持，保护投资者的利益，促进私募基金行业的规范健康发展。该条第 1 款规定了私募基金托管人应当依法履职，该条属于原则性规定，在一定程度上为后续基金托管人的职责、责任边界的立法规制留下了空间。之所以在此作原则性的规定，还有一个重要的原因是关于私募基金托管人的职责与责任边界在业界存在一定的争议，为了尽快出台《私募条例》，该条在立法时便采取了搁置争议、仅作出原则性规定的做法。该条第 2 款对基金托管人确保基金财产独立性的职责作出了明确规定。

具体来说，有关基金托管的争议主要聚焦于以下两点：一是托管人的具体职责是什么；二是基金管理人与基金托管人是否构成共同受托人，基金托管人应该承担什么样的法律责任。

关于基金托管人的具体职责，应当从法定职责与约定职责两个维度来考察。首先，私募基金托管人职责的边界源于《证券投资基金法》、《私募投资基金监督管理暂行办法》、《证券期货经营机构私募资产管理业务管理办法》、《备案须知》等相关规定。根据《备案须知》的规定，私募基金托管人应当严格履行《证券投资基金法》第 3 章规定的法定职责，不得通过合同约定免

---

① 《私募投资基金登记备案办法》第 32 条规定，私募基金托管人应当按照法律、行政法规、金融管理部门规定以及合同约定履行基金托管人应当承担的职责，维护投资者合法权益。私募基金的托管人不得超过一家。

除其法定职责。基金合同和托管协议应当按照《证券投资基金法》、《私募投资基金监督管理暂行办法》等法律法规和自律规则明确约定托管人的权利义务。在管理人发生异常且无法履行管理职责时，托管人应当按照法律法规及合同约定履行托管职责，维护投资者合法权益。托管人在监督管理人投资运作的过程中，发现管理人的投资或清算指令违反法律法规和自律规则以及合同约定的，应当拒绝执行，并向中国证监会和中国基金业协会报告。《证券投资基金法》第 37 条规定了托管人的 10 项具体职责，并以兜底条款的形式规定了“国务院证券监督管理机构规定的其他职责”，其中最核心的是保管和监督的职责，即安全保管托管账户内的基金财产，确保基金财产和托管人、管理人的固有财产隔离；审核管理人的投资指令是否符合合同约定的投资范围，并办理相应的清算、交割事宜。《证券投资基金法》第 37 条规定了基金托管人在何种情形下有权拒绝执行基金管理人投资指令以及相应的通知义务。基金托管人的职责之一就是根据基金管理人的投资指令，及时办理清算、交割事宜，同时基金托管人也负有按照规定监督基金管理人的投资运作的义务。因此，对于基金管理人的投资指令，基金托管人必须进行监督，如果发现存在违反法律、行政法规和其他有关规定，或者违反基金合同约定的，应该及时采取相应措施。一般来说，应当区分两种情况采取不同的措施。第一，如果基金托管人发现基金管理人的投资指令违反法律、行政法规和其他有关规定，或者违反基金合同约定，这是指该投资指令尚未被执行。那么按照该法的规定，基金托管人应当拒绝执行，同时立即通知基金管理人，并及时向国务院证券监督管理机构报告。第二，如果基金管理人依据交易程序作出的投资指令，违反法律、行政法规和其他有关规定，或者违反基金合同约定，同时该投资指令已经生效，那么基金托管人应当立即通知基金管理人，并及时向国务院证券监督管理机构报告。同时，基金托管人应当持续跟进基金管理人的后续处理，督促基金管理人依法履行披露义务。

中国证监会颁布的《证券投资基金托管业务管理办法》（以下简称《托管业务管理办法》）第 17 条至第 23 条、中国基金业协会颁布的《私募投资基金信息披露管理办法》第 10 条和《契约型私募投资基金合同内容与格式指引》第 25 条、中国银行业协会颁布的《商业银行资产托管业务指引》（以下简称《托管业务指引》）第12条等也对基金托管人的职责进行了规定。中国银行业协会的《托管业务指引》第15条明确托管职责仅限于法律法规规定和托管合同约定的内容，通过反面列举的方式明确了托管职责所不包含的内容。

基金托管人的职责边界除了相关法律法规的明确规定外，还取决于基金合同、托管合同的明确约定。在争议解决中，裁判机关一般认为托管人的职责范围不应超过法律法规和基金合同、托管合同对托管人职责的约定范围。从现有的司法、仲裁案例来看，合同对托管人职责的约定很重要，在基金托管人不存在违反合同约定的行为时，其对投资者的损失通常不承担法律责任。这实际上也是在目前托管人法律层面责任边界依然存在模糊之处的情况下的一种平衡之举。例如，华南国际经济贸易仲裁委员会公布的“华南国仲金融仲裁案例精选”中仲裁庭就认为：“……《私募基金合同》中并未约定基金托管人投资监督义务中包括复核各份额持有人赎回份额数量以及止损操作方面的监督，且《托管业务管理办法》列举的投资监督内容亦未包含前述义务，因此基金托管人不应承担连带赔偿责任。”

关于基金管理人与基金托管人是否构成共同受托人，目前学术界有两种观点：一种观点赞成“共同受托人说”，认为私募基金的管理人与托管人应当承担连带赔偿责任，以最大限度地保护投资者的合法权益；[①] 另一种观点则认为托管人与管理人并非《信托法》上的共同受托人。“共同受托人说”建立在信托财产属于受托人与托管人合有的基础之上，并且要求通过一致的行为处理同样的事务，这显然与我国私募基金治理的制度安排不符。[②] 2018年“阜兴系”案件的爆发，更是将这一问题的讨论推上了风口浪尖。针对“阜兴系”案件，中国基金业协会认为，在私募基金管理人无法正常履行职责的情况下，托管银行要按照《证券投资基金法》和基金合同的约定，切实履行共同受托职责，通过召集基金份额持有人会议和保全基金财产等措施，尽最大

① 参见汤欣、范晓语：《私募基金托管人职责与相关争议的法律适用》，载《投资者》2018年第4期；刘俊海：《论信托型私募基金托管人与管理人的连带责任——基金法、信托法、合同法与侵权法的四重维度》，载《政法论丛》2023年第2期。

② 参见洪艳蓉：《论基金托管人的治理功能与独立责任》，载《中国法学》2019年第6期；孔令学、杨鑫洁、张玉：《论私募基金托管人责任认定与承担》，载《金融发展研究》2022年第8期。

可能维护投资人权益。依据为《证券投资基金法》第3条第2款规定："基金管理人、基金托管人依照本法和基金合同的约定，履行受托职责。"此处的"受托"显然不仅仅是简单的委托，更有"托付""受人之托忠人之事"的含义，于是很多学者倾向于运用信托法理来分析基金托管人的地位及其与基金管理人、投资人之间的法律关系。而信义义务毫无疑问地占据了《信托法》的核心地位，这使得基金托管人的义务也蒙上了一层信义色彩。[①] 因此，学术界认定基金托管人和基金管理人为共同受托人一般也是从信托关系出发，认为基金托管人也负有为受益人（投资人）利益最大化行事的信义义务，基金托管人和基金管理人构成共同受托人。[②] 而针对该案，中国银行业协会首席法律顾问则认为，《证券投资基金法》并未规定银行的共同受托责任。当前的司法实践中，法院通常采取回避认定管理人和托管人之间法律地位的做法，直接根据有关法律规定及合同约定来确定基金管理人和托管人的职责及责任。并且，即便是在管理人存在违约行为时，若托管人不存在违约行为，其对投资人的损失通常不承担赔偿责任。例如，广东省深圳市福田区人民法院（2018）粤0304民初31073号案中，法院认为："托管人不负责委托资产的投资管理和风险管理，不承担委托资产所投资项目（或标的）的审核义务，对基金管理人的任何投资行为（包括但不限于其投资策略及决定）及其投资回报不承担任何责任。"目前司法实践并未就基金管理人与基金托管人是否构成共同受托人这一问题形成统一的裁判标准，这是需要特别注意的。

---

① 参见陶伟腾：《基金托管人之义务属性辨析：信义义务抑或合同义务?》，载《南方金融》2019年第10期。

② 参见洪艳蓉：《论基金托管人的治理功能与独立责任》，载《中国法学》2019年第6期。

第三章　资金募集和投资运作

第一节　导　　读

一、立法奠定了私募投资基金规范发展的基石

在业界殷殷期盼下，《私募条例》终于出台了，私募基金行业对于经济与社会发展的重要性通过立法得以确认。近年来，私募基金尤其是私募股权基金在有效服务实体经济和国家战略、促进中小企业创业就业、推动高科技领域创新发展、提高资本市场直接融资比重、满足社会财富管理需求等方面发挥了积极作用。但是，伴随着行业发展，私募基金的运作也逐渐出现了诸多风险，如以私募之名行非法集资之实、向不具备风险承担能力的投资者兜售产品、对投资者进行虚假信息披露等，甚至出现侵占挪用基金财产、利益输送等严重的违法违规行为。上述乱象既损害了投资者的利益，也给整个行业的发展带来了不利影响。业界一直呼吁出台专门的法律法规来监管私募基金的业务活动，以更好地保护投资者合法权益，促进私募基金行业规范健康发展。①

《私募条例》第 3 章内容对此作出了明确回应，私募基金监管通过适度介入私募基金的运营，重点规范资金募集和投资运作环节，强化要求管理人的信息披露，实现行业的正本清源，全流程促进私募基金的规范运作，保障投资者的正当权益。《私募条例》第 3 章规范的内容是私募基金全周期中最核心

---

① 参见巴曙松：《监管与发展并重的私募新篇章》，载司法部官网，http：//www. moj. gov. cn/pub/sfbgw/zcjd/202307/t20230711_ 482425. html。

的部分——私募基金的募集和投资运作。相较于以前的规定，该章内容做了较大变动，作为重点规范，在明确私募基金管理人管理运用私募基金财产基本原则的前提下，要求其应当恪尽职守，履行诚实守信、谨慎勤勉的义务，增设相关主体禁止性行为规范，并具体从募集资金、管理和投资运作等关键环节提出了有针对性的监管要求。具体来讲：增加了禁止变相公开募集、禁止突破投资者人数限制、禁止承诺保本保收益、私募基金管理人适当性义务等内容，强化管理人信息披露和报送义务，明确私募基金管理人的信息报送要求；赋予了中国基金业协会信息要求、汇总、保密和报送职责，构建了中国证监会与其他金融管理部门、省级地方政府之间的私募基金监管信息共享、风险处置协作机制，实现了行业信息的逐级汇总和综合处理，有助于高效应对私募基金行业可能引发的系统性风险，[①] 规范关联交易；对于基金财产，《私募条例》第 3 章提出了私募基金财产独立性原则，但私募基金财产不得用于借贷活动等，目的是规范私募基金行业发展，保护投资者利益，保证金融秩序和安全；针对基金市场行业乱象，划定基金投资范围，完善专业化管理、关联交易管理等制度安排。上述行为规范基本实现了私募基金活动的监管全覆盖。[②]

近几年，由于私募基金管理运作不规范，“暴雷”等风险事件频发，其中相当比例的风险事件是私募基金管理人恶意欺诈或存在重大过错所致。鉴于基金管理人存在滥用权力或者懒惰懈怠的风险，投资者不可能完全通过合同约定和市场机制来规避风险。为完善私募基金市场建设、促进行业发展，增加投资者的投资信心，实现对私募基金投资者的保护，私募基金行业需要法律干预约束管理人的行为。《私募条例》对管理人的各项义务作出了规定，这些义务与其他法律法规、规章、行业规范和自律规范规定的对管理人的各项义务一同构成了管理人的法定义务，一般被称为信义义务。《私募条例》第 3 章规定体现了管理人信义义务的部分内容。信义义务与基金合同一起构成了

① 参见郭雳：《私募基金监管的新规则、新阶段、新理念》，载司法部官网，http：//www.moj.gov.cn/pub/sfbgw/zcjd/202307/t20230711_482426.html。

② 参见陈洁：《私募基金行业发展的法治化图景》，载司法部官网，http：//www.moj.gov.cn/pub/sfbgw/zcjd/202307/t20230711_482424.html。

投资者保护的权利基础。

二、基本内容

《私募条例》第3章名为“资金募集和投资运作”，规定了私募基金募集与投资运行的规则与要求。从行文和体例看，《私募条例》第3章将《私募投资基金监督管理暂行办法》中对应的“第三章合格投资者”“第四章资金募集”“第五章投资运作”的相关内容合并为一章，做了统一规范。

（一）私募基金的资金募集

《私募条例》第3章对私募基金管理人募集资金作出了规定。私募基金与公募基金最重要的区别在于私募基金的资金是“以非公开方式募集”的，这也是实务中最容易出现纠纷的环节。中国证监会在《〈关于加强私募投资基金监管的若干规定〉起草说明》中指出，“在私募基金的资金募集、登记备案、投资运作等各个环节中，资金募集是发起设立私募基金的一个重要环节。募集行为规范是防范违规风险的第一道防线，是事中监管的一项重要体现”。

《私募条例》第3章对资金募集的私募方式做了严格限定。首先，为改变过往私募基金代销对代销机构缺乏有效管控、私募基金“公募化”、未严格落实投资者适当性管理要求等销售乱象，该章对私募基金代销采取原则上禁止的态度，明确了私募资金募集主体应为私募基金管理人；其次，此前在私募基金的几种嵌套模式中，子母基金模式是私募基金为突破“单只私募基金的投资者累计不得超过法律规定的人数”限制的惯用模式，但该章明确了募集环节的合格募集要求以及穿透式审查。

从投资运作方面来看，《私募条例》第3章在投资范围负面清单新增了“不得以要求地方人民政府承诺回购本金等方式变相增加政府隐性债务”等规定，堵住了私募投资基金成为地方政府隐性债务通道的可能性；关于投资层级，新增“符合国务院证券监督管理机构规定条件，将主要基金财产投资于其他私募基金的私募基金不计入投资层级”，突破了“资管新规”中关于私募基金投资层级不得超过两层的限制性要求，为母基金监管政策出台预留了空间。

1.《私募条例》第3章对募集资金的主体作出了规定（第17条），除监管部门另有规定外，由管理人自行募集资金。该条例出台前的相关规范均允许私募基金管理人委托销售机构来销售私募基金产品。私募基金管理人可以自行销售也可以委托销售机构销售。但《私募条例》第17条的规定改变了《私募投资基金监督管理暂行办法》的表述，将并列的两类销售方式改为原则上自行募集。鉴于以往实务中经常出现基金代销引发的纠纷，该条的修订回应了实务、体现了监管趋紧的要求。

2.《私募条例》第3章对私募基金投资者规定了门槛（第18条），仅允许合格投资者投资私募基金。合格投资者制度是私募基金重要的监管制度，贯穿私募基金的募集全过程，是私募基金市场健康发展的基石，也是私募基金市场的准入门槛。该条改变了《私募投资基金监督管理暂行办法》对合格投资者作出具体规定的做法，该条对合格投资者仅作出了原则性的规定，私募基金的投资者只能是合格投资者，同时由国务院证券监督管理机构来制定标准。

3.《私募条例》第3章规定，私募基金资金募集时，基金管理人应向投资者履行风险揭示义务（第19条）。一般认为，私募基金管理人与投资者构成信托法律关系，管理人风险揭示义务属于适当性义务。私募基金管理人具有信息和专业优势，但是与投资者之间存在严重的信息不对称。只有向投资者充分揭示私募基金的重要信息，尤其是风险等级，投资者才能充分了解私募基金，作出是否投资、如何投资的真实意思表示。该条是为解决基金管理人与投资者之间的信息不对称而设置。

4.《私募条例》第3章对资金募集过程中的禁止性行为作出了规定（第20条）。私募基金与公募基金相较而言，最大的区别在于募集方式的非公开性和募集对象的特定性。因此，监管部门对私募基金的募集、推介等行为制定了大量的规范，从正反两个方向来规定私募投资基金管理人可以从事和禁止从事的行为。该条就是从反面、禁止从事的行为角度，对条例中其他条款进行重申。

（二）私募基金的管理

私募基金完成资金募集后，管理人开始对私募基金进行管理和投资，实现私募基金产品成立的目的，完成基金投资者的信托事务。

1.《私募条例》第3章规定了私募基金财产独立性原则，对私募基金作出了显名的要求（第21条），主要针对契约型私募基金。私募基金显名，对第三人产生公示效果，保证私募基金财产本身不会因为财产混同而产生不利后果。

2.《私募条例》第3章要求管理人对私募基金产品进行备案，私募基金还需要满足一定的实缴资金规模要求，备案机构需分类公示和分类监管（第22条）。

3.《私募条例》第3章规定对私募基金进行集中监测（第23条），提高监管效率、控制风险，更好地保护投资者利益。

4.《私募条例》第3章新增私募基金的市场退出机制（第34条）。在私募基金管理人无法正常履行投资管理职能、私募基金无法正常运作和终止的情况下，私募基金依然可以通过一定的方式进行清算退出，避免损失扩大。

（三）私募基金的投资

1.《私募条例》第3章规定了私募基金的投资标的和使用限制（第24条）。私募基金最重要的环节就是对外投资，以实现私募基金成立的目的。该条从正面和反面都对私募基金投资对象作出了规定，要求私募基金不得进行借贷活动，确保私募基金的投资本质。

2.《私募条例》第3章规定了私募基金投资层级的限制性规定，对嵌套作出了限制（第25条），避免各种资管产品相互配合、互为通道，规避监管。但创业投资基金和国家运用一定比例政府资金发起设立或参股的私募基金，不受该条规定限制，由国务院有关部门另行规定。

3.《私募条例》第3章规定了私募基金管理人应遵循专业化管理原则和投资者利益优先原则（第26条）。一般认为私募基金中投资者和管理人构成信托法律关系，管理人受托对投资者的投资基金进行管理投资。为避免管理人滥用管理权、怠于提供服务，管理人的信义义务应运而生。

4.《私募条例》第3章规定了私募基金管理人应亲自履行投资管理职责，不得委托他人行使（第27条）。该条同样是私募基金管理人信义义务的体现。投资者是基于对私募基金管理人的信赖而进行投资的，如基金管理人委托他人行使，有可能损害投资者利益。

5.《私募条例》第3章对关联交易作出了规制（第28条），该条并不绝对禁止关联交易，而是禁止私募基金管理人通过关联交易损害私募基金利益，进行利益输送。

6.《私募条例》第3章规定了私募基金管理人聘请专业机构对私募基金进行审计并披露的义务（第29条）。通过审计结果，投资者可以监督私募基金管理人的职责履行情况，保障自身利益。

7.《私募条例》第3章从保护投资者的角度，强化了私募基金管理人、托管人及相关人员或机构的法定义务。包括：规定了私募基金管理人、托管人及从业人员的信义义务，重申部分禁止性行为（第30条）；规定了私募基金管理人和/或托管人的信息披露义务（第31条）和信息披露中的禁止行为（第32条），保证投资者了解私募基金的投资运营情况并能有效监督管理人；规定了私募基金管理人和/或托管人应向登记备案机构报送信息，备案登记机构有预警和保密的义务（第33条）。

第二节 条文解读

第十七条 【募集资金要求】私募基金管理人应当自行募集资金，不得委托他人募集资金，但国务院证券监督管理机构另有规定的除外。

【条文解读】 该条是关于私募基金管理人募集资金要求的规定。

根据该条，原则上募集资金的主体是私募基金管理人，只有在国务院证券监督管理机构有例外规定的情况下，才能委托其他主体进行募集。《私募条例》出台以前相关规范中频频出现“基金销售机构”，该条的文字表述与此前的规定也存在较大区别。根据文义解释，不委托他人募集是原则，原本与自行募集并列的销售机构募集是例外。一般认为《私募条例》规定在收紧委托代销机构募集资金的权限，突出私募基金的直销特点。

一、《私募条例》出台前管理人自行募集与委托募集并列

2014 年的《私募投资基金监督管理暂行办法》第 16 条第 1 款和第 2 款规定，“私募基金管理人自行销售私募基金的，应当采取问卷调查等方式，对投资者的风险识别能力和风险承担能力进行评估，由投资者书面承诺符合合格投资者条件；应当制作风险揭示书，由投资者签字确认。私募基金管理人委托销售机构销售私募基金的，私募基金销售机构应当采取前款规定的评估、确认等措施”。这意味着管理人既可以自行募集，也可以委托销售。《私募条例》第 17 条改变了《私募投资基金监督管理暂行办法》的表述，相较而言，直接使用了“不得委托”。

根据《私募条例》第 2 章第 11 条第 1 款第 1 项规定：“私募基金管理人应当履行下列职责：（一）依法募集资金，办理私募基金备案……”管理人依法募集资金本就是其履行管理人职责的重要内容。至于其他受托销售主体，中国基金业协会发布的《私募投资基金募集行为管理办法》第 2 条规定，“私募基金管理人、在中国证监会注册取得基金销售业务资格并已成为中国证券投资基金业协会会员的机构（以下统称募集机构）及其从业人员以非公开方式向投资者募集资金的行为适用本办法。在中国证券投资基金业协会（以下简称中国基金业协会）办理私募基金管理人登记的机构可以自行募集其设立的私募基金，在中国证监会注册取得基金销售业务资格并已成为中国基金业协会会员的机构（以下简称基金销售机构）可以受私募基金管理人的委托募集私募基金。其他任何机构和个人不得从事私募基金的募集活动”。2020 年施行的《公开募集证券投资基金销售机构监督管理办法》第 44 条规定，“基金销售机构除开展公募基金销售业务外，依法从事私募基金销售业务的，参照适用本办法第三章、第四章的规定，法律法规及中国证监会另有规定的除外”。

《私募条例》施行前私募基金募集主体有两类：（1）在中国基金业协会办理了私募基金管理人登记的机构可以自行募集其设立的私募基金；（2）私募基金管理人还可以委托在中国证监会注册取得基金销售业务资格并已成为

中国基金业协会会员的基金销售机构。根据《公开募集证券投资基金销售机构监督管理办法》第6条规定，基金销售机构包括向中国证监会申领许可证的商业银行、证券公司、期货公司、保险公司、保险经纪公司、保险代理公司、证券投资咨询机构和独立基金销售机构。除上述两类主体外，其他任何机构和个人不得从事私募基金的募集活动。其中，独立基金销售机构独为一类，根据《公开募集证券投资基金销售机构监督管理办法》第9条第1款规定："独立基金销售机构是专业从事公募基金及私募证券投资基金销售业务的机构。独立基金销售机构不得从事其他业务，中国证监会另有规定的除外。"据此，独立基金销售机构仅能从事私募证券投资基金的销售。

二、私募基金委托销售易引起纠纷

实务中存在大量的委托销售机构（或称"代销机构"）未尽责纠纷，包括：(1) 管理人未充分调查代销机构，选任不具有相应资质代销机构引发纠纷；(2) 代销机构未对委托人、代销产品和投资者充分审查，导致投资者不具备适当性；(3) 代销机构存在不当推介行为。① 譬如私募基金管理人未充分调查代销机构，选任不具有相应资质的代销机构。中国基金业协会处分〔2023〕185号显示，相关投资管理公司"委托无基金销售业务资格的机构募集资金"，违反《私募投资基金募集行为管理办法》第2条；中国基金业协会处分〔2023〕160号同样显示，相关投资管理公司产品由不具有基金销售业务资格的第三方机构销售，根据投资者投诉信息，某企业管理咨询有限公司共同参与了产品推介，并负责与投资者沟通产品信息。经查，某企业管理咨询有限公司不具有基金销售业务资格。此外，实务中还经常出现私募基金管理人的实控人、出资人等关联方实质参与基金的募集，最后导致投资者遭受损失，产生纠纷。

三、加强监管有助于私募基金行业防范风险

近几年，私募基金行业发展迅速，随之而来的是监管强化和投资者保护问题。中国证监会在《〈关于加强私募投资基金监管的若干规定〉起草说明》

---

① 参见沈竹莺、杨晖等：《私募基金纠纷的裁判逻辑与法律适用——基于上海法院2014～2020年案件审理情况分析》，载《证券法苑》2022年第2卷；上海市高级人民法院课题组：《私募基金纠纷法律适用问题研究》，载《法律适用》2023年第8期。

中提出，“根据关于加强金融监管的有关要求，紧紧围绕贯彻落实服务实体经济、防范金融风险、深化金融改革的基本任务，经反复调研，全面总结私募基金领域风险事件的发生特点和处置经验，通过重申和细化私募基金监管的底线要求，让私募行业真正回归‘私募’和‘投资’的本源，推动优胜劣汰的良性循环，促进行业规范可持续发展”。加强私募基金募集及基金代销机构的管理，能够更好地维护投资者利益。随后的《公开募集证券投资基金销售机构监督管理办法》中规定独销机构仅能销售私募基金中的私募证券基金，而《私募条例》更是删除了《私募投资基金管理暂行条例（征求意见稿）》第 28 条、第 30 条和第 31 条中“私募基金销售机构”的表述。

四、违反规定的法律后果

1. 行政处罚。《私募条例》第 48 条规定，违反私募基金募集方式等规定的，没收违法所得，并处违法所得 1 倍以上 5 倍以下的罚款；没有违法所得或者违法所得不足 100 万元的，并处 10 万元以上 100 万元以下的罚款。对直接负责的主管人员和其他直接责任人员给予警告，并处 3 万元以上 30 万元以下的罚款。

2. 民事责任。《九民纪要》第 74 条“责任主体”规定：“金融产品发行人、销售者未尽适当性义务，导致金融消费者在购买金融产品过程中遭受损失的，金融消费者既可以请求金融产品的发行人承担赔偿责任，也可以请求金融产品的销售者承担赔偿责任，还可以根据《民法总则》第 167 条的规定，请求金融产品的发行人、销售者共同承担连带赔偿责任。发行人、销售者请求人民法院明确各自的责任份额的，人民法院可以在判决发行人、销售者对金融消费者承担连带赔偿责任的同时，明确发行人、销售者在实际承担了赔偿责任后，有权向责任方追偿其应当承担的赔偿份额。”

实务中，投资者可能基于法律规定及基金合同单独向基金管理人主张责任，可能基于代销机构的销售行为向代销机构主张责任，还有可能以管理人与代销机构之间的委托代理关系为基础，根据《民法典》第 167 条“代理人知道或者应当知道代理事项违法仍然实施代理行为，或者被代理人知道或者应当知道代理人的代理行为违法未作反对表示的，被代理人和代理人应当承担连带责任”的规定，推定管理人知道或者应当知道代销机构的违法行为，管理人与代销机构之间承担连带赔偿责任，要求返还投资本金并赔偿损失等。

譬如“吴某林、广东君心盈泰投资管理有限公司委托理财合同纠纷二审民事判决书（2020）粤01民终15306号”中，广州市中级人民法院认为，“君心盈泰选任的当时不具备基金销售资质的代销机构，未就此对作为金融消费者的吴某林进行提示，君心盈泰存在选任不当的过错；再次，君心盈泰亦未通过代销机构，主动联系吴某林要求提供相应信息以便履行报告义务……综上，君心盈泰未能依约履行报告义务，妨害了吴某林及时行使赎回基金产品的权利”，判决管理人赔偿投资者部分损失。

第十八条　【合格投资者】私募基金应当向合格投资者募集或者转让，单只私募基金的投资者累计不得超过法律规定的人数。私募基金管理人不得采取为单一融资项目设立多只私募基金等方式，突破法律规定的人数限制；不得采取将私募基金份额或者收益权进行拆分转让等方式，降低合格投资者标准。

前款所称合格投资者，是指达到规定的资产规模或者收入水平，并且具备相应的风险识别能力和风险承担能力，其认购金额不低于规定限额的单位和个人。

合格投资者的具体标准由国务院证券监督管理机构规定。

【条文解读】　该条是关于合格投资者界定的规定。

一、私募基金的投资者仅限于合格投资者

该条第1款规定，私募基金的募集和转让对象都限于合格投资者，不得以任何方式变相突破合格投资者的规定。

1. 变相突破合格投资者的常见方式。主要包括：非合格投资者委托合格投资者进行投资；非合格投资者以合伙企业、契约、公司等形式汇集资金，再以机构投资者名义进行投资；先设立关联公司以合格投资者身份购买私募产品，再通过交易平台将私募产品收益权拆分转让给平台用户；合格投资者通过与非合格投资者签订协议，向非合格投资者转让私募基金份额或收益权等各种形式等。

2. 不得将基金份额或收益权拆分转让给非合格投资者。拆分转让本身并非绝对禁止的做法，但拆分后依然受到合格投资者、非公开募集等限制。一般认为，需要对私募基金投资者进行穿透核查，一方面是为防止产品风险与投资者风险承受能力不匹配、防止错误销售的情形发生；另一方面是为从宏观层面防止系统性风险，便于监管机构根据真实市场情况及时调节监管措施。通过穿透核查，避免低风险承受力的投资者以“团购”“拆分”“持股平台”等方式进行投资，甚至涉嫌“非法集资”。

3. 合格投资者具有人数限制。《证券投资基金法》第 87 条第 1 款规定：“非公开募集基金应当向合格投资者募集，合格投资者累计不得超过二百人。”单只私募基金的合格投资者累计不超过 200 人。此外，《私募投资基金监督管理暂行办法》第 11 条规定，私募基金应当向合格投资者募集，单只私募基金的投资者人数累计不得超过《证券投资基金法》《公司法》《合伙企业法》等法律规定的特定数量。根据《公司法》和《合伙企业法》规定，合伙型基金投资者、有限公司型基金投资者累计不得超过 50 人；股份公司型基金投资者累计不得超过 200 人。

值得注意的是，《私募条例》第 18 条规定强调了不得通过为单一融资项目设立多只私募基金的方式来突破人数限制。为单一融资项目设立多只私募基金本身并不违法，但需穿透到最底层，合并计算投资者人数，根据不同类型私募基金认定人数限制。

二、合格投资者的标准及授权规定机构

《私募条例》第 18 条第 2 款对合格投资者进行了定义。如前文所述，《私募投资基金募集行为管理办法》与“资管新规”中关于合格投资者的标准存在一定的区别。该条第 3 款授权国务院证券监督管理机构来规定合格投资者的标准。

1. 合格投资者的概念

合格投资者（Qualified Investor）最初是金融术语，用来指代那些被认为具备一定财务能力、投资经验或法律地位的投资者。这些投资者被认为能够承担更高风险的投资，能够获得一些特殊的投资机会。合格投资者的概念旨在确保各种产品的投资者能够理解和承受更高风险的投资，可以获得更多的投资自由度。合格投资者通常可以投资不对社会公众开放的私募基金、风险投资和其他受限投资产品。设立合格投资者制度的目的是保护中小投资者，避免其盲目非理性的高风险投资，同时优化投资市场。我国2015年修订的《证券投资基金法》第87条出现了“合格投资者”的概念，但并没有给出标准，而是授权国务院证券监督管理机构作出规定；《私募投资基金监督管理暂行办法》和《私募投资基金募集行为管理办法》规定了三种基本类型的合格投资者，即专业投资机构、发行人内部人和高净值投资者。其中专业投资机构包括社会保障基金、企业年金等养老基金、慈善基金等社会公益基金、依法设立并在基金业协会备案的投资计划和受国务院金融监督管理机构监管的金融产品；发行人内部人是指投资于所管理私募基金的私募基金管理人及其从业人员；高净值投资者是指投资于单只私募基金的金额不低于100万元且净资产不低于1000万元的单位及金融资产不低于300万元或者最近三年个人年均收入不低于50万元的个人。但是“资管新规”提高了资管产品合格投资者的标准，其第5条规定，“资产管理产品的投资者分为不特定社会公众和合格投资者两大类。合格投资者是指具备相应风险识别能力和风险承担能力，投资于单只资产管理产品不低于一定金额且符合下列条件的自然人和法人或者其他组织：(一) 具有2年以上投资经历，且满足以下条件之一：家庭金融净资产不低于300万元，家庭金融资产不低于500万元，或者近3年本人年均收入不低于40万元。(二) 最近1年末净资产不低于1000万元的法人单位。(三) 金融管理部门视为合格投资者的其他情形。合格投资者投资于单只固定收益类产品的金额不低于30万元，投资于单只混合类产品的金额不低于40万元，投资于单只权益类产品、单只商品及金融衍生品类产品的金额不低于100万元。投资者不得使用贷款、发行债券等筹集的非自有资金投资资产管理产品”。关于私募基金的合格投资者标准是否应当适用“资管新规”存在争议。“资管新规”第2条第3款规定：“私募投资基金适用私募投资基金专门法律、行政法规，私募投资基金专门法律、行政法规中没有明确规定的适用本意见，创业投资基金、政府出资产业投资基金的相关规定另行制定。”但私募基金相关法律仅有《证券法》《证券投资基金法》《信托法》，而《私募条例》是与私募基金相关的第一部行政法规，《私募投资基金监督管理暂行办法》和《私募投资基金募集行为管理办法》均不属于法律行政法规，目前的法律行政法规中没有关于私募基金合格投资者具体标准的规定，所以主张适用“资管新规”的标准不应存在障碍。

2. 合格投资者的相关法律规定

《证券投资基金法》第91条规定：“非公开募集基金，不得向合格投资者之外的单位和个人募集资金……”资金募集对象应当是合格投资者，转让私募基金份额的对象也应当是合格投资者，变相突破合格投资者标准的行为受到严格禁止。《私募投资基金募集行为管理办法》第9条规定：“任何机构和个人不得为规避合格投资者标准，募集以私募基金份额或其收益权为投资标的的金融产品，或者将私募基金份额或其收益权进行非法拆分转让，变相突破合格投资者标准。募集机构应当确保投资者已知悉私募基金转让的条件。投资者应当以书面方式承诺其为自己购买私募基金，任何机构和个人不得以非法拆分转让为目的购买私募基金。”

3. 违反规定的法律后果

（1）违反《私募条例》第18条规定将遭受行政处罚甚至刑事处罚。《证券投资基金法》第135条和《私募条例》第48条均规定，向合格投资者之外的单位或者个人非公开募集资金或者转让基金份额的，没收违法所得，并处违法所得1倍以上5倍以下罚款；没有违法所得或者违法所得不足100万元的，并处10万元以上100万元以下罚款。对直接负责的主管人员和其他直接责任人员给予警告，并处3万元以上30万元以下罚款。情节严重的可能受到刑法的负面评价，如合格投资者将其收益份额转让给非合格投资者，可能被认为作为资金募集方，向非合格投资者或不特定社会公众募集资金，该行为本身就违反法律规定，涉嫌非法吸收公众存款罪等刑事犯罪。①

以“叶某、陈某、罗某娜非法吸收公众存款罪二审刑事裁定书（2020）浙01刑终1号”案件为例，法院裁定认为，“被告人叶某在实际控制浙江泛华投资有限公司（以下简称泛华公司）期间，在杭州市江干区（以下简

① 参见黄伟峰、程俊杰：《私募基金涉诉纠纷疑难问题研究》，载《法律适用》2023年第4期。

称东杭大厦网点）、市民中心E座17楼、庆春发展大厦B座9楼设立办公网点，招募被告人陈某为泛华公司执行经理、东杭大厦网点负责人，招募被告人罗某娜为泛华公司东杭大厦网点运营总监，通过业务员推广、发放宣传单页、组织讲座等形式向不特定社会公众公开宣传，以销售金融不良资产收益权、私募基金份额的方式，承诺9%至15%的年化收益，向39名集资参与人吸收资金共计人民币20,000,000元，造成上述集资参与人损失人民币18,401,469.74元……上诉人叶某、陈某、原审被告人罗某娜违反国家金融管理法律规定，向社会公众吸收资金，数额巨大，其行为均已构成非法吸收公众存款罪”。

此外，在“叶某、罗某勋等非法吸收公众存款罪一审刑事判决书（2019）苏0508刑初265号”案件中，法院判决认为，“即使姚某曾取得开展私募基金业务牌照，但在经营过程中向不合格的投资者募集资金，将募集所得的资金混同于管理人财产，且在未取得吸收公众存款的行政许可情况下，利用发放传单等方式向不特定对象吸收资金，向投资者作出保本付息的承诺，并实际按照约定利率支付还本付息，属于以私募资金的‘合法形式’掩盖吸收公众存款的非法目的，该行为符合非法吸收公众存款罪的构成要件”。

（2）向非合格投资者募集资金的民事责任。向合格投资者以外的投资者募集或转让私募基金，实务中一般认为基金合同存在效力瑕疵问题。《民法典》第153条规定，“违反法律、行政法规的强制性规定的民事法律行为无效。但是，该强制性规定不导致该民事法律行为无效的除外。违背公序良俗的民事法律行为无效”。但合格投资者相关规范是否为《民法典》第153条所规定的强制性规定以及是否会导致合同无效，存在一定争议。有法院以违反公序良俗为由认定合同无效，譬如“2020年度全市法院典型案例（基层法院篇）之一：朱某某诉深圳晟达资产管理有限公司、深圳市中晟达陆号投资合伙企业（有限合伙）委托理财纠纷案”中，深圳市福田区人民法院认为，“……出资金额系由原告及十余名案外人拼集构成，明显为规避国家关于合格投资者私募基金单笔投资金额下限的规定。因此，现有证据无法证明原告系具备风险识别能力和风险承担能力的合格投资者。因原告并非合格投资者，其与被告中晟达陆号（有限合伙）之间的基金合同违反了《私募投资基金监督管理暂行办法》关于私募基金应当向合格投资者募集的相关规定，属于《中华人民共和国民法总则》第153条第2款违背公序良俗之规定的情形，应当认定为无效”。也有法院以合格投资者相关规定并非导致合同无效的强制性规定为由认定合同有效。比如“江苏壹泽资本投资管理有限公司等与中融国际信托有限公司等合伙企业财产份额转让纠纷上诉案”中，北京市高级人民法院认为，“《私募投资基金监督管理暂行办法》中关于私募基金合格投资者的规定并非法律、行政法规强制性规定。监管部门制定有关合格投资者适当性管理的制度，其目的主要在于保护投资者利益，避免不具有风险识别能力和风险承受能力的投资者进行投资而受到损失。故即便如壹泽资本公司所称稳嘉股权企业并非合格投资者，但由于稳嘉股权企业在明知自身并非合格投资者的情况下，仍然与中融信托公司签订《转让合同》，其损害的是自身利益，并未损害金融秩序与社会公共利益，《转让合同》的效力不受稳嘉股权企业是否为合格投资者的影响”。

第十九条　【风险揭示义务】私募基金管理人应当向投资者充分揭示投资风险，根据投资者的风险识别能力和风险承担能力匹配不同风险等级的私募基金产品。

【条文解读】　该条是关于私募基金管理人风险揭示义务的规定。

私募基金管理人在募集资金时，应充分向投资者披露私募基金产品的相关情况尤其是投资风险，采取充分措施，保证投资者对其投资的私募基金产品具有匹配的风险承受能力。投资者对私募产品的匹配是双向匹配，当私募基金产品的风险大于投资者的风险承受能力时，定义为风险不匹配。《私募条例》第18条的规定是用来确保投资者有资金能力、投资知识和经验进入私募基金投资领域的。但仅有合格投资者的规定还不够，即使同属于合格投资者，不同投资者的风险偏好、风险承担能力和风险承担意愿不同。该条与《私募投资基金监督管理暂行办法》相比做了一些修改。该暂行办法第17条规定，“私募基金管理人自行销售或者委托销售机构销售私募基金，应当自行或者委托第三方机构对私募基金进行风险评级，向风险识别能力和风险承担能力相匹配的投资者推介私募基金”。

该条与《私募条例》第17条规定一脉相承，意味着风险揭示义务人仅有私募基金管理人。即使后续修订的暂行规定或新规定允许私募基金管理人委托销售私募基金，但如果未修改《私募条例》第19条规定的主体，那么私募基金管理人依然是风险揭示义务的主体，不能将该等义务转移给受托销售人。此外，《私募条例》第19条对于风险揭示和告知义务进行了扩充，明确提出要向投资者充分揭示风险并进行风险匹配。相较于2014年的暂行办法，私募基金管理人的风险揭示及告知义务的内涵已经在近十年的发展中得到了丰富，一般包含了解客户、了解产品、风险匹配、进行风险揭示与告知说明、恰当销售。其中了解客户和了解产品就涵盖了进行风险评级的内容。

一、风险揭示义务的内涵

1. 适当性义务、风险揭示与告知说明义务。适当性义务是管理人、销售机构等私募基金募集机构在资金募集环节所需承担的最核心的义务，包括了解客户、了解产品、风险匹配、进行风险揭示与告知说明等四方面的义务；①而向投资者充分揭示产品风险是卖方机构履行适当性义务的要求，也即金融产品提供方或销售方在向客户推荐或销售金融产品时，有义务对金融产品和客户进行合理调查，以推荐适于客户风险识别能力以及风险承担能力的产品，要求金融机构了解客户、了解产品、风险匹配、适当销售，以解决信息不对称的问题，② 以期实现“卖者尽责、买者自负”的理念。了解客户义务主要是指金融机构对客户进行风险识别，通过了解客户的年龄、职业、财产与收入状况、投资知识与经验、风险承受能力等信息，识别出合格投资者，进而向其推荐适合的金融产品或服务，该义务在《私募条例》第18条中体现；了解产品义务主要是指金融机构对其推荐的金融产品或服务的特性、结构、费

---

① 参见吴弘、吕志强：《金融机构适当性义务辨析——新〈证券法〉及〈纪要〉的视角》，载《上海金融》2020年第6期。

② 上海金融法院课题组：《私募资管产品缔约时风险揭示义务的司法认定——上诉人潘某与上诉人长江证券（上海）资产管理有限公司、第三人上海浦东发展银行股份有限公司深圳分行私募基金合同纠纷案》，载《法律适用》2023年第5期。

用与风险等级等情况有全面准确的了解，不能推荐自己不了解、不熟悉的产品；风险匹配义务，是指金融机构根据客户的风险承受能力向其推荐相应风险等级的产品或服务；告知说明义务，是指金融机构应当将所提供产品或服务的风险收益、资金投向、投资方式及比例等信息全面及时地告知客户并进行解释说明，以确保客户可在充分知情的基础上自主决策。[①] 有关私募基金管理人的风险揭示与告知说明义务在《九民纪要》中有所体现，第76条“告知说明义务”指出，告知说明义务的履行是金融消费者能够真正了解各类高风险等级金融产品或者高风险等级投资活动的投资风险和收益的关键，人民法院应当根据产品、投资活动的风险和金融消费者的实际情况，综合理性人能够理解的客观标准和金融消费者能够理解的主观标准来确定卖方机构是否已经履行了告知说明义务。确立了主客观结合判断募集机构（卖方机构）是否履行了风险揭示与告知说明义务的标准。此外，“资管新规”也规定，“金融机构发行和销售资产管理产品，应当坚持了解产品和了解客户的经营理念，加强投资者适当性管理，向投资者销售与其风险识别能力和风险承担能力相适应的资产管理产品。”

2. 私募基金管理人应进行风险匹配。《基金募集机构投资者适当性管理实施指引（试行）》第44条规定，“基金募集机构要根据普通投资者风险承受能力和基金产品或者服务的风险等级建立以下适当性匹配原则：（一）C1型（含最低风险承受能力类别）普通投资者可以购买R1级基金产品或者服务；（二）C2型普通投资者可以购买R2级及以下风险等级的基金产品或者服务；（三）C3型普通投资者可以购买R3级及以下风险等级的基金产品或者服务；（四）C4型普通投资者可以购买R4级及以下风险等级的基金产品或者服务；（五）C5型普通投资者可以购买所有风险等级的基金产品或者服务”。第45条规定，“基金募集机构向投资者销售基金产品或者服务时，禁止出现以下行为：……（三）向普通投资者主动推介风险等级高于其风险承受能力的基金产品或者服务；（四）向普通投资者主动推介不符合其投资目标的基金产品或者服务；（五）向风险承受能力最低类别的普通投资者销售风险等级高于其风

① 参见任自力：《金融机构适当性义务的规范逻辑》，载《法律适用》2022年第2期。

险承受能力的基金产品或者服务……”此外，对于最高风险R5级别的基金产品，管理人还应履行更高的风险揭示义务。《基金募集机构投资者适当性管理实施指引（试行）》第47条规定：“基金募集机构在向普通投资者销售R5风险等级的基金产品或者服务时，应向其完整揭示以下事项：（一）基金产品或者服务的详细信息、重点特性和风险；（二）基金产品或者服务的主要费用、费率及重要权利、信息披露内容、方式及频率；（三）普通投资者可能承担的损失；（四）普通投资者投诉方式及纠纷解决安排。”这类基金产品一般包括分级基金、杠杆基金（如私募股权投资基金举债投资、证券投资基金开展融资融券业务）、投资标的特殊（如投资于可转债、其他资管产品的劣后级份额、风险项目）等高风险特殊基金产品。[①] 因此，私募基金管理人应向投资者推介符合投资者风险等级的产品，不得主动推介不适合的基金产品。

3. 投资者主动要求投资超出自身风险承担能力的高风险基金的处理。除风险承受能力最低类别的投资者之外，投资者主动要求购买风险等级更高产品的，管理人应对其做出特别书面风险警示。法律并不禁止投资者在确认所投资基金产品的风险等级后投资高风险等级产品，这是“买者自负”的具体表现。《基金募集机构投资者适当性管理实施指引（试行）》第48条规定：“普通投资者主动要求购买与之风险承受能力不匹配的基金产品或者服务的，基金销售要遵循以下程序：（一）普通投资者主动向基金募集机构提出申请，明确表示要求购买具体的、高于其风险承受能力的基金产品或服务，并同时声明，基金募集机构及其工作人员没有在基金销售过程中主动推介该基金产品或服务的信息；（二）基金募集机构对普通投资者资格进行审核，确认其不属于风险承受能力最低类别投资者，也没有违反投资者准入性规定；（三）基金募集机构向普通投资者以纸质或电子文档的方式进行特别警示，告知其该产品或服务风险高于投资者承受能力；（四）普通投资者对该警示进行确认，表示已充分知晓该基金产品或者服务风险高于其承受能力，并明确做出愿意自行承担相应不利结果的意思表示；（五）基金募集机构履行特别警示义务

---

① 参见吴雄雁：《从司法案例看私募基金投资者适当性争议及风险防范》，载微信公众号“国浩律师事务所”2022年12月18日，https：//mp. weixin. qq. com/s/DvDogpDAtmzSxidKh－－I8g。

后，普通投资者仍坚持购买该产品或者服务的，基金募集机构可以向其销售相关产品或者提供相关服务。”《九民纪要》第78条“免责事由”规定：“因金融消费者故意提供虚假信息、拒绝听取卖方机构的建议等自身原因导致其购买产品或者接受服务不适当，卖方机构请求免除相应责任的，人民法院依法予以支持，但金融消费者能够证明该虚假信息的出具系卖方机构误导的除外。”因此，如果投资者主动要求投资高于自身风险承担能力的高风险基金产品，在私募基金管理人恰当履行了风险揭示义务后，该等投资是投资者的真实意思表示，管理人无须对因风险不匹配导致的投资者损失承担责任。

4. 履行相关义务的具体要求。一是投资者签署书面文件。对于风险揭示与告知说明义务，中国基金业协会出台了《基金募集机构投资者适当性管理实施指引（试行）》，私募基金管理人履行义务主要通过该指引包括的《投资者基本信息表》《基金投资者风险测评问卷》《基金产品或者服务风险等级划分》《投资者类型及风险匹配告知书及投资者确认函》《风险不匹配警示函及投资者确认书》等书面文件体现。二是举证责任倒置。鉴于卖方机构与投资者存在信息不对称并且两者实力对比悬殊，故资管纠纷规范在举证责任分配上对投资者作出保护和倾斜，由私募基金管理人来证明其已经履行了风险揭示/告知说明义务，对投资者/消费者的风险认知、风险偏好和风险承受能力进行了测试，向其充分披露产品的收益和主要风险因素，否则管理人承担举证不能的法律后果。[①] 三是风险揭示书的内容。中国基金业协会出台的《私募投资基金备案须知》第9条“风险揭示书”规定，管理人应当向投资者披露私募投资基金的资金流动性、基金架构、投资架构、底层标的、纠纷解决机制等情况，充分揭示各类投资风险。私募投资基金若涉及募集机构与管理人存在关联关系、关联交易、单一投资标的、通过特殊目的载体投向标的、契约型私募投资基金管理人股权代持、私募投资基金未能通过协会备案等特殊风险或业务安排，管理人应当在风险揭示书的“特殊风险揭示”部分向投资者进行详细、明确、充分披露。投资者应当按照《私募投资基金募集行为管

---

① 参见上海市高级人民法院课题组：《私募基金纠纷法律适用问题研究》，载《法律适用》2023年第8期。

理办法》的相关规定，对风险揭示书中“投资者声明”部分所列的13项声明签字签章确认。管理人在资产管理业务综合报送平台进行私募投资基金季度更新时，应当及时更新上传所有投资者签署的风险揭示书。经金融监管部门批准设立的金融机构和《私募投资基金募集行为管理办法》第32条第1款所列投资者可以不签署风险揭示书。关于风险揭示，《九民纪要》特别提出，卖方机构简单地以金融消费者手写了诸如“本人明确知悉可能存在本金损失风险”等内容主张其已经履行了告知说明义务，不能提供其他相关证据的，人民法院对其抗辩理由不予支持。给募集机构提出了更高的要求。

二、违反法定义务的后果

1. 民事责任。募集机构的风险揭示与告知说明义务群中有一部分细分义务属于先合同义务，募集机构违反先合同义务，导致投资者没有充分了解私募基金的具体情况，《民法典》第500条规定，“当事人在订立合同过程中有下列情形之一，造成对方损失的，应当承担赔偿责任：（一）假借订立合同，恶意进行磋商；（二）故意隐瞒与订立合同有关的重要事实或者提供虚假情况；（三）有其他违背诚信原则的行为”，由此，募集机构可能构成缔约过失责任，管理人可能承担返还投资者财产并赔偿信赖利益损失的责任。此外，部分判决认为，未恰当履行风险揭示义务的相关责任人员应当承担侵权责任。上海市高级人民法院在《关于涉新冠肺炎疫情案件法律适用问题的系列问答四（2022年版）》中指出，“……如金融机构违反诚实信用原则，存在虚假产品宣传、违反投资者适当性义务、未依法履行提示与明确说明义务等行为，确对金融投资者、金融消费者造成损害的，人民法院应根据当事人请求，并综合当事人的违约或侵权事实、损害后果、因果关系及各方过错程度确定相应的责任”。在“中国银行股份有限公司濮阳分行、舒某华财产损害赔偿纠纷（2021）豫09民终926号二审民事判决书”中，法院认为，中行濮阳分行在向舒某华推介并代购理财产品时，并未向舒某华明确说明其所购买的产品系风险较高的基金型理财产品，也未向舒某华出示基金合同及《招募说明书》等资料供舒某华查阅、了解，并由其本人签字确认，中行濮阳分行对此显然未尽到合理的风险告知义务。此外，中行濮阳分行对舒某华造成的损失应承担赔偿责任。《民法典》第1165条第1款规定：“行为人因过错侵害他人民事权益造成损害的，应当承担侵权责任。”第 1184 条规定：“侵害他人财产的，财产损失按照损失发生时的市场价格或者其他合理方式计算。”因此法院认定代销机构承担侵权责任。关于赔偿标准，《九民纪要》第 77 条“损失赔偿数额”规定，“卖方机构未尽适当性义务导致金融消费者损失的，应当赔偿金融消费者所受的实际损失。实际损失为损失的本金和利息，利息按照中国人民银行发布的同期同类存款基准利率计算。金融消费者因购买高风险等级金融产品或者为参与高风险投资活动接受服务，以卖方机构存在欺诈行为为由，主张卖方机构应当根据《消费者权益保护法》第 55 条的规定承担惩罚性赔偿责任的，人民法院不予支持。卖方机构的行为构成欺诈的，对金融消费者提出赔偿其支付金钱总额的利息损失请求，应当注意区分不同情况进行处理：（1）金融产品的合同文本中载明了预期收益率、业绩比较基准或者类似约定的，可以将其作为计算利息损失的标准；（2）合同文本以浮动区间的方式对预期收益率或者业绩比较基准等进行约定，金融消费者请求按照约定的上限作为利息损失计算标准的，人民法院依法予以支持；（3）合同文本虽然没有关于预期收益率、业绩比较基准或者类似约定，但金融消费者能够提供证据证明产品发行的广告宣传资料中载明了预期收益率、业绩比较基准或者类似表述的，应当将宣传资料作为合同文本的组成部分；（4）合同文本及广告宣传资料中未载明预期收益率、业绩比较基准或者类似表述的，按照全国银行间同业拆借中心公布的贷款市场报价利率计算”。

2. 行政责任。《私募条例》第 49 条规定，未向投资者充分揭示投资风险，并误导其投资与其风险识别能力和风险承担能力不匹配的私募基金产品的，给予警告或者通报批评，并处 10 万元以上 30 万元以下的罚款；情节严重的，责令其停止私募基金业务活动并予以公告。对直接负责的主管人员和其他直接责任人员给予警告或者通报批评，并处 3 万元以上 10 万元以下的罚款。

第二十条　【募集中的禁止行为】私募基金不得向合格投资者以外的单位和个人募集或者转让；不得向为他人代持的投资者募集或者转让；不得通过报刊、电台、电视台、互联网等大众传播媒介，电话、短信、即时通讯工具、电子邮件、传单，或者讲座、报告会、分析会等方式向不特定对象宣传推介；不得以虚假、片面、夸大等方式宣传推介；不得以私募基金托管人名义宣传推介；不得向投资者承诺投资本金不受损失或者承诺最低收益。

【条文解读】　该条是关于私募基金募集行为的禁止性规定。

该条将《私募投资基金监督管理暂行办法》第 14 条和第 15 条合并在一起，同时增加了不得向代持的投资者募集或转让的内容，该条规定的内容均为私募投资基金募集中的禁止性行为。

一、不得向非合格投资者募集或转让

《私募条例》第 20 条从反面重申了该条例第 18 条的规定，即私募基金募集和份额转让对象只能是合格投资者，向非合格投资者募集或转让的行为是包括《私募条例》在内的私募基金相关规范禁止的行为。向非合格投资者募集或转让或要承担刑事、行政或民事责任，适用《证券投资基金法》、《私募条例》第 18 条、“资管新规”等规范认定责任。

二、不得向为他人代持的投资者募集或转让

“不得向为他人代持的投资者募集或者转让”系《私募条例》新设立的规定，目的是保证私募基金管理人能够直面投资者，确保合格投资者的身份及人数限制。如果存在代持，私募基金管理人又无从了解代持关系，很可能导致非合格投资者成为私募基金的实际投资者，发生投资者的投资经验与知识、资产与风险承受能力、风险偏好与私募基金产品风险不匹配的情形；或发生实际投资者超过人数限制，突破监管规定，非法拆分基金份额，隐藏真实身份等违法情形；更有可能引发大量纠纷，构成犯罪，影响金融市场的秩序。《私募投资基金登记备案办法》第 27 条同样也规定，投资者应当以真实身份和自有资金购买私募基金，确保投资资金来源合法，不得非法汇集他人资金进行投资。

代持协议在特定情形下会被法院认定无效。在（2020）粤 0304 民初 32972 号民事判决书中，广东省深圳市福田区人民法院认为，“因原告并非合格投资者，其与被告诺士公司、刘某堂签订的案涉《投资暨代持协议》违反了《证券投资基金法》与《私募投资基金监督管理暂行办法》关于私募基金应当向合格投资者募集的相关规定，属于《中华人民共和国合同法》第五十二条第（五）项规定的情形，应当认定为无效”。

三、不得公开推介或变相公开推介私募基金

《证券投资基金法》第 91 条规定，“非公开募集基金，不得向合格投资者之外的单位和个人募集资金，不得通过报刊、电台、电视台、互联网等公众传播媒体或者讲座、报告会、分析会等方式向不特定对象宣传推介”。《私募投资基金募集行为管理办法》第 25 条规定，“募集机构不得通过下列媒介渠道推介私募基金：（一）公开出版资料；（二）面向社会公众的宣传单、布告、手册、信函、传真；（三）海报、户外广告；（四）电视、电影、电台及其他音像等公共传播媒体；（五）公共、门户网站链接广告、博客等；（六）未设置特定对象确定程序的募集机构官方网站、微信朋友圈等互联网媒介；（七）未设置特定对象确定程序的讲座、报告会、分析会；（八）未设置特定对象确定程序的电话、短信和电子邮件等通讯媒介；（九）法律、行政法规、中国证监会规定和中国基金业协会自律规则禁止的其他行为”。

私募基金与公募基金最大的区别在于私募基金的募集对象仅是合格投资者而非不特定公众。这决定了私募基金的推介方式应当是非公开式的，公开推介或变相公开推介都是禁止的行为。在禁止的公开推介方式中，第一类是报刊、电台、电视台、互联网等大众传播媒介，此类方式下管理人无法对受众进行筛选，因此不允许采用这几类大众传播媒介进行推介；第二类是电话、短信、即时通讯工具、电子邮件、传单，或者讲座、报告会、分析会等方式，此类方式下管理人通过一定程序可以确保受众的特定性，因此禁止的是以此类推介方式向不特定对象宣传推介。根据《私募投资基金募集行为管理办法》，设置特定对象确定程序的前提下，私募基金管理人可以通过第二类方式进行推介。

四、不得虚假宣传

《私募条例》第20条从反面强调了第19条的风险揭示义务。不得虚假宣传既是基于诚实信用原则的基本要求，也是私募基金管理人适当性义务的应有之义。私募基金管理人承担的适当性义务，要求其严格履行告知说明义务，以保证私募基金产品的风险等级与投资者的风险识别能力和风险承担能力相匹配，私募基金管理人推介产品时提供信息的完整、真实、准确，能够保证投资者是基于真实意思表示作出的投资。

需要说明的是，私募基金募集说明书对投资者来说非常重要。首先，在判断是否投资该基金时，募集说明书的内容对于评估基金的风险至关重要；其次，在签订基金合同时，如果对照募集说明书，投资者很可能会发现基金合同的约定中与募集说明书表述不一致的地方。大多数基金合同中均有类似“本协议应取代双方此前就本协议任何事项达成的全部口头和书面协议、安排、谅解和通信”的条款。如果基金合同中的约定与募集说明书内容不一致，在未来发生争议时，司法仲裁机构往往会优先考虑合同约定的内容，这是投资者需要特别注意的。

五、不得以托管人名义宣传推介

该项内容也系《私募条例》新设立的规定。《私募条例》第15条规定，除另有约定，私募基金财产应由私募基金托管人托管，基金托管人负责基金的保管和对基金管理人投资运作的监督。《证券投资基金法》第32条规定，“基金托管人由依法设立的商业银行或者其他金融机构担任。商业银行担任基金托管人的，由国务院证券监督管理机构会同国务院银行业监督管理机构核准；其他金融机构担任基金托管人的，由国务院证券监督管理机构核准”。

据此，基金托管人都是金融机构，包括商业银行、证券公司等，其知名度、投资能力和偿付能力可能都远高于私募基金管理人。以托管人名义宣传推介私募基金属于虚假宣传，违反了告知说明义务，可能导致投资者对私募基金的风险产生误解，引发纠纷，损害投资者利益。因此，该行为属于被禁止的行为。

六、不得做出保底承诺

保底和刚兑承诺与风险自负的投资理念相悖，已被行政监管禁止。“资管新规”明确提出要向投资者传递“卖者尽责、买者自负”的理念，打破刚性兑付，刚性兑付的金融机构构成违规经营并由监管机构对其作出处罚；《九民纪要》也确立了刚兑条款无效的裁判思路。因此，监管规范应对管理人做出的保底承诺做出否定性评价，认定承诺无效。实践中做出保底或刚兑承诺的除了私募基金管理人，往往还有管理人以外的第三方，比如投资顾问、管理人的实控人、关联主体等，都应纳入该条的规制范围。

《私募基金投资者保护手册》中指出，结合目前的监管及实践情况，构成保底承诺的情形主要包括但不限于：（1）基金合同或推介资料中存在含保本保收益内涵的表述，如零风险、收益有保障、本金无忧等；（2）与投资者私下签订回购协议或承诺函等文件，直接或间接承诺保本保收益；（3）向投资者口头或者通过短信、微信等各种方式承诺保本保收益；（4）采取发行等方式，使得私募基金的本金、收益、风险在不同投资者之间发生转移；（5）私募基金产生亏损时，私募基金管理人自行筹集资金偿付或者委托其他机构代为偿付；（6）私募证券投资基金管理人通过设置增强资金、费用返还等方式调节基金收益或亏损，变相保本保收益；（7）私募证券投资基金管理人以自有资金认购的基金份额先行承担亏损的形式提供风险补偿等保证，变相保本保收益。一般认为，保底承诺无效不影响基金合同其他条款的效力。

第二十一条　【私募投资基金显名要求】私募基金管理人运用私募基金财产进行投资的，在以私募基金管理人名义开立账户、列入所投资企业股东名册或者持有其他私募基金财产时，应当注明私募基金名称。

【条文解读】　该条是关于私募基金管理人运用私募基金财产投资时应当注明私募基金名称的规定。

该条要求私募基金管理人在运用私募基金财产投资时必须显名，特别列明了以私募基金管理人名义开户、列入公司名册或持有其他私募基金财产的情况下要注明私募基金的名称。一旦注明私募基金的名称，就能产生相应的公示作用，具备商事权利外观，可以排除第三人的执行；同时也体现了私募基金财产的独立性。《证券投资基金法》第 5 条第 2 款规定，“基金财产独立于基金管理人、基金托管人的固有财产。基金管理人、基金托管人不得将基金财产归入其固有财产”。第 7 条规定，“非因基金财产本身承担的债务，不得对基金财产强制执行”。前述法律确定了证券投资基金财产独立性的原则。但契约型私募基金不具备独立法律实体地位，不具有民事主体地位，是否适用《证券投资基金法》、是否具有财产独立性，在司法实践中存在不同认识。在契约型私募股权投资基金中，基金所投资的股权只能登记在基金管理人名下，当基金管理人因管理的其他产品或其他事宜产生债务而成为被告或被执行人时，债权人往往会申请法院查封或执行登记在基金管理人名下的股权。

近年来，基金份额持有人、管理人就此提出执行异议的案例呈高发状态，但裁判规则不一。例如“山东省高级人民法院发布九起执行异议、执行复议典型案例之五：申某菡与青岛圆融公司国内非涉外仲裁裁决执行案——私募基金账户内资金非因基金财产本身承担的债务或投资者本身的债务不得强制执行”一案中，法院认为，“青岛圆融公司作为青岛圆融国鹏盛世 1 号契约型私募基金的基金管理人，在青岛银行股份有限公司延安二路支行开立账户，该账户是‘青岛圆融国鹏盛世 1 号契约型私募基金’的募集账户，该账户内的资金独立于基金管理人青岛圆融公司的自有财产，依照上述法律规定，不得查封、冻结、扣划或者强制执行该基金账户，故青岛市南区法院裁定解除了对涉案私募基金账户的冻结”。又如“任某雪等与刘某丹等案外人执行异议之诉上诉案（2020）京民终 570 号”一案中，法院认为，案涉基金合同约定基金管理人因基金财产的管理、运用或者其他情形而取得的财产和收益，归基金财产；基金财产独立于基金管理人、基金托管人的固有财产，并由基金托管人保管；基金管理人、基金托管人不得将基金财产归入其固有财产。从上述规定和合同约定可知，私募基金财产应为投资者购买基金时所投入其中的成本以及基金管理人对该成本通过投资等多种方式进行运用所获得的财产及收益，私募投资基金管理人、托管人等因基金财产的管理、运用或者其他情形而取得的财产和收益，应当归入基金财产。从而判决不得执行基金管理人持有的股权。但在（2019）京 03 民初 370 号执行异议之诉案件中，北京市第三中级人民法院认为，天石和合公司的企业信息登记资料显示，嘉宸公司系天石和合公司股东。四名原告未能举证证明企业信息登记情况与实际情况不符。法院根据企业信息登记情况依法裁定冻结嘉宸公司持有的天石和合公司相应股权，合法有据。进而驳回了基金份额持有人的异议申请；在（2020）沪 0104 执异 2 号案中，上海市徐汇区人民法院经审理后认为，“股权归属应按照工商行政管理机关的登记和企业信用信息公示系统公示的信息判断权利人。根据工商登记显示，隽盛公司系鸿兴公司的股东，故对其持有的股权采取保全措施，并无不当。宁波鸿兴网都科技（1）号私募股权投资基金系股权投资基金，并不属于《证券投资基金法》规定的适用范围，故隽盛公司的主张不应采信”。裁定驳回了基金管理人隽盛公司的执行异议请求。一旦基金管理人、基金份额持有人的执行异议被法院驳回，登记在基金管理人名下的基金财产就可能被第三人执行取得，这不仅会严重损害基金投资者的利益，也会影响契约型私募基金的发展。如果能够通过规范来确定契约型私募基金财产的独立性，让契约型私募基金在投资中“显名”，不再隐于基金管理人身后，就能在很大程度上避免以上的纠纷。《私募条例》第 21 条也是回应了私募基金行业的现实需求。

作为新增规定，《私募条例》第 21 条没有写明工商登记必须登记为基金名称，工商登记部门也尚未统一要求。这条规定如何落地，还需要工商登记部门、银行监管部门等出台相应的配套措施。为配合该条规定，中国基金业协会出台的《私募投资基金备案指引第 2 号——私募股权、创业投资基金》第 24 条明确规定，“私募股权基金的财产账户应当以基金名义开立，私募基金管理人不得使用自己或者他人名义为私募股权基金开立账户和接收出资，不得使用基金财产为自己或者他人垫付资金”。契约型私募基金管理人在正常履职、利用私募基金财产对外投资时，无论其是在银行或证券公司开设账户，还是列入所投企业的股东名册时，都可以注明实际投资方是管理人所管理的私募基金。[①]

① 深圳市 2022 年已开展契约型私募基金投资企业商事登记试点，允许以“担任私募基金管理人的公司或合伙企业名称（备注：代表‘契约型私募基金产品名称’）”的形式登记为被投资公司股东或合伙人并予以公示。

第二十二条　【备案材料及分类公示】私募基金管理人应当自私募基金募集完毕之日起20个工作日内，向登记备案机构报送下列材料，办理备案：

（一）基金合同；

（二）托管协议或者保障私募基金财产安全的制度措施；

（三）私募基金财产证明文件；

（四）投资者的基本信息、认购金额、持有基金份额的数量及其受益所有人相关信息；

（五）国务院证券监督管理机构规定的其他材料。

私募基金应当具有保障基本投资能力和抗风险能力的实缴募集资金规模。登记备案机构根据私募基金的募集资金规模等情况实施分类公示，对募集的资金总额或者投资者人数达到规定标准的，应当向国务院证券监督管理机构报告。

【条文解读】　该条是关于私募基金备案要求与公示的规定。

一、私募基金备案

该条第1款要求私募基金管理人在私募基金募集完毕之日起20个工作日内报送材料办理备案。所谓私募基金募集完毕，根据《私募投资基金登记备案办法》第39条第2款规定，“募集完毕是指私募基金的已认缴投资者已签署基金合同，且首期实缴募集资金已进入托管账户等基金财产账户。单个投资者首期实缴出资除另有规定外，不得低于合格投资者的最低出资要求”。根据《私募投资基金备案须知》第10条第2款规定，募集完毕是指：（1）已认购契约型私募投资基金的投资者均签署基金合同，且相应认购款已进入基金托管账户（基金财产账户）；（2）已认缴公司型或合伙型私募投资基金的投资者均签署公司章程或合伙协议并进行工商确权登记，均已完成不低于100万元的首轮实缴出资且实缴资金已进入基金财产账户。管理人及其员工、社会保障基金、政府引导基金、企业年金等养老基金、慈善基金等社会公益基金的首轮实缴出资要求可从其公司章程或合伙协议约定。《证券投资基金法》

第 94 条第 1 款规定，“非公开募集基金募集完毕，基金管理人应当向基金行业协会备案。对募集的资金总额或者基金份额持有人的人数达到规定标准的基金，基金行业协会应当向国务院证券监督管理机构报告”。管理人应当在募集完毕后的 20 个工作日内通过 AMBERS 系统申请私募基金备案，并签署备案承诺函承诺已完成募集。否则，根据《私募投资基金登记备案办法》第 68 条规定：“私募基金管理人有下列行为之一的，协会可以采取书面警示、要求限期改正、公开谴责、暂停办理备案、限制相关业务活动等自律管理或者纪律处分措施；情节严重的，可以撤销私募基金管理人登记：（一）募集完毕未按照要求履行备案手续……”《私募条例》第 22 条与《私募投资基金登记备案办法》第 68 条相比，备案报送材料少了募集账户监督协议、基金招募说明书、风险揭示书以及投资者适当性相关文件和募集资金实缴证明文件。一般认为，私募基金募集完毕后的备案与否，不属于基金合同的生效条件，但基金合同中可以约定以备案完成为生效条件。北京市第二中级人民法院在（2019）京 02 民终 8082 号案中认为“本案合同约定的生效条件为启明乐投公司向基金业协会办理基金备案手续，启明乐投公司未履行备案手续导致合同生效条件不成就，启明乐投公司在合同未生效的情况下管理和运用委托资金并造成陈某萍资金损失，属于有过错的一方，陈某萍对此并无过错。因此，一审法院判令启明乐投公司向陈某萍返还剩余投资本金并赔偿利息损失，处理结果并无不当”。此外，未备案私募基金的投资行为会受到限制。《私募投资基金登记备案办法》第 40 条第 3 款规定，“私募基金完成备案前，可以以现金管理为目的，投资于银行活期存款、国债、中央银行票据、货币市场基金等中国证监会认可的现金管理工具”。投资者还可以私募基金未备案导致合同目的不能实现为由请求解除基金合同。比如，在“励琛（上海）投资管理有限公司与沈某仙证券投资基金交易纠纷案”中，上海金融法院认为，“双方当事人签订了《安信稳健合同》，约定设立‘安信稳健新三板基金’，上诉人励琛公司作为基金管理人负有办理基金备案的义务……被上诉人沈某仙已完全履行了出资义务，但其投资基金产品并未成立备案，显然，《安信稳健合同》的订立目的不能实现，且该合同目的不能实现之结果应归因于励琛公司未履行相应义务。因此，沈某仙依法享有合同解除权，可以解除合同并要求励琛公司赔偿其损失”。值得注意的是，实务中还存在私募基金“先备后募”的情形，或是利用备案增信，或是用来“剥壳”“占坑”，都是不符合私募基金监管要求的行为。

二、实缴募集资金规模与公示

1. 实缴募集资金规模要求。《私募条例》第22条第2款规定，私募基金应当具备一定的实缴募集资金规模，以保障基本的投资能力和风险承担能力。管理人应当根据基金资金募集情况进行公示和报送。该条从原则上要求私募基金应具备一定的初始实缴资金规模以及募集资金总额。《私募投资基金登记备案办法》第33条规定，“私募基金应当具有保障基本投资能力和抗风险能力的实缴募集资金规模。私募基金初始实缴募集资金规模除另有规定外应当符合下列要求：（一）私募证券基金不低于1000万元人民币；（二）私募股权基金不低于1000万元人民币，其中创业投资基金备案时首期实缴资金不低于500万元人民币，但应当在基金合同中约定备案后6个月内完成符合前述初始募集规模最低要求的实缴出资；（三）投向单一标的私募基金不低于2000万元人民币。契约型私募基金份额的初始募集面值应当为1元人民币，在基金成立后至到期日前不得擅自改变”。《私募投资基金登记备案办法》第33条规定限制了各类产品初始备案规模，限制了小资金备案的“占坑”行为，但对创业投资基金给予更长募集时间，针对单一投向的私募基金提出更高的要求，体现了中国基金业协会分类管理的管理原则。

2. 对私募基金分类监管。中国基金业协会在修订《私募投资基金登记备案办法》时表示，要充分落实扶优限劣、分类管理，体现对创投基金的差异化安排，为合规守法的“真私募”服务实体经济、支持科技创新和推动经济转型升级创造良好环境。《私募条例》第6条针对私募基金的分类监管已经作出了原则性规定，第22条第2款是对第6条规定的具体落实，备案登记机构将根据募集资金规模进行分类公示和报告；对募集总额或投资者数达到规定标准的，向中国证监会报告，以实现分类监管的目的。

第二十三条 【集中监测】国务院证券监督管理机构应当建立健全私募基金监测机制，对私募基金及其投资者份额持有情况等进行集中监测，具体办法由国务院证券监督管理机构规定。

【条文解读】 该条是关于私募基金集中监测机制的规定。

对私募基金行业进行监测的职能部门是国务院证券监督管理机构，监测的核心内容是对私募基金及其投资者份额持有情况进行集中监测。该条规定国务院证券监督管理机构制定私募基金监测的实施细则，建立健全包括集中监测机制在内的私募基金监测机制。该条系征求意见稿公布后新增加的条文。私募基金监测机制是私募基金行业监管的重要手段，目的是提高监管效率、控制风险，更好地保护投资者利益。目前在 AMBERS 系统中有财务监测等。未来国务院证券监督管理机构可能出台更多的规定，提升监测的能力，更好地监管私募基金。

第二十四条 【投资标的和使用限制】私募基金财产的投资包括买卖股份有限公司股份、有限责任公司股权、债券、基金份额、其他证券及其衍生品种以及符合国务院证券监督管理机构规定的其他投资标的。

私募基金财产不得用于经营或者变相经营资金拆借、贷款等业务。私募基金管理人不得以要求地方人民政府承诺回购本金等方式变相增加政府隐性债务。

【条文解读】 该条是关于私募基金投资标的和资金使用限制的规定。

一、投资标的

该条第 1 款规定了私募基金可以投资的标的。与《私募投资基金监督管理暂行办法》相比，该条做了一定的修改。《私募投资基金监督管理暂行办法》第 2 条第 2 款规定私募基金投资标的包括投资合同约定的其他投资标的。但实务中能在 AMBERS 系统备案的基金可投资标的类型固定，即使基金合同约定了其他投资标的，也无法完成备案，所谓合同约定往往会落空。该条取消了投资合同约定的其他投资标的，而是改成了“符合国务院证券监督管理机构规定的其他投资标的”。也就是说，私募基金的投资标的不能在规范文件及符合国务院证券监督管理机构规定的投资标的之外自由约定。不同类型的私募基金有不同的投资标的。根据《私募投资基金登记备案办法》第31条规定，私募证券基金的投资范围主要包括股票、债券、存托凭证、资产支持证券、期货合约、期权合约、互换合约、远期合约、证券投资基金份额，以及中国证监会认可的其他资产；私募股权基金的投资范围包括未上市企业股权，非上市公众公司股票，上市公司向特定对象发行的股票，大宗交易、协议转让等方式交易的上市公司股票，非公开发行或者交易的可转换债券、可交换债券，市场化和法治化债转股，股权投资基金份额，以及中国证监会认可的其他资产。

二、不得从事借贷业务

《私募条例》第24条第2款再次重申私募基金不得从事借贷业务的原则，要求回归投资的本质。所谓变相经营，一般指明股实债、资产（收益权）转让回购等形式。但是司法实务主流认为，即使从事了借贷业务，相关合同效力也不受影响，只是利率应受到相关司法解释的限制。私募基金是投资工具，与借贷存在本质区别。近年来，对私募基金的监管也越来越强调将投资私募基金与借贷行为区分开，并禁止保底承诺与刚兑承诺，着力引导私募基金回归证券投资、股权投资本质，重申投资活动“利益共享、风险共担”的本质，严禁使用基金财产从事借（存）贷、担保、明股实债等非私募基金投资活动，严禁投向类信贷资产或其收（受）益权。

借贷业务属于持牌金融机构的特许经营业务，私募基金进行借贷类业务投资不具备合法性。中国银保监会《中国影子银行报告》指出，“非股权私募基金是一种以非公开方式向合格投资者募集资金的投资基金。我国私募基金不设行政许可，只在证券投资基金业登记备案，由行业开展自律管理。近年来，私募基金重大风险个案时有发生，部分私募基金登记备案虚假不实、挪用侵占基金财产，与非法集资、P2P等相互关联，出现较大兑付风险。因不受直接监管，部分基金成为影子银行加杠杆的通道”。《中国影子银行报告》同时指出，“由于监管不严、不足和监管空白，违法违规和‘无照驾驶’金融活动大肆横行。金融业具有高度外部性，一些金融风险已外溢为社会风险。例如，在银行理财、信托、证券资管、私募基金等领域，因产品无法按时兑付，投资人信访、聚集等事情不断发生……对社会稳定产生了严重威胁。”前文表示，我国私募基金类影子银行余额达到4万亿元，占到全部私募基金规模的40%。

基于以上原因，中国基金业协会的《私募投资基金备案须知》第2条“不属于私募投资基金备案范围”规定，“私募投资基金不应是借（存）贷活动。下列不符合‘基金’本质的募集、投资活动不属于私募投资基金备案范围：1. 变相从事金融机构信（存）贷业务的，或直接投向金融机构信贷资产；2. 从事经常性、经营性民间借贷活动，包括但不限于通过委托贷款、信托贷款等方式从事上述活动；3. 私募投资基金通过设置无条件刚性回购安排变相从事借（存）贷活动，基金收益不与投资标的的经营业绩或收益挂钩；4. 投向保理资产、融资租赁资产、典当资产等《私募基金登记备案相关问题解答（七）》所提及的与私募投资基金相冲突业务的资产、股权或其收（受）益权；5. 通过投资合伙企业、公司、资产管理产品（含私募投资基金，下同）等方式间接或变相从事上述活动”。对于从事以上借贷活动的基金不予备案。

此外，《关于加强私募投资基金监管的若干规定》第8条规定，“私募基金管理人不得直接或者间接将私募基金财产用于下列投资活动：（一）借（存）贷、担保、明股实债等非私募基金投资活动，但是私募基金以股权投资为目的，按照合同约定为被投企业提供1年期限以内借款、担保除外；（二）投向保理资产、融资租赁资产、典当资产等类信贷资产、股权或其收（受）益权；……私募基金有前款第（一）项规定行为的，借款或者担保到期日不得晚于股权投资退出日，且借款或者担保余额不得超过该私募基金实缴金额的20%；中国证监会另有规定的除外”。

除《私募基金登记备案相关问题解答（七）》中明确禁止的借贷性质的债权外，目前并没有规范禁止私募基金对于其他非借贷性质资产形成的债权，如经营性应收账款、因贸易而形成的应收账款、受让融资租赁债权、票据等非借贷性质资产形成的债权及前述资产形成的收益权进行投资。此外，2018年1月23日中国基金业协会在“类REITs业务专题研讨会”中表明，私募基金可以综合运用股权、夹层、可转债、符合资本弱化限制的股东借款等工具投资到被投企业，形成权益资本。而《私募投资基金备案指引第2号——私募股权、创业投资基金》也提到了可转债、为被投企业提供短期借款等。

三、不得增加地方政府隐性债务

在《关于防范化解地方政府隐性债务风险的意见》（中发〔2018〕27 号）中，地方政府隐性债务是指地方政府在法定政府债务预算之外，直接或者承诺以财政资金偿还，以及违法提供担保等方式举借的债务。审计署发布的《国务院关于 2022 年度中央预算执行和其他财政收支的审计工作报告》指出，“49 个地区通过承诺兜底回购、国有企业垫资建设等方式，违规新增隐性债务 415.16 亿元”。为解决地方政府隐性债的问题，消化存量、遏制增量，《私募条例》第 24 条增加了第 2 款后半部分，规定私募基金管理人不得要求地方政府承诺回购本金，遏制地方政府隐性债务的增加。

第二十五条　【嵌套层数限制】私募基金的投资层级应当遵守国务院金融管理部门的规定。但符合国务院证券监督管理机构规定条件，将主要基金财产投资于其他私募基金的私募基金不计入投资层级。

创业投资基金、本条例第五条第二款规定私募基金的投资层级，由国务院有关部门规定。

【条文解读】　该条是关于私募基金投资层级的规定。

该条系新增加的规定，中国证监会 2020 年出台的《关于加强私募投资基金监管的若干规定》并未对私募基金的投资层级作出规定，仅有 2018 年的“资管新规”对资管产品的层次作了规定。此前就私募基金是否需遵守“资管新规”存在争议，《私募条例》第 25 条第 1 款规定解决了这一争议，确认私募基金也需遵守“资管新规”中关于投资层级的规定。但是该条也特别指出，符合监管机构规定的母基金不计入投资层次。

该条第 2 款规定，创业投资基金和国家运用一定比例政府资金发起设立或参股的私募基金，投资层次由国务院有关部门规定，属于引致条款。《关于进一步明确规范金融机构资产管理产品投资创业投资基金和政府出资产业投资基金有关事项的通知》第 6 条规定，“符合本通知规定要求的两类基金接受资产管理产品及其他私募投资基金投资时，该两类基金不视为一层资产管理产品”。也就是说，这两类基金接受其他资管产品投资时，不计入层级。

2018 年发布的“资管新规”允许资管产品可以再投资一层资管产品，但所投资的产品不得再投资公募证券投资基金以外的资管产品。《私募条例》第 25 条重申了“资管新规”的规定，确认私募基金在通常情况下应适用“资管新规”的嵌套层级限制；又考虑到私募基金行业实践，给予特殊情况下的豁免，主要基金财产投资于其他私募基金的私募基金，可不计入一层。此外，创业投资基金和国家运用一定比例政府资金发起设立或参股的私募基金，对于层级的规定，不适用《私募条例》和“资管新规”的规定。

在《私募条例》施行前，禁止多层嵌套的仅有“资管新规”，但其不属于法律行政法规，因此少有因多层嵌套投资而导致合同无效的情形。比如，“优选资本管理有限公司诉张某东合同纠纷案（2018）京 0108 民初 45399 号”中，法院认为，“地坤某某基金设立后投向兴业信托兴津浦鑫某某集合信托计划，该信托计划再投向云南信托设立的睿赢 115 号单一资金信托，睿赢 115 号信托计划最终投向上市公司宏磊股份。张某东据此主张损害公共利益，两份转让合同应认定为无效。本院认为……影响合同效力的规范性文件的法律位阶须是法律与行政法规，且须是效力性强制性规定，对其他管理性强制性规定的违反均不导致合同无效。因此，《关于规范金融机构资产管理业务的指导意见》并非两份转让合同效力判断的法定依据，并不必然导致合同无效……本案所涉产品虽经多层嵌套，但依现有证据无法证明地坤一号基金的投资方式已损害公共利益”。但是《私募条例》属于行政法规，根据《民法典》第 153 条第 1 款规定：“违反法律、行政法规的强制性规定的民事法律行为无效。但是，该强制性规定不导致该民事法律行为无效的除外。”《私募条例》是判定私募合同效力的法律渊源。

第二十六条　【专业化管理与投资者利益优先原则】私募基金管理人应当遵循专业化管理原则，聘用具有相应从业经历的高级管理人员负责投资管理、风险控制、合规等工作。

私募基金管理人应当遵循投资者利益优先原则，建立从业人员投资申报、登记、审查、处置等管理制度，防范利益输送和利益冲突。

【条文解读】 该条是关于私募基金专业化管理原则与投资者利益优先原则的规定。

一、专业化管理原则

该条第1款规定沿袭《私募投资基金监督管理暂行办法》等系列监管规则，对私募基金管理人提出专业化管理原则要求，不仅包括管理人所管理的私募基金机构类型和产品类型要“专”“业”，也包括管理人聘用具有投资管理、风险控制和合规工作专业知识、经验的高管从业人员。

1. 管理产品的专业化。主要包括以下内容：（1）私募基金管理人仅可选择一类机构业务类型登记。私募基金管理人在申请登记时，应当在“私募证券投资基金管理人”“私募股权、创业投资基金管理人”“其他私募基金管理人”中仅选择一类机构类型登记，并且对与机构类型关联对应的业务类型进行登记。（2）私募基金管理人只可备案与本机构已登记业务类型相符的私募基金，不可管理与本机构已登记业务类型不符的私募基金。（3）同一私募基金管理人不可兼营多种类型的私募基金管理业务。（4）若私募基金管理机构确有经营多类私募基金管理业务的实际、长期展业需要，可设立在人员团队、业务系统、内控制度等方面满足专业化管理要求的独立经营主体，分别申请登记成为不同类型的私募基金管理人。

2. 私募基金管理人聘用专业的高级管理人员进行管理。根据《私募投资基金登记备案办法》规定，私募基金从业的高级管理人员包括私募基金管理人的法定代表人、执行事务合伙人（委派代表）、董事长、执行董事、总经理、副总经理、合规风控负责人、投资管理负责人。私募基金管理人应聘请具有以上从业经历的高级管理人员负责私募基金的投资管理、风险控制和合规工作。对于工作年限，根据《私募投资基金登记备案办法》第10条规定，私募证券基金管理人法定代表人、执行事务合伙人或其委派代表、经营管理主要负责人以及负责投资管理的高级管理人员应当具有5年以上证券、基金、期货投资管理等相关工作经验。其中私募股权基金管理人法定代表人、执行事务合伙人或其委派代表、经营管理主要负责人以及负责投资管理的高级管理人员应当具有5年以上股权投资管理或者相关产业管理等工作经验；私募基金管理人合规风控负责人应当具有3年以上投资相关的法律、会计、审计、监察、稽核，或者资产管理行业合规、风控、监管和自律管理等相关工作经验；私募基金管理人负责投资管理的高级管理人员还应当具有符合要求的投资管理业绩。对于从业人员选任范围，根据《私募基金管理人登记指引第3号——法定代表人、高级管理人员、执行事务合伙人或其委派代表》第4条①和第5条②的规定，私募证券基金管理人与私募股权基金管理人的高级管理人员，都需要满足规定的条件。

---

① 第4条 《私募投资基金登记备案办法》第10条第2款规定的私募证券基金管理人的法定代表人、执行事务合伙人或其委派代表、经营管理主要负责人以及负责投资管理的高级管理人员的相关工作经验，是指下列情形之一：(1) 在商业银行、证券公司、基金管理公司、期货公司、信托公司、保险公司及相关资产管理子公司等金融机构从事证券资产管理、自有资金证券期货投资等相关业务，并担任基金经理、投资经理、信托经理等以上职务，或者担任前述金融机构高级管理人员或者具有相当职位管理经验；(2) 在地市级以上政府及其授权机构控制的企业、上市公司从事证券期货投资管理相关工作并担任投资负责人，或者担任高级管理人员或者具有相当职位管理经验；(3) 在私募证券基金管理人从事证券期货投资并担任基金经理以上职务，或者担任高级管理人员，其任职的私募基金管理人应当运作正常、合规稳健，任职期间无重大违法违规记录；(4) 在受境外金融监管部门监管的资产管理机构从事证券资产管理等相关业务，其任职的资产管理机构应当具备良好的国际声誉和经营业绩；(5) 在政府部门、事业单位从事经济管理等相关工作，并具有相应的管理经验，或者在本条第1款第1项规定的金融机构担任其他业务部门负责人；(6) 在经中国证监会备案的律师事务所、会计师事务所从事证券、基金、期货相关的法律、审计等工作，并担任合伙人以上职务不少于5年；(7) 中国证监会、协会规定的其他情形。负责投资管理的高级管理人员应当具备前款第1项至第4项规定的相关工作经验之一。

② 第5条 《私募投资基金登记备案办法》第10条第3款规定的私募股权基金管理人的法定代表人、执行事务合伙人或其委派代表、经营管理主要负责人以及负责投资管理的高级管理人员的相关工作经验，是指下列情形之一：(1) 在商业银行、证券公司、基金管理公司、期货公司、信托公司、保险公司及相关资产管理子公司等金融机构从事资产管理、自有资金股权投资、发行保荐等相关业务，并担任基金经理、投资经理、信托经理、保荐代表人等以上职务，或者担任前述金融机构高级管理人员或者具有相当职位管理经验；(2) 在地市级以上政府及其授权机构控制的企业、上市公司从事股权投资管理相关工作并担任投资负责人，或者担任高级管理人员或者具有相当职位管理经验；(3) 在私募股权基金管理人从事股权投资并担任基金经理以上职务，或者担任高级管理人员，其任职的私募基金管理人应当运作正常、合规稳健，任职期间无重大违法违规记录；(4) 在受境外金融监管部门监管的资产管理机构从事股权投资等相关业务，其任职的资产管理机构应当具备良好的国际声誉和经营业绩；(5) 在运作良好、合规稳健并具有一定经营规模的企业担任股权投资管理部门负责人，或者担任高级管理人员或者具有相当职位管理经验，或者在具备一定技术门槛的大中型企业担任相关专业技术职务，或者是科研院校相关领域的专家教授、研究人员；(6) 在政府部门、事业单位从事经济管理等相关工作，并具有相应的管理经验，或者在本条第1款第1项规定的金融机构担任其他业务部门负责人；(7) 在经中国证监会备案的律师事务所、会计师事务所从事证券、基金、期货相关的法律、审计等工作，并担任合伙人以上职务不少于5年；(8) 中国证监会、协会规定的其他情形。负责投资管理的高级管理人员应当具备前款第1项至第5项规定的相关工作经验之一。

二、坚持投资者利益优先，防范利益输送和利益冲突

《证券投资基金法》第17条规定，“公开募集基金的基金管理人的董事、监事、高级管理人员和其他从业人员，其本人、配偶、利害关系人进行证券投资，应当事先向基金管理人申报，并不得与基金份额持有人发生利益冲突。公开募集基金的基金管理人应当建立前款规定人员进行证券投资的申报、登记、审查、处置等管理制度，并报国务院证券监督管理机构备案”。该条针对的是公募基金管理人。而《私募条例》将属于公募基金管理人的规定扩张至私募基金管理人。

在私募基金领域，私募基金管理人的高级管理人员或其从业人员有可能在投资于某个项目后，再将该项目推荐给管理人旗下的私募基金；尽管该项目可能确实是好项目，但该做法也更容易产生利益输送、利益冲突等风险。因此，私募基金管理人建立从业人员投资申报、登记、审查、处置等管理制度，对规范行业发展、更好保障投资者利益都具有非常重要的意义。

第二十七条　【不得转移管理义务】私募基金管理人不得将投资管理职责委托他人行使。

私募基金管理人委托其他机构为私募基金提供证券投资建议服务的，接受委托的机构应当为《证券投资基金法》规定的基金投资顾问机构。

【条文解读】　该条是关于私募基金管理人不得转移管理义务的规定。

私募基金管理人“不转移管理义务”，依然属于私募基金管理人信义义务的内容。管理人的能力和经验往往是投资者决定是否投资的重要因素，投资者因为信赖管理人而委托其执行基金事务。基于这种人身信赖关系，基金管理人必须亲自执行管理事务，在未经投资者一致同意或有不得已事由外，其不得再委托第三人代为履行。

该条第1款规定，私募基金管理人必须亲自履行投资管理职责，不得将该职责转移给任何第三人。根据《证券投资基金法》第19条规定，基金管理人一般应主要履行如下法定职责：（1）依法募集资金，办理基金备案手续；（2）按照基金合同管理基金，进行投资；（3）按照基金合同的约定确定基金

收益分配方案，及时向投资者分配收益；（4）按照基金合同的约定负责基金会计核算并编制基金财务会计报告；（5）办理与基金财产管理业务活动有关的信息提供事项；（6）保存基金财产管理业务活动的记录、账册、报表和其他相关资料；（7）以基金管理人名义，为基金财产利益行使诉讼权利或者实施其他法律行为；（8）国务院证券监督管理机构规定和基金合同约定的其他职责。其中管理基金进行投资的活动不得委托给第三人。《民法典》第923条规定，受托人应当亲自处理委托事务。经委托人同意，受托人可以转委托。《证券投资基金法》第3条第2款规定，“基金管理人、基金托管人依照本法和基金合同的约定，履行受托职责”。《私募投资基金登记备案办法》第30条规定，“私募基金管理人应当按照诚实信用、勤勉尽责的原则切实履行受托管理职责，不得将投资管理职责委托他人行使。私募基金管理人委托他人履行职责的，其依法应当承担的责任不因委托而减轻或者免除”。

基金管理人与投资者根据基金合同，构成委托关系，基金管理人的投资管理职能不得委托给他人。即使实际上由第三人履行投资管理职能，第三人也会被认定为与基金管理人构成违法代理，承担连带责任。如在“周某华与钜洲资产管理（上海）有限公司等私募基金纠纷案”中，法院认为，基金管理人在投资和管理阶段违反了不转移管理义务。不转移管理义务要求基金管理人基于信义义务，不得随意转移自己的管理职责。《证券投资基金法》第2条明确了由基金管理人履行管理职责，涉案私募基金合同约定的管理人为钜派公司，并未约定管理人可委托其他主体进行投资或管理，而在案证据显示，钜洲公司既未禁止钜派公司实际参与基金投资、管理工作，也未审慎履行基金管理人应尽的信义义务，且钜洲公司明知应当自行履行审慎管理职责，对于钜派公司的代理行为予以放任，二者在主观上具有一定的意思联络，因此钜派公司应对其违法代理行为造成的损失承担连带责任。

《私募条例》第27条第2款规定，私募基金管理人可委托《证券投资基金法》规定的基金投资顾问机构。不转移管理义务不代表任何事宜均由管理人亲自处理，但即使基金管理人取得投资者的允许委托他人履行投资管理以外职责，其责任也不发生转移。《证券投资基金法》第103条规定，“基金投资顾问机构及其从业人员提供基金投资顾问服务，应当具有合理的依据，对其服务能力和经营业绩进行如实陈述，不得以任何方式承诺或者保证投资收益，不得损害服务对象的合法权益”。“资管新规”第22条第4款规定，“金融机构可以聘请具有专业资质的受金融监督管理部门监管的机构作为投资顾问。投资顾问提供投资建议指导委托机构操作”。《公开募集证券投资基金投资顾问业务管理规定（征求意见稿）》第2条规定，“基金投资顾问业务，是指向客户提供基金投资建议，辅助客户作出投资决策或者代理客户作出投资决策的经营性活动。在客户授权范围内，代理客户作出基金品种、数量、买卖时机决策的，为管理型基金投资顾问业务。基金投资顾问机构从事管理型基金投资顾问业务的，可以接受客户委托办理基金申购、赎回、转换等操作申请。本规定所称基金投资顾问机构，是指开展基金投资顾问业务的机构”。目前基金投资顾问业务尚处于起步阶段，有关基金投资顾问机构的资质和职责如何确定还有待监管部门出台规定予以明确。

私募基金管理人可以委托基金投资顾问机构为私募基金提供证券投资建议服务，但该款规定不适用于私募股权投资基金管理人。《私募条例》第53条规定，私募基金管理人违反《私募条例》第26条规定，委托他人行使投资管理职责，或者委托不符合《证券投资基金法》规定的机构提供证券投资建议服务的，责令改正，给予警告或者通报批评，没收违法所得，并处10万元以上100万元以下的罚款。对直接负责的主管人员和其他直接责任人员给予警告或者通报批评，并处3万元以上30万元以下的罚款。

第二十八条　【关联交易与披露制度】私募基金管理人应当建立健全关联交易管理制度，不得以私募基金财产与关联方进行不正当交易或者利益输送，不得通过多层嵌套或者其他方式进行隐瞒。

私募基金管理人运用私募基金财产与自己、投资者、所管理的其他私募基金、其实际控制人控制的其他私募基金管理人管理的私募基金，或者与其有重大利害关系的其他主体进行交易的，应当履行基金合同约定的决策程序，并及时向投资者和私募基金托管人提供相关信息。

【条文解读】　该条是关于私募基金关键交易与披露制度的规定。

该条第 1 款规定，管理人不得利用关联交易进行不正当交易和利益输送。所谓关联交易，根据《私募投资基金备案须知》第 19 条规定，是指私募投资基金与管理人、投资者、管理人管理的私募投资基金、同一实际控制人下的其他管理人管理的私募投资基金、或者与上述主体有其他重大利害关系的关联方发生的交易行为。关联交易具体包括：私募基金与其关联方同时或先后投资于同一标的；私募基金向其关联方进行投资；私募基金通过关联特殊目的载体进行投资等。根据关联交易的定义，私募基金的关联方应当包括管理人、投资者、管理人管理的私募投资基金、同一实际控制人下的其他管理人管理的私募投资基金、或者与上述主体有其他重大利害关系的关联方。所谓其他重大利害关系的关联方，应包括私募基金管理人的控股股东或实控人、高级管理人员等。《私募条例》第 28 条第 1 款要求私募基金管理人建立健全关联交易管理制度，一般应包括关联方与关联交易的定义、禁止的关联交易行为、关联交易的管理与披露。关联交易未必会损害私募基金的利益，反而往往可能有利于私募基金本身。因此，该条第 1 款禁止的仅是不正当交易或利益输送，也就是违反私募基金管理人信义义务、损害投资者利益的关联交易。私募基金管理人应当披露关联交易，以便关联交易的行为受到相应的监督。

私募基金管理人的忠实义务要求管理人应保证投资者利益最大化，不得损害投资者的利益，不得将自己的私利置于与投资者利益相冲突的位置，关联交易可能导致管理人与投资者的利益发生冲突。法律并不禁止关联交易，禁止的仅是管理人通过关联交易损害投资者利益的情形。《私募投资基金登记备案办法》第 38 条对此有详细规定，“私募基金管理人应当建立健全关联交易管理制度，在基金合同中明确约定关联交易的识别认定、交易决策、对价确定、信息披露和回避等机制。关联交易应当遵循投资者利益优先、平等自愿、等价有偿的原则，不得隐瞒关联关系，不得利用关联关系从事不正当交易和利益输送等违法违规活动。私募股权基金管理人应当在经审计的私募股权基金年度财务报告中对关联交易进行披露”。

《私募条例》第 28 条第 2 款是关于私募基金管理人运用私募基金财产与具有关联关系的其他私募基金交易的规定。管理人应当根据基金合同约定履行决策程序并及时向投资者和托管人进行信息披露，便于投资者和托管人监督。根据《私募条例》第54条规定，私募基金管理人违反该条例第28条规定从事关联交易的，责令改正，给予警告或者通报批评，没收违法所得，并处10万元以上100万元以下的罚款。对直接负责的主管人员和其他直接责任人员给予警告或者通报批评，并处3万元以上30万元以下的罚款。

第二十九条　【审计要求】私募基金管理人应当按照规定聘请会计师事务所对私募基金财产进行审计，向投资者提供审计结果，并报送登记备案机构。

【条文解读】　该条是关于对私募基金财产进行审计的规定。

该条规定要求私募基金管理人聘请专业机构对私募基金进行审计，同时应当向投资者提供审计结果并进行备案。投资者对私募基金的投资管理运营享有知情权。《证券投资基金法》第95条规定，“基金管理人、基金托管人应当按照基金合同的约定，向基金份额持有人提供基金信息”。

2023年的《私募证券投资基金运作指引（征求意见稿）》规定，具有一定规模的私募证券投资基金需向协会报送经审计的财务报告。根据《私募条例》第29条规定，所有的私募基金管理人都需要对私募基金财产进行审计、对投资者进行披露并备案。

根据《私募投资基金登记备案办法》第61条规定，私募基金管理人应当在每一会计年度结束之日起6个月内，报送私募股权基金的相关财务信息以及符合规定的会计师事务所审计的年度财务报告；基金规模超过一定金额、投资者超过一定人数的私募基金等，其年度财务报告应当经中国证监会备案的会计师事务所审计。《私募投资基金备案须知》第25条规定，会计师事务所接受管理人、托管人的委托，为有关基金业务出具的审计报告等文件，应当勤勉尽责，对所依据的文件资料内容的真实性、准确性、完整性进行核查和验证。其制作、出具的文件有虚假记载、误导性陈述或者重大遗漏，给他人财产造成损失的，应当与委托人承担连带赔偿责任。《私募投资基金备案须知》第27条规定，管理人未按时履行季度、年度、重大事项信息更新和信息披露报送义务的，在管理人完成相应整改要求之前，协会将暂停受理该管理人新的私募投资基金备案申请。管理人未按时履行季度、年度、重大事项信息更新和信息披露报送义务累计达 2 次的，协会将其列入异常机构名单，并对外公示。一旦管理人作为异常机构公示，即使整改完毕，至少 6 个月后才能恢复正常机构公示状态。

第三十条 【禁止性行为】私募基金管理人、私募基金托管人及其从业人员不得有下列行为：

（一）将其固有财产或者他人财产混同于私募基金财产；

（二）利用私募基金财产或者职务便利，为投资者以外的人牟取利益；

（三）侵占、挪用私募基金财产；

（四）泄露因职务便利获取的未公开信息，利用该信息从事或者明示、暗示他人从事相关的证券、期货交易活动；

（五）法律、行政法规和国务院证券监督管理机构规定禁止的其他行为。

【条文解读】 该条是关于私募基金管理人、私募基金托管人及其从业人员禁止性行为的规定。

一、私募基金管理人不得将私募基金财产与固有财产及他人财产混同

1. 私募基金财产独立于私募基金管理人、私募基金托管人固有财产与他人财产。《证券投资基金法》第 5 条第 2 ~4 款规定："基金财产独立于基金管理人、基金托管人的固有财产。基金管理人、基金托管人不得将基金财产归入其固有财产。基金管理人、基金托管人因基金财产的管理、运用或者其他情形而取得的财产和收益，归入基金财产。基金管理人、基金托管人因依法解散、被依法撤销或者被依法宣告破产等原因进行清算的，基金财产不属于其清算财产。"该法第 122 条规定，"基金管理人、基金托管人违反本法规定，未对基金财产实行分别管理或者分账保管，责令改正，处五万元以上五十万元以下罚款；对直接负责的主管人员和其他直接责任人员给予警告，暂停或者撤销基金从业资格，并处三万元以上三十万元以下罚款"。《私募条例》第

4 条规定，“私募基金财产独立于私募基金管理人、私募基金托管人的固有财产。私募基金财产的债务由私募基金财产本身承担，但法律另有规定的除外”。私募基金管理人和私募基金托管人的固有财产是指属于私募基金管理人和托管人自己的财产，固有财产的取得一般与私募基金财产募集与投资所得无关，但管理人等利用自己财产与私募基金财产跟投取得的收益不属于混同；他人财产包括私募基金管理人管理的其他私募基金的财产、私募基金托管人托管的其他私募基金财产、私募基金管理人和托管人关联方的财产等。

2. 私募基金管理人和托管人应采取措施保证私募基金财产的独立性。《关于加强私募投资基金监管的若干规定》第 9 条规定，“私募基金管理人及其从业人员从事私募基金业务，不得有下列行为：（一）未对不同私募基金单独管理、单独建账、单独核算，将其固有财产、他人财产混同于私募基金财产，将不同私募基金财产混同运作，或者不公平对待不同私募基金财产；（二）使用私募基金管理人及其关联方名义、账户代私募基金收付基金财产……”《私募投资基金管理人内部控制指引》第 18 条规定，“私募基金管理人应当建立完善的财产分离制度，私募基金财产与私募基金管理人固有财产之间、不同私募基金财产之间、私募基金财产和其他财产之间要实行独立运作，分别核算”。

3. 基金显名要求确保契约型私募基金的独立性。《私募条例》新增的第 21 条要求私募基金管理人运用私募基金财产投资时注明私募基金名称，用以对私募基金财产独立性作出公示，避免实务中契约型私募财产被不属于财产本身形成的债务强制执行的情形。

二、不得利用私募基金财产或职务便利为投资者以外的人牟取利益

一般认为，私募基金管理人和/或托管人可能以下列方式为本人或者投资者以外的人输送或者牟取不正当利益：以利益输送为目的，与特定对象进行不正当交易；在不同的基金账户或者投资者之间转移收益或亏损；利用他人提供或主动获取的内幕信息、未公开信息、商业秘密和客户信息从事或者明示、暗示他人从事相关交易活动；以套取私募基金财产为目的，使用私募基金财产直接或者间接投资于私募基金管理人或托管人、控股股东、实际控制人及其实际控制的企业或项目等自融行为；向私募基金、私募基金投资标的及其关联方收取咨询费、手续费、财务顾问费等，为自身或者投资者以外的人牟取非法利益、进行利益输送；其他输送或者谋取不正当利益的行为。《私募条例》第30条使用的是“牟取利益”，但一般认为禁止牟取的是不当利益，一些合法利益，比如前述的私募基金管理人因为跟投而取得利益，不属于不当利益，一般不会被禁止。

三、不得侵占挪用私募基金财产

私募基金财产独立于私募基金管理人、托管人的固有财产和他人财产，属于全体投资者，私募基金管理人受全体投资者的委托进行管理和投资。据此，私募基金管理人侵占挪用私募基金财产违反了信义义务，情节严重的将构成违法或犯罪。所谓挪用，一般是指违背合同约定或者未经投资者同意，将基金财产用于约定投资范围以外的用途；关于侵占，从民法的角度，是指违反占有人的意思而排除其对基金财产事实上的控制与支配。实务中挪用和侵占一般表现为：（1）将募集资金汇入关联公司或其他公司使用；（2）基金管理人股东、经理等用于个人挥霍、消费；（3）用于基金管理人管理的其他基金产品的补资或募新还旧等；（4）用于基金管理人的日常开支；（5）将募集资金从专户汇入资金池账户后由基金管理人重新分配使用。从民事角度看，侵占私募基金财产属于没有法律原因取得不当利益，构成不当得利，根据《民法典》第985条规定，“得利人没有法律根据取得不当利益的，受损失的人可以请求得利人返还取得的利益”，私募基金管理人应向私募基金返还取得的利益。《证券投资基金法》第123条第2款也规定，“基金管理人、基金托管人及其董事、监事、高级管理人员和其他从业人员侵占、挪用基金财产而取得的财产和收益，归入基金财产。但是，法律、行政法规另有规定的，依照其规定”。挪用侵占私募基金财产可能受到行政处罚，如北京监管局在2023年9月出具的处罚决定书，认定某资本管理公司在收到委托贷款还款后，未划款至基金托管户，资金被挪用至某资本管理公司的银行账户；董某某作为某资本管理公司的实际控制人、法定代表人、执行董事、经理，全权负责经营管理工作，相关资金划转均由董某某操作，是对前述违法违规行为直接负责的主管人员。因此对某资本管理有限公司责令改正、给予警告，并处以罚款；对董某某给予警告，并处以罚款。

四、不得泄露职务之便获得的未公开信息并用以牟利

所谓“未公开信息”，一般是指“内幕信息以外的其他未公开信息”，主要是指资产管理机构即将用客户资金投资购买某个证券、期货金融产品的决策信息或其他重要信息，这些信息一般属于单位内部的商业秘密，法律并未要求此类信息公开，不属于内幕信息的范围。根据最高人民法院、最高人民检察院出台的《关于办理利用未公开信息交易刑事案件适用法律若干问题的解释》第1条规定，“未公开信息”应涵括证券、期货的投资决策、交易执行信息；证券持仓数量及变化、资金数量及变化、交易动向信息；其他可能影响证券、期货交易活动的信息。私募基金管理人与托管人在对私募基金管理投资中，会无可避免地获得这些未公开信息。私募基金管理人利用这些未公开信息从事相关交易活动，一般被称为“老鼠仓”，该行为违反了私募基金信息保密、禁止交易、禁止利益输送的相关规定，违背了信义义务，破坏了基金市场的公平竞争，损害基金份额持有人和相关当事人的利益。因此，监管部门坚决禁止私募基金的管理人及相关从业人员泄露因职务之便获取的未公开信息。不得从事该项规定行为的主体，根据《证券投资基金法》第20条规定，包括基金管理人、基金托管人及其董事、监事、高级管理人员和其他从业人员关于从事的交易活动；《私募条例》第30条与《关于办理利用未公开信息交易刑事案件适用法律若干问题的解释》保持一致，限定在证券和期货交易领域的活动。

第三十一条　【信息披露义务】私募基金管理人在资金募集、投资运作过程中，应当按照国务院证券监督管理机构的规定和基金合同约定，向投资者提供信息。

私募基金财产进行托管的，私募基金管理人应当按照国务院证券监督管理机构的规定和托管协议约定，及时向私募基金托管人提供投资者基本信息、投资标的权属变更证明材料等信息。

【条文解读】　该条是关于私募基金管理人信息披露的规定。

一、私募基金管理人是法定信息披露义务人

1. 私募基金管理人负有法定信息披露义务。《证券投资基金法》第74条规定："基金管理人、基金托管人和其他基金信息披露义务人应当依法披露基金信息，并保证所披露信息的真实性、准确性和完整性。"中国基金业协会出台的《私募投资基金信息披露管理办法》第2条对私募基金信息披露的相关情况进行了具体规定，"本办法所称的信息披露义务人，指私募基金管理人、私募基金托管人，以及法律、行政法规、中国证券监督管理委员会（以下简称中国证监会）和中国证券投资基金业协会（以下简称中国基金业协会）规定的具有信息披露义务的法人和其他组织"。因此，私募基金管理人和托管人都是法定的信息披露义务人。

2. 信息披露依据。《私募投资基金信息披露管理办法》第3条规定，"信息披露义务人应当按照中国基金业协会的规定以及基金合同、公司章程或者合伙协议（以下统称基金合同）约定向投资者进行信息披露"。此外，私募基金管理人还应按照基金合同约定履行信息披露义务。除了该办法，中国基金业协会还出台了各种指引、AMBERS系统信息披露系统、私募基金信息披露备份平台。可以说，在《私募条例》施行之前，私募基金管理人的信息披露主要由中国基金业协会负责。但中国基金业协会是行业协会，而《私募条例》第31条的信息披露依据为"国务院证券监督管理机构的规定"。因此，未来中国证监会可能会出台针对私募基金信息披露的规定。

3. 信息披露内容。根据《私募投资基金信息披露管理办法》第9条规定，私募基金管理人和托管人应向投资者披露的信息包括：基金合同，招募说明书等宣传推介文件，基金销售协议中的主要权利义务条款（如有），基金的投资情况，基金的资产负债情况，基金的投资收益分配情况，基金承担的费用和业绩报酬安排，可能存在的利益冲突，涉及私募基金管理业务、基金财产、基金托管业务的重大诉讼、仲裁，以及中国证监会以及中国基金业协会规定的影响投资者合法权益的其他重大信息。此外，基金相关合同中还可以约定其他应当披露的内容，私募基金管理人和托管人应当根据合同约定披露。私募基金管理人的信息披露义务，在不同阶段具有不同的内容。[①] 在资金募集阶段，信息披露义务表现为禁止欺诈义务，要求管理人承担"最大限

---

① 参见许可：《私募基金管理人义务统合论》，载《北方法学》2016年第2期。

度的善意，完整和公平地披露所有关键事实”以及“采取合理的注意来避免误导”潜在投资者的积极义务。在日常运营阶段，信息披露义务体现为：（1）及时披露，让投资者能够及时尽早获悉信息，对于无须专项索取的信息，管理人应在约定期限或特定信息出现后无迟延地报告或通知，减少信息不对称；（2）更正义务，如果之前的披露信息不正确，管理人应当在发现错误后的合理期限更正；（3）更新义务，避免对投资者产生误导。在退出阶段，信息披露义务体现为保管和查询义务，对于私募基金投资决策、交易和投资者适当性管理等方面的记录及其他相关资料，管理人应妥善保管并提供投资者查询服务，自基金清算终止之日起不少于10年。

4. 建立信息披露事务管理制度。根据《私募投资基金信息披露管理办法》第19条规定，私募基金管理人和托管人应当指定专人负责管理信息披露事务并在私募基金管理备案系统中上传相关文件；根据第20条规定，私募基金管理人和托管人还应当建立信息披露事务管理制度，包括：（1）信息披露义务人向投资者进行信息披露的内容、披露频度、披露方式、披露责任以及信息披露渠道等事项；（2）信息披露相关文件、资料的档案管理；（3）信息披露管理部门、流程、渠道、应急预案及责任；（4）未按规定披露信息的责任追究机制，对违反规定人员的处理措施。

二、私募基金资金托管人与私募基金管理人均负有私募基金资金托管信息披露的义务

《证券投资基金法》第36条规定，“基金托管人应当履行下列职责：……（六）办理与基金托管业务活动有关的信息披露事项；（七）对基金财务会计报告、中期和年度基金报告出具意见；（八）复核、审查基金管理人计算的基金资产净值和基金份额申购、赎回价格……（十）按照规定监督基金管理人的投资运作……”履行该等职责的前提是掌握相关信息。《证券投资基金托管业务管理办法》更加全面地规定了托管人的具体职责，包括：与管理人签订基金合同之前掌握基金产品的部分情况；安全保管基金产品，建立对基金管理人的对账机制并保管相关文件档案；与基金管理人按照《企业会计准则》等进行估值核算，若发现错误，应当提示管理人立即纠正并防止损失扩大；发现基金份额净值计价出现重大错误或偏离的，提醒管理人披露报告；办理

与基金托管业务的信息披露事项；指定基金投资监督标准与监督，对基金合同生效后所托管基金的投资范围、投资比例、投资风格、投资限制、关联方交易等进行严格监督，并及时提醒管理人违规风险；发现管理人发出的投资指令违反法律行政法规等，及时报告中国证监会，持续跟进后续处理等；对私募基金收益分配情况定期复核，报告违规失信行为等。据此，私募基金管理人还需向托管人披露相关信息，以便于托管人依法依约履行职责。托管人根据法律规定和合同约定，同样履行一定的信息披露义务。

第三十二条 【信息披露的禁止性行为】 私募基金管理人、私募基金托管人及其从业人员提供、报送的信息应当真实、准确、完整，不得有下列行为：

（一）虚假记载、误导性陈述或者重大遗漏；

（二）对投资业绩进行预测；

（三）向投资者承诺投资本金不受损失或者承诺最低收益；

（四）法律、行政法规和国务院证券监督管理机构规定禁止的其他行为。

【条文解读】 该条是关于私募基金信息披露的禁止性规定。

该条从反面角度规定了私募基金管理人、私募基金托管人及从业人员信息披露的要求，信息披露必须真实、准确和完整。一般认为，信息披露的原则包括实质性原则和形式性原则，其中实质性原则包括真实性原则、准确性原则、完整性原则、及时性原则和公平披露原则；形式性原则包括规范性原则、易解性原则和易得性原则。

一、不得虚假记载、误导性陈述或者重大遗漏

该条第1项从反面角度重申了信息披露的真实性原则、准确性原则、完整性原则。真实性原则是基金信息披露最根本、最重要的原则，它要求披露的信息应当以客观事实为基础，以没有扭曲和不加粉饰的方式反映真实状态；准确性原则要求用精确的语言披露信息，在内容和表达方式上不使人误解，不得使用模棱两可的语言；完整性原则是指所有的重要事项，都要进行披露；

及时性原则是指在重大事件发生之日起 2 日内披露临时报告，基金管理人每 6 个月更新一次招募说明书；公平披露原则要求将信息向市场上所有的投资者平等公开地披露，而不是仅向个别机构或投资者披露。①

二、不得对投资业绩进行预测、不得承诺本金不受损失或最低收益

该条第 2 项禁止管理人对投资业绩进行预测；第 3 项禁止管理人承诺本金不受损失或最低收益。《证券投资基金法》、“资管新规”在内的监管规范禁止私募基金作出任何直接或间接的保本保收益承诺，以保证私募基金回归投资本质。《关于加强私募投资基金监管的若干规定》要求，私募基金管理人不得夸大、片面宣传私募基金，包括使用安全、保本、零风险、收益有保障、高收益、本金无忧等可能导致投资者不能准确认识私募基金风险的表述，或者向投资者宣传预期收益率、目标收益率、基准收益率等类似表述。《私募条例》第 32 条重申了这一要求。直接的保证收益承诺包括承诺最低收益、承诺本金不受损失、限定损失金额和比例。由于近几年监管明显趋严，管理人直接书面承诺固定收益的情况越来越少，更多地体现为通过在基金合同或其他书面文件中使用“业绩比较基准”或“业绩报酬计提基准”等概念明示或者暗示基金预期收益，使用“预期收益率”“预测投资业绩”“收益有保障”“预计收益”等模糊表述变相地吸引风险承受能力较低的投资者的资金。

第三十三条　【信息报送义务】私募基金管理人、私募基金托管人、私募基金服务机构应当按照国务院证券监督管理机构的规定，向登记备案机构报送私募基金投资运作等信息。登记备案机构应当根据不同私募基金类型，对报送信息的内容、频次等作出规定，并汇总分析私募基金行业情况，向国务院证券监督管理机构报送私募基金行业相关信息。

---

① 参见大连市基金业协会：《私募基金信息披露的基本原则，信息披露的禁止行为有哪些?》，载微信公众号“大连市基金业协会”2016 年 9 月 20 日，https：//mp. weixin. qq. com/s/MKyqHI1 – TAq5172ZOp1VVQ。

登记备案机构应当加强风险预警，发现可能存在重大风险的，及时采取措施并向国务院证券监督管理机构报告。

登记备案机构应当对本条第一款规定的信息保密，除法律、行政法规另有规定外，不得对外提供。

【条文解读】 该条是关于私募基金信息报送的规定。

一、私募基金管理人和托管人的报送义务

该条第1款规定了私募基金管理人、托管人向备案机构信息报送的义务；此外，备案机构对不同类型私募基金的信息报送内容作出了不同规定，并规定应报送监管部门。中国基金业协会出台的《关于加强私募基金信息报送自律管理与优化行业服务的通知》第1条规定，私募基金管理人应当及时准确报送信息，强化内控管理，根据法规和自律规则中关于信息报送的要求，私募基金管理人应当于登记备案后在中国基金业协会AMBERS系统持续履行信息报送义务。同时管理人应当就其控股股东、实际控制人、法定代表人/执行事务合伙人（委派代表）变更，以及私募基金到期日变更等重大事项，及时向协会报告，办理变更手续。基于与国家市场监督管理总局信用监督管理司的信息共享协作机制，中国基金业协会已健全大数据分析监测手段，强化前台数据填报即时校验提示和事中事后数据问题识别反馈，持续加强异常数据监测。为提高私募基金运行的透明性，充分保障私募基金投资者的知情权，更好地规范私募基金行业的发展，根据《私募投资基金登记备案办法》以及《私募投资基金信息披露管理办法》等法规的要求，私募基金管理人除应向私募基金投资者履行信息披露义务外，还应当通过AMBERS系统、信息披露备份系统以及从业人员管理平台等多个渠道向协会进行信息报送。私募基金管理人和托管人违反信息提供、报送义务，根据《私募条例》第56条规定，责令改正，给予警告或者通报批评，没收违法所得，并处10万元以上100万元以下的罚款。对直接负责的主管人员和其他直接责任人员给予警告或者通报批评，并处3万元以上30万元以下的罚款。登记备案机构应向国务院证券监督管理机构报送相关信息。我国登记备案机构中国基金业协会，成立于2012年6月6日，是依据《证券投资基金法》和《社会团体登记管理条例》，在民政部登记的社会团体法人，是证券投资基金行业的自律性组织，接受中国证监会和民政部的业务指导和监督管理。主要职责包括：制定和实施行业自律规则，监督、检查会员及其从业人员的执业行为，对违反自律规则和协会章程的，按照规定给予纪律处分；制定行业执业标准和业务规范，组织基金从业人员的从业考试、资质管理和业务培训；提供会员服务，组织行业交流，推动行业创新，开展行业宣传和投资者教育活动；依法办理非公开募集基金的登记、备案；协会章程规定的其他职责。中国基金业协会对私募基金制定了《私募投资基金登记备案办法》《私募投资基金信息披露管理办法》《私募投资基金备案须知》《关于加强私募基金信息报送自律管理与优化行业服务的通知》等自律规则，对私募基金信息报送作出规定；此外，还要根据私募基金管理人报送的信息，向国务院证券监督管理机构报送并进行分析汇总，以便其更好地发挥监督管理作用，保证私募基金的健康有序发展，更好地维护投资者利益。

二、登记备案机构的风险预警义务

根据《私募条例》第 33 条第 2 款规定，负责私募基金登记备案的机构（主要指中国基金业协会），负有风险预警义务，发现重大风险时及时采取措施并报告证券监督管理机构。

三、登记备案机构的保密义务

根据《私募条例》第 33 条第 3 款及其他私募基金相关规范的规定，私募基金管理人需要向登记备案机构报送大量有关私募基金的信息，包括投资运作的信息等，这些信息有可能是商业机密、未公开信息等，对于私募基金的投资运作、财产保值增值具有重要意义，一旦泄露，可能损害私募基金和投资者的利益。掌握如此多私募基金相关信息的备案机构自然就负有保密义务，只有在法律行政法规另有规定的情况下才能对外提供。如果登记备案机构违反保密义务，根据《私募条例》第 59 条规定，构成玩忽职守的，依法给予处分；构成犯罪的，依法追究刑事责任。

第三十四条 【市场退出机制】因私募基金管理人无法正常履行职责或者出现重大风险等情形，导致私募基金无法正常运作、终止的，由基金合同约定或者有关规定确定的其他专业机构，行使更换私募基金管理人、修改或者提前终止基金合同、组织私募基金清算等职权。

【条文解读】 该条是关于私募基金市场退出机制的规定。

该条属于《私募条例》的新增规定，被称为私募基金的市场退出机制。近年来，随着私募基金行业的发展，相关风险也随之增加，私募基金管理人失联、被注销、破产等情形经常发生，结果是私募基金失去了管理人，没有主体再履行投资管理职能，私募基金无法正常运作和终止。据此，中国基金业协会出台《私募基金管理人失联处理指引》，专门针对私募基金管理人失联后无法正常履行职责的情形作出指引。《私募投资基金登记备案办法》第29条规定，“私募基金应当制定并签订基金合同、公司章程或者合伙协议（以下统称基金合同），明确约定各方当事人的权利义务。除《中华人民共和国证券投资基金法》第九十二条、第九十三条规定的内容外，基金合同还应当对下列事项进行约定：……（五）私募基金管理人因失联、注销私募基金管理人登记、破产等原因无法履行或者怠于履行管理职责等情况时，私募基金变更管理人、清算等相关决策机制、召集主体、表决方式、表决程序、表决比例等相关事项……”该内容成为基金合同的必备内容。

在出现上述情况导致私募基金无法正常运作、终止时，基金合同约定的专业机构可以行使相应的职权，保证私募基金能够正常运作或终止；如果没有约定，《私募投资基金登记备案办法》第58条规定，“私募基金管理人因失联、注销私募基金管理人登记或者出现重大风险等情形无法履行或者怠于履行职责导致私募基金无法正常退出的，私募基金管理人、私募基金托管人、基金份额持有人大会或者持有一定份额比例以上的投资者，可以按照基金合同约定成立专项机构或者委托会计师事务所、律师事务所等中介服务机构，妥善处置基金财产，保护投资者合法权益，并行使下列职权：（一）清理核查私募基金资产情况；（二）制定、执行清算退出方案；（三）管理、处置、分配基金财产；（四）依法履行解散、清算、破产等法定程序；（五）代表私募基金进行纠纷解决；（六）中国证监会、协会规定或者基金合同约定的其他职权。私募基金通过前款规定的方式退出的，应当及时向协会报送专项机构组成情况、相关会议决议、财产处置方案、基金清算报告和相关诉讼仲裁情况等”。

一、《私募条例》第34条适用的前提是私募基金管理人无法履行职责等重大情形

私募基金管理人受投资者的委托，全权负责私募基金的投资管理职责，如果私募基金管理人无法正常履行职责或者出现类似的重大风险时，没有任何主体可以再履行私募基金管理人的职责，私募基金无法自行运作或终止，该情形可能会导致私募基金财产减损、丧失投资机会、无法及时止损等，最终导致投资者遭受损失。所谓私募基金管理人无法正常履行职责，按照《私募投资基金登记备案办法》的规定，是指包括私募基金管理人失联、被注销或破产等情形；而出现重大风险，应当是与失联等情形类似的情形，结果都是管理人无法正常履行职责，从而导致私募基金无法正常运作或正常终止。

二、私募基金退出市场的专业机构选任

针对此种情况，若基金合同约定了出现这些情形时临时代替私募基金管理人的专业机构，可以根据合同约定或实际情形，更换私募基金管理人、修改或提前终止基金合同、组织私募基金清算，尽力避免投资者遭受损失。根据《私募条例》第34条规定，律师事务所、会计师事务所等第三方专业机构不再需要通过另行“委托”介入，而是通过基金合同中的事先约定和安排，在相关异常情形出现时直接代表基金投资者或基金行使相关职权。此外，《私募投资基金登记备案办法》第58条规定，基金份额持有人大会或者持有一定份额比例以上的投资者还可以约定成立专项机构或者委托会计师事务所、律师事务所等中介服务机构，妥善处置基金财产，保护投资者合法权益。从《私募条例》第34条表述来看，与《私募投资基金登记备案办法》相比，第三方专业机构的选任由合同约定或有关规定确定，意味着第三方专业机构可能类似于企业“破产管理人”角色，或可通过法定程序被司法机关、监管部门指定介入到私募基金的“市场化退出机制”。未来监管部门或司法部门或会出台规定，规定如何确定第三方专业机构以及第三方专业机构行使职能的细则。

三、私募基金退出市场机制与“维持运作机制”的区别

中国基金业协会《私募投资基金备案须知》第22条“维持运作机制”规定，“基金合同及风险揭示书应当明确约定，在管理人客观上丧失继续管理私募投资基金的能力时，基金财产安全保障、维持基金运营或清算的应急处置预案和纠纷解决机制。管理人和相关当事人对私募投资基金的职责不因协会依照法律法规和自律规则执行注销管理人登记等自律措施而免除。已注销管理人和相关当事人应当根据《证券投资基金法》、协会相关自律规则和基金合同的约定，妥善处置在管基金财产，依法保障投资者的合法权益”。“维持运作机制”规定的是，基金合同应当约定，管理人在客观上无法继续管理私募基金时，基金财产安全保障、维持基金运营或清算的应急处置预案和纠纷解决机制。在基金运营还有可能和必要的情况下，可以根据合同约定维持基金运营；如果基金无法继续运营或没有必要继续运营，根据合同约定进行清算。相较“维持运作机制”，《私募条例》第34条侧重对于专业机构的选任以及其具有的职权作出规定。

第四章　关于创业投资基金的特别规定

第一节　导　　读

一、创业投资的起源及概念

（一）创业投资在境内外的发展

如第一章所述，私募股权投资起源于20世纪40年代的美国；换言之，这也是创业投资的起源。1946年在美国成立的美国研究及发展公司（American Research and Development Corporation，ARDC），作为一家专业创投机构，通过募集富有家族和机构投资人的资金从事专业性的创业投资业务，标志着现代意义上的创业投资的起步。1958年美国通过《小企业投资法》，通过认定小型商业投资公司（Small Business Investment Companies，SBIC），在资金和政策方面扶持SBIC（实际是一种创业投资企业），为小企业的成长提供长期资金，创业投资得到了很快的发展。随后，创业投资在美国硅谷的创新企业发展特别是半导体技术产业化中起到了重要作用，为美国新兴科技行业的发展做出了重要贡献。从20世纪六七十年代开始，“二战”后创立的许多企业面临继承人问题，收购兼并的机会越来越多，也诞生了一些专门从事并购的私募股权投资机构，他们从退休基金等机构和富有家族募集资金，采用杠杆收购（Leveraged Buy Out，LBO）的手法收购成熟企业，而不是投资早期企业，然后通过重组获得投资回报，推动了私募股权投资的兴起。

我国创业投资始于20世纪80年代，在科技体制改革的背景下，政府提出对变化迅速、风险较大的高技术开发工作，可以设立创业投资企业进行支持，中国创业投资由此诞生。我国创业投资真正进入发展阶段是20世纪90年代末，随着本土互联网行业兴起，海外创业投资基金纷纷进入中国试水，新浪、百度、腾讯、阿里等互联网公司均在这一时期取得了第一笔投资。伴随中国经济的高速发展，创业投资也迅速发展起来。2005年，国家发展改革委等10部委联合发布《创业投资企业管理暂行办法》，对创业投资提供特别扶持和保护。2009年深圳创业板正式开通，直接推动多层次资本市场构建，为创业投资退出开辟了新道路，我国创业投资获得了空前的发展。2013年6月，经全国人大常委会修订的《证券投资基金法》正式实施，对非公开募集证券投资基金作出相关规定。同年6月，中央编办印发《关于私募股权基金管理职责分工的通知》明确由中国证监会负责私募股权投资行业的监管，由发展改革委承担行业的发展职能、拟定宏观的政策措施。自此我国创业投资逐步走向规范化的发展道路。

创业投资虽然在境内外都经历了多年的发展，但至今并无统一的法律定义，业界从不同角度描述了创业投资的概念或含义。美国风险投资协会（National Venture Capital Association，NVCA）将创业投资定义为由创业投资机构投入到新兴、迅速发展、具有巨大竞争潜力的企业中的一种权益资本。世界经济合作与发展组织科技政策委员会将创业投资定义为一种向极具发展潜力的新建企业或中小企业提供股权资本的投资行为，基本特点是：投资周期长，一般为3~7年；除资金投入之外，投资者还向投资对象提供企业管理等方面的咨询和帮助；投资者通过投资结束时的股权转让活动获得投资回报。2005年公布的《创业投资企业管理暂行办法》将创业投资定义为向创业企业进行股权投资，以期所投资创业企业发育成熟或相对成熟后主要通过股权转让获得资本增值收益的投资方式。国务院《关于促进创业投资持续健康发展的若干意见》（国发〔2016〕53号）将创业投资描述为“创业投资是指向处于创建或重建过程中的未上市成长性创业企业进行股权投资，以期所投资创业企业发育成熟或相对成熟后，主要通过股权转让获取资本增值收益的投资方式”。而2023年实施的《私募条例》仅明确创业投资基金的投资范围限于未上市企业。

综合业界实践，一般认为创业投资具有如下特点：（1）是一种股权投资

（包括过桥投资），未来希望获得的是股权投资收益而不是固定回报，也并不要求特定的担保或抵押品；（2）要求目标企业具有高成长潜力（我国相关规定还要求目标企业是未上市企业），由于创新企业特别是科技创新企业更具爆炸性成长机会或获得高利润率的可能性，创业投资常常特别关注对创新企业的投资；（3）是一种长期投资，不追求短期流动性或被投资企业的分红，希望给予被投资企业一定的成长时间，然后通过出售股权获得比一般权益性投资更高的投资回报；（4）从事创业投资的机构需要具备相当的专业能力，除了提供被投资企业需要的资金，还能够参与被投资企业的创建和发展，提供有价值的增值服务，帮助企业成长。

（二）创业投资与私募股权投资的关系

创业投资与私募股权投资是什么关系？从创业投资的发展渊源来看，私募股权投资实际是创业投资发展到一定阶段后才出现的业务模式，其一开始主要是指并购投资（包括管理层收购等），后来私募股权投资的概念逐渐泛化，泛指参与被投资企业的私募融资，包括未上市企业的股权融资及已上市企业的非公开发行。这导致了国内的私募股权投资（Private Equity，PE）有广义和狭义之分，广义的私募股权投资就是指参与被投企业的私募融资，包含了创业投资、对成熟企业的投资以及参与上市公司的非公开发行，而狭义的私募股权投资通常指参与相对成熟企业的私募融资，包括并购投资及参与上市公司的非公开发行，二者的主要区别在于是否将创业投资包含在私募股权投资的范围内，而创业投资与狭义私募股权投资也并非泾渭分明。需要说明的是，《私募条例》所规范的“私募投资基金”主要指基金募集形式是“非公开募集”，并未约束私募投资基金的投资形式，也就是说，私募投资基金（包括私募证券基金和私募股权基金）既可以投资上市公司（创业投资基金除外）也可以投资非上市公司，并且不限于上市公司的非公开发行。不过，中国基金业协会 2023 年 2 月公布的《私募投资基金登记备案办法》，对私募股权基金的募集及运作做了较严格的限制，既要求资金来源是“非公开募集”，也要求投资方式是针对被投企业的“私募融资”，例如该办法第 31 条第 2 款要求“私募股权基金的投资范围包括未上市企业股权，非上市公众公司股票，上市公司向特定对象发行的股票，大宗交易、协议转让等方式交易的上市公司股票……”主要还是贯彻分类监管的思路，而非法律法规的强制规定。

创业投资的资金来源可以有多种途径：（1）富有个人以自有资金直接从事创业投资，实际就是“天使投资”；（2）公司、企业以自有资金从事创业投资，也称“企业创投”（Corporate Venture Capital，CVC）；（3）中央及地方政府财政出资，设立引导基金，从事创业投资或参与创业投资基金；（4）非公开方式募集资金，成立创业投资基金或创业投资母基金。只有第4种方式是本文所称的“创业投资基金”，即创业投资企业作为管理人通过非公开的方式募集资金，成立集合投资载体从事创业投资活动。

按照《私募条例》，创业投资基金是私募投资基金的一个子类别，应遵守私募投资基金的相关规定（另有规定的除外）。创业投资企业也是私募基金管理人的一种，应符合私募基金管理人的相关规定（另有规定的除外）。与一般的私募股权投资基金相比，创业投资基金主要有如下特点：（1）投资标的必须是未上市企业；（2）不得使用杠杆融资，但国家另有规定的除外；（3）能够享受国家关于鼓励创业投资的优惠政策；（4）更强调对创新性企业的投资，其创新属性强于金融属性。

二、我国创业投资基金的发展现状

根据中国基金业协会编著的《中国证券投资基金业年报 2023》披露的数据，截至 2022 年年末，协会登记私募股权、创业投资基金管理人 14,303 家（其中有在管基金的私募基金管理人为 12，849 家），占私募基金管理人总数的 60. 43%。登记私募股权、创业投资基金管理人管理的各类型私募基金 50,987 只,管理基金规模 14 万亿元，其中：已备案私募股权投资基金 31,523 只，基金规模为 11. 11 万亿元；已备案创业投资基金 19,353 只，基金规模为 2. 9 万亿元，平均每只基金的规模约为 1. 5 亿元。截至 2022 年年末，小型私募股权、创业投资基金管理人仍占多数，46. 69% 的管理人管理的基金规模在 1 亿元以下；管理基金规模在 5 亿元以下的私募股权、创投投资基金管理人占比达 74. 51%；私募股权、创业投资基金管理人的头部效应明显，行业排名前 20 的管理人管理规模占基金总量的 12. 85%，行业排名前 20% 的管理人管理规模占基金总量的 89.42%。

我国创业投资在 20 世纪 80 年代末从零开始发展，到目前达到了近15,000家管理人，管理的创业投资基金规模达到近 3 万亿元，确实是了不起的成就。但与一些成熟国家例如美国相比，我国的创业投资领域明显存在以下问题：（1）与美国的创业投资及私募股权基金管理公司大约 3000 家相比，我国创业投资企业基金管理人数量明显过多，大量小型创业投资机构均是跟风型和投机型，并不具备从事创业投资的专业技能；（2）多数基金管理人管理的基金规模太小，约 80% 的管理人管理的创业投资基金规模在 1 亿元以下，60% 的管理人仍在管理第一期基金，说明管理机构多而不强，难以持续经营，这些机构受基金规模的限制，在人才储备、可投资金额度以及投资组合构建方面先天不足。

目前创业投资基金领域面临如下挑战：

1. 在新的经济形势下如何获得高质量发展？我国自改革开放以来，经济高速增长，经济总量位居世界第二。正是在这个背景下创业投资也得到了飞速发展。而随着经济总量的增长，我国经济发展进入了新常态，从过去的高增长模式，转为高质量发展模式。在新的经济形势下，创业投资也需要进入高质量发展模式。

2. 创业投资面临长期资金供给不足的问题。创业投资属于一种长周期投资，需要有长期资金的支持，但现阶段创业投资领域面临长期资金供给不足的问题。通常认为社会保障资金、保险资金属于长期资金，但由于体制机制等原因，这些资金投入到创投领域的还很少。而我国目前富有个人及家族还处于财富积累的过程中，其投资多追逐短期性及投机性。拥有较多资金的国有企业及政府机构，其资金用途均有较多限制和明确要求，难以成为创投资金的主要来源（目前政府引导基金是创投资金的重要来源之一，而其局限性也是明显的）。

3. 创业投资行业普遍期望过高，投机心态严重。目前阶段，不管是创投基金的出资人，还是创投企业的从业者，或者希望融资的创业企业，不少人还以过去经济高速发展时的案例为标杆，对行业的发展以及投资回报有不切实际的期望，这会导致整个行业比较浮躁、投机心态严重，不利于行业的发展。

4. 创业投资行业专业水平良莠不齐，需要构建行业良性生态。创业投资进入门槛低，而实际的专业水平要求很高；私募股权基金（包括创投基金）是需要较长时间才能得到检验的业务模式，不尊重行业规律的管理人以及违规的害群之马需要较长时间才能露出水面，而由此给行业造成的伤害往往是短期内无法愈合的。长期、理性、专业的创投基金投资人，加上高质量高水平的创业企业及良好的创业环境，结合优秀、专业的创业投资企业才能构成持久的良性生态，整个创投行业才能健康发展。

三、国家鼓励创业投资基金的意义

创业投资基金是典型的直接投融资工具，可以为被投资企业直接提供资本金，直接服务于实体经济，从源头推动实体经济的创新发展，从资金端和资产端优化实体经济资源配置，对我国经济与科技发展具有重要战略意义。

1. 推动科技创新和战略新兴产业发展

创业投资基金作为科技创新和新兴产业发展的重要驱动力量，其价值在于其最有可能发现技术创新与产业发展的未来方向，并直接为被投企业提供长期稳定的资本金，通过资源注入、投后管理等多种手段为企业发展注入新的活力，进而培育新动能、加速新旧动能转换、促进经济转型升级。国务院《关于印发“十三五”国家战略性新兴产业发展规划的通知》（国发〔2016〕67 号）提出加快壮大战略新兴产业，打造经济社会发展新引擎，聚焦医疗健康、人工智能、新材料、节能环保及智能硬件五大投资热点领域，创业投资基金管理人重点关注的投资领域与国家战略性新兴产业高度契合。

2. 提升直接融资比重，推进多层次资本市场发展

我国股权投资市场不断发展壮大，成为多层次资本市场不可或缺的重要组成部分。创业投资基金通过与创业人才、创新科技和新商业模式的紧密结合，致力于为创业、创新企业的全生命周期提供资本支持，在服务创新创业和实体经济的过程中实现投资价值的提升。前述数据表明，创业投资基金已成为中国直接融资市场的一支主力军。

3. 培育优质上市资源及高成长性企业

根据投中集团创投数据库 CVSource 数据不完全统计，最近十多年，近九成赴美上市中国企业背后有私募股权及创业投资基金的支持，A 股市场背后有私募股权及创业投资基金投资的企业占比也已超过六成。基金管理人不仅仅在资本聚集上，更在上市公司资源对接、中介机构推介和上市后战略资源整合等方面提供服务，在甄选和培养优质上市资源方面发挥重要作用。

4. 推动企业商业模式创新、技术迭代和战略协同

创业投资基金的蓬勃发展和传统行业技术创新、商业模式创新的变化是相辅相成、共存共荣的关系。以传统制造业为代表的商业模式，主要依靠政府政策引导下的资源配置及投资驱动实现产能最大化。在市场化改革中，由科技驱动所主导的行业领域已初步实现了自动化、产业化协同发展的新局面。随着工业 4.0 和“脱虚向实”政策的指引，传统行业的商业模式需要和信息化、物联网等新兴技术相结合，才能催生高价值产出、创新型行业形态。相比于商业模式创新对于行业形态的改造，底层技术的迭代则可能从根本上改变传统行业盈利模式和市场格局。这些变化往往需要企业通过创业投资基金的支持得以实现，一方面，创业投资基金能够鼓励更具前景的商业模式革新；另一方面，创业投资基金能够通过对项目的筛选实现行业革新的优胜劣汰，随着创业投资基金行业和商业模式革新的紧密结合，其优势或将在未来更加明显。

四、创业投资基金的监管体系

创业投资基金作为私募投资基金的一部分而被纳入私募投资基金的监管体系。2013 年 6 月，经全国人大常委会修订的《证券投资基金法》正式实施，对非公开募集的证券投资基金作出了相关规定。根据《证券投资基金法》规定，中国证监会是私募证券投资基金行业的监管部门，中国基金业协会履行自律管理职能。同年 6 月，中央编办印发《关于私募股权基金管理职责分工的通知》，明确由中国证监会负责私募股权投资基金行业的监管。随后，中国证监会根据其行政监管职责先后制定《私募投资基金监督管理暂行办法》（中国证券监督管理委员会令第 105 号）、《证券期货经营机构私募资产管理业

务运作管理暂行规定》（中国证券监督管理委员会公告〔2016〕13 号）、《证券期货投资者适当性管理办法》（中国证券监督管理委员会令第 130 号）等规章办法，同时配套发布了一系列适用于私募基金的规范性文件，逐步对私募证券投资基金和包含创业投资基金在内的私募股权投资基金实行统一监管。2023 年《私募条例》实施后，私募证券投资基金和包含创业投资基金在内的私募股权投资基金的监管被纳入了行政法规规制中，从而解决了私募投资基金行业缺乏法律法规依据的根本问题。

对于创投基金而言，其主要接受下述监管部门/行业自律组织的管理：（1）国家发展改革委及地方发改部门负责制定促进创投行业发展的政策及创投企业的认定标准与管理规范；（2）中国证监会及其派出机构负责认定创投基金的主体资格及制定其退出上市公司的相关条件；（3）中国基金业协会负责创投基金的登记备案、日常监督及行业自律管理；（4）财政部、国家税务总局负责出台创投基金适用的财政扶持及税收优惠政策；（5）金融监管总局及地方金融监管部门负责监管保险资金投资的创投基金。

创投基金作为一种私募股权基金，其募、投、管、退环节均受中国证监会及中国基金业协会的监管，创投基金首次交割后需在中国基金业协会完成基金产品备案方可进行投资活动，并且创投基金需在整个基金存续期内遵守中国证监会及中国基金业协会出台的有关私募基金的监管规定及行业自律规则。如创投基金希望享受创投企业的相关政策扶持待遇，则其还需遵守《创业投资企业管理暂行办法》的规定，在地方发改部门完成“创投企业备案”，并遵守发展改革委及相关部门出台的监管要求。在中国基金业协会及发改部门完成双备案的创投基金将同时接受国家发展改革委/地方发改部门、中国证监会及中国基金业协会的管理，其在申请享受或自行享受财税政策支持待遇时，还应符合财政部、国家税务总局的相关要求。此外，如创投基金拟接受保险资金投资，其亦受到金融监管部门的监管。

值得肯定的是，《私募条例》明确要求对创业投资基金实施区别于其他私募基金的差异化监督管理，具体体现在以下几个方面：（1）优化创业投资基金营商环境，简化登记备案手续；（2）对合法募资、合规投资、诚信经营的创业投资基金在资金募集、投资运作、风险监测、现场检查等方面实施差异化监督管理，减少检查频次；（3）对主要从事长期投资、价值投资、重大科技成果转化的创业投资基金在投资退出等方面提供便利。

五、创业投资基金鼓励政策

2005 年国家发展改革委等 10 部委联合发布的《创业投资企业管理暂行办法》对创投企业的政策支持明确了三大方向，即创投引导基金扶持、税收优惠和建立多层次资本市场体系以便利创投企业退出。此后 10 余年来，相关政府部门均出台了不少针对创投基金的扶持及鼓励政策。《私募条例》第 36 条也明确规定：国家对创业投资基金给予政策支持，鼓励和引导投资成长性、创新性创业企业，鼓励长期资金投资于创业投资基金。

1. 创投基金募集资金支持

中央财政资金：财政部、国家发展改革委《新兴产业创投计划参股创业投资基金管理暂行办法》和《战略性新兴产业发展专项资金管理暂行办法》等文件规定，中央财政资金（战略性新兴产业发展专项资金）通过与地方政府资金、社会资本共同发起设立创投基金或通过增资方式参与现有创投基金。中央财政资金委托受托管理机构管理，政府部门及其受托管理机构不干预基金日常经营管理。

各类地方政府引导基金：为鼓励创投企业发展，支持创业企业，发展本地经济，各级地方政府成立了大量的引导基金，这些引导基金的主要作用就是发起设立创投基金或通过增资方式参与现有创投基金。

保险资金：原中国保险监督管理委员会《关于保险资金投资创业投资基金有关事项的通知》规定，保险资金可以投资股权投资基金和创业投资基金。与股权投资基金相比，政策对创业投资基金的管理人规定了更为宽松的资质条件。同时，获得保险资金的创投基金在投资规范、风险控制、监督管理等方面遵循原中国保险监督管理委员会《保险资金投资股权暂行办法》。

创业投资类企业债券资金：中共中央办公厅、国务院办公厅《关于促进中小企业健康发展的指导意见》提出大力发展创业投资基金类债券。国家发展改革委支持符合条件的企业发行创业投资基金类债券，募集资金用于出资设立或增资创业投资基金。

2. 税收优惠

创投基金（及其相关方）享受的税收优惠主要有：

（1）投资额抵扣所得税。创投基金本身（或其投资人）直接或间接对初创科技型企业的实缴投资额的70%可冲抵有关应纳税所得额，从而降低有关主体的所得税纳税义务。公司制创投基金可抵扣创投基金自身的应纳税所得额；合伙制创投基金则可将抵扣额用于抵扣其投资人根据“先分后税”原则自创投基金取得的分配，并且法人合伙人投资多个创投基金可合并计算其可抵扣的投资额和取得的分配金额，而个人合伙人仅可抵扣从该创投基金取得的分配。

（2）不同核算基础适用不同个税税率。2019年1月，财政部、国家税务总局等联合出台《关于创业投资企业个人合伙人所得税政策问题的通知》并规定，从2019年1月1日起，符合条件的创投基金可选择按单一投资基金核算，则其个人合伙人从该基金取得的股权转让和股息红利所得，按20%税率缴纳个人所得税；如创投基金选择按创投基金年度所得整体核算，则其个人合伙人从基金取得的收入按5%～35%超额累进税率计算个人所得税。创投基金选择核算方式后3年内不能变更。政策实施期限暂定5年，相关部门于2023年8月发文表示上述政策延续实施到2027年。

3. 创投基金退出的优惠待遇

（1）创投基金持有的上市公司股份的减持。2020年3月中国证监会发布《上市公司创业投资基金股东减持股份的特别规定》（以下简称《创投减持新规》），对在基金业协会备案并符合特定条件的创投基金（私募股权基金参照适用）的减持节奏作出了特殊安排，为创投基金减持提供了更多便利。具体规定包括：投资期限达5年以上的创投基金，锁定期满后不再限制减持比例；若采用大宗交易方式，对创投基金股东取消受让方6个月内不得转让其受让份额的限制；若采用集中竞价交易方式，在维持现有减持比例不变的前提下（集中竞价不超过1%，大宗交易不超过2%），将减持节奏快慢与风险投资基金在公司上市前投资期限长短反向挂钩。

（2）锁定期。2016年9月，国务院发布《关于促进创业投资持续健康发展的若干意见》，要求对创业投资（基金）企业，“研究建立所投资企业上市解禁期与上市前投资期限长短反向挂钩的制度安排”，因而证监会出台相关政策：对于符合一定条件的创投基金股东，不适用通常的3年锁定期安排，而适用1年锁定期安排。具体为：在发行人不能或难以认定实际控制人的情况下，对于发行人的一般股东要求按持股比例从高到低依次承诺其所持股份自上市之日起锁定3年，直至锁定股份的总数不低于发行前股份总数的51%，但是对于非发行人第一大股东即位列合计持股51%以上股东，以及符合一定条件的创投基金股东，上述锁定3年的要求替换为自发行人股票在证券交易所上市交易之日起的1年内不得转让。

4. 创投基金层级的特殊规定

2018年4月出台的“资管新规”第22条第1、2款规定：“金融机构不得为其他金融机构的资产管理产品提供规避投资范围、杠杆约束等监管要求的通道服务。资产管理产品可以再投资一层资产管理产品，但所投资的资产管理产品不得再投资公募证券投资基金以外的资产管理产品。”“资管新规”第2条第3款规定：“私募投资基金适用私募投资基金专门法律、行政法规，私募投资基金专门法律、行政法规中没有明确规定的适用本意见，创业投资基金、政府出资产业投资基金的相关规定另行制定。”实践中私募投资基金（包括创投基金）是否适用“资管新规”以及如何适用“资管新规”是一个不明确的问题，私募股权基金特别是创投基金若严格适用“资管新规”有关嵌套的规定，将给私募股权基金（包括创投基金）的募集和营运带来重大影响。

2019年10月国家发展改革委、中国人民银行、财政部等六部委联合发布的《关于进一步明确规范金融机构资产管理产品投资创业投资基金和政府出资产业投资基金有关事项的通知》对创业投资基金、政府出资产业投资基金适用“资管新规”的问题进行了明确，符合要求的两类基金接受资产管理产品及其他私募投资基金投资时，该两类基金不视为一层资产管理产品。

《私募条例》第25条规定：“私募基金的投资层级应当遵守国务院金融管理部门的规定。但符合国务院证券监督管理机构规定条件，将主要基金财产投资于其他私募基金的私募基金不计入投资层级。创业投资基金、本条例第五条第二款规定私募基金的投资层级，由国务院有关部门规定。”该条例实际上明确了私募股权基金也需要适用“资管新规”，同时体现了对于创投基金的支持，即创投基金可以根据《关于进一步明确规范金融机构资产管理产品投资创业投资基金和政府出资产业投资基金有关事项的通知》而不视为一层资产管理产品。

第二节 条文解读

第三十五条 【创业投资基金应具备的基本条件】 本条例所称创业投资基金，是指符合下列条件的私募基金：

（一）投资范围限于未上市企业，但所投资企业上市后基金所持股份的未转让部分及其配售部分除外；

（二）基金名称包含“创业投资基金”字样，或者在公司、合伙企业经营范围中包含“从事创业投资活动”字样；

（三）基金合同体现创业投资策略；

（四）不使用杠杆融资，但国家另有规定的除外；

（五）基金最低存续期限符合国家有关规定；

（六）国家规定的其他条件。

【条文解读】 该条是关于创业投资基金需要具备的基本条件的规定。

创业投资基金与一般的私募股权基金的区别主要在于：

1. 创业投资基金的投资范围限于未上市企业，但所投资企业上市后基金所持股份的未转让部分及其配售部分除外。投资范围是创投基金与一般股权投资基金的最重要区别，对此可以做进一步的分析：（1）创投基金是否可以投资在全国中小企业股份转让系统（俗称新三板）挂牌的企业？在新三板挂牌的企业实际是非上市公众公司，因而创投基金可以投资在新三板挂牌的企业。（2）创投基金是否可以投资上市公司的非公开发行、大宗交易、协议转让等？上述上市公司的股票交易行为虽然是非公开形式，但仍然是买卖上市公司股票，因而创投基金不能参与，而一般私募股权基金可以参与。（3）创投基金是否可以参与上市公司的公开发行及买卖上市公司股票？创投基金所持有的非上市公司股份在上市后可以按规定减持及参与配售（追加投资），除此之外，创投基金不能参与上市公司的公开发行及买卖上市股票。上述限制同样适用于一般股权投资基金。

2. 创投基金需要有形式上的要求，即基金名称包含“创业投资基金”字样，或者在公司、合伙企业经营范围中包含“从事创业投资活动”字样；并且基金合同中需要体现创业投资策略。创投基金在进行产品备案以及公司、合伙企业型创投基金在进行工商登记时均会被要求符合上述形式，这些要求也是创投基金申请有关优惠政策的必备条件。

3. 创投基金不能使用杠杆融资，但国家另有规定的除外。由于创投基金主要投资于早期项目以及创新型创业企业，风险较高，不适合采用杠杆融资，否则会导致风险外溢。所谓“国家另有规定的除外”，例如，2017 年 7 月，中国证监会发布《关于开展创新创业公司债券试点的指导意见》为创新创业公司、创业投资公司发行创新创业公司债券提供了制度保障，开展试点允许符合条件的创新创业公司、创业投资公司发行创新创业公司债券，同时要求创业投资公司将创新创业公司债券募集的资金专项投资于种子期、初创期、成长期的创新创业公司的股权。

4. 创投基金最低持续期限应符合国家有关规定。根据《创业投资企业管理暂行办法》第 19 条规定：“创业投资企业可以事先确定有限的存续期限，但是最短不得短于 7 年。”此外，根据中国证监会和中国基金业协会的相关规定，创投基金申请税收优惠，除需符合中国证监会和中国基金业协会有关私募基金的管理规范外，还应当符合“创业投资基金存续期限不短于 7 年”的条件。

将创投基金从一般股权投资基金中区分出来有重要的意义，因为《私募条例》明确规定对创投基金给予政策支持、差异化监管以及差异化的自律管理，只有将创投基金区分出来，才能使这些政策真正落到实处。

第三十六条　【创业投资基金支持政策】国家对创业投资基金给予政策支持，鼓励和引导其投资成长性、创新性创业企业，鼓励长期资金投资于创业投资基金。

国务院发展改革部门负责组织拟定促进创业投资基金发展的政策措施。国务院证券监督管理机构和国务院发展改革部门建立健全信息和支持政策共享机制，加强创业投资基金监督管理政策和发展政策的协同配合。登记备案机构应当及时向国务院证券监督管理机构和国务院发展改革部门报送与创业投资基金相关的信息。

享受国家政策支持的创业投资基金，其投资应当符合国家有关规定。

【条文解读】 该条是关于国家给予创业投资基金政策支持的明确规定。

该条规定国家鼓励和引导投资成长性、创新性创业企业，鼓励长期资金投资于创业投资基金。同时，也明确了国家有关职能部门在创投基金的政策措施制定、执行以及信息共享方面的职责。

国家对于创投基金的政策支持主要包括创投引导基金扶持、税收优惠和建立多层次资本市场体系以便利创投企业退出。

2013 年中央编办印发《关于私募股权基金管理职责分工的通知》明确规定，中国证监会负责私募股权基金的监督管理，实行适度监管，保护投资者权益；国家发展改革委负责组织拟订促进私募股权基金发展的政策措施，并会同有关部门研究制定政府对私募股权基金出资的标准和规范；两部门要建立协调配合机制，实现信息共享。2005 年颁布的《创业投资企业管理暂行办法》也是由国家发展改革委牵头制定的。《私募条例》进一步明确了上述职责分工，国家发展改革委在创投基金支持政策方面仍然是牵头单位。

《关于私募股权基金管理职责分工的通知》明确了由中国证监会负责私募股权投资基金（包括创投基金）的监督管理，由中国基金业协会具体负责私募投资基金管理人登记和私募基金备案等工作并履行自律监管职能。《私募条例》在职责分工方面保持了延续性，《私募条例》第 6 条明确规定了中国证监会对私募证券基金、私募股权基金（包括创业投资基金）的监督管理职责，并根据不同类型进行分类监管和差异化监管。《私募条例》第 10 条和第 22 条规定了私募基金管理人以及私募投资基金应在中国证监会委托的机构（登记备案机构）进行登记和备案，由此中国基金业协会在中国证监会的委托下依法获得了登记备案的管理资格，并有权根据其自律管理规则履行自律监管职能。

第三十七条　【对创业投资基金实施差异化监管】国务院证券监督管理机构对创业投资基金实施区别于其他私募基金的差异化监督管理：

（一）优化创业投资基金营商环境，简化登记备案手续；

（二）对合法募资、合规投资、诚信经营的创业投资基金在资金募集、投资运作、风险监测、现场检查等方面实施差异化监督管理，减少检查频次；

（三）对主要从事长期投资、价值投资、重大科技成果转化的创业投资基金在投资退出等方面提供便利。

【条文解读】　该条是关于对创业投资基金实施差异化监管的具体规定。

创投基金由于其特殊性，需要进行差异化监管，该条规定了差异化监管的具体内容：

1. 优化创业投资基金营商环境，简化登记备案手续。创投基金的良性发展离不开长期、理性的基金投资人，也需要大量遵纪守法、创业热情高涨、高水平的创业企业，只有优良的营商环境，才能形成有利于创投基金发展的良性生态。随着互联网金融以及私募投资基金的蓬勃发展，出现了 P2P、网贷等新型金融形式，不少害群之马借私募投资基金之名，行欺骗、扰乱金融秩序之实，给私募投资基金的监管带来了巨大的挑战。中国基金业协会基于大量的登记备案信息以及自律监管的经验积累，在登记备案方面进行了持续改进，坚持“扶优限劣”及差异化管理，而如何进一步简化创投基金的登记备案手续，还需要中国基金业协会及行业进一步努力。公司及合伙企业形式的创投基金需要在地方工商登记部门完成登记，由于前述的监管压力，创投基金在地方的工商登记需要多部门的联合审批，实属不易，如何对其改进也是行业面临的问题。

2. 对优秀创投基金实施差异化监督管理，减少检查频次。该款规定直面私募投资基金监管方面存在的问题，要求对优秀的创投基金实施差异化监督管理，减少检查频次。近年来，为防范金融风险，打击非法募集行为，中央及地方各级部门均出台了大量规章制度及标准，以规范金融秩序，整顿及规范 P2P、网贷等新型金融形式，加强对私募投资基金（包括创业投资基金）

的监管、检查及查处。这对于规范创业投资基金的经营、提高行业的专业水平肯定是大有帮助的，但同时也加大了行业的经营成本，并且存在一些不利于行业发展的标准和要求，因而《私募条例》明确要求对优秀创投基金实施差异化监督管理，减少检查频次。

3. 对主要从事长期投资、价值投资、重大科技成果转化的创业投资基金在投资退出等方面提供便利。目前，中国证监会针对创投基金的退出方面，已经出台并实施了两项重要的优惠措施，即创投基金所持有的上市公司股份在减持时的优惠政策，以及创投基金持有股份的公司在上市时锁定期方面的优惠政策。上述优惠政策并没有在创投基金是否从事长期投资、价值投资、重大科技成果转化方面提出特殊要求。《私募条例》实施后，需要相关管理部门针对主要从事长期投资、价值投资、重大科技成果转化的创业投资基金在退出方面出台更多确实可行的便利政策。

第三十八条　【登记备案的差异化管理】登记备案机构在登记备案、事项变更等方面对创业投资基金实施区别于其他私募基金的差异化自律管理。

【条文解读】　该条是对创业投资基金登记备案实施差异化管理的规定。

根据《私募条例》规定，中国基金业协会受中国证监会的委托，成为私募投资基金的登记备案机构。事实上从 2013 年《关于私募股权基金管理职责分工的通知》生效开始，中国基金业协会便开始了私募投资基金的登记备案工作，目前已积累了大量数据和丰富经验，并且其也一直在贯彻“分类管理、扶优限劣”的原则。

根据《私募投资基金登记备案办法》规定，目前创投基金在登记备案方面，与其他私募基金的主要不同有：（1）《私募投资基金登记备案办法》第 33 条规定，创业投资基金备案时首期实缴资金不低于 500 万元人民币，而其他私募投资基金的初始实缴资金规模要求不低于 1000 万元人民币；（2）《私募投资基金登记备案办法》第 43 条第 2 款规定，“对治理结构健全、业务运作合规、持续运营稳健、风险控制有效、管理团队专业、诚信状况良好的私募基金管理人，协会可以对其管理的符合条件的私募基金提供快速备案制度安排。具体规则由协会另行制定”。实践中，部分优秀创投基金的管理人可以通过快速备案通道获得备案。

贯彻落实《私募条例》规定、促进创业投资基金健康发展，中国基金业协会还需要针对创业投资基金的登记备案出台更多的便利措施和差异化自律管理措施。

第五章　监 督 管 理

第一节　导　　读

一、私募投资基金监督管理制度的发展

私募基金的监管是随着我国私募基金行业的发展而逐渐完善的，私募基金行业的发展是一个从无到有、从小到大的过程，私募基金的监管制度也经历了不断规范与完善的过程。

2003 年，《证券公司客户资产管理业务试行办法》（已失效）明确了资产管理的业务范围和业务资格的规定，准许证券公司从事集合资产管理业务，此后券商可以通过资管计划、券商理财为私募基金公司提供私募产品。2007 年，《信托公司集合资金信托计划管理办法》（已被修改）明确了阳光私募基金的运作模式与组织形式。阳光私募基金将私约资金改造为资金信托，这一创新使得私募契约、资金募集、信息披露等都更加规范。2009 年，《证券登记结算管理办法》（已被修改）明确合伙制企业可以开设证券账户，为合伙制私募基金开展证券业务提供了制度支持。2012 年 6 月，中国基金业协会成立，该协会作为证券投资基金行业的自律性组织，负责基金管理人登记、基金备案及其他自律管理工作。2012 年修改后的《证券投资基金法》（已被修改）增设“非公开募集基金”一章并在第 90 条明确规定，“担任非公开募集基金的基金管理人，应当按照规定向基金行业协会履行登记手续，报送基本情况”。这一规定确定了非公募基金管理人向基金业协会备案登记的法律基础与依据，拉开了非公募基金行业自律监管的序幕。2013 年 3 月，国家发展改革委发布《关于进一步做好股权投资企业备案管理工作的通知》，要求各地抓紧

推进股权投资企业备案管理制度建设、尽快出台地方性股权投资企业备案管理规则。各地方股权投资企业发起或管理公募或者私募证券投资基金、投资金融衍生品、发放贷款将被认定为违规行为。2013 年 6 月，中央编办发布《关于私募股权基金管理职责分工的通知》确定了私募股权基金的监管主体为中国证监会。2014 年 2 月，中央编办发布《关于创业投资基金管理职责问题意见的函》，再次强调中国证监会为创业投资基金的主要监管部门，并将创业投资企业的称谓修改为创业投资基金。2014 年，中国基金业协会发布《私募投资基金管理人登记和基金备案办法（试行）》（已失效），中国证监会正式授权中国基金业协会负责对私募基金管理人进行登记，对私募基金产品进行备案，对私募基金业务活动进行自律管理。2014 年 5 月，国务院发布了《关于进一步促进资本市场健康发展的若干意见》。该意见规定，一方面要求建立健全私募产品发行监管制度，切实强化事中事后监管；建立促进经营机构规范开展私募业务的风险控制和自律管理制度安排，以及各类私募产品的统一监测系统。另一方面鼓励发展私募投资基金，按照功能监管、适度监管的原则，完善股权投资基金、私募资产管理计划等各类私募投资产品的监管标准。2014 年 8 月，中国证监会发布《私募投资基金监督管理暂行办法》，明确了私募基金财产的投资范围，将私募证券基金、私募股权基金和创业投资基金纳入中国证监会监督管理范畴。《私募投资基金监督管理暂行办法》第 31 条规定，“中国证监会及其派出机构依法对私募基金管理人、私募基金托管人、私募基金销售机构及其他私募服务机构开展私募基金业务情况进行统计监测和检查，依照《证券投资基金法》第一百一十四条规定采取有关措施”，明确了私募投资基金的监管对象和监管手段，但由于立法层级不够，《私募投资基金监督管理暂行办法》没有规定中国证监会对私募基金的监管职责和监管措施。2020 年 12 月，中国证监会发布《关于加强私募投资基金监管的若干规定》，进一步重申和强化了私募基金行业执业的底线行为规范，形成了私募基金管理人及从业人员等主体的“十不得”禁止性要求等一系列监管制度。这一规定有针对性地解决了私募基金行业快速发展进程中暴露的许多问题，有利于管控行业风险。

2023 年 7 月，国务院发布《私募条例》，通过制定行政法规明确了中国证监会及其派出机构对私募基金业务活动进行监督管理的职权，填补了私募基金行业监管中的诸多空白。明确将契约型、公司型、合伙型等不同组织形式的私募基金均纳入适用范围，解决了私募基金上位法依据不足的问题。《私募条例》对私募基金管理人、资金募集、投资运作和监管手段等方面设立全流程规范监管制度。针对私募基金管理人，《私募条例》从法定职责、禁止性要求、专业性要求、从事私募基金业务管理的能力要求和市场化退出机制等方面强化监管。针对资金监管，《私募条例》从前期资金募集和后期要求备案对私募资金进行严格监管。针对投资运作，《私募条例》设立相应制度进行全流程监测和管理，进而维护投资者合法权益。针对监管手段，《私募条例》加大全流程监管的惩处力度，明确细化监管机构针对不同违法违规行为可以采取的差异化监管措施。《私募条例》的出台，有效提升了私募基金监管制度的法律位阶，对私募基金行业的健康长远发展具有里程碑意义。如何更好地落实《私募条例》规定并充分发挥其在私募基金监管中的作用，还有赖于相关职能部门进一步出台相应的操作细则和自律规则，持续完善私募基金监管制度体系，为私募基金行业发展保驾护航。

二、私募投资基金的监督管理体系

私募投资基金监督管理体系主要是由中国证监会及地方证监局等派出机构、中国基金业协会等多机构协作配合形成的监管体系。各机构监管职责如下。

1. 中国证监会职责

中国证监会依照法律、法规和国务院授权，统一监督管理私募基金行业运行，其职责主要有：制定有关私募基金业务活动监督管理的规章、规则；对私募基金管理人、私募基金托管人以及其他机构从事私募基金业务活动进行监督管理，对违法行为进行查处；对登记备案和自律管理活动进行指导、检查和监督等法律、行政法规规定的其他职责。

2. 地方证监局职责

各地方证监局依照中国证监会的授权履行职责，负责对经营所在地且在其辖区内的私募证券投资基金管理人进行日常监管，包括对公司治理及其内部控制、私募基金运作方面等进行日常监管。目前对私募基金的各项现场检查，通常都由地方证监局具体实施。

3. 中国基金业协会职责

中国基金业协会是证券投资基金行业的自律性组织，也是社会团体法人。其职责主要有：制定和实施行业自律规则，监督、检查会员及其从业人员的执业行为，对违反自律规则和协会章程的，按照规定给予纪律处分；制定行业执业标准和业务规范；依法办理非公开募集基金的登记、备案等协会章程规定的其他职责。

第二节　条文解读

第三十九条　【国务院证券监督管理机构的监管职责】国务院证券监督管理机构对私募基金业务活动实施监督管理，依法履行下列职责：

（一）制定有关私募基金业务活动监督管理的规章、规则；

（二）对私募基金管理人、私募基金托管人以及其他机构从事私募基金业务活动进行监督管理，对违法行为进行查处；

（三）对登记备案和自律管理活动进行指导、检查和监督；

（四）法律、行政法规规定的其他职责。

【条文解读】　该条是关于国务院证券监督管理机构有关私募基金监管职责的规定。

国务院证券监督管理机构即中国证监会对私募投资基金业务活动的服务机构和从业人员等实施监管，有利于保证基金财产的安全、保护投资者利益、维持公平有序的私募基金市场，优化私募基金行业发展环境。中国证监会在私募基金业务活动中的监管职责包括规章规则之制定权、违法违规行为之查处权、业务活动之指导、检查和监督权，以及法律、行政法规规定的其他职责。具体体现在以下几个方面。

1. 制定有关私募基金业务活动监督管理的规章、规则。《私募条例》是我国私募投资基金行业的首部行政法规，涉及私募基金业务活动的监管，国务院证券监督管理机构可以根据法律和国务院的行政法规、决定、命令，在权限范围内，制定有关私募基金业务活动监督管理的部门规章。

2. 对私募基金管理人、私募基金托管人以及其他机构从事私募基金业务活动进行监督管理，对违法行为进行查处。为了规范私募投资基金业务活动，保护投资者以及相关当事人的合法权益，促进私募基金行业规范健康发展，国务院证券监督管理机构有权对私募基金业务活动进行监督管理，监督对象即为从事私募基金业务活动的主体，这些主体包括私募基金管理人、私募基金托管人、私募基金服务机构（主要包括私募基金销售、销售支付、份额登记、估值、投资顾问、评价、信息技术系统服务、会计师事务所、律师事务所）以及其他机构等。国务院证券监督管理机构有权对相关主体涉及私募基金业务活动的违法行为进行调查和处理。

3. 对登记备案和自律管理活动进行指导、检查和监督。《证券投资基金法》第10条规定："基金管理人、基金托管人和基金服务机构，应当依照本法成立证券投资基金行业协会（以下简称基金行业协会），进行行业自律，协调行业关系，提供行业服务，促进行业发展。"中国基金业协会是证券投资基金行业的自律性组织，接受中国证监会和民政部的业务指导和监督管理。[①] 中国基金业协会主要职责包括：教育和组织会员遵守有关证券投资的法律、行政法规，维护投资人合法权益；依法维护会员的合法权益，反映会员的建议和要求；制定和实施行业自律规则，监督、检查会员及其从业人员的执业行为，对违反自律规则和协会章程的，按照规定给予纪律处分；制定行业执业标准和业务规范，组织基金从业人员的从业考试、资质管理和业务培训；为会员提供服务，组织行业交流，推动行业创新，开展行业宣传和投资人教育活动；对会员之间、会员与客户之间发生的基金业务纠纷进行调解；依法办理非公开募集基金的登记、备案；协会章程规定的其他职责。自律管理是行业对私募投资基金行业管理的重要市场力量，行业管理措施灵活且效率高，能有效规范私募投资基金业务行为，是行政监管的重要补充。登记备案属于

① 参见《中国证券投资基金业协会章程》。

法律对行业协会的授权，是行业协会的重要职责，也是行业协会的主要服务。[①] 私募基金管理人应当按照规定，向中国基金业协会履行登记备案手续，持续报送相关信息。私募基金的登记备案主要涉及私募基金管理人登记和私募基金备案。登记备案制度的建立对于规范私募投资基金业务，保护投资者合法权益，促进私募基金行业健康发展具有重要意义。国务院证券监督管理机构作为私募基金业务活动监督管理部门，应当对中国基金业协会的登记备案和自律管理活动进行指导、检查和监督。

4. 法律、行政法规规定的其他职责。当前私募基金市场发展迅速，私募基金规模不断创造新高，私募基金业务行为复杂多变，私募基金业务活动中的违规违法行为也是屡见不鲜，这也对监管部门提出了新的要求，监管部门面对复杂多面的市场环境，监管能力和职责也要与时俱进。法律、行政法规的出台会出现一定的滞后性，一部法律、行政法规不可能对监管职责全面涵盖或全部预测，需要与其他法律、法规相互配合，才能保证监管能力的提升。[②] 为了促进私募投资基金的稳健运行，确保私募投资基金市场的健康发展，维护社会经济的正常秩序，除本法外，证券法等有关法律、行政法规对国务院证券监督管理机构的监管职责也作出了规定。国务院证券监督管理机构除了应当依法履行本条规定的监管职责外，还应当严格履行法律、行政法规规定的其他职责。

第四十条　【国务院证券监督管理机构的监管措施】国务院证券监督管理机构依法履行职责，有权采取下列措施：

（一）对私募基金管理人、私募基金托管人、私募基金服务机构进行现场检查，并要求其报送有关业务资料；

（二）进入涉嫌违法行为发生场所调查取证；

（三）询问当事人和与被调查事件有关的单位和个人，要求其对与被调查事件有关的事项作出说明；

---

① 参见《私募投资基金登记备案办法》。

② 参见全国人大《证券投资基金法释义》。

（四）查阅、复制与被调查事件有关的财产权登记、通讯记录等资料；

（五）查阅、复制当事人和与被调查事件有关的单位和个人的证券交易记录、登记过户记录、财务会计资料以及其他有关文件和资料；对可能被转移、隐匿或者毁损的文件和资料，可以予以封存；

（六）依法查询当事人和与被调查事件有关的账户信息；

（七）法律、行政法规规定的其他措施。

为防范私募基金风险，维护市场秩序，国务院证券监督管理机构可以采取责令改正、监管谈话、出具警示函等措施。

【条文解读】 该条是关于国务院证券监督管理机构有关监管措施的规定。

该条列举式规定了国务院证券监督管理机构在履行监管职责过程中可以采取的监管手段和措施，例如：现场检查权，调查取证权，查阅、复制权，文件和资料封存权；查询账户信息权等手段，例如：采取责令改正、监管谈话、出具警示函等措施。中国基金行业协会已颁布了《自律检查规则》明确了协会对会员、登记机构、产品备案机构、基金从业人员及其他自律管理对象开展自律检查的规则。国务院证券监督管理机构进行现场检查、调查还须出台进行现场检查的规则文件。

1. 对私募基金管理人、私募基金托管人、私募基金服务机构进行现场检查，并要求其报送有关业务资料。国务院证券监督管理机构有权对私募基金管理人、私募基金托管人、私募基金服务机构的办公场所进行检查，现场检查是一种行政行为，必须遵循依法行政的原则，为了规范现场检查行为，国务院证券监督管理机构应当制定现场检查程序，并向检查对象发送《现场检查通知书》明确检查的时间和内容。现场检查内容主要包括私募基金管理人的财务状况、内部控制、兼营及关联方、客户投诉、诚信信息，私募基金产品的备案情况、宣传推介、募集情况、净值信息、分配退出情况、投资决策、交易情况、关联交易、信息披露等。现场检查方式主要是查验材料和现场谈话。现场检查结束之后，会要求相关负责人和关键业务人员签署谈话笔录，并按照《现场检查通知书》的要求，报送提交所有现场检查材料。

2. 进入涉嫌违法行为发生场所调查取证。调查取证是调查机关向有关单位、个人进行调查、收集证据的行为，是一种强制措施。证券法授予了中国证监会调查取证权。国务院证券监督管理机构在履行监管职责过程中可以进入涉嫌违法行为发生场所调查取证，这里的违法行为发生地包括违法行为的实施地以及开始地、途经地、结束地等与违法行为有关的地点，违法行为有连续、持续或者继续状态的，违法行为连续、持续或者继续实施的地方都属于违法行为发生地。调查取证是行使监管权力的基础，调查取证应向被调查的单位、个人作出并送达《调查通知书》，只有通过调查取证获得了相应的证据，才能作为认定案件事实的依据。

3. 询问当事人和与被调查事件有关的单位和个人，要求其对与被调查事件有关的事项作出说明。询问是一种调查取证方式，国务院证券监督管理机构有权询问当事人和与被调查事件有关的单位和个人，要求其对与被调查事件有关的事项作出说明。询问的对象不仅限于案件的当事人，还包括与被调查事件有关的单位和个人，被询问人员收到《调查通知书》后，应就其所了解的与调查事件有关的情况如实作出说明，并在询问笔录上签字。

4. 查阅、复制与被调查事件有关的财产权登记、通讯记录等资料。查阅、复制也是一种调查取证方式，国务院证券监督管理机构有权向财产登记部门、通讯管理部门及相关的单位和个人查阅、复制与被调查事件有关的单位和个人的财产权登记、通讯记录。相关的单位和个人收到《调查通知书》后应当予以配合，并提供相应资料的复制件或查询记录。财产权登记类型主要为动产和不动产，动产为物形态的物品（如车辆）、货币、证券（如股票、债券）和知识产权（如专利、商标）等，不动产为土地及其上的建筑物、森林、水域等形式存在，通讯记录主要为电话、邮件、即时通讯工具、微博、抖音等内的通讯记录内容。

5. 查阅、复制当事人和与被调查事件有关的单位和个人的证券交易记录、登记过户记录、财务会计资料以及其他有关文件和资料；对可能被转移、隐匿或者毁损的文件和资料，可以予以封存。证券交易记录、登记过户记录、财务会计资料是最为重要的证据材料，也是监管部门认定是否涉嫌证券违反甚至证券犯罪最为重要的依据。保障国务院证券监督管理机构查阅、复制当事人和与被调查事件有关的单位和个人的证券交易记录、登记过户记录、财务会计资料及其他相关文件和资料，对于查明事实、固定证据具有重要意义。为防止有关文件和资料可能被转移、隐匿、损毁，经国务院证券监督管理机构负责人批准，调查人员可以采取封存措施。在紧急情况下，可以当场予以封存，及时送达《封存通知书》，并采取封存措施。采取封存措施，应当由两名调查人员实施，并会同当事人和与被调查事件有关的单位和个人对有关资料或者资产进行清点，开列封存清单。

6. 依法查询当事人和与被调查事件有关的账户信息。国务院证券监督管理机构有权依法向银行、托管、券商、支付等机构查询相关单位或个人的资金账户、证券账户、银行账户以及其他具有支付、托管、结算等功能的账户信息。国务院证券监督管理机构查询账户信息应当向有关机构送达《协助查询通知书》，并向机构提供账户名称、账号或者有关身份信息，对于查询到的账户信息相关资料可以进行抄录、复印、照相或拷贝电子数据，有关机构应当在其提供的证明材料上注明来源并盖章。

7. 法律、行政法规规定的其他措施。为了促进私募投资基金的稳健运行，确保私募投资基金市场的健康发展，维护投资人的合法权益，除《私募条例》外，《证券法》等有关法律、行政法规对国务院证券监督管理机构的监管职责也作出了规定。国务院证券监督管理机构除了应当依法履行《私募条例》第40条第1项至第6项规定的监管措施外，还应当严格履行法律、行政法规规定的其他措施。

第四十一条　【监督检（调）查的程序规定与执法要求】国务院证券监督管理机构依法进行监督检查或者调查时，监督检查或者调查人员不得少于2人，并应当出示执法证件和监督检查、调查通知书或者其他执法文书。对监督检查或者调查中知悉的商业秘密、个人隐私，依法负有保密义务。

被检查、调查的单位和个人应当配合国务院证券监督管理机构依法进行的监督检查或者调查，如实提供有关文件和资料，不得拒绝、阻碍和隐瞒。

【条文解读】 该条是关于国务院证券监督管理机构监督检查或者调查人员履行监管职责应遵循的程序及被检查、调查对象应履行的义务的规定。

在证券监管机构监督检查或者调查人员依法执法调查的情况下，被检查、调查的单位和个人应当予以无条件配合。该条的程序性规定与行政处罚法、行政强制法的规定基本一致。

国务院证券监督管理机构进行监督检查或者调查时必须按照法律规定的程序进行，并有保密义务。要求监督检查或者调查人员不得少于 2 人，以保证监督检查或者调查行为的公正、权威、有效。检查、调查时要求出示执法证件和监督检查、调查通知书或者其他执法文书，以便被调查人员核实相关人员身份，核查相关人员监督检查或者调查的执法依据，有助于规范执法程序。同时，要求监督检查或者调查人员在执法中所知悉的商业秘密、个人隐私，依法负有保密义务。该条属于条例中的新增条款，对监督检查或者调查人员的执法规范提出了新的要求，对商业秘密、个人隐私的保护，体现到了执法程序中。

被检查、调查的单位和个人具有配合义务，为证券监督管理机构的检查、调查行为提供便利的条件，提供必要的资料，不得拒绝、阻碍和隐瞒。否则，会面临行政处罚的风险。①

---

① 中国证监会关于肖某端拒绝、阻碍调查行为的行政处罚决定书

处罚要旨：依据《证券法》的有关规定，中国证监会对肖某端拒绝、阻碍调查行为进行了立案调查、审理，并依法向当事人告知了作出行政处罚的事实、理由、依据及当事人依法享有的权利。当事人未提出陈述、申辩意见，也未要求听证。本案现已调查、审理终结。依据《证券法》第 218 条的规定，中国证监会决定：责令肖某端改正，处以 20 万元罚款。

基本案情：当事人肖某端，女，1979 年 10 月出生，住址为广东省汕头市澄海区。2020 年 5 月 28 日上午，中国证监会调查人员在依法行使调查职权过程中，对肖某端的办公电脑进行取证。因无法登录肖某端的 QQ 邮箱，调查人员要求不在现场的肖某端提供登录密码，协助对其 QQ 邮件的取证。肖某端在告知调查人员密码前联系同事黄某达，请黄某达帮忙删除其 QQ 邮箱中的有关工作邮件。黄某达按照肖某端告知的 QQ 邮箱密码登录肖某端的 QQ 邮箱，实施了删除邮件的行为。中国证监会调查人员收到肖某端的 QQ 邮箱密码并登录邮箱后发现，5 月 28 日 12 时 49 分至 13 时 03 分，该邮箱中 478 封邮件遭到删除。上述违法事实，有 QQ 邮箱删除记录截图、QQ 邮箱登录 IP 地址、相关人员询问笔录、短信截图及通话清单等证据证明。

处罚结果：根据当事人违法行为的事实、性质、情节与社会危害程度，依据《证券法》第 218 条的规定，中国证监会决定责令肖某端改正，处以 20 万元罚款。

处罚依据：肖某端的上述行为违反《证券法》第 173 条的规定，构成《证券法》第 218 条所述违法行为。

处罚机构：中国证监会。

处罚时间：2021 年 4 月 25 日。

第四十二条 【对私募基金管理人违法违规的处罚措施】 国务院证券监督管理机构发现私募基金管理人违法违规，或者其内部治理结构和风险控制管理不符合规定的，应当责令限期改正；逾期未改正，或者行为严重危及该私募基金管理人的稳健运行、损害投资者合法权益的，国务院证券监督管理机构可以区别情形，对其采取下列措施：

（一）责令暂停部分或者全部业务；

（二）责令更换董事、监事、高级管理人员、执行事务合伙人或者委派代表，或者限制其权利；

（三）责令负有责任的股东转让股权、负有责任的合伙人转让财产份额，限制负有责任的股东或者合伙人行使权利；

（四）责令私募基金管理人聘请或者指定第三方机构对私募基金财产进行审计，相关费用由私募基金管理人承担。

私募基金管理人违法经营或者出现重大风险，严重危害市场秩序、损害投资者利益的，国务院证券监督管理机构除采取前款规定的措施外，还可以对该私募基金管理人采取指定其他机构接管、通知登记备案机构注销登记等措施。

【条文解读】 该条是关于国务院证券监督管理机构对私募基金管理人违法违规的处罚措施的规定。

采取监管措施的条件是私募基金管理人违法违规，或者其内部治理结构和风险控制管理不符合规定。监管措施是递进的，发现问题后首先是要求限期整改，在未限期整改或存在严重危害情形的，可以采用其他相应的监管措施。相对于监管部门在履行职责过程中可以采取的责令改正、监管谈话、出具警示函等监管措施的规定外，条例关注到了私募基金业务活动的运作机制。从私募基金业务活动治理的角度出发，条例增加了责令暂停业务、责令更换董监高，限制其权利、责令转让股份，限制权利、责令审计、指定接管、通知注销登记等监管措施。

1. 责令暂停部分或者全部业务。私募基金管理人存在违法违规行为，逾期未改正，或者行为严重危及该私募基金管理人的稳健运行、损害投资者合法权益的，国务院证券监督管理机构可以责令私募基金管理人暂停部分或者全部项目的资金募集和投资运作等业务。

2. 责令更换董事、监事、高级管理人员、执行事务合伙人或者委派代表，或者限制其权利。私募基金管理人由依法设立的公司或者合伙企业担任，董监高是公司的主要管理人员，执行事务合伙人或者委派代表是有限合伙的主要管理人员，责令更换董监高、执行事务合伙人或者委派代表，或者限制其权利，实施监管措施对私募基金管理人中的具体管理人的惩戒。

3. 责令负有责任的股东转让股权、负有责任的合伙人转让财产份额，限制负有责任的股东或者合伙人行使权利。自 2023 年 5 月 1 日起正式施行的中国基金业协会《私募投资基金登记备案办法》对于担任私募基金管理人的公司股东或合伙企业合伙人提出了新的要求。股东或合伙人是私募基金管理人的决策者，法律要求其应当能够对私募基金管理人的投资能力、风控合规和持续经营情况作出实质性判断，尽可能地保证私募基金财产安全和投资者收益。在私募基金管理人持续实施违法违规行为，无法稳健运行、损害投资者合法权益的情况下，国务院证券监督管理机构可以选择通过责令更换决策者或限制其权利来保持私募基金管理人经营运作合法、合规，保证内部控制健全、有效。

4. 责令私募基金管理人聘请或者指定第三方机构对私募基金财产进行审计，相关费用由私募基金管理人承担。私募基金管理人出现重大经营风险，严重损害投资者利益或者危害市场秩序的，应当妥善处置和化解风险，切实履行管理人职责，维护投资者合法权益。国务院证券监督管理机构可以责令私募基金管理人聘请或者指定第三方机构对私募基金财产进行审计。根据中国基金业协会《私募投资基金登记备案办法》第 74 条第 2 款，监管机构还可以要求私募基金管理人报送自查报告、提交风险处置方案、定期报告风险化解情况、委托律师事务所出具专项法律意见书、提交经会计师事务所审计的财务报告、鉴证报告、商定程序报告等措施，并可视情况暂停办理私募基金管理人登记信息变更和私募基金备案。

5. 对该私募基金管理人采取指定其他机构接管、通知登记备案机构注销登记等措施。本款规定并非前款 4 项监管措施的兜底措施，而是在私募基金管理人违法经营或者出现重大风险，严重危害市场秩序、损害投资者利益的情况下，国务院证券监督管理机构可以视情况选择采取的第5种监管措施。指定其他机构接管或通知登记备案机构注销登记该私募基金管理人，都可以起到惩戒私募基金管理人，同时妥善处置和化解风险，进而维护投资者合法权益的作用。

第四十三条 【信用监管规定】国务院证券监督管理机构应当将私募基金管理人、私募基金托管人、私募基金服务机构及其从业人员的诚信信息记入资本市场诚信数据库和全国信用信息共享平台。国务院证券监督管理机构会同国务院有关部门依法建立健全私募基金管理人以及有关责任主体失信联合惩戒制度。

国务院证券监督管理机构会同其他金融管理部门等国务院有关部门和省、自治区、直辖市人民政府建立私募基金监督管理信息共享、统计数据报送和风险处置协作机制。处置风险过程中，有关地方人民政府应当采取有效措施维护社会稳定。

【条文解读】 该条为私募基金管理人、私募基金托管人、私募基金服务机构及其从业人员信用监管规定。

证券监管机构与其他相关部门、省级人民政府对服务机构和从业人员的联动监管、诚信信息公开共享、风险处置协作机制，建立资本市场诚信数据库，记入全国信用信息共享平台，就是为了加强私募基金市场诚信建设，保护投资者合法权益。

1. 资本市场诚信数据库。资本市场诚信数据库是中国证监会建立全国统一的证券期货市场诚信档案数据库，其作用在于帮助参与者了解市场主体的诚信情况，督促市场主体合法合规经营，提升市场主体各方的信用明晰度。2012年4月10日中国证监会通过了《证券期货市场诚信监督管理暂行办法》（已失效），该办法第2条规定，中国证监会建立全国统一的证券期货市场诚信档案数据库（以下简称诚信档案），记录证券期货市场诚信信息。记入诚信档案的主体主要包括：证券业从业人员、期货从业人员、发行人、证券公司、基金管理公司、期货公司、会计师事务所、律师事务所、独立基金销售机构、基金评价机构、非公开募集基金管理人、合格境外机构投资者、合格境内机构投资者、技术服务或者软硬件产品的供应商、公关服务的服务机构等，及其上述法人或其他组织的董事、监事、高级管理人员、主要股东、实际控制人和工作人员。记入诚信信息的内容主要包括：基本信息、信用评级、行政许可、履约情况、监管措施、强制措施、行政处罚、刑事犯罪、民事赔偿等违背诚实信用原则的行为信息。《私募投资基金监督管理暂行办法》《关于加强私募投资基金监管的若干规定》均有记入证券期货市场诚信档案数据库的规定，但是《私募条例》第43条首先是重申记入诚信数据库的问题，其次是明确了数据共享和失信联合惩戒制度。截至2022年年底，诚信数据库收录主体信息80.06万余条、诚信信息12.71万余条，面向公众用户对外服务2179万余次；市场诚信信息查询平台总查询量2047.72万余次。

2. 全国信用信息共享平台。根据规定，中国证监会可以和国务院其他部门、地方政府、司法机关、行业组织资本市场诚信数据库，实施诚信信息共享，推动健全社会信用体系。[①] 全国信用信息共享平台是全国信用信息归集共享的“总枢纽”，是社会信用体系建设的基础设施，由国家公共信用信息中心承担建设和运行。2015年，在国家发展和改革委员会的指导下，共享平台初步建成并上线运行，具备信用信息归集、共享、应用服务等功能。截至2020年10月末，全国信用信息共享平台已连接46个社会信用体系建设部际联席会议成员单位、全国31个省（区、市）及新疆生产建设兵团信用平台。信用信息覆盖海关、税务、交通、食药、公安等多个领域，包括法人基础信息、行政许可信息、行政处罚信息、守信激励名单信息、失信惩戒名单信息等多种类型。共享平台向接入政务部门及地方平台提供核心数据机制化共享，以及信息查询、失信核验等服务，可公开信息通过“信用中国”网站面向社会公众服务，并依法依规与社会机构开展共享，发挥了良好社会效益。

3. 失信联合惩戒制度。失信联合惩戒是在信用信息共享的基础上，原来是由一个部门在一个领域对失信当事人实施惩戒，现在转变为由多个部门在

① 参见国家公共信用信息中心网站《全国信用信息共享平台简介》。

多个领域对失信责任主体共同实施惩戒。根据国务院《关于建立完善守信联合激励和失信联合惩戒制度加快推进社会诚信建设的指导意见》规定，对失信责任主体可以采取行政性约束和惩戒、市场性约束和惩戒、行业性约束和惩戒、社会性约束和惩戒等联合惩戒措施。从行政性约束和惩戒方面来看，可以从严审核行政许可审批项目，从严控制生产许可证发放，限制新增项目审批、核准，严格限制申请财政性资金项目，限制参与有关公共资源交易活动，限制参与基础设施和公用事业特许经营，对相关人员可以实施市场和行业禁入措施。从市场性约束和惩戒方面来看，可以实施限制出境和限制购买不动产、乘坐飞机、乘坐高等级列车和席次、旅游度假、入住星级以上宾馆及其他高消费行为等措施。可以实施提高贷款利率和财产保险费率，或者限制向其提供贷款、保荐、承销、保险等服务。从行业性约束和惩戒方面来看，行业协会商会按照行业标准、行规、行约等，视情节轻重对失信会员实行警告、行业内通报批评、公开谴责、不予接纳、劝退等惩戒措施。从社会性约束和惩戒方面来看，有关社会组织依法对污染环境、侵害消费者或公众投资者合法权益等群体性侵权行为提起公益诉讼，开展失信行为大数据舆情监测，编制发布地区、行业信用分析报告。

当前，中国证监会已与国家发改委等部委联合发布《关于对违法失信上市公司相关责任主体实施联合惩戒的合作备忘录》《关于在科创板注册制试点中对相关市场主体加强监管信息共享完善失信联合惩戒机制的意见》等失信联合惩戒制度，已将失信信息作为高级管理人员任职审批或备案的参考，对存在失信记录的相关主体予以重点关注，相关责任人员在一定期限内限制乘坐民用航空器、火车高级别席位，相关责任人员和主体在进行行政许可审查时依法予以限制，将违法失信责任主体作为重点监管对象加大日常监管力度。

第六章　法律责任

第一节　导　　读

法律责任是确保当事人权利得到保护、权利得以行使、义务能够履行的重要保障。欠缺法律责任的行政法规，如同没有牙齿的老虎，既无法形成有力震慑，又难以惩治不法行为。

《证券投资基金法》第 14 章“法律责任”用 33 个条文全面规定了相关当事人的法律责任。但从表述上看，这些条文大多既可以适用于公募基金领域，也可以适用于私募基金领域，但实践中主要以公募基金为主。明确适用于私募基金领域的只有两条，即第 134 条关于违反规定，非公开募集基金募集完毕，基金管理人未备案的法律责任；第 135 条关于违反规定，向合格投资者之外的单位或者个人非公开募集资金或者转让基金份额的法律责任。至于其他条文如何在私募基金领域更好适用，亟待予以细化规定。

2014 年颁布的《私募投资基金监督管理暂行办法》第九章“法律责任”用 3 个条文规定了相关当事人的法律责任。除第 39 条规定市场禁入措施、第 40 条规定该暂行办法与《证券投资基金法》在法律责任方面的衔接外，第 38 条规定了私募基金管理人、私募基金托管人、私募基金销售机构及其他私募服务机构及其从业人员的相关法律责任，主要涉及私募基金管理人向协会申请登记、办理基金备案手续；遵守合格投资者、资金募集、投资运作相关规定等。但囿于规章的限制，对从事相关行为的当事人能够给予责令改正，给予警告并处 3 万元以下罚款的行政处罚；对直接负责的主管人员和其他直接责任人员，给予警告并处 3 万元以下罚款的行政处罚。除此之外，对于从事内幕交易、操纵交易价格及其他不正当交易活动的当事人，能够按照《证券法》和当时《期货交易管理条例》的有关规定处罚。在上述过程中，构成犯罪的，依法移交司法机关追究刑事责任。

《私募条例》的颁布，既解决了将《证券投资基金法》相关条文更好地在私募基金领域适用的问题，也在《私募投资基金监督管理暂行办法》的基础上，进一步丰富了应当承担法律责任的内容、提升了对违法违规行为的处罚力度，对于私募投资基金市场规范发展具有重要意义。

从《私募条例》篇章设计与条款排列看，第 1 章至第 5 章规定了私募基金管理人、私募基金托管人、私募基金服务机构、私募基金从业人员及国务院证券监督管理机构及其工作人员、登记备案机构及其工作人员的权利（权力）义务，从正面角度构建完整规则体系。第六章“法律责任”共有 17 个条文，从反面角度对违反权利（权力）义务的当事人和行为予以处罚，从而有效实现宽严相济。总体情况如表 5 所示：

表 5 法律责任条文解析

序号	主要内容	当事人的法律责任	直接负责的主管人员和其他直接责任人员的法律责任
第 44 条	未经登记使用“基金”字样等的法律责任	未限定当事人类型 财产罚，即没收违法所得，并处违法所得 1 倍以上 5 倍以下的罚款；没有违法所得或者违法所得不足 100 万元的，并处 10 万元以上 100 万元以下的罚款	（1）声誉罚，即给予警告； （2）财产罚，即并处 3 万元以上 30 万元以下的罚款
第 45 条	私募基金管理人的股东、实际控制人、合伙人的法律责任	主要适用于私募基金管理人的股东、实际控制人、合伙人 （1）声誉罚，即给予警告或者通报批评； （2）财产罚，即没收违法所得，并处违法所得 1 倍以上 5 倍以下的罚款；没有违法所得或者违法所得不足 100 万元的，并处 10 万元以上 100 万元以下的罚款	（1）声誉罚，给予警告或者通报批评； （2）财产罚，即并处 3 万元以上 30 万元以下的罚款

续表

序号	主要内容	当事人的法律责任	直接负责的主管人员和其他直接责任人员的法律责任
第46条	私募基金管理人违反持续性要求的法律责任	主要适用于私募基金管理人 递进的法律责任承担形式的要求，即先责令改正； 拒不改正的，主要是： （1）声誉罚，即给予警告或者通报批评； （2）财产罚，即并处10万元以上100万元以下的罚款； （3）行为罚，即责令其停止私募基金业务活动并予以公告	（1）声誉罚，即给予警告或者通报批评； （2）财产罚，即并处3万元以上30万元以下的罚款
第47条	私募基金托管人未建立业务隔离机制的法律责任	主要适用于私募基金托管人 （1）声誉罚，即给予警告或者通报批评； （2）财产罚，即并处5万元以上50万元以下的罚款	（1）声誉罚，即给予警告或者通报批评； （2）财产罚，即并处3万元以上30万元以下的罚款
第48条	违反私募基金合格投资者管理和募集方式等规定的法律责任	未限定当事人类型 财产罚，即没收违法所得，并处违法所得1倍以上5倍以下的罚款；没有违法所得或者违法所得不足100万元的，并处10万元以上100万元以下的罚款	（1）声誉罚，即给予警告； （2）财产罚，即并处3万元以上30万元以下的罚款
第49条	未向投资者充分揭示投资风险，并误导其投资与其能力不匹配的私募基金产品的法律责任	未限定当事人类型 根据情节不同，给予不同的行政处罚，在一般情况下： （1）声誉罚，即给予警告或者通报批评； （2）财产罚，即并处10万元以上30万元以下的罚款； 情节严重的，给予行为罚，即责令其停止私募基金业务活动并予以公告	（1）声誉罚，即给予警告或者通报批评； （2）财产罚，即并处3万元以上10万元以下的罚款
第50条	私募基金管理人未对募集完毕的私募基金办理备案的法律责任	主要适用于私募基金管理人 财产罚，即处10万元以上30万元以下的罚款	（1）声誉罚，即给予警告； （2）财产罚，即并处3万元以上10万元以下的罚款

续表

序号	主要内容	当事人的法律责任	直接负责的主管人员和其他直接责任人员的法律责任
第 51 条	违反私募基金财产使用限制的法律责任	未限定当事人类型 (1)声誉罚，即给予警告或者通报批评； (2)财产罚，即没收违法所得，并处 10 万元以上 100 万元以下的罚款	(1)声誉罚，即给予警告或者通报批评； (2)财产罚，即并处 3 万元以上 30 万元以下的罚款
第 52 条	私募基金管理人未聘用适格人员或未建立管理制度的法律责任	主要适用于私募基金管理人 (1)声誉罚，即给予警告或者通报批评； (2)财产罚，即并处 10 万元以上 100 万元以下的罚款	(1)声誉罚，即给予警告或者通报批评； (2)财产罚，即并处 3 万元以上 30 万元以下的罚款
第 53 条	私募基金管理人委托他人行使投资管理职责或委托不适合机构提供证券投资建议服务的法律责任	主要适用于私募基金管理人 (1)声誉罚，即给予警告或者通报批评； (2)财产罚，即没收违法所得，并处 10 万元以上 100 万元以下的罚款	(1)声誉罚，即给予警告或者通报批评； (2)财产罚，即并处 3 万元以上 30 万元以下的罚款
第 54 条	私募基金管理人从事关联交易的法律责任	主要适用于私募基金管理人 (1)声誉罚，即给予警告或者通报批评； (2)财产罚，即没收违法所得，并处 10 万元以上 100 万元以下的罚款	(1)声誉罚，即给予警告或者通报批评； (2)财产罚，即并处 3 万元以上 30 万元以下的罚款
第 55 条	私募基金管理人、私募基金托管人及其从业人员违反相关禁止性规定的法律责任	主要适用于私募基金管理人、私募基金托管人及其从业人员 (1)声誉罚，即给予警告或者通报批评； (2)财产罚，即没收违法所得，并处违法所得 1 倍以上 5 倍以下的罚款；没有违法所得或者违法所得不足 100 万元的，并处 10 万元以上 100 万元以下的罚款	(1)声誉罚，即给予警告或者通报批评； (2)财产罚，即并处 3 万元以上 30 万元以下的罚款

续表

序号	主要内容	当事人的法律责任	直接负责的主管人员和其他直接责任人员的法律责任
第 56 条	私募基金管理人、私募基金托管人及其从业人员与信息提供、报送相关的法律责任	主要适用于私募基金管理人、私募基金托管人及其从业人员 （1）声誉罚，即给予警告或者通报批评； （2）财产罚，即没收违法所得，并处 10 万元以上 100 万元以下的罚款	（1）声誉罚，即给予警告或者通报批评； （2）财产罚，即并处 3 万元以上 30 万元以下的罚款
第 57 条	私募基金服务机构及其从业人员的法律责任	主要适用于私募基金服务机构及其从业人员 根据情节不同，给予不同的行政处罚，即一般情况下，先责令改正： （1）声誉罚，即给予警告或者通报批评； （2）财产罚，即并处 10 万元以上 30 万元以下的罚款； 情节严重的，给予行为罚，即责令其停止私募基金服务业务	（1）声誉罚，即给予警告或者通报批评； （2）财产罚，即并处 3 万元以上 10 万元以下的罚款
第 58 条	市场禁入措施及拒绝、阻碍监督检查等的法律责任	主要适用于私募基金管理人、私募基金托管人、私募基金服务机构及其从业人员	—
第 59 条	工作人员渎职的法律责任	主要适用于国务院证券监督管理机构、登记备案机构的工作人员	—
第 60 条	民事赔偿优先	—	—

需要注意以下要点：

第一，从整体上看，本章区分不同主体，分别规定不同形式的行政处罚，一般是先规定从事违法违规行为的当事人，再规定直接负责的主管人员和其他直接责任人员。从事违法违规行为的当事人，主要是私募基金管理人及其从业人员和股东、实际控制人、合伙人（第 45、46、50、52、53、54、55、56、58 条），此外还包括私募基金托管人及其从业人员（第 47、55、56、58 条）、私募基金服务机构及其从业人员（第 57、58 条）、国务院证券监督管理机构、登记备案机构的工作人员（第 59 条）；同时，还有相关条文未限制适用主体（第44、48、49、51条）。但从条文表述看，主要涉及私募基金管理人，还有可能涉及私募基金托管人或私募基金销售机构等。

第二，对于直接负责的主管人员和其他直接责任人员，主要给予声誉罚和财产罚，声誉罚主要是给予警告或者通报批评；财产罚主要是处以3万元以上30万元以下的罚款。但在声誉罚方面，第44、48、50条仅给予警告；在财产罚方面，第49、50、57条处以3万元以上10万元以下的罚款。

第三，对于从事违法违规行为的当事人，一般直接表述对其的行政处罚，但第46条规定了递进的法律责任承担形式的要求，即先责令改正，拒不改正的，再给予其他行政处罚；第49、57条根据情节不同，给予不同的行政处罚。

第四，第48、49、50条不涉及"责令改正"。主要原因在于这三条涉及的行为无法"改正"，或者即使能"改正"，但成本较高不符合效率要求。

第五，对于从事违法违规行为的当事人，一般给予声誉罚和财产罚，但第46条关于私募基金管理人违反持续性要求的法律责任，第49条关于未向投资者充分揭示投资风险并误导其投资与其能力不匹配的私募基金产品的法律责任，第57条关于私募基金服务机构及其从业人员的法律责任还规定了行为罚。区别在于第46、49条的表述为"责令其停止私募基金业务活动并予以公告"，而第57条的表述为"责令其停止私募基金服务业务"，没有"公告"的要求。

第六，对于从事违法违规行为的当事人的声誉罚，主要是给予警告或者通报批评。但第44、48、50条没有规定声誉罚。

第七，对于从事违法违规行为的当事人的财产罚，主要是罚款和没收违法所得。但第46、47、49、50、52、57条仅规定了罚款。

在仅规定罚款的情形下，罚款数额分为5万元以上50万元以下（第47条）、10万元以上30万元以下（第49、50、57条）和10万元以上100万元以下（第46、52条）三档。

在既规定罚款也规定没收违法所得的情形下，又分为以下几种情况：一是有的条文规定没收违法所得，并以违法所得作为罚款的基数，表述均为

"没收违法所得，并处违法所得1倍以上5倍以下的罚款"。相关条文还规定在没有违法所得或者违法所得不足特定数额时，如何给予罚款，如第44、45、48、55条，表述均为"没有违法所得或者违法所得不足100万元的，并处10万元以上100万元以下的罚款"。二是有的条文规定没收违法所得，但直接规定罚款的数额，如第51、53、54、56条，表述均为"没收违法所得，并处10万元以上100万元以下的罚款"。

第二节 条文解读

第四十四条 【未经登记使用"基金"字样等的法律责任】未依照本条例第十条规定履行登记手续，使用"基金"或者"基金管理"字样或者近似名称进行投资活动的，责令改正，没收违法所得，并处违法所得1倍以上5倍以下的罚款；没有违法所得或者违法所得不足100万元的，并处10万元以上100万元以下的罚款。对直接负责的主管人员和其他直接责任人员给予警告，并处3万元以上30万元以下的罚款。

【条文解读】 该条规定了未履行登记手续，使用"基金"或者"基金管理"字样或者近似名称进行投资活动的法律责任。

该条规定的主要法律依据是《证券投资基金法》。该法第133条规定，"违反本法规定，未经登记，使用'基金'或者'基金管理'字样或者近似名称进行证券投资活动的，没收违法所得，并处违法所得一倍以上五倍以下罚款；没有违法所得或者违法所得不足一百万元的，并处十万元以上一百万元以下罚款。对直接负责的主管人员和其他直接责任人员给予警告，并处三万元以上三十万元以下罚款"。《私募条例》第44条结合《关于依法从严打击证券违法活动的意见》总体要求、《证券投资基金法》和《行政处罚法》相关条文，以及市场和监管现实需要，作出进一步细化优化的规定，增加了"责令改正"的表述。《私募投资基金监督管理暂行办法》第38条有类似规定，但主要是针对私募基金管理人向协会申请登记、办理基金备案手续，与

《私募条例》第 44 条并不完全一致。

从表述内容看，《私募条例》第 44 条主要来源于 2020 年 12 月颁布的《关于加强私募投资基金监管的若干规定》，其第 3 条规定，“未经登记，任何单位或者个人不得使用‘基金’或者‘基金管理’字样或者近似名称进行私募基金业务活动，法律、行政法规另有规定的除外。私募基金管理人应当在名称中标明‘私募基金’、‘私募基金管理’、‘创业投资’字样，并在经营范围中标明‘私募投资基金管理’、‘私募证券投资基金管理’、‘私募股权投资基金管理’、‘创业投资基金管理’等体现受托管理私募基金特点的字样”。对私募基金管理人名称、经营范围等进行规范，是契合当时严厉打击各类违法违规行为的需要。

《私募条例》第 10 条第 4 款规定，“未经登记，任何单位或者个人不得使用‘基金’或者‘基金管理’字样或者近似名称进行投资活动，但法律、行政法规和国家另有规定的除外”。当事人违反前述规定，应当承担相应法律责任。行政处罚具体可分为财产罚、行为罚、资格罚、人身自由罚和声誉罚五种形式，《私募条例》第 44 条区分不同主体，分别规定不同形式的行政处罚。对于未履行登记手续，使用“基金”或者“基金管理”字样或者近似名称进行投资活动的当事人，主要是财产罚，即没收违法所得，并处违法所得 1 倍以上 5 倍以下的罚款；没有违法所得或者违法所得不足 100 万元的，并处 10 万元以上 100 万元以下的罚款。对于直接负责的主管人员和其他直接责任人员，主要是声誉罚和财产罚，前者即给予警告，后者即并处 3 万元以上 30 万元以下的罚款。

需要注意“责令改正”是否属于行政处罚的问题。对此，有肯定说和否定说两种观点，还有观点认为如果行政法律法规只规定了责令改正，则应将其视为单独的行政处罚；如果行政法律法规在规定行政处罚时，同时规定“应当”责令改正，则应将其视为附属于行政处罚的从行政行为，而非独立的行政处罚。

第四十五条　【私募投资基金管理人的股东、实际控制人、合伙人的法律责任】私募基金管理人的股东、实际控制人、合伙人违反本条例第十二条[①]规定的，责令改正，给予警告或者通报批评，没收违法所得，并处违法所得 1 倍以上 5 倍以下的罚款；没有违法所得或者违法所得不足 100 万元的，并处 10 万元以上 100 万元以下的罚款。对直接负责的主管人员和其他直接责任人员给予警告或者通报批评，并处 3 万元以上 30 万元以下的罚款。

【条文解读】　该条规定了特定情形下私募基金管理人的股东、实际控制人、合伙人的法律责任。

该条主要法律依据是《证券投资基金法》。该法第 124 条规定，“基金管理人的股东、实际控制人违反本法第二十三条规定的，责令改正，没收违法所得，并处违法所得一倍以上五倍以下罚款；没有违法所得或者违法所得不足一百万元的，并处十万元以上一百万元以下罚款；对直接负责的主管人员和其他直接责任人员给予警告，暂停或者撤销基金或证券从业资格，并处三万元以上三十万元以下罚款”。《私募条例》第 45 条结合《关于依法从严打击证券违法活动的意见》总体要求、《证券投资基金法》和《行政处罚法》相关条文，以及市场和监管现实需要，作出进一步细化优化的规定。二者之间的区别在于：第一，对于私募基金管理人的股东、实际控制人、合伙人，增加了“给予警告或者通报批评”的表述；第二，对于直接负责的主管人员和其他直接责任人员，增加了“或者通报批评”的表述，但没有“暂停或者撤销基金或证券从业资格”的表述。《私募条例》第 45 条的适用对象是特殊主体，包括私募基金管理人的股东、实际控制人、合伙人，以及直接负责的主管人员和其他直接责任人员。

---

① 《私募条例》第 12 条：私募基金管理人的股东、实际控制人、合伙人不得有下列行为：
（一）虚假出资、抽逃出资、委托他人或者接受他人委托出资；
（二）未经股东会或者董事会决议等法定程序擅自干预私募基金管理人的业务活动；
（三）要求私募基金管理人利用私募基金财产为自己或者他人牟取利益，损害投资者利益；
（四）法律、行政法规和国务院证券监督管理机构规定禁止的其他行为。

《私募条例》第12条规定了私募基金管理人的股东、实际控制人、合伙人不得有四类行为，违反前述规定应当承担相应法律责任。行政处罚具体可分为财产罚、行为罚、资格罚、人身自由罚和声誉罚五种形式，《私募条例》第45条区分不同主体，分别规定不同形式的行政处罚。对于私募基金管理人的股东、实际控制人、合伙人，主要是声誉罚和财产罚，前者即给予警告或者通报批评，后者即没收违法所得，并处违法所得1倍以上5倍以下的罚款；没有违法所得或者违法所得不足100万元的，并处10万元以上100万元以下的罚款。对于直接负责的主管人员和其他直接责任人员，主要是声誉罚和财产罚，前者即给予警告或者通报批评，后者即并处3万元以上30万元以下的罚款。

对于“责令改正”是否属于行政处罚的问题，前文已述及，此处不再赘述。

第四十六条　【私募投资基金管理人违反持续性要求的法律责任】 私募基金管理人违反本条例第十三条①规定的，责令改正；拒不改正的，给予警告或者通报批评，并处10万元以上100万元以下的罚款，责令其停止私募基金业务活动并予以公告。对直接负责的主管人员和其他直接责任人员给予警告或者通报批评，并处3万元以上30万元以下的罚款。

【条文解读】　该条规定了私募基金管理人违反持续性要求的法律责任。

《证券投资基金法》第31条规定，“对非公开募集基金的基金管理人进行规范的具体办法，由国务院金融监督管理机构依照本章的原则制定”。《私募条例》第46条结合《关于依法从严打击证券违法活动的意见》总体要求、《证券投资基金法》和《行政处罚法》相关条文，以及市场和监管现实需要，

---

① 《私募条例》第13条：私募基金管理人应当持续符合下列要求：

（一）财务状况良好，具有与业务类型和管理资产规模相适应的运营资金；

（二）法定代表人、执行事务合伙人或者委派代表、负责投资管理的高级管理人员按照国务院证券监督管理机构规定持有一定比例的私募基金管理人的股权或者财产份额，但国家另有规定的除外；

（三）国务院证券监督管理机构规定的其他要求。

作出进一步细化优化的规定。从整体上看，基金管理人既要符合设立时的要求，也要符合持续性要求，这是确保基金管理得以一直规范经营的应有之义，私募基金管理人亦不例外。违反前述规定应当承担相应的法律责任。

行政处罚具体可分为财产罚、行为罚、资格罚、人身自由罚和声誉罚五种形式，《私募条例》第46条区分不同主体，分别规定不同形式的行政处罚。对于违反持续性要求的私募基金管理人，有一个递进的法律责任承担形式的要求，即先责令改正；拒不改正的，主要是声誉罚、财产罚和行为罚，即给予警告或者通报批评，并处10万元以上100万元以下的罚款，责令其停止私募基金业务活动并予以公告。对于直接负责的主管人员和其他直接责任人员，主要是声誉罚和财产罚，前者即给予警告或者通报批评，后者即并处3万元以上30万元以下的罚款。

需要注意以下几个问题。第一，对于"责令改正"是否属于行政处罚的问题，前文已述及，此处不再赘述。但《私募条例》第46条将责任改正单独作为一项法律责任承担方式，此时其是否属于行政处罚有待进一步明确，这会影响私募基金管理人的未来展业。第二，《私募条例》第46条规定私募基金管理人拒不改正的，责令其停止私募基金业务活动并予以公告。此处"公告"的性质存在争议，可以认为其是"责令其停止私募基金业务活动"这一行为罚的从行政行为，具有附属性，也可以认为其属于声誉罚的一种类型，具体作何理解，有待进一步明确。第三，对于直接负责的主管人员和其他直接责任人员的行政处罚，在私募基金管理人违反持续性要求时即可进行，还是仅在私募基金管理人拒不改正时才能进行？本书倾向于第一种理解，原因在于：首先，《私募条例》第46条两句话之间用的是句号，如果采用第二种理解，该条完全可以将私募基金管理人拒不改正的情形与对直接负责的主管人员和其他直接责任人员予以行政处罚放在一句中。因此无论何种情况，都可以对直接负责的主管人员和其他直接责任人员予以行政处罚。其次，该条两句话分别针对"私募基金管理人"与"直接负责的主管人员和其他直接责任人员"两类主体，其适用相应的行政处罚是并行的，彼此之间没有先后顺序或者互为条件的要求。但需要注意的是，由于该条对于违反持续性要求的私募基金管理人有一个递进的法律责任承担形式的要求，因此，在不同情况下，对直接负责的主管人员和其他直接责任人员予以行政处罚，应当体现一定的区分度。

第四十七条 【私募投资基金托管人未建立业务隔离机制的法律责任】违反本条例第十六条第二款规定，私募基金托管人未建立业务隔离机制的，责令改正，给予警告或者通报批评，并处 5 万元以上 50 万元以下的罚款。对直接负责的主管人员和其他直接责任人员给予警告或者通报批评，并处 3 万元以上 30 万元以下的罚款。

【条文解读】 该条规定了私募基金托管人未建立业务隔离机制的法律责任。

该条主要法律依据是《证券投资基金法》。该法第 122 条规定，“基金管理人、基金托管人违反本法规定，未对基金财产实行分别管理或者分账保管，责令改正，处五万元以上五十万元以下罚款；对直接负责的主管人员和其他直接责任人员给予警告，暂停或者撤销基金从业资格，并处三万元以上三十万元以下罚款”。《私募条例》第 47 条结合《关于依法从严打击证券违法活动的意见》总体要求、《证券投资基金法》和《行政处罚法》相关条文，以及市场和监管现实需要，作出进一步细化优化的规定。二者之间的区别在于：第一，对于未建立业务隔离机制的私募基金托管人，增加了“给予警告或者通报批评”的表述；第二，对于直接负责的主管人员和其他直接责任人员，增加了“或者通报批评”的表述，但没有“暂停或者撤销基金或证券从业资格”的表述。《私募条例》第 47 条的适用对象是特殊主体，即未建立业务隔离机制的私募基金托管人，以及直接负责的主管人员和其他直接责任人员。

《私募条例》第 16 条第 2 款规定，“私募基金托管人应当依法建立托管业务和其他业务的隔离机制，保证私募基金财产的独立和安全”。违反前述规定应当承担相应法律责任。行政处罚具体可分为财产罚、行为罚、资格罚、人身自由罚和声誉罚五种形式，《私募条例》第 47 条区分不同主体，分别规定不同形式的行政处罚。对于未建立业务隔离机制的私募基金托管人，主要是声誉罚和财产罚，前者即给予警告或者通报批评，后者即并处 5 万元以上 50 万元以下的罚款。对于直接负责的主管人员和其他直接责任人员，主要是声誉罚和财产罚，前者即给予警告或者通报批评，后者即并处 3 万元以上 30 万元以下的罚款。

对于“责令改正”是否属于行政处罚的问题，前文已述及，此处不再赘述。

第四十八条　【违反私募投资基金合格投资者管理和募集方式等规定的法律责任】 违反本条例第十七条①、第十八条②、第二十条③关于私募基金合格投资者管理和募集方式等规定的，没收违法所得，并处违法所得 1 倍以上 5 倍以下的罚款；没有违法所得或者违法所得不足 100 万元的，并处 10 万元以上 100 万元以下的罚款。对直接负责的主管人员和其他直接责任人员给予警告，并处 3 万元以上 30 万元以下的罚款。

【条文解读】 该条规定了违反私募基金合格投资者管理和募集方式等规定的法律责任。

该条主要法律依据是《证券投资基金法》。该法第 135 条规定，“违反本法规定，向合格投资者之外的单位或者个人非公开募集资金或者转让基金份额的，没收违法所得，并处违法所得一倍以上五倍以下罚款；没有违法所得或者违法所得不足一百万元的，并处十万元以上一百万元以下罚款。对直接负责的主管人员和其他直接责任人员给予警告，并处三万元以上三十万元以下罚款”。同时，该法第 31 条规定，“对非公开募集基金的基金管理人进行规范的具体办法，

---

① 《私募条例》第 17 条：私募基金管理人应当自行募集资金，不得委托他人募集资金，但国务院证券监督管理机构另有规定的除外。

② 《私募条例》第 18 条：私募基金应当向合格投资者募集或者转让，单只私募基金的投资者累计不得超过法律规定的人数。私募基金管理人不得采取为单一融资项目设立多只私募基金等方式，突破法律规定的人数限制；不得采取将私募基金份额或者收益权进行拆分转让等方式，降低合格投资者标准。

前款所称合格投资者，是指达到规定的资产规模或者收入水平，并且具备相应的风险识别能力和风险承担能力，其认购金额不低于规定限额的单位和个人。

合格投资者的具体标准由国务院证券监督管理机构规定。

③ 《私募条例》第 20 条：私募基金不得向合格投资者以外的单位和个人募集或者转让；不得向为他人代持的投资者募集或者转让；不得通过报刊、电台、电视台、互联网等大众传播媒介，电话、短信、即时通讯工具、电子邮件、传单，或者讲座、报告会、分析会等方式向不特定对象宣传推介；不得以虚假、片面、夸大等方式宣传推介；不得以私募基金托管人名义宣传推介；不得向投资者承诺投资本金不受损失或者承诺最低收益。

由国务院金融监督管理机构依照本章的原则制定”。《私募条例》第 48 条结合《关于依法从严打击证券违法活动的意见》总体要求、《证券投资基金法》和《行政处罚法》相关条文，以及市场和监管现实需要，作出进一步细化优化的规定，与《证券投资基金法》第 135 条没有本质区别，只是在表述上存在轻微差异。《私募投资基金监督管理暂行办法》第 38 条也有类似规定。

《私募条例》第 17 条规定了私募基金管理人应当自行募集资金，不得委托他人募集资金；第 18 条规定了私募基金合格投资者管理；第 20 条规定了募集方式的相关规定，违反前述规定应当承担相应法律责任。行政处罚具体可分为财产罚、行为罚、资格罚、人身自由罚和声誉罚五种形式，《私募条例》第 48 条区分不同主体，分别规定不同形式的行政处罚。对于违反私募基金合格投资者管理和募集方式等规定的当事人，主要是财产罚，即没收违法所得，并处违法所得 1 倍以上 5 倍以下的罚款；没有违法所得或者违法所得不足 100 万元的，并处 10 万元以上 100 万元以下的罚款。对于直接负责的主管人员和其他直接责任人员，主要是声誉罚和财产罚，前者即给予警告，后者即并处 3 万元以上 30 万元以下的罚款。

需要说明的是，《证券投资基金法》第 135 条将适用情形限制为“违反本法规定，向合格投资者之外的单位或者个人非公开募集资金或者转让基金份额”，而《私募条例》第 48 条从表述上看适用情形更为宽泛，应予以注意。

第四十九条 【未向投资者充分揭示投资风险，并误导其投资不匹配私募投资基金产品的法律责任】 违反本条例第十九条①规定，未向投资者充分揭示投资风险，并误导其投资与其风险识别能力和风险承担能力不匹配的私募基金产品的，给予警告或者通报批评，并处 10 万元以上 30 万元以下的罚款；情节严重的，责令其停止私募基金业务活动并予以公告。对直接负责的主管人员和其他直接责任人员给予警告或者通报批评，并处 3 万元以上 10 万元以下的罚款。

① 《私募条例》第 19 条：私募基金管理人应当向投资者充分揭示投资风险，根据投资者的风险识别能力和风险承担能力匹配不同风险等级的私募基金产品。

【条文解读】 该条规定了未向投资者充分揭示投资风险，并误导其投资与其能力不匹配的私募基金产品的法律责任。

该条主要法律依据是《证券投资基金法》。该法第137条规定，“基金销售机构未向投资人充分揭示投资风险并误导其购买与其风险承担能力不相当的基金产品的，处十万元以上三十万元以下罚款；情节严重的，责令其停止基金服务业务。对直接负责的主管人员和其他直接责任人员给予警告，撤销基金从业资格，并处三万元以上十万元以下罚款”。《私募条例》第49条结合《关于依法从严打击证券违法活动的意见》总体要求、《证券投资基金法》和《行政处罚法》相关条文，以及市场和监管现实需要，作出进一步细化优化的规定。二者之间的区别在于：第一，对于未向投资者充分揭示投资风险，并误导其投资与其能力不匹配的私募基金产品的当事人，增加了“给予警告或者通报批评”的表述，对于情节严重的，将原表述“责令其停止基金服务业务”修改为“责令其停止私募基金业务活动并予以公告”；第二，对于直接负责的主管人员和其他直接责任人员，增加了“或者通报批评”的表述，但没有“撤销基金从业资格”的表述。

《私募条例》第19条对向投资者充分揭示投资风险，根据投资者的风险识别能力和风险承担能力匹配不同风险等级的私募基金产品作出明确，违反前述规定应当承担相应法律责任。行政处罚具体可分为财产罚、行为罚、资格罚、人身自由罚和声誉罚五种形式，《私募条例》第49条区分不同主体，分别规定不同形式的行政处罚。对于未向投资者充分揭示投资风险，并误导其投资与其能力不匹配的私募基金产品的当事人，根据情节不同，给予不同的行政处罚，即一般情况下，给予声誉罚、财产罚，前者即给予警告或者通报批评，后者即并处10万元以上30万元以下的罚款；情节严重的，给予行为罚，即责令其停止私募基金业务活动并予以公告。对于直接负责的主管人员和其他直接责任人员，主要是声誉罚和财产罚，前者即给予警告或者通报批评，后者即并处3万元以上10万元以下的罚款。

需要注意以下几个问题。第一，《私募条例》第49条对于直接负责的主管人员和其他直接责任人员的行政处罚，在当事人未向投资者充分揭示投资风险，并误导其投资与其能力不匹配的私募基金产品时即可进行，还是仅在情节严重时才能进行？本书倾向于第一种理解。但需要注意的是，由于《私募条例》第 49 条对于未向投资者充分揭示投资风险，并误导其投资与其能力不匹配的私募基金产品的当事人，根据情节不同给予不同的行政处罚，因此在不同情况下，对直接负责的主管人员和其他直接责任人员予以行政处罚，应当体现一定的区分度。第二，《私募条例》第 49 条规定情节严重的，可以责令当事人停止私募基金业务活动并予以公告。此处“公告”的性质存在争议，可以认为其是“责令其停止私募基金业务活动”这一行为罚的从行政行为，具有附属性；也可以认为其属于声誉罚的一种类型，具体作何理解，有待进一步明确。第三，《证券投资基金法》第 137 条将适用对象限制为基金销售机构，《私募条例》第 49 条从表述上对于适用对象没有限制，是否同样限缩为私募基金销售机构，有待进一步明确。

第五十条　【私募投资基金管理人未对募集完毕的私募基金办理备案的法律责任】违反本条例第二十二条第一款[①]规定，私募基金管理人未对募集完毕的私募基金办理备案的，处 10 万元以上 30 万元以下的罚款。对直接负责的主管人员和其他直接责任人员给予警告，并处 3 万元以上 10 万元以下的罚款。

【条文解读】　该条规定了私募基金管理人未对募集完毕的私募基金办理备案的法律责任。

该条主要法律依据是《证券投资基金法》。该法第 134 条规定，“违反本法规定，非公开募集基金募集完毕，基金管理人未备案的，处十万元以上三十万元以下罚款。对直接负责的主管人员和其他直接责任人员给予警告，并

---

① 《私募条例》第 22 条第 1 款：私募基金管理人应当自私募基金募集完毕之日起 20 个工作日内，向登记备案机构报送下列材料，办理备案：

（一）基金合同；

（二）托管协议或者保障私募基金财产安全的制度措施；

（三）私募基金财产证明文件；

（四）投资者的基本信息、认购金额、持有基金份额的数量及其受益所有人相关信息；

（五）国务院证券监督管理机构规定的其他材料。

处三万元以上十万元以下罚款”。从整体上看，《私募条例》第50条与《证券投资基金法》第134条之间没有本质区别，只是在表述上存在轻微差异。

《私募条例》第22条第1款规定私募基金管理人应当自私募基金募集完毕之日起20个工作日内，向登记备案机构报送相关材料，办理备案，违反前述规定应当承担相应法律责任。行政处罚具体可分为财产罚、行为罚、资格罚、人身自由罚和声誉罚五种形式，《私募条例》第50条区分不同主体，分别规定不同形式的行政处罚。对于未对募集完毕的私募基金办理备案的私募基金管理人，主要是财产罚，即处10万元以上30万元以下的罚款。对于直接负责的主管人员和其他直接责任人员，主要是声誉罚和财产罚，前者即给予警告，后者即并处3万元以上10万元以下的罚款。

第五十一条　【违反私募投资基金财产使用限制的法律责任】违反本条例第二十四条第二款[①]规定，将私募基金财产用于经营或者变相经营资金拆借、贷款等业务，或者要求地方人民政府承诺回购本金的，责令改正，给予警告或者通报批评，没收违法所得，并处10万元以上100万元以下的罚款。对直接负责的主管人员和其他直接责任人员给予警告或者通报批评，并处3万元以上30万元以下的罚款。

【条文解读】　该条规定了违反私募基金财产使用限制的法律责任。

该条主要法律依据是《证券投资基金法》。该法第129条规定，“基金管理人、基金托管人有本法第七十三条第一款第一项至第五项和第七项所列行为之一，或者违反本法第七十三条第二款规定的，责令改正，处十万元以上一百万元以下罚款；对直接负责的主管人员和其他直接责任人员给予警告，暂停或者撤销基金从业资格，并处三万元以上三十万元以下罚款。基金管理人、基金托管人有前款行为，运用基金财产而取得的财产和收益，归入基金财产。但是，法律、行政法规另有规定的，依照其规定”。《私募条例》第51

① 《私募条例》第24条第2款：私募基金财产不得用于经营或者变相经营资金拆借、贷款等业务。私募基金管理人不得以要求地方人民政府承诺回购本金等方式变相增加政府隐性债务。

条结合《关于依法从严打击证券违法活动的意见》总体要求、《证券投资基金法》和《行政处罚法》相关条文，以及市场和监管现实需要，作出进一步细化优化的规定。二者之间的区别在于：第一，对于违反私募基金财产使用限制的当事人，增加了“给予警告或者通报批评，没收违法所得”的表述；第二，对于直接负责的主管人员和其他直接责任人员，增加了“或者通报批评”的表述，但没有“暂停或者撤销基金从业资格”的表述。此外，《证券投资基金法》第129条第2款还规定，“基金管理人、基金托管人有前款行为，运用基金财产而取得的财产和收益，归入基金财产。但是，法律、行政法规另有规定的，依照其规定”。虽然《私募条例》第51条没有相关表述，但由于《证券投资基金法》第129条是上位法，因此仍然可以按照其规定将相关财产和收益归入基金财产。

《私募条例》第24条第2款规定了私募基金财产的使用限制，其中特别指出不得以要求地方人民政府承诺回购本金等方式变相增加政府隐性债务，违反前述规定应当承担相应法律责任。行政处罚具体可分为财产罚、行为罚、资格罚、人身自由罚和声誉罚五种形式，《私募条例》第51条区分不同主体，分别规定不同形式的行政处罚。对于违反私募基金财产使用限制的当事人，主要是声誉罚和财产罚，前者即给予警告或者通报批评，后者即没收违法所得，并处10万元以上100万元以下的罚款。对于直接负责的主管人员和其他直接责任人员，主要是声誉罚和财产罚，前者即给予警告或者通报批评，后者即并处3万元以上30万元以下的罚款。

对于“责令改正”是否属于行政处罚的问题，前文已述及，此处不再赘述。

第五十二条　【私募投资基金管理人未聘用适格人员或未建立管理制度的法律责任】违反本条例第二十六条[①]规定，私募基金管理人未聘用具

① 《私募条例》第26条：私募基金管理人应当遵循专业化管理原则，聘用具有相应从业经历的高级管理人员负责投资管理、风险控制、合规等工作。

私募基金管理人应当遵循投资者利益优先原则，建立从业人员投资申报、登记、审查、处置等管理制度，防范利益输送和利益冲突。

有相应从业经历的高级管理人员负责投资管理、风险控制、合规等工作，或者未建立从业人员投资申报、登记、审查、处置等管理制度的，责令改正，给予警告或者通报批评，并处 10 万元以上 100 万元以下的罚款。对直接负责的主管人员和其他直接责任人员给予警告或者通报批评，并处 3 万元以上 30 万元以下的罚款。

【条文解读】 该条规定了私募基金管理人未聘用适格人员或未建立管理制度的法律责任。

关乎该条的主要法律依据，需要作一说明。《证券投资基金法》第 14 章“法律责任”中关于基金管理人、高级管理人员的内容没有明确与《私募条例》第 52 条对应的条文。但该法第 31 条规定，“对非公开募集基金的基金管理人进行规范的具体办法，由国务院金融监督管理机构依照本章的原则制定”。《私募条例》第 52 条结合《关于依法从严打击证券违法活动的意见》总体要求、《证券投资基金法》和《行政处罚法》相关条文，以及市场和监管现实需要，作出进一步细化优化的规定。

《私募条例》第 26 条对私募基金管理人聘用适格人员负责相关工作及建立相关管理制度作出明确规定，违反前述规定应当承担相应法律责任。行政处罚具体可分为财产罚、行为罚、资格罚、人身自由罚和声誉罚五种形式，《私募条例》第 52 条区分不同主体，分别规定不同形式的行政处罚。对于未聘用适格人员或未建立管理制度的私募基金管理人，主要是声誉罚和财产罚，前者即给予警告或者通报批评，后者即并处 10 万元以上 100 万元以下的罚款。对于直接负责的主管人员和其他直接责任人员，主要是声誉罚和财产罚，前者即给予警告或者通报批评，后者即并处 3 万元以上 30 万元以下的罚款。

对于“责令改正”是否属于行政处罚的问题，前文已述及，此处不再赘述。

第五十三条 【私募投资基金管理人委托他人行使投资管理职责或委托不适合机构提供证券投资建议服务的法律责任】 违反本条例第二十七条①规定，私募基金管理人委托他人行使投资管理职责，或者委托不符合《证券投资基金法》规定的机构提供证券投资建议服务的，责令改正，给予警告或者通报批评，没收违法所得，并处10万元以上100万元以下的罚款。对直接负责的主管人员和其他直接责任人员给予警告或者通报批评，并处3万元以上30万元以下的罚款。

【条文解读】 该条规定了私募基金管理人委托他人行使投资管理职责或委托不适合机构提供证券投资建议服务的法律责任。

关于该条的主要法律依据，需要作一说明。《证券投资基金法》第14章“法律责任”中关于基金管理人、高级管理人员的内容没有明确与《私募条例》第53条对应的条文。但该法第31条规定，“对非公开募集基金的基金管理人进行规范的具体办法，由国务院金融监督管理机构依照本章的原则制定”。《私募条例》第53条结合《关于依法从严打击证券违法活动的意见》总体要求、《证券投资基金法》和《行政处罚法》相关条文，以及市场和监管现实需要，作出进一步细化优化的规定。

《私募条例》第27条对私募基金管理人不得将投资管理职责委托他人行使、应当委托适合机构提供证券投资建议服务作出明确规定，违反前述规定应当承担相应法律责任。行政处罚具体可分为财产罚、行为罚、资格罚、人身自由罚和声誉罚五种形式，《私募条例》第53条区分不同主体，分别规定不同形式的行政处罚。对于委托他人行使投资管理职责或委托不适合机构提供证券投资建议服务的私募基金管理人，主要是声誉罚和财产罚，前者即给予警告或者通报批评，后者即没收违法所得，并处10万元以上100万元以下的罚款。对于直接负责的主管人员和其他直接责任人员，主要是声誉罚和财产罚，前者即给予警告或者通报批评，后者即并处3万元以上30万元以下的

① 《私募条例》第27条：私募基金管理人不得将投资管理职责委托他人行使。

私募基金管理人委托其他机构为私募基金提供证券投资建议服务的，接受委托的机构应当为《证券投资基金法》规定的基金投资顾问机构。

罚款。

对于“责令改正”是否属于行政处罚的问题，前文已述及，此处不再赘述。

第五十四条 【私募投资基金管理人从事关联交易的法律责任】违反本条例第二十八条①规定，私募基金管理人从事关联交易的，责令改正，给予警告或者通报批评，没收违法所得，并处 10 万元以上 100 万元以下的罚款。对直接负责的主管人员和其他直接责任人员给予警告或者通报批评，并处 3 万元以上 30 万元以下的罚款。

【条文解读】 该条规定了私募基金管理人从事关联交易的法律责任。

该条主要法律依据是《证券投资基金法》。该法第 129 条规定，“基金管理人、基金托管人有本法第七十三条第一款第一项至第五项和第七项所列行为之一，或者违反本法第七十三条第二款规定的，责令改正，处十万元以上一百万元以下罚款；对直接负责的主管人员和其他直接责任人员给予警告，暂停或者撤销基金从业资格，并处三万元以上三十万元以下罚款。基金管理人、基金托管人有前款行为，运用基金财产而取得的财产和收益，归入基金财产。但是，法律、行政法规另有规定的，依照其规定”。《私募条例》第 54 条结合《关于依法从严打击证券违法活动的意见》总体要求、《证券投资基金法》和《行政处罚法》相关条文，以及市场和监管现实需要，作出进一步细化优化的规定。二者之间的区别在于，第一，对于从事关联交易的私募基金管理人，增加了“给予警告或者通报批评，没收违法所得”的表述；第二，对于直接负责的主管人员和其他直接责任人员，增加了“或者通报批评”的表述，但没有“暂停或者撤销基金从业资格”的表述。此外，《证券投资基金

① 《私募条例》第 28 条：私募基金管理人应当建立健全关联交易管理制度，不得以私募基金财产与关联方进行不正当交易或者利益输送，不得通过多层嵌套或者其他方式进行隐瞒。

私募基金管理人运用私募基金财产与自己、投资者、所管理的其他私募基金、其实际控制人控制的其他私募基金管理人管理的私募基金，或者与其有重大利害关系的其他主体进行交易的，应当履行基金合同约定的决策程序，并及时向投资者和私募基金托管人提供相关信息。

法》第 129 条第 2 款还规定："基金管理人、基金托管人有前款行为，运用基金财产而取得的财产和收益，归入基金财产。但是，法律、行政法规另有规定的，依照其规定。"虽然《私募条例》第 54 条没有相关表述，但由于《证券投资基金法》第 129 条是上位法，因此仍然可以按照其规定将相关财产和收益归入基金财产。

《私募条例》第 28 条对私募基金管理人建立健全关联交易管理制度、不得从事关联交易的要求作出明确规定，违反前述规定应当承担相应法律责任。行政处罚具体可分为财产罚、行为罚、资格罚、人身自由罚和声誉罚五种形式，《私募条例》第 54 条区分不同主体，分别规定不同形式的行政处罚。对于从事关联交易的私募基金管理人，主要是声誉罚和财产罚，前者即给予警告或者通报批评，后者即没收违法所得，并处 10 万元以上 100 万元以下的罚款。对于直接负责的主管人员和其他直接责任人员，主要是声誉罚和财产罚，前者即给予警告或者通报批评，后者即并处 3 万元以上 30 万元以下的罚款。

对于"责令改正"是否属于行政处罚的问题，前文已述及，此处不再赘述。

第五十五条　【私募投资基金管理人、私募投资基金托管人及其从业人员违反相关禁止性规定的法律责任】私募基金管理人、私募基金托管人及其从业人员有本条例第三十条[①]所列行为之一的，责令改正，给予警告或者通报批评，没收违法所得，并处违法所得 1 倍以上 5 倍以下的罚款；没有违法所得或者违法所得不足 100 万元的，并处 10 万元以上 100 万元以下的罚款。对直接负责的主管人员和其他直接责任人员给予警告或者通报批评，并处 3 万元以上 30 万元以下的罚款。

---

① 《私募条例》第 30 条：私募基金管理人、私募基金托管人及其从业人员不得有下列行为：

（一）将其固有财产或者他人财产混同于私募基金财产；

（二）利用私募基金财产或者职务便利，为投资者以外的人牟取利益；

（三）侵占、挪用私募基金财产；

（四）泄露因职务便利获取的未公开信息，利用该信息从事或者明示、暗示他人从事相关的证券、期货交易活动；

（五）法律、行政法规和国务院证券监督管理机构规定禁止的其他行为。

【条文解读】 该条规定了私募基金管理人、私募基金托管人及其从业人员违反相关禁止性规定的法律责任。

该条的主要法律依据是《证券投资基金法》。该法第123条规定，“基金管理人、基金托管人及其董事、监事、高级管理人员和其他从业人员有本法第二十条所列行为之一的，责令改正，没收违法所得，并处违法所得一倍以上五倍以下罚款；没有违法所得或者违法所得不足一百万元的，并处十万元以上一百万元以下罚款；基金管理人、基金托管人有上述行为的，还应当对其直接负责的主管人员和其他直接责任人员给予警告，暂停或者撤销基金从业资格，并处三万元以上三十万元以下罚款。基金管理人、基金托管人及其董事、监事、高级管理人员和其他从业人员侵占、挪用基金财产而取得的财产和收益，归入基金财产。但是，法律、行政法规另有规定的，依照其规定”。《私募条例》第55条结合《关于依法从严打击证券违法活动的意见》总体要求、《证券投资基金法》和《行政处罚法》相关条文，以及市场和监管现实需要，作出进一步细化优化的规定。二者之间的区别在于：第一，对于违反相关禁止性规定的私募基金管理人、私募基金托管人及其从业人员，增加了“给予警告或者通报批评”的表述；第二，对于直接负责的主管人员和其他直接责任人员，增加了“或者通报批评”的表述，但没有“暂停或者撤销基金从业资格”的表述。此外，《证券投资基金法》第123条第2款还规定，“基金管理人、基金托管人及其董事、监事、高级管理人员和其他从业人员侵占、挪用基金财产而取得的财产和收益，归入基金财产。但是，法律、行政法规另有规定的，依照其规定”。虽然《私募条例》第55条没有相关表述，但由于《证券投资基金法》第123条是上位法，因此仍然可以按照其规定将相关财产和收益归入基金财产。

《私募条例》第30条规定了五项禁止性规定，其中第1项至第3项主要与财产独立性相关，第4项与内幕交易相关，第5项是兜底内容。违反前述规定应当承担相应法律责任。行政处罚具体可分为财产罚、行为罚、资格罚、人身自由罚和声誉罚五种形式，《私募条例》第55条区分不同主体，分别规定不同形式的行政处罚。对于违反相关禁止性规定的私募基金管理人、私募基金托管人及其从业人员，主要是声誉罚和财产罚，前者即给予警告或者通报批评，后者即没收违法所得，并处违法所得1倍以上5倍以下的罚款；没有违法所得或者违法所得不足100万元的，并处10万元以上100万元以下的罚款。对于直接负责的主管人员和其他直接责任人员，主要是声誉罚和财产罚，前者即给予警告或者通报批评，后者即并处3万元以上30万元以下的罚款。

对于“责令改正”是否属于行政处罚的问题，前文已述及，此处不再赘述。

第五十六条 【私募投资基金管理人、私募基金托管人及其从业人员与信息提供、报送相关的法律责任】私募基金管理人、私募基金托管人及其从业人员未依照本条例规定提供、报送相关信息，或者有本条例第三十二条[①]所列行为之一的，责令改正，给予警告或者通报批评，没收违法所得，并处10万元以上100万元以下的罚款。对直接负责的主管人员和其他直接责任人员给予警告或者通报批评，并处3万元以上30万元以下的罚款。

【条文解读】 该条规定了私募基金管理人、私募基金托管人及其从业人员与信息提供、报送相关的法律责任。

该条主要法律依据是《证券投资基金法》。该法第131条规定，“基金信息披露义务人不依法披露基金信息或者披露的信息有虚假记载、误导性陈述或者重大遗漏的，责令改正，没收违法所得，并处十万元以上一百万元以下罚款；对直接负责的主管人员和其他直接责任人员给予警告，暂停或者撤销基金从业资格，并处三万元以上三十万元以下罚款”。《私募条例》第56条结合《关于依法从严打击证券违法活动的意见》总体要求、《证券投资基金法》

---

① 《私募条例》第32条：私募基金管理人、私募基金托管人及其从业人员提供、报送的信息应当真实、准确、完整，不得有下列行为：

（一）虚假记载、误导性陈述或者重大遗漏；

（二）对投资业绩进行预测；

（三）向投资者承诺投资本金不受损失或者承诺最低收益；

（四）法律、行政法规和国务院证券监督管理机构规定禁止的其他行为。

和《行政处罚法》相关条文，以及市场和监管现实需要，作出进一步细化优化的规定。二者之间的区别在于：第一，对于相关私募基金管理人、私募基金托管人及其从业人员，增加了“给予警告或者通报批评”的表述；第二，对于直接负责的主管人员和其他直接责任人员，增加了“或者通报批评”的表述，但没有“暂停或者撤销基金从业资格”的表述。《私募投资基金监督管理暂行办法》第 38 条也有类似规定。

《私募条例》第 32 条规定私募基金管理人、私募基金托管人及其从业人员提供、报送的信息应当真实、准确、完整，且不得有相关不法行为。违反前述规定应当承担相应法律责任。行政处罚具体可分为财产罚、行为罚、资格罚、人身自由罚和声誉罚五种形式，《私募条例》第 56 条区分不同主体，分别规定不同形式的行政处罚。对于不依法依规提供、报送信息的私募基金管理人、私募基金托管人及其从业人员，主要是声誉罚和财产罚，前者即给予警告或者通报批评，后者即没收违法所得，并处 10 万元以上 100 万元以下的罚款。对于直接负责的主管人员和其他直接责任人员，主要是声誉罚和财产罚，前者即给予警告或者通报批评，后者即并处 3 万元以上 30 万元以下的罚款。

需要注意的是，《私募条例》第 56 条未规定没有违法所得或者违法所得不足特定数额时的行政处罚。对于“责令改正”是否属于行政处罚的问题，前文已述及，此处不再赘述。

第五十七条　【私募投资基金服务机构及其从业人员的法律责任】私募基金服务机构及其从业人员违反法律、行政法规规定，未恪尽职守、勤勉尽责的，责令改正，给予警告或者通报批评，并处 10 万元以上 30 万元以下的罚款；情节严重的，责令其停止私募基金服务业务。对直接负责的主管人员和其他直接责任人员给予警告或者通报批评，并处 3 万元以上 10 万元以下的罚款。

【条文解读】　该条规定了私募基金服务机构及其从业人员违反法律、行政法规规定，未恪尽职守、勤勉尽责的法律责任。

该条的主要法律依据是《证券投资基金法》。该法第 141 条规定，“基金投资顾问机构、基金评价机构及其从业人员违反本法规定开展投资顾问、基金评价服务的，处十万元以上三十万元以下罚款；情节严重的，责令其停止基金服务业务。对直接负责的主管人员和其他直接责任人员给予警告，撤销基金从业资格，并处以三万元以上十万元以下罚款”。《私募条例》第 57 条结合《关于依法从严打击证券违法活动的意见》总体要求、《证券投资基金法》和《行政处罚法》相关条文，以及市场和监管现实需要，作出进一步细化优化的规定。二者之间的区别在于：第一，对于违反法律、行政法规规定，未恪尽职守、勤勉尽责的私募基金服务机构及其从业人员，增加了“给予警告或者通报批评”的表述；第二，对于直接负责的主管人员和其他直接责任人员，增加了“或者通报批评”的表述，但没有“撤销基金从业资格”的表述。《私募条例》第 57 条的适用对象是特殊主体，包括私募基金服务机构及其从业人员，以及直接负责的主管人员和其他直接责任人员。

对于私募基金服务机构及其从业人员，《私募条例》构建了较为完整的规则体系。第 3 条第 3 款、第 4 款提出总体要求，第 33 条第 1 款规定了私募基金服务机构报送私募基金投资运作等信息的要求。违反前述规定应当承担相应法律责任。行政处罚具体可分为财产罚、行为罚、资格罚、人身自由罚和声誉罚五种形式，《私募条例》第 57 条区分不同主体，分别规定不同形式的行政处罚。对于违反法律、行政法规规定，未恪尽职守、勤勉尽责的私募基金服务机构及其从业人员，根据情节不同，给予不同的行政处罚，即一般情况下，先责令改正及给予声誉罚、财产罚，前者即给予警告或者通报批评，后者即并处 10 万元以上 30 万元以下的罚款；情节严重的，给予行为罚，即责令其停止私募基金服务业务。对于直接负责的主管人员和其他直接责任人员，主要是声誉罚和财产罚，前者即给予警告或者通报批评，后者即并处 3 万元以上 10 万元以下的罚款。

需要注意以下几个问题。第一，对于“责令改正”是否属于行政处罚的问题，前文已述及，此处不再赘述。第二，对于直接负责的主管人员和其他直接责任人员的行政处罚，在私募基金服务机构及其从业人员违反法律、行政法规规定，未恪尽职守、勤勉尽责时即可进行，还是仅在情节严重时才能进行？本书倾向于第一种理解。但需要注意的是，由于《私募条例》第 57 条对于私募基金服务机构及其从业人员，根据情节不同，给予不同的行政处罚，因此在不同情况下，对直接负责的主管人员和其他直接责任人员予以行政处罚，应当体现一定的区分度。

第五十八条　【市场禁入措施及拒绝、阻碍监督检查等的法律责任】 私募基金管理人、私募基金托管人、私募基金服务机构及其从业人员违反本条例或者国务院证券监督管理机构的有关规定，情节严重的，国务院证券监督管理机构可以对有关责任人员采取证券期货市场禁入措施。

拒绝、阻碍国务院证券监督管理机构及其工作人员依法行使监督检查、调查职权，由国务院证券监督管理机构责令改正，处 10 万元以上 100 万元以下的罚款；构成违反治安管理行为的，由公安机关依法给予治安管理处罚；构成犯罪的，依法追究刑事责任。

【条文解读】　该条规定了市场禁入措施及拒绝、阻碍监督检查等的法律责任。

该条的主要法律依据是《证券投资基金法》。该法第 147 条规定，“拒绝、阻碍证券监督管理机构及其工作人员依法行使监督检查、调查职权未使用暴力、威胁方法的，依法给予治安管理处罚”。该法第 148 条规定，“违反法律、行政法规或者国务院证券监督管理机构的有关规定，情节严重的，国务院证券监督管理机构可以对有关责任人员采取证券市场禁入的措施”。《私募投资基金监督管理暂行办法》第 39 条也有类似规定，但与《私募条例》第 58 条的规定没有本质区别，只是在表述上存在轻微差异。

一、关于市场禁入措施

《证券投资基金法》第 148 条规定的市场禁入措施需要结合《证券法》《期货和衍生品法》等相关条文一同研读。《证券法》第 221 条第 2 款明确规定证券市场禁入，即“证券市场禁入，是指在一定期限内直至终身不得从事证券业务、证券服务业务，不得担任证券发行人的董事、监事、高级管理人员，或者一定期限内不得在证券交易所、国务院批准的其他全国性证券交易场所交易证券的制度”。《期货和衍生品法》第 150 条第 2 款明确规定期货市场禁入，即“期货市场禁入，是指在一定期限内直至终身不得进行期货交易、从事期货业务，不得担任期货经营机构、期货交易场所、期货结算机构的董事、监事、高级管理人员或者负责人的制度”。同时，《证券市场禁入规定》进一步细化相关要求，其中第 3 条第 5 项规定，对于私募投资基金管理人、私募投资基金托管人、私募投资基金销售机构及其他私募服务机构的董事、监事、高级管理人员、工作人员，私募投资基金管理人的股东、实际控制人、合伙人、负责人，如果违反法律、行政法规或者中国证监会有关规定，情节严重的，中国证监会及其派出机构可以根据情节严重的程度，采取证券市场禁入措施。

需要注意以下几个问题。第一，《证券投资基金法》第 148 条仅规定可以对有关责任人员采取证券市场禁入措施，但未包括期货市场禁入措施，主要原因在于当时《期货和衍生品法》尚未颁布。现在《期货和衍生品法》已颁布生效，由此可以对《证券投资基金法》第 148 条进行目的解释，即也包括期货市场禁入措施在内，但可能需要另行制定期货市场禁入规定进一步细化相关要求。第二，《私募条例》第 58 条第 1 款规定本款的适用对象为私募基金管理人、私募基金托管人、私募基金服务机构及其从业人员，《证券市场禁入规定》将“从业人员”细化为“董事、监事、高级管理人员、工作人员”，但“私募投资基金管理人的股东、实际控制人、合伙人、负责人”是否包括在内有待进一步明确。第三，《证券市场禁入规定》第 3 条规定中国证监会及其派出机构可以采取证券市场禁入措施，但《私募条例》第 58 条第 1 款仅规定国务院证券监督管理机构可以对有关责任人员采取证券期货市场禁入措施，派出机构是否还有权采取市场禁入措施有待进一步明确。

二、关于拒绝、阻碍监督检查等的法律责任

《私募条例》第 41 条第 1 款从正面规定了被检查、调查的单位和个人的义务，第 41 条第 2 款则从反面明确其拒绝、阻碍监督检查等应当承担的法律责任，从而构成完成的规则体系。与《证券投资基金法》第 147 条相比，《私募条例》第 58 条第 2 款增加了“由国务院证券监督管理机构责令改正，处 10 万元以上 100 万元以下的罚款”和“构成犯罪的，依法追究刑事责任”的表述，法律责任体系更为健全。同时，根据《治安管理处罚法》第 50 条第 1 款第2项，阻碍国家机关工作人员依法执行职务的，处警告或者200元以下的罚款；情节严重的，处5日以上10日以下拘留，可以并处500元以下的罚款。

第五十九条　【工作人员渎职的法律责任】国务院证券监督管理机构、登记备案机构的工作人员玩忽职守、滥用职权、徇私舞弊或者利用职务便利索取或者收受他人财物的，依法给予处分；构成犯罪的，依法追究刑事责任。

【条文解读】　该条规定了工作人员渎职的法律责任。

该条的主要法律依据是《证券投资基金法》。该法第146条规定，“证券监督管理机构工作人员玩忽职守、滥用职权、徇私舞弊或者利用职务上的便利索取或者收受他人财物的，依法给予行政处分”。该法第149条规定，“违反本法规定，构成犯罪的，依法追究刑事责任”。《私募条例》第59条结合《关于依法从严打击证券违法活动的意见》总体要求、《证券投资基金法》和《行政处罚法》相关条文，以及市场和监管现实需要，作出进一步细化优化的规定，增加了关于登记备案机构工作人员的表述。

《私募条例》明确规定国务院证券监督管理机构、登记备案机构的工作人员的权力、职责，其行使权力、履行职责的一个基本要求就是不得渎职，否则会导致监守自盗，严重损害私募投资基金市场生态及行政监管机构、自律监管机构的公信力和声誉。

《私募条例》第59条主要规定了四种情形：一是玩忽职守，即指相关工作人员怠于履行法定职责，或者不认真履行法定职责。二是滥用职权，即指相关工作人员超出法律、行政法规赋予的职权，决定或者处理其无权处理的事项，或者行使权力时假公济私、以权谋私。三是徇私舞弊，即指相关工作人员在履行职责时，为私情、私利等，故意违背事实和法律，该为不为，或者不该为而为之，或者枉法处理。四是利用职务便利索取或者收受他人财物，即指相关工作人员利用职权、职务，通过明示或者暗示的方式，索取他人财物或者非法收受他人财物的行为。

对于“依法给予处分”，可根据以下法律的规定予以理解。《监察法》第

45 条第 1 款第 1 项、第 2 项规定，“监察机关根据监督、调查结果，依法作出如下处置：（一）对有职务违法行为但情节较轻的公职人员，按照管理权限，直接或者委托有关机关、人员，进行谈话提醒、批评教育、责令检查，或者予以诫勉；（二）对违法的公职人员依照法定程序作出警告、记过、记大过、降级、撤职、开除等政务处分决定”。《公职人员政务处分法》第 7 条、第 8 条第 1 款规定，政务处分的种类为：警告、记过、记大过、降级、撤职、开除。政务处分的期间为：警告，6 个月；记过，12 个月；记大过，18 个月；降级、撤职，24 个月。《公务员法》第 57 条第 2 款、第 3 款规定，“对公务员监督发现问题的，应当区分不同情况，予以谈话提醒、批评教育、责令检查、诫勉、组织调整、处分。对公务员涉嫌职务违法和职务犯罪的，应当依法移送监察机关处理”。《公务员法》第 62 条规定，“处分分为：警告、记过、记大过、降级、撤职、开除”。

如果构成犯罪，相关工作人员还应当承担相应刑事责任。如《刑法》第 397 条规定，“国家机关工作人员滥用职权或者玩忽职守，致使公共财产、国家和人民利益遭受重大损失的，处三年以下有期徒刑或者拘役；情节特别严重的，处三年以上七年以下有期徒刑。本法另有规定的，依照规定。国家机关工作人员徇私舞弊，犯前款罪的，处五年以下有期徒刑或者拘役；情节特别严重的，处五年以上十年以下有期徒刑。本法另有规定的，依照规定”。再如《刑法》第 403 条规定，“国家有关主管部门的国家机关工作人员，徇私舞弊，滥用职权，对不符合法律规定条件的公司设立、登记申请或者股票、债券发行、上市申请，予以批准或者登记，致使公共财产、国家和人民利益遭受重大损失的，处五年以下有期徒刑或者拘役。上级部门强令登记机关及其工作人员实施前款行为的，对其直接负责的主管人员，依照前款的规定处罚”。

第六十条　【民事赔偿优先】违反本条例规定和基金合同约定，依法应当承担民事赔偿责任和缴纳罚款、被没收违法所得，其财产不足以同时支付时，先承担民事赔偿责任。

【条文解读】　该条是关于民事赔偿优先的规定。

该条的主要法律依据是《证券投资基金法》。该法第150条规定，“违反本法规定，应当承担民事赔偿责任和缴纳罚款、罚金，其财产不足以同时支付时，先承担民事赔偿责任”。《私募条例》中涉及的法律责任，包括民事责任、行政责任与刑事责任。当事人从事相关不法行为，损害其他当事人合法权益的，应当承担侵权的民事责任或违约的民事责任；当事人从事相关不法行为，扰乱私募投资基金市场，违反行政管理秩序的，应当承担行政责任；当事人从事相关不法行为，符合刑法有关犯罪的构成要件，已经构成犯罪的，应当承担刑事责任。这就可能出现一个当事人承担多种形式的法律责任的问题，需要对承担的先后顺序予以规定。

《私募条例》第60条中的“民事赔偿责任”，需要结合《民法典》相关条文一同研读，如《民法典》第1编“总则”中的第8章“民事责任”；《私募条例》第60条中的“缴纳罚款、被没收违法所得”来源于《行政处罚法》第9条第2项的规定，需要结合行政法相关条文一同研读。同时还需要结合《证券投资基金法》第151条的规定。民事赔偿责任和缴纳罚款、被没收违法所得虽然是不同的法律责任承担形式，但其共同点在于当事人都要对外支付一定数额的金钱。之所以规定民事赔偿优先，原因在于资本市场中的不法行为主要导致投资者的财产损失，因此从经济上弥补投资者的财产损失，应当成为优先考虑的事项。

需要注意以下两个问题。第一，《私募条例》第60条中未提及《刑法》中的罚金。本书认为，由于《私募条例》的上位法《证券投资基金法》第150条已经规定“违反本法规定，应当承担民事赔偿责任和缴纳罚款、罚金，其财产不足以同时支付时，先承担民事赔偿责任”，因此可以得出，如果当事人依法应当承担民事赔偿责任和缴纳罚金，其财产不足以同时支付时，仍然应当先承担民事赔偿责任，而不是先缴纳罚金。第二，与《证券投资基金法》第150条相比，《私募条例》第60条增加了关于没收违法所得的表述。对此，可以从以下两个角度予以理解：首先，《行政处罚法》第9条第2项将原来的罚款、没收违法所得两项合并为一项，表明二者在性质上具有同一性，都是财产罚，由此可以对《证券投资基金法》第150条中的“罚款”一词进行扩大解释，即也包括性质相同的“没收违法所得”。其次，2019年修订的《证券法》第 220 条也是关于民事赔偿优先的规定，与原《证券法》第 232 条的规定相比，同样增加了关于“违法所得”的规定。由此可以预见，未来《证券投资基金法》如有修订，大概率也会紧跟最新立法趋势增加关于“没收违法所得”的表述。

第七章 附 则

第六十一条 【涉外投资监管】 外商投资私募基金管理人的管理办法，由国务院证券监督管理机构会同国务院有关部门依照外商投资法律、行政法规和本条例制定。

境外机构不得直接向境内投资者募集资金设立私募基金，但国家另有规定的除外。

私募基金管理人在境外开展私募基金业务活动，应当符合国家有关规定。

【条文解读】 该条是关于涉外私募基金管理人或私募基金境内开展业务活动的监管与境内私募基金管理人开展涉外业务活动监管的规定。

该条规定是新增规定，包括外商投资私募基金管理人管理办法的制定、境外机构直接向境内投资者募集资金或设立私募基金的限制性规定和私募基金管理人应按规定开展境外私募基金业务活动等相关内容。

一、外商投资私募基金管理人管理办法的制定

《私募条例》第 61 条第 1 款明确了负责制定管理办法的部门是国务院证券监督管理机构与国务院有关部门，由国务院证券监督管理部门牵头。《证券投资基金法》第 152 条规定："在中华人民共和国境内募集投资境外证券的基金，以及合格境外投资者在境内进行证券投资，应当经国务院证券监督管理机构批准，具体办法由国务院证券监督管理机构会同国务院有关部门规定，报国务院批准。"《私募条例》第 61 条是《私募条例》对《证券投资基金法》规定的呼应。制定管理办法的法律依据，除了《私募条例》第 1 条提到的

《证券投资基金法》《信托法》《公司法》《合伙企业法》外，还需要遵循外商投资法律和包括《私募条例》在内的相关行政法规。对于外商投资私募基金管理人在境内如何开展私募证券基金管理业务，中国基金业协会在《私募基金登记备案相关问题解答（十）》作了解答。对于已经在国内注册的外商独资和合资私募证券基金管理机构，如果在中国境内开展私募证券基金管理业务，应当在中国基金业协会登记为私募证券基金管理人，并符合以下条件：（1）该私募证券基金管理机构为在中国境内设立的公司；（2）该私募证券基金管理机构的境外股东为所在国家或者地区金融监管当局批准或者许可的金融机构，且境外股东所在国家或者地区的证券监管机构已与中国证监会或者中国证监会认可的其他机构签订证券监管合作谅解备忘录；（3）该私募证券基金管理机构及其境外股东最近3年没有受到监管机构和司法机构的重大处罚。如果上述私募证券基金管理机构有境外实际控制人的，该境外实际控制人也应当符合上述第2、3项条件。外商独资和合资私募证券基金管理机构开展私募证券投资基金业务，除应当符合《证券投资基金法》、《私募投资基金监督管理暂行办法》、《私募投资基金管理人登记和基金备案办法（试行)》及其他法律法规规定外，还应当遵守以下规定：（1）资本金及其结汇所得人民币资金的使用，应当符合国家外汇管理部门的相关规定；（2）在境内从事证券及期货交易，应当独立进行投资决策，不得通过境外机构或者境外系统下达交易指令。中国证监会另有规定的除外。

二、境外机构不得直接向境内投资者募集资金设立私募基金

境外机构指的是没有在国内注册的私募基金管理机构，在没有法律规定支持并履行必要的法定手续的情况下，不得在境内募集资金或直接设立私募基金，以防影响私募基金行业的规范管理、造成对我国金融秩序的破坏。2006年8月颁布的《合格境外机构投资者境内证券投资管理办法》（已失效），对投资于中国证券市场并取得国家外汇管理局额度批准的中国境外基金管理机构、保险公司、证券公司以及其他资产管理机构在中国境内证券市场的投资（Qualified Foreign Institutional Investor，QFII）规定了审批制，中国证监会为审批主管机关。合格境外机构投资者要求外国投资者若要进入中国证券市场，必须得到该国有关部门的审批通过后汇入外汇资金，并转换为当地货币，通过专门账户投资中国证券市场。人民币合格境外机构投资者（RMB Qualified Foreign Institutional Investor，RQFII）可运用境外人民币资金在批准额度内进行中国证券投资。2019 年 9 月 10 日，国家外汇管理局宣布，决定取消 QFII/RQFII 投资额度限制，同时，取消 RQFII 试点国家和地区限制。此外，2002 年 6 月中国证监会发布《外资参股基金管理公司设立规则》（已失效），规定外资参股基金管理公司中外资持股比例不超过 33%，在我国加入世界贸易组织（WTO）后 3 年内，持股比例不超过 49%。2016 年 6 月，中国基金业协会允许符合条件的外商独资和合资企业申请登记成为私募证券基金管理机构，并开展包括二级市场证券交易在内的私募证券基金管理业务。2019 年 8 月，中国基金业协会发布公告明确外资私募实际控制人可以是受境外金融监管部门监管的境外机构，明确外资私募基金投资参与银行间债券市场的标准。2020 年 3 月，中国证监会明确取消基金管理公司外资股比限制。自此规定发布以来，中国正式开放设立外商独资基金管理公司。① 综上所述，境外机构如果要向境内投资者直接募集资金设立私募基金，必须在国内设立外商独资或合资私募基金管理公司（合伙企业）。但《私募条例》第 61 条“国家另有规定的除外”，也为将来放宽监管的口子留下了空间。

三、私募投资基金管理人在境外开展私募基金业务活动必须符合法律规定

2007 年 6 月中国证监会颁布《合格境内机构投资者境外证券投资管理试行办法》，对在我国境内募集资金、运用所募集的部分或全部资金以资产组合的方式进行境外证券投资管理的境内基金管理公司和证券公司等证券经营机构开展境外证券投资业务规定了审批制，中国证监会为审批主管机关。商务部 2014 年发布实施的《境外投资管理办法》，明确规定商务部对我国境内企业境外直接投资行为实施“备案为主、核准为辅”的监管制度。商务部主导制定的《对外投资备案（核准）报告暂行办法》则进一步明确了备案和核准的操作细则。此外，为加强境外投资宏观指导，完善境外投资全程监管，

---

① 参见吴辉航等：《中国外资私募证券基金行业发展现状及未来展望》，载《清华金融评论》2022 年第 6 期。

2017年12月国家发改委出台《企业境外投资管理办法》（2018年3月1日实施），就境外投资项目核准和备案的范围，核准和备案的程序与时限，核准、备案的效力、变更和延期等作了较为全面的规定。此外，我国企业投资资金出海的相关问题由国家外汇行政主管部门统一管理，分为人民币直接投资和外币投资两种模式。对于以人民币对外投资的私募股权基金，应适用《境外直接投资人民币结算试点管理办法》。在实务中，大部分私募股权基金海外投资还是以外币为主，应适用国家外汇管理局发布的《境内机构境外直接投资外汇管理规定》以及《关于进一步简化和改进直接投资外汇管理政策的通知》（已失效）。尤其是在简化管理后，我国企业直接投资的外汇登记管理权下放至银行，国家外汇管理局仅通过银行实施间接监管，即外汇局退出对直接投资外汇管理的事前监管，加强事中事后监管，监管职责更为明确。[①] 综上所述，私募基金管理人在境外开展私募基金业务活动，需根据开展业务的需求，分别向中国证监会、商务部、国家发改委和国家外汇管理局履行相应的监管行政程序。

第六十二条 【施行时间】本条例自2023年9月1日起施行。

【条文解读】 该条是关于《私募条例》施行时间的具体规定。

法律的施行时间，一般认为是法律生效的时间，也就是说，法律从什么时间开始发生法律效力，到什么时间终止法律效力，以及法律对其规制范围内但发生在其生效之前的事件和行为是否具有溯及力。《私募条例》第62条规定了《私募条例》生效的起始时间。《私募条例》经2023年6月16日国务院第八次常务会议通过，于2023年7月3日经国务院总理李强以第762号国务院令公布，自2023年9月1日起施行。《私募条例》公布时间与生效时间有一定时间差，主要是为了给国务院证券监督管理机构及相关部门预留一定的时间，对相关配套规定进行必要的清理与完善，同时向私募基金行业及社

① 参见盛宇涵：《我国私募股权基金海外投资的法律制度探析》，载《法制与经济》2019年第3期。

会各界做好必要的普法宣传工作。《私募条例》第61条没有就溯及力的问题作出任何规定，意味着《私募条例》对其生效前的法律行为没有溯及力，此前发生的相关法律事件与法律性行为仍需使用此前的有关规定。由于《私募条例》颁布之前私募基金行业监督管理领域没有行政法规级别的法律规定，《私募条例》生效前当时的规定覆盖不到的范围，是否适用《私募条例》，还需要司法部或国务院证券监督管理机构等就此做出进一步解释，否则不利于私募基金行业的法治化、规范化建设。

第三编

私募投资纠纷典型案例

近年来，在我国私募基金行业得到快速发展的同时，立法及监管相对滞后，存在私募基金管理人忠实义务、勤勉义务、适当性义务、信息披露义务等落实不到位，或私募基金管理人、托管人、服务机构及其从业者违规募集资金、违规管理和使用基金财产，或一些组织、个人采取违法方式将募集资金、私募基金财产转变为自己所有等现象，不但扰乱了金融秩序，而且严重侵害了投资者利益，造成涉私募基金纠纷案件数量逐年上升。[①] 为提炼司法审判实践中涉私募基金纠纷案件审理的理论基础、明晰涉私募基金纠纷案件的裁判规则，我们在中国裁判文书网上，以“私募基金”或者“私募”和“基金”为关键词检索了2018年至2023年中国各级法院审结的涉私募基金纠纷案件，并对检索得到的案件进行了研究分析，以期对涉私募基金理论研究及司法实务有所裨益。经过检索，我们得到近5年间中国各级法院审结涉私募基金纠纷案件10,838起，[②] 披露裁判文书14,204份。其中民事案件8008件，行政诉讼案件72件，刑事案件729件。本文以搜索到的裁判文书为研究分析的样本，发现涉私募基金纠纷呈现以下特点：

其一，涉私募基金纠纷案件数量相较之前整体呈上升趋势，但近一两年开始有所下降。在涉私募基金纠纷的10,838起案件中，2019年中国各级法院审结2149件，2020年审结2935件，2021年审结2033件，2022年审结1000件，截至2023年9月审结325件，而在2001年至2018年的长时间里仅审结459件。[③]

---

① 参见上海市高级人民法院课题组等：《私募基金纠纷法律适用问题研究》，载《法律适用》2023年第8期。

② 以“私募基金”或者“私募”和“基金”为关键词检索2018年9月10日~2023年9月10日涉及私募基金纠纷案件，共检索到14,204份裁判文书，去除非涉及私募基金的案件且将二审关联到一审，得到的案件数量为10,838件，其中包括破产案件38件、执行案件1092件。检索时间不同，上述数据可能略有差异。

③ 当然，该数据统计以中国裁判文书网上披露的案件为基础，与中国各级法院在司法实践中实际审结的涉私募基金纠纷案件数量可能存有一定出入。而2001年至2018年仅审结459件的原因不排除受到裁判文书公开机制于彼时不健全的限制，但是，主要原因仍应归咎于我国私募基金行业起步晚、涉及纠纷尚处于隐匿阶段等。可以预见，随着私募基金监督管理法律法规体系的不断完善，法律提供给投资者维权的途径更加全面，加之投资者维权意识不断提高，涉私募基金纠纷数量将会逐渐增多。

上述诉讼案件剧增，与我国私募基金市场2018年开始暴雷，中国基金业协会同年10月发布了第一批私募基金自查通知开始就私募管理机构进行摸查，私募行业正式进入强监管时代的行业背景相吻合。

其二，涉私募基金纠纷主体呈多样化，且多为私募基金管理人、服务机构及其从业者忠实义务、勤勉义务、适当性义务或信息披露义务等履行不到位引发的内部纠纷或者投资者权益损害纠纷。在涉私募基金纠纷民事案件中，涉及私募基金管理人、托管人、服务机构及其从业人员忠实义务或勤勉义务的295件，占比3.6%；涉及适当性义务的981件，占比12.2%；涉及信息披露义务的699件，占比8.7%。这些案件中由最高人民法院、高级人民法院进行二审的有368件，而其中发生于私募基金投资者、管理人、托管人、服务机构及其从业者之间或投资者权益损害纠纷的案件216件，占二审案件总数的58%。以上数据统计也说明实践中不规范的私募投资基金运作方式普遍存在，且以投资者与基金管理人、托管人就基金的募集、管理、退出等发生的纠纷为多数。

其三，涉私募基金纠纷案由多为合同纠纷，具体案由多种多样。在8008起民事案件中，案由为合同、准合同纠纷的案件6050件，占案件总数的75%；其中下一级案由排名靠前的分别是借款合同纠纷，占比31%；委托理财合同纠纷，占比30%；保证合同纠纷，占比7%；融资租赁合同纠纷，占比6%；委托合同纠纷，占比4%；债权人代位权纠纷，占比3%；合伙合同纠纷，占比3%；确认合同效力纠纷，占比2%；服务合同纠纷，占比1%。与公司、证券、保险、票据等有关的民商事纠纷案件969件，占案件总数的12%。下一级案由中，与公司有关的纠纷、证券纠纷、合伙企业纠纷、信托纠纷、与企业有关的纠纷、其他纠纷，占比分别为45%、35%、10%、5%、3%、2%。此外，物权纠纷案件322件，侵权责任纠纷案件236件，知识产权与竞争纠纷案件66件，占比分别为4%、3%、0.8%。涉私募基金纠纷案由多样且未形成通行适用案由，也意味着理论界与司法实务对私募投资基金的性质存在较大争议，造成同类案件不同法院适用不同案由及法律规则进行裁判。

其四，私募基金活动直接或变相承诺保本保收益情形较为普遍，且涉及私募投资基金活动各阶段。在样本案件中，承诺保本保收益或变相承诺保本保收益的案件有729件，占民事案件总数的近10%。承诺保本保收益的主体主要为私募基金管理人、服务机构、实际控制人、大股东或其关联方。表现形式包括直接在私募基金募集活动、私募基金产品销售合同中设置刚性兑付条款、保底条款，或者通过签订回购协议、基金财产或基金份额收益权转让协议、保证函、承诺函、差额补足函、债务加入函等形式变相承诺保本保收益。[①] 而承诺实现保本保收益的时间或承诺的时间段涉及私募基金的“募、集、管、退”等多个阶段。

其五，因违法违规被行政处罚的案件较多，且涉刑事犯罪发案频率较高。2018年至2023年，私募基金管理人、托管人、服务机构及其从业人员因违法违规受到行政处罚的案件235件。其中，中国证监会及其直属的证监局进行行政处罚的161件，相关主体提起行政诉讼的34件。刑事责任方面，2019年至2023年9月发生的涉私募基金刑事案件分别为231件、237件、167件、34件、40件，总计709件。而涉及的罪名包括非法吸收公众存款罪468件、集资诈骗罪45件，诈骗罪36件，合同诈骗罪15件，组织、领导传销活动罪9件，非法经营罪7件，洗钱罪6件，职务侵占罪6件，利用未公开信息交易罪5件，挪用资金罪4件，违规披露、不披露重要信息罪2件及其他罪名106件。

其六，涉及私募投资纠纷案件中的举证责任分配一般由投资者对购买的私募基金产品、遭受的损失承担举证责任，而私募基金管理人等承担履行忠实义务、勤勉义务、适当性义务、信息披露义务等的证明责任。在我们检索得到的案例中，法院审理该类纠纷通常直接或间接将举证责任根据“谁主张，谁举证”的证明责任分配规则进行分配，[②] 并逐步形成统一的举证责任分配规则：私募基金募集者、基金产品销售者对其是否履行了忠实义务、勤勉义务、

① 参见上海市高级人民法院课题组等：《私募基金纠纷法律适用问题研究》，载《法律适用》2023年第8期。

② 最高人民法院《关于适用〈中华人民共和国民事诉讼法〉的解释》第90条规定：“当事人对自己提出的诉讼请求所依据的事实或者反驳对方诉讼请求所依据的事实，应当提供证据加以证明，但法律另有规定的除外。在作出判决前，当事人未能提供证据或者证据不足以证明其事实主张的，由负有举证证明责任的当事人承担不利的后果。”

信息披露义务、适当性义务承担举证责任，投资者则对购买产品、遭受的损失等事实承担举证责任。《九民纪要》第75条总结到，金融产品卖方机构不能提供其已经建立了金融产品（或者服务）的风险评估及相应管理制度、对金融消费者的风险认知、风险偏好和风险承受能力进行了测试、向金融消费者告知产品（或者服务）的收益和主要风险因素等相关证据的，应当承担举证不能的法律后果。

第一章　私募投资基金民商事纠纷典型案例

第一节　私募投资基金的法律性质

厘清私募股权投资基金的性质是处理私募基金相关主体之间纠纷的前提和基础，2020年最高人民法院印发的《民事案件案由规定》中未明确将私募投资基金引发的民事纠纷明确列为案由之一。鉴于平等主体间私募投资基金合同约定的不规范性、组织样态的多样性广泛存在，基金管理人、托管人未按照监管规定和自律规则运作基金的违规行为亦客观上无法避免，审理结果显示因私募投资基金运作引发的争议，裁判者可能在委托理财合同纠纷、借贷纠纷及证券基金纠纷案由项下对私募投资基金的法律性质作出不同认定，进而作出不同的裁判结果。对此笔者以典型案件为例，进行如下分类归纳与总结。

一、司法裁判对私募投资基金的法律性质认定存在多元观点

（一）司法实践普遍认为私募基金应成立信托法律关系

典型案例：华某莳等与王某樑等其他合同纠纷案［（2022）沪74民终194号］

案件事实：2017年7月25日，案外人嘉禾××公司与明索公司、张某平、华某莳、杨某、厚禧资产签订《投资框架协议》，约定嘉禾××公司拟设立“嘉禾高精尖装备制造私募基金”或引进其他投资者共同投资明索公司，投资总额不超过5000万元，明索公司股东同意嘉禾××公司本投资事宜，并约定明索公司应就本次投资事宜所涉定向增发办理相关验资手续、在上海××

中心办理相关股份托管登记、工商变更登记、资产抵押登记手续（如有）等且承担由此产生的全部费用。协议中的嘉禾××公司作为基金管理人发起的嘉禾高精尖装备制造私募基金，协议由基金管理人代为签署。

2017年8月3日，王某樑（基金委托人）与基金管理人嘉禾××公司、基金托管人中信证券签订基金合同，内容显示："第十四条：（一）1. 基金财产应独立于基金管理人、基金托管人的固有财产，由基金托管人托管……"

2017年7月25日，嘉禾××公司（债权人）与张某平、华某莳（保证人）签订保证合同，约定：张某平、华某莳作为保证人为签署投资框架协议项下债务人之间股份回购义务及股份回购价款支付义务向债权人提供无限连带责任保证，保证期间为合同生效之日起至主协议项下债务履行期限届满之日后两年止。

2021年8月9日，上海××中心作出沪股交〔2021〕336号关于对明索公司予以处理的决定，载明明索公司相关违规事实如下：(1) 明索公司以被告身份涉及民事诉讼。前述情形中，明索公司至今未按照该中心相关规定履行信息披露义务。(2) 明索公司注册资本发生变更。前述情形中，明索公司至今未按照相关规定履行信息披露义务，未办理新增股份的登记托管……根据《业务规则》第138条第9项的规定，该中心作出处理决定，对明索公司终止挂牌，并记入诚信档案。

王某樑向法院提出诉讼请求：(1) 判令案外人嘉禾××公司与明索公司、张某平、华某莳、杨某签订的《投资框架协议》于2021年9月7日解除；(2) 判令明索公司向王某樑返还投资款本金279万元及资金占用费63.61万元（暂计算至2021年6月12日），自2017年9月12日起至实际支付日止，按年利率11%计算；(3) 判令明索公司限期向工商登记机关申请撤销增资变更登记；(4) 如上述第1～3项请求法庭不能支持，则由张某平、华某莳、杨某共同向王某樑支付股份回购价款309.69万元；(5) 如上述第1～3项请求法庭不能支持，则判令明索公司向王某樑支付自2018年9月12日起至实际清偿日止按年利率11%计算的红利款项，一年期红利款项为30.69万元；(6) 由张某平、华某莳对上述第4项、第5项请求承担连带支付责任；(7) 由张某平、华某莳连带承担王某樑为实现上述各项请求所发生的诉讼费、保全费、差旅费、执行费、律师费等共计 10.1519 万元。

法院认为：

本案所涉为契约型私募基金，王某樑与嘉禾××公司间的法律关系符合信托法律关系的基本特征。根据基金合同约定，嘉禾××公司以取得管理费及业绩报酬为目的，接受王某樑的委托，为了委托人的利益，以自身名义对王某樑的投资财产进行独立的管理和运用。嘉禾××公司负有勤勉尽责、诚实信用管理基金财产的信义义务。基金财产具有独立性，与管理人嘉禾××公司的固有财产互相区隔，由托管人中信证券进行保管。上述约定，体现了信托法律关系中，信托财产独立、受托人以自己名义管理信托财产、投资人承担有限责任等基本特点，故可参照信托法的原则和相关规定确定当事人间的权利义务关系。

一审法院在“本院认为”中论述：王某樑并未举证证明明索公司存在可分配利润，其要求明索公司支付红利款，与合同约定不符，也有违法律规定，一审法院不予支持。据此可见一审法院认为基金投资者对于基金运作过程中存在可分配利润应承担证明责任。除此以外，一审、二审法院在“本院认为”部分并未对各方承担的证明责任予以明确，主要根据《投资框架协议》、基金合同的内容对各方的权利义务加以认定。

裁判结果：

一审判决：(1) 张某平、华某莳、杨某应于判决生效之日起 10 日内支付王某樑股份回购款 309.69 万元；(2) 张某平、华某莳应于判决生效之日起 10 日内支付王某樑自 2019 年 11 月 29 日起，以 279 万元为基数按照年利率 11% 计算至实际清偿日止的收益；根据《私募条例》第 60 条民事赔偿优先的规定驳回王某樑的其余诉讼请求。

二审判决：(1) 维持上海市金山区人民法院（2021）沪 0116 民初 11591 号民事判决第 2 项；(2) 撤销上海市金山区人民法院（2021）沪 0116 民初 11591 号民事判决第 1 项、第 3 项；(3) 上诉人张某平、华某莳、杨某应于本判决生效之日起 10 日内分别向被上诉人王某樑支付股份回购款 2,692,778.95 元、293,636.37 元、73,409.09 元；(4) 上诉人张某平对上诉人华某莳、杨某的上述第 3 项付款义务承担连带清偿责任，上诉人张某平履行保证责任后，有权向上诉人华某莳、杨某追偿；（5）上诉人华某莳对上诉人张某平、杨某的上述第3项付款义务承担连带清偿责任，上诉人华某莳履行保证责任后，有权向上诉人张某平、杨某追偿；（6）驳回被上诉人王某樑的其余诉讼请求。

（二）部分生效判决认定投资基金应成立委托理财法律关系

典型案例：孙某秀与深圳国投资本管理有限公司、深圳国投供应链管理有限公司民间委托理财合同纠纷案［（2019）鲁0282民初759号、（2020）鲁02民终7760号］

案件事实：孙某秀与深圳国投资本管理有限公司（以下简称国投资本公司）、深圳国投供应链管理有限公司（以下简称国投供应链公司）共同签订合同编号为GTZB2018HJS02025的基金合同，该基金合同分为以下两部分内容：（1）《2018深圳国投稳健定向融资工具项目简要投资说明书》，说明书记载的产品类型为固定期限封闭式定向融资工具；管理人：国投资本公司；投资标的：国投供应链公司为塑胶粒需求方采购ABS、PC、PE等塑胶原材料，上游为中化集团、奇美实业等大型企业，国投供应链控货，安全稳健；备案机构：海峡（漳州）金融产权交易中心……（2）《2018深圳国投稳健定向融资工具项目产品认购协议》，协议书约定备案申请人为国投供应链公司，管理人为国投资本公司，协议中对投资标的、期限、业绩比较基准、分配方式进行了约定。合同中还对双方权利、义务进行了约定，即孙某秀有权按照本协议约定要求国投供应链公司到期兑付本金并支付收益，当权利受到损害时有权依照法律及本合同约定进行权利救济等，国投供应链公司有权按照本协议约定使用本定向融资产品募集资金，按照协议约定到期兑付本金并支付收益等。违约责任约定：国投供应链公司未按期兑付本金或支付收益，除每逾期一日应按逾期金额的万分之五向投资者支付逾期罚息外，还应承担违约责任，其承担的违约责任范围包括未向孙某秀按期兑付的本金及应付未付收益，以及其他投资者因此遭受的其他损失。国投供应链公司在备案申请人处盖章确认。2018年8月15日，孙某秀向国投供应链公司账户汇入人民币3,000,000元，摘要：认购3个月。2018年11月20日，国投供应链公司向孙某秀转款64,274元，摘要：兑付款，之后再未向孙某秀支付收益分配及兑付本金致孙某秀诉讼来院。

另查明，国投资本公司系2014年2月28日由股东佟某、孙某飞出资50,000,000元设立的有限责任公司。

孙某秀提出诉讼请求：（1）依法判令国投资本公司、国投供应链公司、孙某飞、佟某兑付孙某秀本金人民币3,000,000元及合同约定的到期及延期后的利息收益、罚息（以本金3,000,000元为基数，自2018年8月15日起至2018年11月27日止按年10%计算的利息收益，自2018年11月28日起至付清借款之日止按日万分之五计算利息）；（2）本案诉讼费用、保全费用、律师费用由国投资本公司、国投供应链公司、孙某飞、佟某承担。

法院认为：

一审法院认为：第一，关于本案定性。孙某秀将其自有资金向由国投资本公司作为管理人、国投供应链公司作为发行人的“固定期限封闭式定向融资工具”进行投资，投资标的系国投供应链公司为塑胶粒需求方采购塑胶原材料，所获收益按双方合同约定进行分配，到期兑付本金和利息。“2018年深圳国投稳健定向融资工具项目”在海峡（漳州）金融产权交易中心有限公司办理了备案证明。委托理财分为金融机构的委托理财和非金融机构的委托理财，国投资本公司属于非金融机构，所以本案应定性为民间委托理财合同纠纷。第二，合同中“到期兑付本金及收益”约定效力认定。孙某秀称委托理财合同中明确约定收益分配为到期兑付本金和利息，现投资款已到期，要求按合同约定返还本金及利息。国投资本公司及国投供应链公司辩称“产品认购协议”中提及的业绩保证或固定收益承诺不能作为投资人的利息计算标准。第三，关于责任承担。首先，合同中对到期兑付本金和利息的约定应属于民间委托理财合同中的保底条款，应认定保底条款有效，认定保底条款有效符合委托人与受托人双方的最大利益，委托人对保底条款的信赖利益得到了保护，受托人通过诚信度的增强承揽更多的理财业务，所以出于盈利最大化的驱使，委托人与受托人共同缔结委托理财法律关系，皆出于真实意思表示，所以双方签订的保底条款属于有效条款。其次，通过保底条款将投资风险全部转嫁于受托人，让受托人承担其不利后果，对受托人并非不利，因为受托人毕竟是有专业投资管理、业务经验的服务类公司，在为投资人谋取利润的同时也为自己获得利益，所以合同中约定的收益分配方式决定了孙某秀与国投资本公司、国投供应链公司合同缔约目的并非单纯的借贷，孙某秀投资的目的系获取较高的利息收入，其不参与国投资本公司、国投供应链公司的日常经营及资金运作，因此国投资本公司、国投供应链公司承担的义务不仅是还本付息的义务，其收益还来自资产的有效管理而产生的增值部分的分配。国投资本公司及国投供应链公司通过到期兑付本金和利息的承诺改变了委托合同由委托人承担风险的基本特征，且对于民间委托理财合同并没有法律明确的禁止性规定。另外，合同法对于委托人风险的承担仅仅是任意性规定，法律并不禁止民间委托理财合同当事人自由安排他们之间的权利义务。故国投资本公司、国投供应链公司辩称于法无据，法院不予采纳。最后，本案中国投资本公司系基金的管理人，国投供应链公司系基金的发行人及到期回购人，根据基金合同约定，投资款到期后兑付本金和利息。现孙某秀投资款的投资回收期限已届满，国投资本公司和国投供应链公司均未履行兑付本息义务，其法律责任应由国投资本公司及国投供应链公司共同承担。

二审法院认为：孙某秀和国投供应链公司之间签订的产品认购协议合法有效，双方之间委托理财合同关系成立。约定的保底条款系当事人以自治方式达成的一致意思表示，旨在激励和约束投资，不违反法律、行政法规的强制性规定，一审判决认定国投供应链公司按照合同约定兑付孙某秀本金和利息，并无不当。国投资本公司、国投供应链公司均有义务对上述条款进行提示和说明。但依据查明的事实，孙某秀并未在该提示条款的内容处签字；诉争基金合同的第三部分、第四部分属于风险提示、风险评估章节，孙某秀作为投资者亦未签字；且国投资本公司、国投供应链公司亦无证据证明其已采取合理方式提示被上诉人孙某秀注意。综上所述，现有证据尚难以证明上诉人已尽合理的提示说明义务，故该条款应属无效。另外，国投资本公司的法定代表人孙某飞出具的《还款承诺函》中，国投资本公司在担保人处加盖公章。综上，国投资本公司辩称其不应承担责任的主张，法院不予支持。由此可见，二审法院明确了管理人及被投资公司对于履行了投资者适当性义务负有证明责任。具体而言，投资者适当性义务包括信息披露、风险告知和投资建议义务等内容在内。

裁判结果：

一审判决：（1）被告国投资本公司、国投供应链公司共同返还原告孙某秀投资款3,000,000元。（2）被告国投资本公司、国投供应链公司支付原告孙某秀以本金3,000,000元为基数，自2018年11月15日起至2018年11月27日止按年10%计算的利息收益（已支付524元），自2018年11月28日起至款项实际付清之日止按日万分之五计算的利息损失。

二审判决：驳回上诉，维持原判。

（三）存在保底条款的情形下，有判决认定私募基金构成民间借贷法律关系

典型案例：郭某香与北京理金财富资产管理有限公司等委托理财合同纠纷案［（2021）京0105民初23245号］

案件事实：2017年10月30日，郭某香作为基金投资者与北京理金财富资产管理有限公司（以下简称理金公司）作为基金管理人、山西德邻融资担保有限公司（以下简称德邻公司）作为基金担保人共同签署基金合同，约定：本基金仅向符合《私募投资基金募集行为管理办法》规定的合格投资者发售；投资者在募集期间的认购金额应不低于100万元人民币；本基金募集期结束后将全部募集资金划入托管资金账户，基金托管人核实资金到账情况，并由基金管理人出具资金到账通知书，基金成立；募集期限届满，本基金未能成立的，基金管理人应当在募集期限届满后30日内返还基金投资者已缴纳的款项，并加计不低于银行同期活期存款利息；在不违反法律法规及监管政策的前提下，本基金主要投资于太原宏兴泰小额贷款有限公司（以下简称宏兴泰公司）股权；认购金额10万元。

同时，基金份额持有人郭某香、基金回购人宏兴泰公司、基金担保人德邻公司共同签署了基金合同附件二《基金份额回购协议》，其中约定：鉴于回购方对于本次引进股权投资者，愿意受让30%的股权出让宏兴泰股权投资基金，并承诺如股权投资基金年化净值未达到1.1（年化收益率不足10%），即触发回购约定；回购方同意如出现符合本协议约定之情形，愿意以本协议约定之条件回购基金份额持有人出让的基金份额，基金份额持有人同意将基金

份额转让（按补足年化收益率10%）给回购方；德邻公司对宏兴泰公司与基金份额持有人所履行的回购行为提供担保，宏兴泰公司用名下应收账款及全部资产对德邻公司所提供的回购担保进行反担保。

同日，基金管理人理金公司与基金投资者郭某香签署《关于基金赎回的补充协议》，约定：基金管理人与基金投资者于2017年10月30日签订的基金合同项目公司宏兴泰公司因业务需要向基金管理人提出首次赎回期延长，协商后本产品封闭期为两年，首次开放赎回的时间为产品运作两年后，收益按年分配。郭某香投资的该基金封闭期已于2019年10月30日届满，经郭某香多次催要未果，故诉至法院，请求判令理金公司、宏兴泰公司、德邻公司共同向郭某香清偿投资基金本金、收益并支付后续逾期利息。

法院认为：

郭某香与理金公司虽然签订的是基金合同，但从基金合同的实际履行情况来看，首先，按照私募投资基金的相关法律规定及涉案基金合同的约定，私募投资基金仅可向符合规定的合格投资者发售，且投资者在募集期间的认购金额应至少不低于100万元人民币，但本案中，郭某香的投资金额仅为10万元，明显不符合相关法律规定及基金合同约定中的合格投资者标准；其次，涉案基金未进行任何备案手续，且按照理金公司的确认，最终亦未完成3000万元的基金规模募集，且涉案基金募集款项均直接进入了理金公司账户，未按照私募基金法律规定中关于基金财产由托管人单独管理的要求办理，同时，在涉案基金未进行任何清算程序的情况下，理金公司已经将其中的部分投资款支付给其他投资人，上述募集、清算情形亦不符合合规私募基金的相关要求；再次，理金公司在本案中未能举证证明涉案基金实际完成了相应股权投资手续，亦未举证证明该基金项下的投资人以何种形式登记成为宏兴泰公司的股东；最后，理金公司确认基金存续期间按照固定收益标准向郭某香支付了相应收益，并由宏兴泰公司及德邻公司对到期收回投资本金及获得固定收益的事项进行了担保。由此可见，郭某香购买涉案基金，系以到期获得固定本息为目的，且不承担任何的投资风险，故双方法律关系应被认定为名为委托理财实为借贷。据此，法院认定理金公司（基金管理人）对案涉基金成立且符合实质委托理财法律关系负有证明责任。现郭某香依约向理金公司支付了相应款项，且在补充协议约定的封闭期后，郭某香实际向理金公司发出了赎回通知，应视为向理金公司主张了相应的债权，理金公司依约应当向郭某香偿还相应的本金。同时，宏兴泰公司承诺到期对上述本金承担回购责任，现理金公司未能到期还款，宏兴泰公司应当与理金公司共同承担还款责任。

裁判结果：

（1）被告理金公司、宏兴泰公司于本判决生效后10日内返还原告郭某香10万元及相应利息（以10万元为基数，自2019年10月31日起至实际付清之日止，按照全国银行间同业拆借中心公布的贷款市场报价利率计算）；（2）被告德邻公司对上述第1项被告宏兴泰公司的付款义务，向郭某香承担连带保证责任；（3）被告德邻公司承担连带保证责任后，有权向宏兴泰公司追偿；（4）驳回原告郭某香的其他诉讼请求。

（四）部分判决以合伙协议纠纷为案由认定合伙型私募基金性质

典型案例：新疆盛达永兴股权投资合伙企业、北京盛达瑞丰投资管理有限公司等合伙协议纠纷案［（2019）黑81民初107号、（2021）黑民终473号、（2022）最高法民再234号］

案件事实：2014年4月29日，北大荒投资控股有限公司（以下简称北大荒公司）与北京盛达瑞丰投资管理有限公司（以下简称盛达公司）、苏某勇、张某宁、百联汇云南实业股份有限公司、张某涛、深圳盛达万利股权投资合伙企业（有限合伙）、周某君、王某江、吴某群、晏某莲、马某保签订合伙协议，由12名合伙人共同出资成立新疆盛达永兴股权投资合伙企业（有限合伙）（以下简称永兴合伙）。盛达公司为普通合伙人，代表合伙企业执行事务，认缴出资额500,000元，承担无限连带责任。北大荒公司及其他合伙人为有限合伙人，北大荒公司出资20,000,000元，承担有限责任。同日，北大荒公司向永兴合伙支付投资款20,000,000元，向盛达公司支付管理费1,200,000元。2014年5月22日，上述合伙人签订入伙协议书。上述合伙协议及入伙协议书均经各合伙人、永兴合伙签字或盖章。2017年永兴合伙变更三位合伙人，重新签订了合伙协议。

2018年8月，因自身经营需要，北大荒公司、周某君、马某保提出退伙申请。2019年1月25日，全体合伙人签订退伙协议书，约定按照退伙时合伙企业的财产状况进行结算，退还退伙人的财产份额。此前2018年11月23日永兴合伙发出退伙金额确认通知，确认全体合伙人同意北大荒公司退伙。

2019年6月4日，因永兴合伙未按照约定支付北大荒公司退伙财产，北大荒公司与远东公司、盛达公司、永兴合伙、齐某民签订五方协议书，对永兴合伙应付北大荒公司退伙财产、支付方式及支付时间进行约定。另查明，北大荒公司因本案与黑龙江龙垦律师事务所签订《委托代理合同》，约定代理费用为140,000元，北大荒公司已经支付完毕。还查明，永兴合伙为有限合伙企业，于2014年3月10日成立。经营范围为对非上市企业的股权投资、通过认购非公开发行股票或者受让股权等方式持有上市公司股份以及相关咨询服务。

法院认为：

一审法院判决：（1）永兴合伙、盛达公司给付北大荒公司退伙财产18,800,000元,合伙收益13,182,205.2元，共计31,982,205.2元，于本判决生效之日起30日内履行完毕；（2）永兴合伙、盛达公司给付北大荒公司律师费用140,000元，于本判决生效之日起30日内履行完毕；（3）远东公司、齐某民对上述第1项、第2项承担连带给付责任。案件受理费199,719元，由永兴合伙、盛达公司、远东公司、齐某民负担。

永兴合伙和盛达公司不服一审判决，上诉请求：撤销一审判决，发回重审或改判，本案诉讼费全部由北大荒公司承担。

二审法院认为：关于本案是合伙协议纠纷还是合同纠纷的问题。合伙协议是各合伙人为确定各自权利义务达成的一种协议，是调整合伙关系的基本依据。合伙协议虽然也是合同，但不同于一般的合同，合伙协议是全体合伙人共同的意思表示一致的行为。因此，不能简单地将合伙协议纠纷认为是合同纠纷。根据最高人民法院《关于修改〈民事案件案由规定〉的决定》（法〔2020〕346号）的规定，确定个案案由时，应当优先适用第四级案由，没有对应的第四级案由的，适用相应的第三级案由，第三级案由中没有规定的，适用相应的第二级案由，第二级案由没有规定的，适用相应的第一级案由。本案当事人签署的合伙协议约定，永兴合伙系根据合伙企业法组建的企业，从协议约定的内容来看，本案协议是合伙人之间明确合伙目的、经营范围、合伙期限、出资数额、盈余分配、合伙事务执行、入伙、退伙、解散与清算等事项签订的协议，而本案的纠纷正是合伙人因退伙事项发生的纠纷，因此，一审法院将本案案由定为合伙协议纠纷并无不当。对上诉人关于本案系基于五方协议书产生纠纷因而应为合同纠纷的主张，不予支持。同时，根据上述规定，将本案案由变更为合伙合同纠纷。二审法院判决驳回上诉，维持原判。

永兴合伙、盛达公司以请求撤销一审、二审判决，改判不承担责任为由向最高人民法院申请再审。

再审法院认为：永兴合伙工商登记为有限合伙企业，同时，中国基金业协会备案登记为私募股权投资基金。永兴合伙可描述为一只采取有限合伙企业组织形式的私募股权投资基金，也可描述为一个进行股权投资的有限合伙企业。永兴合伙作为合伙企业，属于《合伙企业法》调整范围；作为基金运营，受私募股权投资基金相关法律法规及规范性文件约束。《合伙企业法》与私募股权投资基金相关规范性文件没有冲突，前者从组织层面规范合伙企业行为，后者从监管角度规范私募基金的募集、运营和管理行为，两者相结合，共同促进合伙型私募股权投资基金合法合规运作。永兴合伙、盛达公司主张本案应优先适用《证券投资基金法》，其逻辑终点是适用该法禁止刚性兑付相关规定认定二者不承担责任。对此，再审法院认为，《证券投资基金法》与《合伙企业法》在同一效力层级，且《证券投资基金法》的适用对象不涵括私募股权投资基金，故本案应优先适用《证券投资基金法》的主张不能成立。但是，《私募投资基金监督管理暂行办法》《关于规范金融机构资产管理业务的指导意见》《关于加强私募投资基金监管的若干规定》等部门规范性文件均适用于私募股权投资基金。根据上述规范性文件，“私募”和“投资”系私募行业之本源。“私募”强调从“合格投资者”处“非公开募集”资金；“投资”强调利益的分享和风险的承担。因此，向投资者承诺投资本金不受损失或者承诺最低收益为上述文件所禁止。具体到本案，永兴合伙、盛达公司不得向其有限合伙人保本保收益，既不得在募集阶段直接或间接地向有限合伙人承诺保本保收益，也不得在私募基金产品不能如期兑付或兑付困难时承诺还款。

现远东公司未能按约支付回购款，股权回购协议未得到全部履行，合伙企业的回购事务未了结，永兴合伙给付的条件也未能成就。如永兴合伙此时承担以货币退还退伙财产的责任，实质构成对北大荒公司的投资保本保收益，违反《合伙企业法》第51条的规定，违反私募股权投资基金监管规则，在全体合伙人尚未进行结算、五方协议书未经全体合伙人同意的情形下，也势必侵害其他合伙人的权益。据此，北大荒公司对永兴合伙的诉讼请求缺乏法律依据，不予支持。

关于盛达公司的责任。五方协议书未约定盛达公司向北大荒公司支付退伙财产及投资收益的义务。同时，永兴合伙2014年4月29日合伙协议明确约定普通合伙人不承担返还任何合伙人出资的义务，不对有限合伙人的投资收益保底。因此，本案北大荒公司对盛达公司的诉讼请求不具有事实和法律依据，应予驳回。原审以普通合伙人应对合伙企业债务承担连带责任为由判令盛达公司支付北大荒公司退伙金额，显悖于上述协议的明确约定，显悖于全面查明案件事实的审判原则，予以纠正。

本案中，最高人民法院主要依据合伙协议内容对各方权利义务予以明确，判决内容并未明确体现契约型基金运作过程中各方的法定义务及证明责任分配。

裁判结果：

（1）撤销黑龙江省高级人民法院（2021）黑民终473号民事判决和黑龙江省农垦中级人民法院（2019）黑81民初107号民事判决；（2）驳回北大荒公司全部诉讼请求。

（五）基金投资者利益受损时，部分案件以侵权之诉为路径主张权利

典型案例：潘某霖与中国工商银行股份有限公司上海市金山支行财产损害赔偿纠纷案［（2015）金民二（商）初字第1778号、（2016）沪01民终3348号］

案件事实：2015年6月17日，原告在被告处申请购买100万元的融通医疗保健基金产品，该产品托管人为中国工商银行股份有限公司、管理人为融通基金管理有限公司，通过管理人分公司和官网直销、托管人代销，属于高

风险、高收益的进取型股票证券投资基金，基金存续期间为不定期，运作方式为契约型开放式。2015 年 6 月 18 日，原告又在被告处购买 50 万元的该基金产品。2015 年 7 月 14 日，原告赎回所购基金，赎回到账金额为 892,168.66 元。被告处用于基金交易的中国工商银行个人基金业务申请书的基金交易适用性提示条款载明："若您还未接受我行风险能力测评，或者您购买的基金风险级别高于您的风险承受能力，您是否愿意购买以上基金。□是□否（办理购买、转换业务必填）"，原告购买讼争产品时签字确认的申请书对此条款均勾选"是"。

另查明，2014 年 12 月 10 日，被告根据原告填写的中国工商银行个人客户风险评估表评定原告属于平衡型投资者，即可以承担中等风险类型。再查明，原告曾于 2015 年 6 月 1 日在被告处购买 50 万元讼争基金产品，于 2015 年 6 月 18 日赎回，获利 27,750 元。

原告认为，被告负有依照客户的风险承受能力及财务状况等情形来推介合适产品的义务，但被告在向原告推荐讼争产品前未对原告进行风险评估和适当推介，被告对造成原告本金损失存在过错，故原告为维护自身权益，诉请判令被告赔偿原告本金损失 607,831.34 元。

被告中国工商银行股份有限公司上海市金山支行（以下简称工行金山支行）辩称：对原告所述购买及赎回讼争基金产品的时间、金额无异议，但被告未曾向原告推介该产品，原告在此之前曾有在被告处购买相同基金产品并获益的记录，讼争产品的购买系原告自主决定、主动认购，被告曾按照相关规定对原告进行风险承受能力的评估，在原告购买讼争产品前被告也曾作过风险提示，故被告已完全履行了义务，不存在过错，不应当承担赔偿责任。

法院认为：

一审法院认为：原告现主张被告存在夸大宣传讼争产品稳赚不赔、未尽风险告知义务、推荐产品与原告风险等级不符三方面侵权行为导致原告本金损失，根据原告方举证，被告为原告所作风险承受能力评估结果显示本案原告为平衡型投资者，而讼争理财产品系高风险、高收益的进取型基金产品，确与原告风险承受能力等级不符，但原告并未提交证据证明被告存在夸大宣传、主动推销的行为；相反，根据被告举证，原告有多次购买理财产品的记录和购买与本案相同基金产品并获利的经历，而讼争产品亦在管理人官网公开对外销售，投资人完全可以通过该途径了解该产品的风险收益特征和产品特性，原告对讼争产品的高风险、高收益按照常理应为已知，其作为一名具有完全民事行为能力的成年人，在明知产品风险等级高于自身承受等级的情况下，仍自愿选择申购讼争产品，由此产生的法律后果亦应由其自行承担。况且讼争产品存续期间为不定期、运作方式为契约型开放式，投资人可在开放日办理基金份额的申购和赎回，即在正常交易日的交易时间内，讼争产品的申购和赎回与否均取决于原告的意思表示，而讼争产品作为主要投资于证券市场的股票型基金，必定会因证券市场波动等因素相应增值或亏损，选择申购和赎回的时间点不同，导致的基金净值变化的结果亦会不同，即原告本金亏损的发生直接源于原告对讼争产品市场走向的判断及进而作出的赎回行为，故原告主张被告存在侵权行为、要求被告承担财产损失赔偿责任的诉讼请求，缺乏事实依据，法院不予支持。

二审法院认为：本案讼争基金产品的风险等级属于高风险、高收益的进取型股票证券投资基金，上诉人潘某霖作为一名有完全民事行为能力的成年人，其自愿向被上诉人工行金山支行申购讼争基金产品，且对于该基金产品的风险等级高于其自身承受风险投资等级应当是明知的，原审法院认定上诉人的该购买行为所产生的法律后果应由其自行承担，符合法律的规定。原审中，上诉人潘某霖作为原告提出自己的诉讼请求，认为被上诉人工行金山支行存在侵权的事实，理当依法承担相应的举证责任，原审法院并不存在举证责任分配不当的情形。原审法院已详尽地分析了讼争产品的特性为主要投资于证券市场的股票型基金，以及投资人可在正常交易日的交易时间内自主办理基金份额的申购和赎回，故而讼争产品的盈亏必定会因证券市场波动等因素而产生相应的浮动，由此，选择不同的时间点进行申购或赎回，该基金产品的净值变化结果亦会不同。上诉人没有提供充分确凿的证据证明被上诉人确实存在夸大宣传讼争产品稳赚不赔、未尽风险告知义务、推荐产品与客户风险等级不符三个方面存在侵权情形，明显缺乏事实依据。而导致上诉人投资本金损失的真正原因则在于其自身对讼争产品市场走向的判断及进而作出的赎回行为，故原审法院对于上诉人主张被上诉人存在侵权行为，并要求被上诉人承担财产损失赔偿责任的诉讼请求未予支持，并无不当。

对于本案的举证责任分配，一审、二审法院均按照“谁主张，谁举证”原则分配，即由主张侵权一方承担存在侵权行为的举证责任。法院认为主张侵权一方未能提供证据证明被告存在夸大宣传、主动推销的行为；而被告提交的原告多次购买理财产品记录及购买本案相同基金产品并获利的经历，足以使法官形成被告已经尽到了适当性义务的心证。因此，由原告承担举证不能的责任。

裁判结果：

一审法院判决：驳回原告潘某霖的全部诉讼请求。

二审法院判决：驳回上诉，维持原判。

（六）基金投资者利益受损时，亦可选择违约之诉为路径主张权利

典型案例：盖某与深圳国投资本管理有限公司、深圳国投商业保理有限公司金融委托理财合同纠纷案［（2018）粤0304民初41613号、（2020）粤03民终3403号］

案件事实：2017年9月14日，盖某与深圳国投资本管理有限公司（以下简称深国投公司）签订了合同编号为GTZB2017WY01023的《国投稳盈一号保理投资私募基金—私募基金合同》，合同第1页为简要投资说明书，在“一、产品要素”中约定，募集规模，本期规模人民币5000万元（以实际募集规模为准）；投资期限，A类12个月/B类18个月（基金管理人可根据实际情况提前结束）；业界比较基准（年化），投资金额为300万（含）~800万元（不含）12个月的9.5%；收益分配，按半年付息，到期还本付息；还款来源，第一还款来源应收账款回款，第二还款来源原始债权人到期回购，第三还款来源担保方担保还款，第四还款来源国投保理到期回购。在“二、风控措施”中约定，国投保理到期回购：若应收账款发生逾期或违约，国投保理将按照约定金额对应收账款收益权予以溢价回购……合同第11节“私募基金的投资”“投资范围”约定，本基金投资范围［深圳国投商业保理有限公司（以下简称深国投保理公司）持有的优质应收账款债权，投资资金闲置时可投资于银行存款、开放式货币市场基金］。合同签署页投资人信息载明，

姓名“盖某”，认购/申购金额750万元，认购份额类别12个月。合同第52～53页的《风险揭示书》上写明，本基金属于R2（中低）风险投资品种，适合风险识别、评估、承受能力在C2（中低）及以上的合格投资者。该文件在落款投资者签字处有“盖某”签名字样，落款日期为2017年9月14日。合同第54页的《合格投资者承诺书》上，在落款投资者签字处有“盖某”签名字样，落款日期为2017年9月14日，在该文件中有需要选择勾选盖某是否属于合格投资者的相关内容，盖某没有勾选。合同第55～57页为《投资者风险识别能力和承受能力调查问卷》，共有十个关于盖某收入和投资的问题，盖某没有对问题进行勾选，落款投资者签字处有“盖某”签名字样，落款日期为2017年9月14日。

另查明，盖某于2017年9月12日向深国投公司户名为“国投稳盈一号保理投资私募基金”、账号为85×××73的账号转账750万元，备注信息为“盖某认购国投稳盈一号750万元”。深国投公司向盖某出具了一份《国投稳盈一号保理投资私募基金成立确认函》，载明“尊敬的投资人盖某：您于2017年9月12日投资了由深国投公司发起的‘国投稳盈一号保理投资私募基金’，合同编号为GTZGTZB2017WY01023，出资金额为人民币750万元整，投资期限12个月，业界比较基准（年化）9.5%/年，起息日期2017年9月12日，成立日期为2017年9月15日，到期日期为2018年9月15日（到期十个工作日内兑付）”。

2018年3月15日，户名为“国投稳盈一号保理投资私募基金”、账号为85×××73的账号向盖某转账354，530元，盖某主张为涉案私募基金的付息。涉案基金于2018年9月15日到期后，户名为“国投稳盈一号保理投资私募基金”、账号为85×××73的账号于2018年10月24日向盖某转账3,208,965元，备注信息为“投资者归还本金”。2018年10月19日，深国投保理公司发出《国投稳盈一号保理投资私募基金基金份额持有人补偿公告》，称：“尊敬的投资人：我司作为向国投稳盈一号保理投资私募基金转让应收账款债权的转让方，由我司作为应收账款的管理方……我司对该基金全体基金份额持有人作出以下补偿承诺：我司承诺用后续经营利润或集团调拨资金等弥补投资人按《基金合同》对应的剩余本金及预期投资收益……分三年完成……”

原告起诉称两被告虚假推介、故意降低产品风险等级，被告深国投公司利用基金财产及职务之便，为被告深国投保理公司谋取利益，被告深国投公司、深国投保理公司恶意串通，深国投保理公司应该对被告深国投公司的上述兑付义务承担连带责任。原告的诉讼请求为：(1) 判令被告深国投公司向原告支付投资本金4,291,035元、未支付投资利益373,803元；(2) 判令被告深国投公司赔偿资金占用费37,105元；(3) 判令被告承担本案的诉讼费、保全费、担保费；(4) 判令被告深国投保理公司对被告深国投公司的上述义务承担连带责任。

法院认为：

一审法院认为：本案的争议焦点有三：(1) 原告与被告深国投公司签订的合同是否合法有效。(2) 被告深国投公司是否需要对原告的损失承担责任。(3) 被告深国投保理公司是否需要对原告承担责任。

(1) 关于涉案合同是否有效。《私募投资基金监督管理暂行办法》第15条规定，“私募基金管理人、私募基金销售机构不得向投资者承诺投资本金不受损失或者承诺最低收益”。被告深国投公司作为私募基金募集机构，在募集资金时，应当恪尽职守，履行诚实信用、谨慎勤勉的义务，不得向投资者承诺投资本金不受损失或者承诺最低收益。本案中，涉案《国投稳盈一号保理投资私募基金—私募基金合同》约定，原告作为投资者自愿投资被告深国投公司作为管理人的国投稳盈一号投资基金，原告自愿认购750万元，双方成立委托理财合同关系。该合同约定“收益分配：按半年付息，到期还本付息”等内容，应视为原告与被告深国投公司在上述合同中进行了保底条款的约定，而原告委托被告深国投公司所进行的基金投资，其投资风险无法避免，绝对的只盈不亏的情形不可能存在。保底条款违反了民法的公平原则、违反了市场基本规律，属于无效条款，而保底条款亦属于合同双方委托理财合同的核心条款，不能成为相对独立的合同无效部分，故保底条款无效导致双方委托理财合同整体无效。根据合同法规范的相关规定，“无效的合同或被撤销的合同自始没有法律约束力”，“合同无效或者被撤销后，因该合同取得的财产，应当予以返还；不能返还或者没有必要返还的，应当折价赔偿。有过错的一方应当赔偿对方因此所受到的损失，双方都有过错的，应当各自承担相应的责任”。

（2）关于被告深国投公司是否需要对原告承担责任。《私募投资基金监督管理暂行办法》第17条规定，“私募基金管理人自行销售或者委托销售机构销售私募基金，应当自行或者委托第三方机构对私募基金进行风险评级，向风险识别能力和风险承担能力相匹配的投资者推介私募基金”。《私募投资基金募集行为管理办法》第18条第1款规定，“在向投资者推介私募基金之前，募集机构应当采取问卷调查等方式履行特定对象确定程序，对投资者风险识别能力和风险承担能力进行评估。投资者应当以书面形式承诺其符合合格投资者标准”；第24条规定，“募集机构及其从业人员推介私募基金时，禁止有以下行为：……（三）以任何方式承诺投资者资金不受损失，或者以任何方式承诺投资者最低收益，包括宣传‘预期收益’、‘预计收益’、‘预测投资业绩’等相关内容……”；第26条规定，“在投资者签署基金合同之前，募集机构应当向投资者说明有关法律法规，说明投资冷静期、回访确认等程序性安排以及投资者的相关权利，重点揭示私募基金风险，并与投资者签署风险揭示书。风险揭示书的内容包括但不限于：（一）私募基金的特殊风险，包括基金合同与中国基金业协会合同指引不一致所涉风险、基金未托管所涉风险、基金委托募集所涉风险、外包事项所涉风险、聘请投资顾问所涉风险、未在中国基金业协会登记备案的风险等；（二）私募基金的一般风险，包括资金损失风险、基金运营风险、流动性风险、募集失败风险、投资标的的风险、税收风险等；（三）投资者对基金合同中投资者权益相关重要条款的逐项确认，包括当事人权利义务、费用及税收、纠纷解决方式等”。被告深国投公司作为私募基金募集机构，负有根据上述规范对投资者进行风险承担能力进行评估，了解投资者的财务状况、风险识别承受能力，以评价投资者是否为私募基金的合格投资者，并进行充分的风险提示的义务，以避免客户基于错误认识进行投资而产生损失。私募基金在募集资金时，应注重募集机构应当根据私募基金的风险类型和评级结果，向投资者推介与其风险识别能力和风险承担能力相匹配的私募基金，从而保护投资人及相关当事人的合法权益，促进证券投资基金和资本市场的健康发展。本案中，原告在合同签订之前已向被告支付涉案基金投资款，没有证据显示被告深国投公司向原告推介私募基金之前，已采取问卷调查等方式履行特定对象确定程序，违反了《私募投资基金监督管理暂行办法》《私募投资基金募集行为管理办法》的相关规定。在签订《风险揭示书》《合格投资者承诺书》《投资者风险识别能力和承受能力调查问卷》等文件时，原告未对相关选项进行勾选，被告亦未提交证据显示在原告决定购买涉案基金前投资者对基金合同中投资者权益相关重要条款的逐项确认。综上，被告深国投公司作为私募基金募集机构，在向原告提供金融委托理财服务时未履行适当的推介义务，应承担相应的赔偿责任。原告要求被告深国投公司赔偿原告剩余的本金以及利息（按中国人民银行同期贷款利率年4.35%计算），有事实及法律依据，法院予以支持。被告深国投公司已偿还部分，应先按照上述标准支付利息再抵扣本金。

（3）关于被告深国投保理公司是否需要对原告承担责任。其一，从被告深国投保理公司发出的《国投稳盈一号保理投资私募基金基金份额持有人补偿公告》的内容来看，其有债务承担的意思表示。其二，被告深国投公司提供的涉案私募基金合同中有由被告深国投保理公司到期回购的约定。被告深国投保理公司虽非涉案合同当事人，但被告深国投公司和被告深国投保理公司的法定代表人为同一人，且被告深国投公司为被告深国投保理公司的控股股东，被告深国投公司对在该合同上的签字应理解为双重身份，即既代表自己与原告签订涉案私募基金合同，又代表被告深国投保理公司与原告达成了回购约定。其三，根据资金流向来看，涉案基金款项实际直接支付至被告深国投保理公司。综上，原告要求被告深国投保理公司对被告深国投公司的还款责任承担连带责任，法院予以支持。

一审法院在认定保底条款无效导致案涉基金合同整体无效的前提下，运用了过错责任原则确定各方的法律责任。核心为由深国投公司作为私募基金募集机构对尽到了适当性义务承担证明责任。

深国投公司对一审判决不服，提起上诉，二审法院对一审判决查明的事实予以确认，对返还投资本金及收益的金额进行了调整。

裁判结果：

一审法院判决：（1）确认原告盖某与被告深国投公司签订的编号为

GTZB2017WY01023 的《国投稳盈一号保理投资私募基金—私募基金合同》无效；（2）被告深国投公司应于本判决发生法律效力之日起 10 日内偿还原告盖某投资本金 4,303,064.5 元及利息（利息以本金 4,303,064.5 元为基数，按年 4.35% 标准，自 2018 年 10 月 24 日起计至清偿之日止）；（3）被告深国投保理公司对被告深国投公司的上述债务承担连带清偿责任；（4）驳回原告盖某的其他诉讼请求。

二审法院判决：（1）维持广东省深圳市福田区人民法院（2018）粤 0304 民初 41613 号民事判决第 1 项；（2）撤销广东省深圳市福田区人民法院（2018）粤 0304 民初 41613 号民事判决第 3 项、第 4 项；（3）变更广东省深圳市福田区人民法院（2018）粤 0304 民初 41613 号民事判决第 2 项为上诉人深国投公司应于本判决发生法律效力之日起 10 日内偿还被上诉人盖某投资本金 4,291,035 元及利息（利息以本金 4,291,035 元为基数，按年 4.35% 标准，自 2018 年 10 月 24 日起计至清偿之日止）；（4）原审被告深国投保理公司对上诉人深国投公司的上述债务承担连带清偿责任；（5）驳回被上诉人盖某的其他诉讼请求。

二、私募投资基金的法律性质应定性为信托法律关系

从上述案例来看，同样为私募基金投资者利益受损的情况下，当事人据以起诉及法院最终认定的关于私募投资基金的性质并不相同。在此基础上，案件纠纷应适用何种法律规范，对应当事人何种请求权基础不明，进而审理者对于各方当事人的证明责任分配难以达到合理准确。为此，有必要对于私募投资基金的性质予以正确辨析。

（一）审理实践普遍显示规范运作的私募投资基金应成立信托法律关系

根据《私募条例》和《证券投资基金法》及其他有关私募投资基金监管、自律条例的规定，合规运作的私募基金应至少具备以下几个要素：（1）由符合条件的公司或合伙企业担任管理人，并在运用私募基金财产时，履行诚实信用、谨慎勤勉的义务；（2）私募基金应当向具备风险识别能力和风险承担能力的合格投资者募集，并履行特定的募集程序；（3）私募基金在完成募

集后应及时履行登记备案手续并由基金管理人、托管人及从业人员履行信息披露义务；（4）私募基金的财产应当独立于合格投资者及基金管理人、托管人的自有资产。相较于基础的信托法律关系而言，尽管监管和自律规则为私募投资基金增设了诸多合规运作要素，但规范的私募投资基金仍然具备信托法律关系中“受托人承担法定信义义务”“信托财产独立”等核心特征。

目前司法实践中，法院对于案涉私募投资基金性质的认定主要考查了以下几个因素：（1）受托人是否以自己的名义管理信托财产；（2）信托财产是否独立；（3）投资人是否承担有限责任；（4）基金的退出机制；（5）募集对象是否属于合格投资者等。上述因素亦属于法院对于案涉私募投资基金是否符合信托法律关系的实际考量。在（2019）津01民终3107号判决中，生效判决明确指出“信托是基金的基础，基金仅仅是基于信托而产生的一种资产管理方式……私募投资基金与证券投资资金仅仅是投资标的不同，其本质同样属于信托法律关系”。

鉴于此，审理实践普遍认为规范运作的私募投资基金具备信托法律关系的核心特征，在投资者与管理人之间成立信托法律关系，在依据监管条例确定各方主体权利义务的基础上，可参照《信托法》对各方之间的权利与义务予以调整。

（二）私募投资基金法律关系的核心内容——适当性义务

国际清算银行将适当性义务界定为“金融中介机构所提供的金融产品或服务与客户的财务状况、投资目标、风险承受水平、财务需求、知识和经验之间的契合程度”。适当性义务在我国私募投资基金市场发展中逐渐完善与发展，属于私募投资基金法律关系中的特殊内容。

1. 适当性义务的价值

在私募投资基金实际运作过程中，投资者在理财产品购买之后对于资金如何投资运作缺乏控制权，由受托人按照协议约定进行对外投资。投资者在专业水平、信息渠道上均处于劣势地位。投资者适当性义务正是基于此应运而生的特殊权利义务内容，在实践中逐渐完善与发展，有助于消弭投资者与金融机构之间的信息差，保护投资者的信赖利益。

2. 适当性义务的内容

《九民纪要》将投资者适当性义务的内容明确为，卖方机构向金融消费者推介、销售高风险等级金融产品或提供服务的过程中，必须履行的了解客户、了解产品及适当推介的义务。《私募投资基金监督管理暂行办法》进一步细化完善了理财公司和代理销售机构的销售责任，明确了其承担适当性义务的主要内容。

对于基金管理人而言，鉴于其为基金产品的设计发行方，其主要承担反映理财产品信息内容和筛选合格销售者的义务。具体包括如实反映产品的属性和筛选合格的代理销售机构并进行持续有效管理。具体履行适当性义务的方式包括编制基金产品销售文件、进行基金产品评级、对代理销售机构进行尽职调查等。

对于代理销售机构而言，其主要责任在于选择适合本机构特点和目标投资者的理财产品、筛选合格投资者并依法依规销售的义务。具体包括对产品进行销售评级、对非机构投资者的风险承受能力进行评估、提供持续性信息服务等。

对于基金投资者自身而言，适当性义务也是其基金投资过程中应尽的审慎义务的重要组成部分。投资者的义务内容具体包括：提供真实的个人信息，确保登记信息的真实、准确和完整；仔细阅读基金产品销售文件，特别是其中的警示内容；充分认识投资风险、谨慎投资等。

（三）私募投资基金纠纷案件中的证明责任分配

审理实践中，法院对于私募投资基金所涉案件的证明责任的分配并不统一，在上述潘某霖案中，法官举证责任的分配为主张侵权一方承担存在侵权行为的举证责任。而在孙某秀案中，法官则将举证责任加诸于基金管理人身上，需由基金管理人对其履行了适当性义务承担证明责任。可见，法官将证明责任分配给哪一方当事人对判决结果影响极大。

《九民纪要》第75条规定："金融消费者应当对购买产品（或者接受服务）、遭受的损失等事实承担举证责任。卖方机构对其是否履行了适当性义务承担举证责任。卖方机构不能提供其已经建立了金融产品（或者服务）的风险评估及相应管理制度、对金融消费者的风险认知、风险偏好和风险承担能力进行了测试、向金融消费者告知产品（或者服务）的收益和主要的风险因素等相关证据的，应当承担举证不能的法律后果。”据此，法院在审理此类案件时应当将履行适当性义务的证明责任分配给基金卖方机构，由此为核心认定各方权利义务及法律责任。

在证明程度的考量层面，从目前民事诉讼法的通说来看，法官裁判以“高度盖然性”作为证明标准。本文中所提到的适当性义务的履行，大多是主观性的裁判，没有直接的客观依据，因此，证明结果很大程度上取决于法官的认识及心证。但是，基于保护金融消费者的立场，应当对于“适当性义务”进行实质性审查。一般而言，对于有法律明确规定的“适当性义务”，需要参照法律规定判断；但是对于法律没有明确描述的细节，则需要综合具体细节对于整个理财活动的重要程度进行判断。

综上所述，在法律性质的认定上，审理实践普遍显示私募投资基金运作过程应成立信托法律关系。而在该法律性质项下，保护基金投资者利益的核心为卖方机构履行适当性义务。由此在证明责任的分配上，应基于充分保护金融消费的立场，由卖方机构对“适当性义务”的履行承担证明责任。后文也将对基金管理人、基金托管人的法律责任进行详细阐述。

第二节　私募投资基金保底条款的效力认定

近年来，私募投资基金已成长为我国资本市场的重要力量，拓宽了投资渠道，促进了金融市场的繁荣。与此同时，有的私募基金管理人、销售机构以及相关从业人员为了吸引投资，向投资者作出保底承诺，以保本保收益承诺、差额补足、远期回购等各种形式展现呈现的保底条款（刚兑条款）层出不穷，严重背离了“卖者尽责、买者自负”的基本原则，有损投资市场的健康发展和金融市场秩序的稳定。为此，金融监管层面出台了诸多法律规范以禁止保底条款，进入诉讼领域且与保底条款效力相关的私募基金纠纷也逐步增多，各法院观点不一。在《九民纪要》出台之后，司法实践对于保底条款效力的认定观点逐渐趋同。《私募条例》的出台，使保底条款效力问题有了行政法规层面的规定，为法院判决此类条款无效提供了更有力的支撑。以下是我们总结的关于私募基金保底条款效力的一些典型案例，希望能对读者有所帮助。

一、私募投资基金保底条款效力认定的司法实践观察

（一）私募基金管理人在基金募集时向投资人保底承诺无效

典型案例：中天钢铁集团有限公司与三度星和（北京）投资有限公司证券投资基金交易纠纷案［（2019）京03民初168号、（2021）京民终59号］

基本案情：三度星和（北京）投资有限公司（以下简称三度星和公司）于2015年1月9日设立泽芯8号基金，该基金在中国基金业协会备案。2015年12月25日，中天钢铁集团有限公司（以下简称中天钢铁公司）作为甲方（基金委托人）与乙方（基金管理人）三度星和公司签订《泽芯8号合同》。2015年12月27日，中天钢铁公司作为甲方与乙方三度星和公司签订《泽芯8号补充协议》，约定：鉴于乙方购买1.5亿元甲方发行的2015中天公司债（以下简称2015中天债），甲方同意按照乙方投资总额的40%购买乙方管理的泽芯8号平衡型基金……双方特此签订本补充协议，作为主协议的组成部分……甲方拟认购金额为6000万元人民币……基金到期，乙方应于甲方办理全额赎回后3个工作日内将甲方本金及收益全额划入中信证券清算结算账户，如果乙方在指定期限没有完成全额划款，乙方向甲方进行赔偿，赔偿比例为甲方应收本金及利息总额的10%，乙方需在一周内完成赔偿金支付……乙方作为基金管理人，确保甲方投资本金及年化收益8.5%收益的安全，如果出现损失，由乙方予以无条件补足……产品成立满一年，每一年度对应的分红日（包括赎回日前一工作日），基金资产的单位年化净值不少于1.085元，如有不足，由乙方予以无条件补足；如果乙方不能在两个工作日补足应缴资金，甲方有权宣布基金提前终止，由此产生的损失依据本协议第4条执行；每一年度分红完成后，基金资产的单位净值不得低于1.0等。

上述《泽芯8号合同》已备案，《泽芯8号补充协议》未备案。

中天钢铁公司支付认购款后，收到了部分分红款。2019年1月23日，中

天钢铁公司作为申请人向三度星和公司提交《私募基金赎回申请表》，申请赎回泽芯8号基金6000万元。后三度星和公司对泽芯8号基金进行清算，中天钢铁公司陆续收到部分清算款。后中天钢铁公司起诉要求三度星和公司支付基金认购本金41,188,800元、赔偿金6,948,880元，按照年利率6%的标准支付逾期付款违约金。

法院认为：

一审法院认为：《泽芯8号补充协议》中相关保证中天钢铁公司的投资本金不受损失、保证其本息固定回报的条款，属于保底条款，未经依法备案且违反法律、行政法规的强制性规定，应属无效。中天钢铁公司的全部认购资金均存入中信证券公司的专用账户，中天钢铁公司享有的基金财产由中信证券公司保管，现无证据证明三度星和公司因《泽芯8号补充协议》取得中天钢铁公司的基金认购本金，故中天钢铁公司要求三度星和公司返还基金认购本金，缺乏事实依据，法院不予支持。保底或者刚兑条款无效后，中天钢铁公司可以请求三度星和公司对其损失承担与其过错相适应的赔偿责任，但因泽芯8号基金仍在清算过程中，中天钢铁公司的最终损失数额尚未确定，中天钢铁公司赔偿金的诉讼请求也不予支持。

二审法院认为：《泽芯8号补充协议》相关保底条款无效。因泽芯8号基金在本案二审审理期间仍在清算过程中，故对于中天钢铁公司关于三度星和公司应当返还基金本金并支付赔偿金的上诉理由，不予支持。

第一，《证券投资基金法》第2条规定："在中华人民共和国境内，公开或者非公开募集资金设立证券投资基金（以下简称基金），由基金管理人管理，基金托管人托管，为基金份额持有人的利益，进行证券投资活动，适用本法；本法未规定的，适用《中华人民共和国信托法》《中华人民共和国证券法》和其他有关法律、行政法规的规定。"案涉相关协议即属于为非公开募集基金签订的协议，应当适用《证券投资基金法》的相关规定。

第二，《证券投资基金法》第31条规定："对非公开募集基金的基金管理人进行规范的具体办法，由国务院金融监督管理机构依照本章的原则制定。"根据该规定，非公开募集基金的基金管理人管理体制得以确认。也就是说，对于非公开募集基金的基金管理人，不论是从设立还是从具体经营行为，如果《证券投资基金法》有规定的，应当遵守该法的规定；如果该法未作明确规定，则应当遵守金融监管部门依据该法制定的具体管理办法。

第三，中国证监会于2014年8月21日公布施行的《私募投资基金监督管理暂行办法》第1条规定："为了规范私募投资基金活动，保护投资者及相关当事人的合法权益，促进私募投资基金行业健康发展，根据《证券投资基金法》《国务院关于进一步促进资本市场健康发展的若干意见》，制定本办法。"该规定即为监管部门依据《证券投资基金法》对于私募基金的具体管理办法。《私募投资基金监督管理暂行办法》第2条规定明确在我国境内从事私募基金业务即应适用该办法，前述规定亦未将其调整主体限定于证券公司、基金管理公司、期货公司及其子公司的范围内。《私募投资基金监督管理暂行办法》第15条规定："私募基金管理人、私募基金销售机构不得向投资者承诺投资本金不受损失或者承诺最低收益。"案涉《泽芯8号合同》《泽芯8号补充协议》签订时，《私募投资基金监督管理暂行办法》已经施行，依据该办法第15条的规定，三度星和公司作为私募基金募集机构，不得向投资者承诺投资本金不受损失或者承诺最低收益。虽然违反规范性文件一般情况下不影响合同效力，但该规范性文件的内容涉及金融安全、市场秩序、国家宏观政策等公序良俗的，应当认定合同无效。

裁判结果：

一审驳回中天钢铁公司的诉讼请求；二审驳回上诉，维持原判。

（二）基金管理人的关联人在基金募集时对投资人的保底承诺条款无效

典型案例：罗某晖与熊某红、张某伟、陈某芳合同纠纷案［（2018）粤0106民初27961号、（2019）粤01民终16045号、（2020）粤民申7874号］

基本案情：2016年3月31日，罗某晖与东方比逊公司签订基金合同，购买东方比逊定增3号基金，基金管理人为东方比逊公司，基金存续期限为2年，初始份额面值为1元；罗某晖认购金额为100万元；基金的止损线为基金份额净值等于0.850元/份；若基金亏损并触发止损线时，基金管理人或其指定的第三人在3个工作日内追加资金使委托资产单位净值大于等于0.900的，基金继续按合同履行。

2016年4月15日，罗某晖与熊某红、张某伟、陈某芳签订补充协议，约定：(1) 罗某晖为东方比逊定增3号基金的投资人并签署上述基金合同，熊某红、张某伟、陈某芳为东方比逊公司主要股东；(2) 熊某红、张某伟、陈某芳就东方比逊公司管理下的东方比逊定增3号基金的业绩向甲方承诺保证，东方比逊定增3号基金产品触发止损线0.850元时，由熊某红、张某伟、陈某芳或其指定的第三方在3个工作日内追加资金使委托资产单位净值大于等于0.900元。同时，若东方比逊定增3号基金产品清算时资产单位净值小于1.000元时，则熊某红、张某伟、陈某芳或其指定的第三方需在差价范围内作出补足。

2016年4月18日，罗某晖向上述基金合同指定的募集账户转账支付100万元。东方比逊公司于2016年4月28日出具认缴确认函。

2018年11月2日，东方比逊公司作出《关于东方比逊定增3号基金情况说明》，主要内容为：东方比逊定增3号基金投资标的资产管理计划于2018年10月11日跌至罚没线以下，东方比逊因筹措补仓资金未果，未能按合同约定进行补仓，致该计划于10月12日触发罚没机制。东方比逊定增3号基金的净值将降为0，产品资金预计全额亏损。另外，熊某红为东方比逊公司的法定代表人、间接股东，张某伟为该公司董事长、定增3号基金的基金经理，陈某芳系东方比逊公司间接股东。后罗某晖起诉熊某红、张某伟、陈某芳向其返还投资款100万元及利息。被告提出已经尽职履责，其与原告签订补充协议系保底条款，应当无效。

法院认为：

一审法院认为：首先，《私募投资基金监督管理暂行办法》第15条规定："私募基金管理人、私募基金销售机构不得向投资者承诺投资本金不受损失或者承诺最低收益。"在本案中与罗某晖签订补充协议承诺保底的主体并非东方比逊公司，而是熊某红、张某伟及陈某芳，故补充协议中的签约及承责主体均不违反上述规定，且熊某红、张某伟、陈某芳作为独立的自然人，对其自身作出的承诺理应独立承担相应的民事责任。其次，补充协议系罗某晖与熊某红、张某伟、陈某芳自愿签订，双方意思表示真实、明确，相应条款并未损害他人或社会利益，亦未违反法律、行政法规的效力性强制性规定，故该协议不存在应被认定为无效的情形。

二审法院认为：本案保底承诺的作出方虽系熊某红、张某伟、陈某芳个人，而非基金管理人东方比逊公司，但熊某红系东方比逊公司法定代表人及间接股东，陈某芳系东方比逊公司间接股东，而张某伟则系定增 3 号基金的基金经理，三人与东方比逊公司实际上系利益共同体。而且，从补充协议的约定来看，双方在签订该协议时亦均已知悉熊某红、张某伟、陈某芳为东方比逊公司实际控制人的事实。因此，案涉补充协议实为双方为规避法律、行政法规的监管而作出的约定，内容违反了市场基本规律和资本市场规则，严重破坏资本市场的合理格局，不利于金融市场的风险防范，有损社会公共利益，依法应认定为无效合同。

关于无效后损失承担问题，二审法院认为熊某红、张某伟、陈某芳作为东方比逊公司的法定代表人、间接股东或基金经理，属于基金行业的投资人、管理人员或从业人员，理应清楚知悉法律、行政法规的禁止性规定，亦应清楚知悉违反相关禁止性规定的法律后果，三人签订案涉补充协议主观过错明显，其主观上的利益追求，亦系促成罗某晖投资的重要原因，酌定承担赔偿原告损失的 70%；罗某晖作为合格私募基金投资者，理应知悉资本市场的投资风险，签订基金合同时已知基金产品的高风险性，然而仍与熊某红、张某伟、陈某芳签订案涉补充协议，企图完全规避资本市场的投资风险，亦存在一定的主观过错，应承担投资损失的 30%。

再审认为：二审酌定损失赔偿比例合理。

裁判结果：

一审判决被告熊某红、张某伟、陈某芳于本判决发生法律效力之日起 10 日内向原告罗某晖支付 100 万元及利息；二审判决熊某红、张某伟、陈某芳于本判决发生法律效力之日起 10 日内向罗某晖赔偿 70 万元及利息；再审维持二审判决，驳回再审申请。

（三）合伙型基金劣后级合伙人对优先级合伙人等作出的保底条款以及募集机构之外的非关联方对投资人作出保底承诺条款通常有效

典型案例 1：招商银行股份有限公司与光大资本投资有限公司其他合同纠

纷案［（2019）沪74民初601号、（2020）沪民终567号］

基本案情：2016年2月，招商银行股份有限公司（以下简称招商银行）通过招商财富资产管理有限公司（以下简称招商财富公司）与光大资本投资有限公司（以下简称光大资本公司）等共同发起设立上海浸鑫投资咨询合伙企业（有限合伙）（以下简称上海浸鑫基金），其中招商财富公司认购优先级有限合伙份额28亿元，光大资本公司认购劣后级有限合伙份额6000万元，光大浸辉公司为基金执行事务合伙人。2016年4月，光大资本公司向招商银行出具《差额补足函》，载明："招商银行通过招商财富公司设立的专项资产管理计划，认购基金的优先级有限合伙份额28亿元……我司同意在基金成立满36个月之内，由暴风科技或我司指定的其他第三方以不少于［28亿元×（1+8.2%×资管计划存续天数/365）］的目标价格受让基金持有的JINXIN HK LIMITED浸辉（香港）投资管理有限公司100%的股权，我司将对目标价格与股权实际转让价格之间的差额无条件承担全额补足义务。届时，资管计划终止日，如果MPS股权没有完全处置，我司同意承担全额差额补足义务"。光大证券股份有限公司（以下简称光大证券公司）系光大资本公司唯一股东，其向光大资本公司出具《关于光大跨境并购基金的回复》，载明"我司已知悉并认可光大资本公司对招商银行的补足安排"。后因收购的MPS公司濒临破产，上海浸鑫基金无法顺利退出，招商银行遂诉请光大资本公司履行差额补足义务。

因被告未按约履行差额补足义务，原告提起本案诉讼。诉请：（1）被告向原告履行差额补足义务，金额为人民币3,489,429,041元；（2）被告以欠付金额3,489,429,041元为基数向原告赔偿自2019年5月6日起至实际清偿之日止的资金占用损失。

被告光大资本公司提出四大抗辩理由，其中一条是《差额补足函》违反不得"刚性兑付"的监管规定，应认定无效。

法院认为：

上海金融法院一审认为："刚性兑付"表述本身并非法律意义上的概念，在资产管理业务中，"刚性兑付"是指资产管理产品的发行人或者管理人对投资人承诺保本保收益的行为。因"刚性兑付"违反了资管业务"受人之托，代人理财”的法律关系本质，转嫁损失风险，且不利于金融资源的合理配置，损害了金融秩序及金融市场的稳定，故对于资产管理产品的发行人或者管理人对投资人承诺保本保收益的行为应依法认定无效。但在本案中，被告并非所涉投资资金的管理人或者销售机构，不属于《私募股权投资基金监督管理暂行办法》所规定的私募基金管理人或私募基金销售机构不得承诺投资本金不受损失或者承诺最低收益的行为，不构成无效情形。

上海市高级人民法院二审认为，《差额补足函》系招商银行和光大资本公司的真实意思表示，且不违反法律、行政法规的强制性规定，应为合法有效。

裁判结果：

一审判决：（1）光大资本公司向招商银行支付 3,115,778,630.04 元；（2）光大资本公司向招商银行支付以 3,115,778,630.04 元为基数，自 2019 年 5 月 6 日起至实际清偿之日止的利息损失。一审宣判后，光大资本公司提起上诉。

上海市高级人民法院二审驳回上诉，维持原判。

典型案例 2：深圳前海君创资产管理有限公司与湖北同济堂投资控股有限公司、张某华等合伙协议纠纷案［（2019）粤 03 民初 2638 号、（2020）粤民终 2758 号、（2021）最高法民申 6572 号］

基本案情：2017 年 5 月 16 日，股权投资基金“君创并购 1 号私募基金”成立。2017 年 6 月 16 日，该基金在中国基金业协会备案。深圳前海君创资产管理有限公司（以下简称君创资产管理公司）为基金管理人。2017 年 5 月，深圳前海君创基金管理有限公司（以下简称君创基金管理公司）与湖北同济堂投资控股有限公司（以下简称同济堂公司）、张某华、上海凯喜投资咨询有限公司签订《关于设立新余市君凯投资中心（有限合伙）之协议》，约定：君创基金管理公司与同济堂公司拟设立股权投资基金“君凯投资中心”；同济堂公司、上海凯喜投资咨询有限公司、君创基金管理公司共同作为该基金的普通合伙人，君创基金管理公司为执行事务合伙人；有限合伙人由夹层有限合伙人及优先级有限合伙人组成，其中，夹层份额由君创资产管理公司发起的契约型基金认购；基金（君凯投资中心）出资总额为 15.96 亿元，其中夹层有限合伙人 4.95 亿元；基金存续期内，每满一年进行一次收益分配……

2017年5月，君创资产管理公司与君创基金管理公司、同济堂公司、张某华、李某、上海凯喜投资咨询有限公司签订《关于设立新余市君凯投资中心（有限合伙）之协议之补充协议》。其中第8条约定：同济堂公司发生减资或其他重大财务危机、重大诉讼、仲裁、行政处罚或刑事处罚等事项，且对同济堂公司偿债能力发生重大不利影响的事由，原告有权要求同济堂公司、张某华、李某立即无条件回购君凯投资之夹层投资人君创并购1号私募基金全部本金4.95亿元对应的有限合伙份额（以本金价格），并支付期间（从君创并购1号私募基金成立之日起至收到同济堂公司、张某华、李某支付的全部本金和利息之日止）9%/年利息。

2017年6月，股权投资基金“君凯投资中心”成立，并在中国基金业协会备案，君创基金管理公司为基金管理人，君创并购1号私募基金向君凯投资中心转账4.95亿元认购款。

自2019年1月起，除本案外，同济堂公司、张某华、李某共同或者分别作为被告或被申请人存在数个大额诉讼、仲裁，涉及案由有质押式证券回购纠纷、合同纠纷、股权纠纷等，其名下股票、股权等相关财产陆续被司法冻结。

君创资产管理公司认为涉案协议约定的同济堂公司、张某华、李某无条件回购原告代表君创并购1号私募基金在君凯投资中心持有的有限合伙份额并支付4.95亿元本金及相应期间利息的条件已成就，遂起诉要求支付回购款本金及相应利息。同济堂公司、张某华、李某提出回购条件不成就、利息显失公平等抗辩理由。本案二审过程中同济堂公司、张某华、李某上诉，任务涉合同中的购回及差额补足约定违反《合伙企业法》第33条的规定，也有损金融安全及国家宏观政策等公序良俗，依法应认定为无效条款。要求撤销回购判决，利息扣减已支付的部分。

法院认为：

一审法院认为：案涉《关于设立新余市君凯投资中心（有限合伙）之协议》《关于设立新余市君凯投资中心（有限合伙）之协议之补充协议》系各方当事人的真实意思表示，内容未违反法律、行政法规的强制性规定，合法有效，各方均应依约履行各自之合同义务。同济堂公司发生重大财务危机、重大诉讼，偿债能力受到重大不利影响，该回购条件已成就。

二审法院认为：案涉有限合伙份额回购条款合法有效。首先，案涉回购条款未违反《合伙企业法》的相关规定。《合伙企业法》第33条第2款规定，合伙协议不得约定将全部利润分配给部分合伙人或者由部分合伙人承担全部亏损。本案中，案涉回购条款约定的是同济堂公司、张某华、李某在发生对其偿债能力有重大不利影响事件时，应无条件回购君凯投资中心之夹层投资人君创并购1号私募基金有限合伙份额并支付利息。上述回购条件与君凯投资中心是否存在盈亏没有关联，且张某华、李某并非君凯投资中心的合伙人，回购协议主体与合伙协议主体不同，因此，案涉回购条款不属于约定部分合伙人不承担亏损的情形，不违反《合伙企业法》第33条第2款规定。其次，案涉回购条款未违反金融管理政策。君凯投资中心之合伙协议约定在合伙企业发生亏损时，有限合伙人应在认缴出资范围内承担责任，表明被回购方夹层投资人亦需共担亏损，本案不存在刚性兑付情形。同济堂公司、张某华、李某上诉认为案涉回购条款违反金融管理政策的依据不足。最后，案涉回购条款符合公平原则。根据君凯投资中心之合伙协议及补充协议，合伙人分为普通合伙人、优先级有限合伙人和夹层有限合伙人。有限合伙人在君凯投资中心亏损时为第一顺位承担亏损，但在基金清算还有剩余财产时则可分配81%超额收益，属于高风险高收益投资类型；优先级和夹层有限合伙人在基金存续期间分别按照7.5%、9%分配收益，但基金清算时不分配或者少量分配收益，在第一顺位主体承担亏损仍不足时则先由夹层有限合伙人承担、再由优先级有限合伙人承担，属于低风险、低收益投资类型。因此，案涉回购条款各方的权利义务对等，属于不同类型合伙人之间就融资达成的商业安排，并不存在利益失衡的情形。综上，案涉回购条款系同济堂公司、君创资产管理公司作为普通合伙人、有限合伙人就君创资产管理公司投资保障所达成的协议，既不改变各方依合伙协议所形成的法律关系，亦不违反法律及金融管理政策，依法应认定为有效协议。

最高人民法院再审同意二审意见。

裁判结果：

一审法院判决同济堂公司、张某华、李某应于判决生效之日起10日内，回购原告君创资产管理公司（代表“君创并购1号私募基金”）在第三人新余市君凯投资中心（有限合伙）持有的有限合伙份额，向君创资产管理公司（代表“君创并购1号私募基金”）支付回购款本金4.95亿元及利息。

二审法院判决扣减已支付利息，其他维持原判；之后，同济堂公司、张某华、李某申请再审，被最高人民法院驳回。

（四）事后基金发生风险时作出的保底承诺应认定有效

典型案例1：临沂积健投资有限公司与李某广、山东蛙蛙叫资产管理有限公司合同纠纷案［（2021）鲁0102民初6301号、（2021）鲁01民终11696号］

基本案情：2019年4月29日，临沂积健投资有限公司（以下简称临沂积健公司）与山东蛙蛙叫资产管理有限公司（以下简称蛙蛙叫公司）签订《私募不良资产投资基金合同》一份，由蛙蛙叫公司发起并设立私募不良资产投资基金2019－002号，基金募集金额为8200万元，募集期间为60日，自2019年3月20日起至2019年5月18日止。临沂积健公司认购金额为1650万元。2020年4月，蛙蛙叫公司出具承诺函：（1）蛙蛙叫公司作为2019－002号私募不良资产投资基金的管理人及不良债权的持有人，承诺①在本承诺函作出之日起3个月内回购基金份额，且回购投资人的投资回报率不低于30%；②如若在6个月之内回购，投资人的投资回报率不低于50%。（2）前述承诺有担保人李某广、马某宽、山东邹华金属制造有限责任公司及其全部股东提供连带责任保证。临沂积健公司于2021年5月11日起诉要求蛙蛙叫公司返还投资款1650万元并支付回购收益825万元，李某广就上述债务承担连带清偿责任。蛙蛙叫公司和李某广提出回购承诺属于保底条款不应被支持等抗辩理由。

法院认为：

一审法院认为：蛙蛙叫公司出具承诺函承诺回购基金份额，应依约履行义务，临沂积健公司主张返还投资款1650万元，合法有据，予以支持。关于回购收益的承诺，具有保底条款的性质，违背了民法的公平原则以及委托关系中责任承担的规则，应属无效条款。

二审法院认为：所谓保底条款或刚性兑付条款，是指基金管理人或者销售机构在合同缔约过程中对投资者作出的明确固定回报承诺的协议，而本案所涉承诺函是在临沂积健公司投资涉案基金一年后，因临沂积健公司与基金管理人就基金运作产生争议，双方协商以回购基金并支付收益的方式就补偿事项达成了一致意思表示，并不违反《私募投资基金监督管理暂行办法》第15条规定，应属合法有效。

裁判结果：

一审判决蛙蛙叫公司于判决生效之日起10日内向临沂积健公司退还投资款1650万元；二审判决增加蛙蛙叫公司于判决生效之日起10日内向临沂积健公司支付回购收益825万元，李某广承担连带责任。

典型案例2：天弘创新资产管理有限公司与西藏暖流资产管理有限公司等合同纠纷案［(2020）京02民初182号之一、(2021）京民终399号、(2023）京民申2328号］

基本案情：2015年11月，西藏暖流资产管理有限公司（以下简称西藏暖流公司）与天弘创新资产管理有限公司（以下简称天弘创新公司）签署了《稳赢1号资管合同》。约定：资产管理人指天弘创新公司；西藏暖流公司出资认购天弘创新公司管理的“稳赢1号”，“稳赢1号”的投资范围包括天弘创新公司管理的“暖流1期”等其他资管产品，“暖流1期”聘请西藏暖流公司作为投资顾问，并将完全按照西藏暖流公司的投资建议进行操作（包括但不限于投资标的的选取、资产变现、投资范围和投资比例控制等操作）。2015年11月13日，天弘创新公司代表“稳赢1号”签署《暖流1期资管合同》，约定“暖流1期”聘用西藏暖流公司担任投资顾问。

基于上述约定，天弘创新公司代表“暖流1期”与西藏暖流公司签署了《暖流1期投顾合同》，约定：天弘创新公司聘请西藏暖流公司担任本计划的投资顾问，约定为保护委托人的利益，“暖流1期”设置风险准备金，西藏暖流公司负责于成立日和每一笔委托资金追加日提供或追加风险准备金等内容。其后，西藏暖流公司指令“暖流1期”购入“16洛娃01”和“16国购03”债券。

2018年11月，市场上出现了关于上述债券发行人的负面信息。2018年11月23日，西藏暖流公司向长江证券公司出具了《关于“天弘创新稳债暖流1期专项资产管理计划”清算处置方案的承诺函》，载明：“暖流1期”由天弘创新公司担任资产管理人，西藏暖流公司担任投资顾问，根据本产品资产管理合同的约定，本产品将于2018年11月23日到期终止。西藏暖流公司对于本产品的终止清算安排承诺如下：（1）西藏暖流公司保证本产品所持有的非现金资产将于2019年11月22日之前全部完成变现，且根据清算期操作方案积极做好现金管理工作。在资产全部完成变现之前，西藏暖流公司不提取任何风险准备金。（2）对于本产品所持有的债券，西藏暖流公司将持续做好相关债券的投资研究和跟踪工作，并妥善处置变现。如本产品所持债券“16洛娃01”或“16国购03”的发行人出现实质违约，西藏暖流公司同意在发行人违约之后5个交易日内向本产品追加风险准备金，追加金额为相关债券持仓面值加应收利息。（3）本产品资产全部变现及清算分配之后，如果产品实际收益不达业绩比较基准（5.2%/年）（清算变现期间亦应计算收益），西藏暖流公司同意在2019年11月22日之前向本产品追加风险准备金，以使本产品实际收益达到上述业绩比较基准。

2018年12月25日，“16洛娃01”债券持有人会议通过决议，宣布“16洛娃01”本金和相应利息立即到期，鉴于公司未履行本息偿付义务的事实，本期债券已构成违约。2019年3月8日，“16国购03”债券持有人会议通过决议，宣布“16国购03”于债券持有人会议召开之日立即到期，但前述债券发行人均未于到期日履行本息偿付义务。

后天弘创新公司起诉提出要求西藏暖流公司立即向天弘创新公司管理的“天弘创新稳债暖流1期专项资产管理计划”追加风险准备金125,957,619.5元等请求，暖流资产管理股份有限公司（以下简称暖流资产公司）作为西藏暖流公司唯一股东应承担连带责任。西藏暖流公司提出承诺函在本质上是西藏暖流公司对所投资产品风险的变相兜底承诺，是刚性兑付的一种形式，应属无效等抗辩理由。

法院认为：

一审法院认为：承诺函的法律效力应得到确认。根据《关于规范金融机构资产管理业务的指导意见》第19条的规定：对以下行为视为刚性兑付，一是资产管理产品的发行人或者管理人违反真实公允确定净值原则，对产品进行保本保收益；二是采取滚动发行等方式，使得资金管理产品的本金、收益、风险在不同投资者之间发生转移，实现产品保本保收益；三是资产管理产品不能如期兑付或者兑付困难时，发行或者管理该产品的金融机构自行筹集资金偿付或者委托其他机构代为偿付。上述规定约束的对象是资产管理产品的发行人或者管理人且为金融机构，西藏暖流公司作为“暖流 1 期”的投资顾问，并非“暖流 1 期”的发行人或管理人，亦非金融机构，并不适用上述规定，故承诺函不构成刚性兑付。该承诺函系西藏暖流公司单方允诺的法律行为，西藏暖流公司单方承诺为自己设定上述义务，系其真实意思表示，没有违反法律法规的禁止性规定，且该承诺已被长江证券公司以及“暖流 1 期”管理人天弘创新公司接受，根据原《合同法》第 8 条第 1 款“依法成立的合同，对当事人具有法律约束力。当事人应当按照约定履行自己的义务，不得擅自变更或者解除合同”的规定，承诺一经作出即具有法律效力。

二审法院亦认为：案涉承诺函不构成上述规定禁止的保底保收益的承诺，理由如下。第一，西藏暖流公司在案涉资管计划中承担的角色并非私募基金管理人或资管计划管理人。“暖流 1 期”资管计划的管理人为天弘创新公司，西藏暖流公司为投资顾问。《关于规范金融机构资产管理业务的指导意见》规制的是“对受托的投资者财产进行投资和管理的金融服务”，《私募投资基金监督管理暂行办法》《关于加强私募投资基金监管的若干规定》规制的也应当是基金管理人管理基金财产时作出的承诺。西藏暖流公司并非“暖流 1 期”资管计划的管理人，其作为投资顾问作出的相关承诺，不受上述“不得保本保收益”规范的主体限制。第二，从监管本意上理解，禁止刚性兑付承诺规制的应当是资管计划、信托计划等金融产品在设立最初为了吸引投资者所作的承诺。本案中投资顾问作出的承诺，本质上不属于禁止的保本保收益的承诺，而是对事后风险发生的后果承担的承诺，并不会产生“抬高无风险收益率水平、干扰资金价格，影响发挥市场在资源配置中的决定性作用、弱化了市场纪律、导致投资者冒险投机”的效果。

再审法院认为：关于承诺函的效力认定，一方面，西藏暖流公司并非“暖流 1 期”资管计划的管理人，其作为投资顾问作出的相关承诺，不受“不得保本保收益”规范的主体限制；另一方面，承诺函是在“暖流 1 期”运行中投资顾问作出的承诺，是对事后风险发生的后果承担的承诺，是西藏暖流公司自行设定的付款义务，是其自愿单方行为，没有违反法律法规的禁止性规定，合法有效。一审、二审法院对承诺函效力的认定并无不当。

裁判结果：

一审法院判决西藏暖流公司于判决生效之日起 10 日内向天弘创新公司管理的“天弘创新稳债暖流 1 期专项资产管理计划”追加风险准备金 120,492,940.41 元，暖流资产公司承担连带清偿责任。

二审法院维持了西藏暖流公司追加风险准备金的判项，撤销了暖流资产公司承担连带责任判项；再审驳回了西藏暖流公司的再审申请。

二、私募基金保底条款效力需要根据不同情形区别对待

通过上述案例可以看出，对于私募基金保底条款，在《私募条例》生效之前，尽管没有法律或者行政法规的强制性规定，法院对于私募基金管理人、私募基金销售机构向投资者作出的保底条款，均认为违反《私募投资基金监督管理暂行办法》等规章关于私募基金募集机构不得向投资者承诺投资本金不受损失或者承诺最低收益的规定，虽然上述规范性文件不属于法律和行政法规，但这些规范性文件的内容涉及金融安全、市场秩序、国家宏观政策等公序良俗的，应当认定合同无效。

《九民纪要》第 92 条第 1 款对于金融机构对资管产品的保底、刚兑条款的无效性作出了明确规定：“信托公司、商业银行等金融机构作为资产管理产品的受托人与受益人订立的含有保证本息固定回报、保证本金不受损失等保底或者刚兑条款的合同，人民法院应当认定该条款无效。受益人请求受托人对其损失承担与其过错相适应的赔偿责任的，人民法院依法予以支持。”同时，《九民纪要》第 31 条规定：违反规章一般情况下不影响合同效力，但该规章的内容涉及金融安全、市场秩序、国家宏观政策等公序良俗的，应当认定合同无效。因此，实践中对于私募基金管理人向投资者作出的保底条款均认为属于无效条款。同时，实践中对于私募基金管理人的关联人对投资者所作出的保底承诺条款也通常被认定为无效。

2023 年 9 月 1 日生效的《私募条例》第 32 条第 3 项规定，私募基金管理人、私募基金托管人及其从业人员不得向投资者承诺投资本金不受损失或者承诺最低收益。《九民纪要》第 30 条第 2 款规定，强制性规定涉及金融安全、

市场秩序、国家宏观政策等公序良俗的应当认定为“效力性强制性规定”。因此，我们倾向于认为，私募基金管理人、私募基金托管人及其从业人员违反上述条例规定，与投资人签订的保底条款属于违反行政法规效力性强制性规定的行为，应认定为无效条款。

根据以往司法实践，结合《私募投资基金监督管理条例》的新规定，我们认为除了私募基金管理人、管理人的关联方、基金托管人、基金销售机构作出的保底条款无效外，基金劣后级合伙人等对优先级其他合伙人作出的回购、保本保收益等保底条款以及其他第三方主体对投资人作出的保底承诺条款，通常都应当认为有效。

我们注意到《全国法院金融审判工作会议纪要（征求意见稿）》第 62 条规定私募基金管理人、代销机构及其关联方或其指定的其他单位或个人对投资人提供的收益差额补足、到期回购以及流动性支持等承诺的认定为无效。这一规定，与此前相关规定和《九民纪要》的精神是一致的。

此外，对于私募基金保底条款，值得探讨的是，在基金募集完成后，或基金还本付息发生困难后，基金管理人及关联方与投资人之间签订的保底条款是否有效？对此，实践中观点不一。我们倾向于认为事后的保底承诺并不会产生吸引投资者的作用，不会扰乱金融市场秩序，应当认定有效。对此，《全国法院金融审判工作会议纪要（征求意见稿）》第 62 条第 4 款规定：在投资期限届满后未能按约向投资者分配投资收益时，管理人与投资人签署了保证支付投资本金及收益的合同，或向投资人出具了保证支付投资本金及收益的承诺，如无其他违反法律强制性规定的情形，人民法院应认定该约定有效。该纪要虽然尚未正式颁布，但代表了司法倾向性观点，上述规定在一定程度上印证了我们的观点。

第三节　私募投资基金管理人的民事法律责任

一、私募投资基金管理人的适当性义务

根据上海市高级人民法院课题组对 2016 年至 2021 年上海市法院审结的

542 件涉私募基金案件的分析，涉及募集阶段的案件占案件总数的 26.57%。[①] 而卖方机构是否违反适当性义务，则是募集阶段案件的常见争议。经过案件检索及其分析，司法裁判中有关适当性义务法律问题的认定主要包括如下。

（一）适当性义务的内容

《九民纪要》第 72 条对适当性义务，规定为“了解客户、了解产品、将适当的产品（或者服务）销售（或者提供）给适合的金融消费者等义务”。但是，不同法院对于适当性义务应包含哪几个方面内容及其理解，存有不同的论述。

1. 法院对私募基金管理人是否完全履行适当性义务的审查要素存在差异

（1）从适当性推介和风险揭示两个方面进行审查考量

典型案例：裴某华与交通银行股份有限公司北京西便门支行、交通银行股份有限公司北京市分行合同纠纷案［（2018）京 0102 民初 44020 号、（2020）京 02 民终 908 号］

案件事实：2016 年 6 月 6 日，裴某华（资产委托人）与交通银行股份有限公司北京市分行（以下简称交行北京市分行）（资产托管人）、长信公司（资产管理人）签订《债券 6 号合同》约定：资产委托人声明委托资产为其拥有合法处分权的资产，资产委托人保证委托资产的来源及用途合法，并已充分理解本合同全文，了解相关权利、义务，了解有关法律法规及所投资品种的风险收益特征，愿意承担相应的投资风险……投资计划可能面临市场风险、管理风险、流动性风险、信用风险、特定的投资方法及资产管理计划资产所投资的特定投资对象可能引起的特定风险、其他风险。《长信—诺信债券 6 号资产管理计划风险提示函》载明：为了更好地帮助资产委托人了解长信—诺信债券 6 号资产管理计划的风险，根据相关法律法规规定，特提供本风险提示函，请资产委托人认真仔细阅读，综合考虑自身的资产与收入状况、投资经营、风险偏好与自身风险承受能力，慎重决定是否委托我公司管理本资产

---

① 参见上海市高级人民法院课题组：《私募基金纠纷法律适用问题研究》，载《法律适用》2023 年第 3 期。

管理计划。裴某华在《长信—诺信债券6号资产管理计划风险提示函》资产委托人处签署姓名。裴某华、长信公司、交行北京市分行在《债券6号合同》签署页上签名、盖章。

法院认为：

审查金融机构是否充分履行了适当性义务，主要应当从适当性推介和风险揭示两个方面进行考量。其中，适当性推介具体是指金融机构应当在充分了解投资者及产品的基础上，将适当的产品或服务推介给适当的投资者，这就要求金融机构应对投资者及产品分别进行风险评级，不得主动向投资者推介风险不匹配的产品。风险揭示系指金融机构在向投资者销售产品或提供服务时，应根据产品及服务的具体内容，充分揭示产品或服务的风险内容。本案中，交通银行股份有限公司北京西便门支行（以下简称交行西便门支行）、交行北京市分行未能提交证据证明其在销售16012号融通计划产品时向裴某华提供过或提示裴某华阅读过产品的相关销售文件及合同，银行不能以投资者可自行上网阅读合同内容为由推卸自身的适当推介义务；同时，交行西便门支行、交行北京市分行未能提交证据证明其向裴某华告知说明16012号融通计划产品的风险内容，仅以裴某华签署电子风险提示书抗辩其已履行告知说明义务，故而二审法院认为交行西便门支行、交行北京市分行未充分尽到适当性义务。

裁判结果：

一审判决：驳回裴某华的诉讼请求。

二审判决：①撤销北京市西城区人民法院（2018）京0102民初44020号民事判决；②交行西便门支行、交行北京市分行于判决生效之日起10日内向裴某华支付投资本金损失105,291.91元；③交行西便门支行、交行北京市分行于本判决生效之日起10日内向裴某华支付投资收益损失（以3,010,000元为基数，自2016年10月27日起按照中国人民银行发布的同期同类存款基准利率计算至2017年10月26日）；④驳回裴某华的其他诉讼请求。

（2）适当性义务包括了解客户、了解销售的产品、将合适的产品销售给风险匹配的客户

典型案例：钱某与天津大业亨通资产管理有限公司、京东数字科技控股股份有限公司、上海东家金服投资管理有限公司、京东肯特瑞基金销售有限公司金融委托理财合同纠纷案［（2020）沪0101民初19746号、（2022）沪74民终321号］

案件事实：2018年1月5日，钱某作为资产委托人，与大通B有限公司（资产管理人）、案外人上海银行股份有限公司浦东分行（资产托管人）签订了《大通阳明252号集合资产管理计划资产管理合同》约定：本计划投资于大业信托·北讯电信债权投资被动型事务管理类集合资金信托计划，该信托计划用于向北讯电信股份有限公司发放债权投资款，用于补充北讯电信股份有限公司流动资金。业绩比较基准：8.6%/年，付息方式：自然半年付息。第二十部分风险揭示：资产管理计划投资将可能面临下列风险，包括但不限于市场风险、管理风险、流动性风险、信用风险、政策风险、本计划特有风险、操作或技术风险、其他风险等。该合同还约定了资管计划的基本情况、初始销售、参与和退出、当事人权利义务等事项。合同附件一承诺函，主要内容为本人声明已充分理解本合同主文、了解相关权利、义务所投资资产管理计划的风险收益特征、愿意承担相应的投资风险、本委托事项符合本人决策的要求，本人承诺向资产管理人提供的有关投资目的、投资偏好、投资限制和风险承受能力等基本情况真实、完整、准确、合法，不存在任何虚假、重大遗漏或误导。本人承认，资产管理人、资产托管人未对资产管理计划的本金、收益状况作出任何承诺或担保，资产管理合同约定的业绩比较基准仅作为计划终止时进行收益分配的辅助工具而不构成资产管理人的保证。钱某在资产委托人处签字。同日，钱某还填写了《投资者基本信息表（自然人）》《大通B有限公司资产管理业务风险揭示书》《客户风险承受能力问卷（适用于自然人客户）》《投资者类型及风险匹配告知书及投资者确认函》《冷静期确认书》《回访确认书》等。

法院认为：

一审法院认为：根据《私募投资基金监督管理暂行办法》第16条第1

款、第 2 款规定，“私募基金管理人自行销售私募基金的，应当采取问卷调查等方式，对投资者的风险识别能力和风险承担能力进行评估，由投资者书面承诺符合合格投资者条件；应当制作风险揭示书，由投资者签字确认。私募基金管理人委托销售机构销售私募基金的，私募基金销售机构应当采取前款规定的评估、确认等措施”。第 17 条规定，“私募基金管理人自行销售或者委托销售机构销售私募基金，应当自行或者委托第三方机构对私募基金进行风险评级，向风险识别能力和风险承担能力相匹配的投资者推介私募基金”。《私募投资基金募集行为管理办法》第 21 条规定，“募集机构应当自行或者委托第三方机构对私募基金进行风险评级，建立科学有效的私募基金风险评级标准和方法。募集机构应当根据私募基金的风险类型和评级结果，向投资者推介与其风险识别能力和风险承担能力相匹配的私募基金”。上述规定均明确了私募基金管理人及销售机构销售私募基金应当履行的投资者适当性义务，具体包括：对投资者的风险识别能力和风险承担能力进行评估，即了解客户；对私募基金进行风险评级，即了解销售的产品；以及保证两者相互匹配，即将合适的产品销售给风险匹配的客户。

二审法院认为：京东肯特瑞基金销售有限公司（以下简称京东肯特瑞公司）已经履行了告知说明义务。首先，钱某在《客户风险承受能力问卷（适用于自然人客户）》中自认投资经验“非常丰富：我是一名非常有经验的投资者，参与过权证、期货或创业板等高风险产品的交易”“现在或此前曾从事金融、经济或财会等与金融产品投资相关的工作超过两年”等。且结合钱某在金融机构担任管理人员以及既往投资经历，钱某对金融产品的认购流程、亏损风险应当具有充分的了解。其次，即使如钱某所述本案存在如下情形，如唐某思曾在前期沟通、微信聊天记录中表述固定收益、返佣等吸引投资行为，《大通 B 有限公司资产管理业务风险揭示书》中的手抄部分并非钱某亲自抄写，签署合同文本等材料时间过短，提前签署冷静期文件及回访文件，唐某思、廖某基金从业人员资格考试合格不等同于其具备基金从业资格等，上述情形足以证明京东肯特瑞公司履行了告知说明等适当性义务。其一，在钱某正式签署案涉资管合同等文件的前几日，京东肯特瑞公司通过唐某思已经向上诉人交付了包含特殊风险告知等内容的资管合同、产品摘要、担保公告。

其二，嗣后，在上诉人正式签署相关文件时，被上诉人通过《客户风险承受能力问卷（适用于自然人客户）》《大通B有限公司资产管理业务风险揭示书》等文件以及双录视频的方式，明确告知钱某不保证本金、不承诺收益、特殊风险等投资风险。其三，冷静期文件及回访文件的相关内容是对已经签署文件、告知事项的再次确认而非初次告知，也未阻止钱某嗣后行使解除合同等相关权利。其四，相关个人已经通过基金从业人员资格考试，具备相应的知识基础，其是否具有基金从业资格不影响本案告知说明义务的履行。上诉人可另行向相关部门主张案涉违规行为。

裁判结果：

一审判决：驳回钱某全部诉讼请求，不予支持。

二审判决：驳回上诉，维持原判。

（3）从了解客户的义务、了解产品的义务、风险告知说明义务和适当推荐义务四个方面去审查是否履行了适当性义务

典型案例：徐某芬与深圳前海凯恩斯投资管理有限公司金融委托理财合同纠纷案［（2019）粤0391民初2634号、（2020）粤03民终26388号］

案件事实：2016年3月，经过深圳前海凯恩斯投资管理有限公司（以下简称凯恩斯公司）工作人员雷某媚的推介，徐某芬购买了“元普定增11号”基金。凯恩斯公司向徐某芬提供了该基金的推介资料和《元普定增11号认购签约指引（个人客户）》。2016年3月10日，徐某芬向指定账户转账1,616,000元（包括认购费16,000元）认购“元普定增11号”。2016年3月28日，上海元普投资管理有限公司向徐某芬出具了一份“元普定增11号”基金确认书，确认基金成立日期为2016年3月28日，基金存续期限19个月，认购金额为161.6万元，认购份额为160万份。后因项目亏损成讼。庭审中，徐某芬主张凯恩斯公司未对其进行风险承受能力调查，并提交了其持有的基金合同，基金合同中关于风险承受能力调查问卷（自然人）的部分，相关测试题目均没有勾选，投资者的风险类型属于保守型、稳健型还是积极型也没有作出选择，仅在调查问卷的落款处有徐某芬的签名，没有签署日期。凯恩斯公司主张对其进行了风险承受能力调查，并且也提交了一份风险承受能力调查问卷（自然人）复印件，称该证据来源于上海元普投资管理有限公司保管的基金合同，

该调查问卷内容与徐某芬提交的调查问卷内容一致，并对测试题目均作了勾选，测试结果显示投资者得分为98分，属于积极型投资者。调查问卷的落款处有徐某芬的签名，签署日期为2016年3月10日。徐某芬对该调查问卷的真实性不予认可，称其仅进行了签名，未作相关的风险调查题目，勾选的内容均系他人所填。

法院认为：

一审法院认为：徐某芬已经举证证明其通过凯恩斯公司的推介购买了案涉基金，并证明了投资产生的损失；凯恩斯公司应举证证明其在向徐某芬推介、销售案涉基金的过程中是否尽到了投资者适当性义务，需要具体分析：①了解客户的义务，即凯恩斯公司是否了解徐某芬的财产与收入状况、证券投资经验、期望收益、风险偏好、可承受的损失等信息……②了解产品的义务，即凯恩斯公司是否了解案涉基金的特征和风险，包括流动性、杠杆情况、投资方向等；③风险告知说明义务，风险告知说明义务是适当性义务的核心，是金融消费者能够真正了解产品的投资风险和收益的关键……④适当推荐义务，即将适当的产品销售给适合的金融消费者的义务。为防止金融机构追求自身利益而推荐不适合的产品，对其科以确保投资建议适当的实体性义务……

二审法院认为：依据《证券投资基金法》第98条的规定，基金销售机构应当向投资人充分揭示投资风险，并根据投资人的风险承担能力销售不同风险等级的基金产品。凯恩斯公司未能提交有效证据证明其对徐某芬的财产与收入状况、证券投资经验、期望收益、风险偏好、风险承受能力等进行了调查评判，亦未能证明其就案涉基金的特征和风险等进行详尽的了解并告知徐某芬，以便徐某芬对案涉产品作出适当的判断。故凯恩斯公司在向徐某芬推介、销售案涉基金时未尽到适当性审查义务，其对徐某芬的投资损失存在过错，应当承担赔偿责任。投资者因基金销售方未尽投资者适当性审查义务而产生损失的，可向基金管理人、销售方同时主张赔偿，亦可择一主体主张权利。徐某芬向凯恩斯公司主张赔偿，是对其权利的自行处分。

裁判结果：

一审判决：①被告凯恩斯公司于判决生效后10日内赔偿原告徐某芬投资

损失 350,317.88 元并支付利息；②驳回原告徐某芬的其他诉讼请求。

二审判决：驳回上诉，维持原判。

2. 私募基金管理人适当性义务的内容包括“了解客户”“了解产品”“适当推介”“风险揭示”及告知说明义务

如对照《九民纪要》第 72 条的规定，案例 1 的二审法院是将《九民纪要》规定的“了解客户”“了解产品”“将适当的产品（或者服务）销售（或者提供）给适合的金融消费者等义务”统归于“适当推介”的范畴，并明确提出“风险揭示”这一适当性义务内容。案例 2 的一审法院则是沿用了《九民纪要》对适当性义务的表述。而案例 3 的一审法院对适当性义务的理解，可以说是与案例 1 的二审法院理解相同，即除在《九民纪要》第 72 条规定的了解客户、了解产品、适当性推介外，明确提出告知说明义务，只是二审法院在分类方式上稍有不同。

事实上《九民纪要》对告知说明义务亦有规定，即第 76 条规定：“告知说明义务的履行是金融消费者能够真正了解各类高风险等级金融产品或者高风险等级投资活动的投资风险和收益的关键，人民法院应当根据产品、投资活动的风险和金融消费者的实际情况，综合理性人能够理解的客观标准和金融消费者能够理解的主观标准来确定卖方机构是否已经履行了告知说明义务……”告知说明义务也可以说是“适当性推介”中的重要组成部分，也是适当性义务中的重要内容。如深圳市福田区人民法院在（2019）粤 0304 民初 32198 号案中认为，“适当性义务的核心即为告知说明义务……因涉案金融产品具备高度的专业性和复杂性，金融市场上的信息不对称，加之投资者自身的知识和能力局限，使得投资者在购买投资性金融产品或接受相关服务时往往无法真正理解其中的风险和收益，其主要依赖产品销售者和服务提供者的推介和说明”[①]，也正是《九民纪要》第 72 条所提到的，“卖方机构承担适当性义务的目的是确保金融消费者能够在充分了解相关金融产品、投资活动的性质及风险的基础上作出自主决定，并承受由此产生的收益和风险”。因此，告知说明义务是适当性义务的重要组成部分，无论上述法院在审查适当性义

① 广东省深圳市中级人民法院民事判决书，（2020）粤 03 民终 19093 号、19097 号、19099 号。

务时如何划分，其实都包含了卖方机构的告知说明义务，我们也可以看到有诸多因私募基金管理人或销售机构履行告知说明义务存在瑕疵，而被法院判决承担赔偿责任的案例。

（二）适当性义务的审查

1. 了解客户

了解客户是适当性义务中的一项内容，经检索案例，该部分争议主要包括客户资产情况及投资金额，客户风险识别与承受能力，客户风险测评时点等。

（1）客户资产情况及投资金额

私募基金应向合格投资者募集或转让。《私募投资基金监督管理暂行办法》第12条第1款对合格投资者的资产情况及投资金额进行了规定，即净资产不低于1000万元的单位或金融资产不低于300万元或者最近3年个人年均收入不低于50万元的个人，且投资于单只私募基金的金额不低于100万元。如果私募基金向不满足上述资产或投资金额要求的客户募集基金，该客户显然属于非合格投资者。

①出资金额系拼集构成且不能证明系具备风险识别能力和风险承担能力的合格投资者，基金合同无效。

典型案例：朱某娴与深圳晟达资产管理有限公司、深圳市中晟达陆号投资合伙企业（有限合伙）委托理财合同纠纷案［（2019）粤0304民初26746号］

案件事实：2018年5月31日，朱某娴向深圳市中晟达陆号投资合伙企业（有限合伙）［以下简称中晟达陆号（有限合伙）］转账20万元。2018年6月7日，深圳晟达资产管理有限公司（以下简称晟达公司）与中晟达陆号（有限合伙）向案外人刘某梅出具出资确认书，载明晟达公司作为中晟达陆号（有限合伙）的管理人，收到案外人刘某梅作为有限合伙人的出资金额300万元，包括刘某梅、朱某娴等十余人的出资。朱某娴在该案中主张其为家庭主妇。朱某娴与晟达公司、中晟达陆号（有限合伙）未签订书面合同。

法院认为：

从出资确认书来看，出资金额系由朱某娴及十余名案外人拼集构成，明显为规避国家关于私募基金单笔投资金额下限的规定，现有证据无法证明朱某娴系具备风险识别能力和风险承担能力的合格投资者，并因此认定朱某娴并非合格投资者，其与中晟达陆号（有限合伙）之间的基金合同违反了关于私募基金应当向合格投资者募集的相关规定，属于违背公序良俗之规定的情形，应当认定无效。

裁判结果：

被告中晟达陆号（有限合伙）应于本判决生效之日起10日内向原告朱某娴返还出资款186,143.84元；被告晟达公司对被告中晟达陆号（有限合伙）上述债务承担连带责任；驳回原告朱某娴的其他诉讼请求。

②就投资者的资产情况及投资金额是否符合合格投资者的要求，投资者负有举证责任，且借款投资不构成规避私募基金投资门槛。

典型案例：汪某淮与陆浦财富管理（上海）有限公司、招商证券股份有限公司委托理财合同纠纷案［（2022）沪0115民初49682号］

案件事实：2017年2月23日，汪某淮填写了《私募基金投资者风险调查问卷》，勾选了被告陆浦财富管理（上海）有限公司（以下简称陆浦财富）的一系列问题。在“请确认您符合以下何种合格投资者财务条件”的问题中，汪某淮选择“符合最近三年个人年均收入不低于50万元”；在“请确认您的家庭可支配年收入为（折合人民币）”的问题中，汪某淮选择“100～500万元”；在“您用于投资的资金主要来源于”的问题中，汪某淮选择“经营所得”。根据汪某淮的填写结果，被告陆浦财富出具《投资者风险评估结果确认书》，载明总得分为41分，结合风险承受度标准，分数40分以上系进取型，故评估汪某淮风险承受能力为进取型。汪某淮在基金投资者处签字确认。后附东莞市万江纤纺汽车用品厂（以下简称万江厂）出具的收入证明，载明汪某淮近三年年收入约为56万元/年。公开备查的工商信息显示，万江厂成立于2014年5月14日，于2021年6月1日注销，经营者为汪某淮。

汪某淮认为其非合格投资者，故陆浦财富向其销售基金产品违背公序良俗，涉案民事法律行为无效。

法院认为：

汪某淮称收入证明系其盖章后交于陆浦财富员工陈某兰由其填写金额、时间，收入证明内容不真实。对此法院认为，汪某淮未有证据证明内容系陈某兰所填写。即便确为陈某兰填写，汪某淮在空白的收入证明上盖章的行为应视为其清楚、理解收入证明内容，并愿意承担由此带来的法律后果，主观上具有受该收入证明内容约束的意思表示，因此在收入证明相关内容被明确后，对汪某淮理应具有约束力。

汪某淮认为其不满足金融资产不低于300万元的合格投资者条件，对此法院认为，《私募投资基金募集行为管理办法》规定的合格投资者条件是选择性条件，即在“金融资产不低于300万元”与“最近三年个人年均收入不低于50万元”中择一满足即可。汪某淮亦在《私募基金投资者风险调查问卷》中自行选择用于评估是否属于合格投资者的财务条件为“最近三年个人年均收入不低于50万元”，无须同时满足“金融资产不低于300万元”的条件。

汪某淮认为其买入资金中的10万元是从陈某兰处拆借，本身并不符合投资单只私募基金100万元的购买条件。法院认为，陈某兰本着促成本案基金销售的目的，出借款项给原告，嗣后原告以自有合法资金予以归还的行为，有别于多名自然人为规避私募基金投资门槛，自行集资以某一自然人名义投资私募基金的行为，应当认定合法有效。

裁判结果：

驳回原告汪某淮的全部诉讼请求。

③金融资产的认定无须扣除生活所需。

典型案例：张某与北京大观投资管理有限公司证券纠纷案［（2021）京0102民初37225号］

案件事实：2015年3月，张某与北京大观投资管理有限公司（以下简称大观公司）签订案涉基金合同。张某主张根据《风险承受能力评估问卷》，其金融资产数额为50万元至300万元，不包含300万元，张某不属于合格投资者。大观公司主张50万元至300万元，包含300万元。

法院认为：

投资者张某签订基金合同前对外出售自有住房，房款金额高于300万元，张某明确表示是用卖房的钱进行投资，在签订合同时，大观公司有理由相信其符合合格投资者的资格，因购房款的取得是一个确定的事实，房款到账的时间对合格投资者身份的判断并不产生实质影响，故张某主张房屋尾款于合同签订后到账，其不具备合格投资者身份的意见不予采纳。张某在该案中还主张金融资产应当扣除生活所需的剩余金额，并非账户金额，法院认为《私募投资基金监督管理暂行办法》列举了金融资产包括的内容，① 并未规定扣除生活所需，何为生活所需以及扣除的标准亦没有规定，若需考虑扣除生活所需或其他部分，则该数字将变成一种主观判断，而非客观标准，显然与规范性文件的基本原则相悖，故对于张某的意见不予采纳。

裁判结果：

驳回张某的全部诉讼请求。

对此，我们认为法院对投资者的金融资产是否符合要求的认定，有待商榷，在投资者卖房的钱尚未到账的情况下，如何能肯定地说"购房款的取得是一个确定的事实"，如果可以将未来可能到账的款项也纳入投资者金融资产数额的评估中，又如何确定未来多长时间可能性收入可以纳入金融资产数额评估中？而对于金融资产是否扣除生活所需，笔者认为基于《私募投资基金监督管理暂行办法》的相关规定及扣除生活所需的衡量复杂性，不予采纳张某的相关意见是合理的。

（2）客户风险识别与承受能力

①未对投资者进行风险评测，无法判断其是否为合格投资者，未尽到适当性义务。

典型案例：陈某鑫与钜洲资产管理（上海）有限公司、上海钜派投资集团有限公司私募基金合同纠纷案［（2021）沪0115民初10966号、（2021）沪74民终1743号］

案件事实：2016年6月，陈某鑫（作为基金投资者）与钜洲资产管理（上海）有限公司（作为基金管理人，以下简称钜洲公司）、招商证券股份有

① 《私募投资基金监督管理暂行办法》第12条第2款规定："前款所称金融资产包括银行存款、股票、债券、基金份额、资产管理计划、银行理财产品、信托计划、保险产品、期货权益等。"

限公司（作为基金托管人）签署基金合同，其中，《风险揭示书》条款载明“本基金具有高收益、高峰新的风险收益特征；投资者签署本风险揭示书即表明愿意承担相应的投资风险以及自身风险承受能力与基金风险等级不匹配的投资风险（如有）”。

法院认为：

一审法院认为：钜洲公司虽然提供了由陈某鑫确认的《风险揭示书》，但没有提供其已经建立了金融产品的风险评估及相应管理制度，对陈某鑫的风险认知、风险偏好和风险承受能力进行了测试等相关证据，因此钜洲公司应当对此承担举证不能的法律后果；钜洲公司并未对陈某鑫进行风险测评，故无法判断陈某鑫是否为“适当的投资者”。且原告在《风险揭示书》上签字确认愿意自行承担的风险还包括“自身风险承受能力与基金风险等级不匹配的投资风险（如有）”，由此可见，被告钜洲公司作为卖方机构未能妥善履行将适当的产品销售给适合的投资者之义务。

裁判结果：

一审判决：第一，被告钜洲公司应于本判决生效之日起10日内赔偿原告陈某鑫本金1,010,000元；第二，被告钜洲公司应于本判决生效之日起10日内赔偿原告陈某鑫自2016年6月29日起至2019年8月19日止的资金占用损失150,628元，以及自2019年8月20日起至实际清偿之日止的资金占用损失（以101万元为基数，按全国银行间同业拆借中心公布的同期贷款市场报价利率计算）；第三，被告上海钜派投资集团有限公司对被告钜洲公司的上述判决主文中第1~2项赔偿义务承担连带责任。

二审判决：驳回上诉，维持原判。

②以投资者在其他私募基金的风险测试，代替本次私募基金应实施的风险测试程序，构成未履行适当性义务。

典型案例：赵某洪与北京秃鹰资产管理有限公司、恒丰银行股份有限公司金融委托理财合同纠纷案［（2022）鲁71民初9号、（2023）鲁民终163号］

案件事实：2018年年初，赵某洪经北京秃鹰资产管理有限公司（以下简称秃鹰公司）工作人员推荐，拟投资秃鹰公司作为管理人，恒丰银行股份有限公司（以下简称恒丰银行）作为托管人的“金晔1期特殊机会私募基金”。赵某洪先向案涉基金募集账户转款100万元，后收到加盖秃鹰公司及恒丰银行印章的案涉基金合同，约定的认购金额为100万元，之后赵某洪又向募集账户转款100万元、150万元。赵某洪申请对秃鹰公司持有的基金合同中多处“赵某洪”签字进行笔迹鉴定，包括回访确认书、冷静期确认书、投资者开户认证手册、补充协议等，经鉴定不是赵某洪所写。

法院认为：

一审法院认为：秃鹰公司虽然提交了回访确认书、冷静期确认书、投资者开户认证手册等证据，但上述材料中“赵某洪”签名均不是赵某洪本人所写，赵某洪实施的转账支付投资款，接收基金合同、延期通知和意见征询函的行为，只能表明其具有投资案涉基金产品的真实意愿，并不能以此推定其认可秃鹰公司履行了风险揭示、合格投资者确认等适当性义务。秃鹰公司提交的赵某洪投资其他私募基金的相关材料与本案不具有直接关联性，即使赵某洪在投资其他私募基金时为合格投资者，亦不能免除秃鹰公司在销售案涉基金时应尽的适当性义务；秃鹰公司以其他私募基金适当性义务的履行，来代替其对案涉基金适当性义务的履行，显然不能成立，故秃鹰公司未提交有效证据证明其在募集销售案涉基金产品过程中，对赵某洪进行风险识别能力和风险承担能力评估，未对赵某洪进行投资冷静期满回访确认。据此，不能认定赵某洪认购案涉基金产品，是在全面、准确地了解投资风险情况下作出的独立判断。秃鹰公司在案涉基金销售过程中，未对赵某洪充分履行风险识别能力和承担能力评估、投资回访等义务，过错程度较大，应对赵某洪未能如期获得的投资本息损失承担赔偿责任。

二审法院认为：虽然赵某洪从事财务工作、在同时期亦投资了其他私募基金产品，但不能因此免除秃鹰公司在销售涉案基金产品时应尽的适当性义务，亦不能以其他私募基金适当性义务的履行来代替其销售涉案基金产品应尽的义务。另外，赵某洪转账支付投资款、接收基金合同等行为，只能表明其具有投资涉案基金产品的真实意愿，并不能以此认定赵某洪认购案涉基金产品是在全面、准确了解投资风险情况下作出的独立判断。综上，法院认为，秃鹰公司在销售涉案基金产品的过程中并未尽到适当性义务，应对赵某洪遭受的损失承担赔偿责任。

裁判结果：

一审判决：第一，秃鹰公司于判决生效之日起10日内赔偿赵某洪本金350万元及利息（利息以100万元本金为基数，自2018年1月5日起至2018年2月25日止；以200万元本金为基数，自2018年2月26日起至2018年2月28日止；以350万元本金为基数，自2018年3月1日起至实际付清之日止，均按照中国人民银行发布的同期同类存款基准利率计算）。第二，驳回赵某洪其他诉讼请求。

二审判决：驳回上诉，维持原判。

综上，我们认为《私募投资基金监督管理暂行办法》第12条第1款规定的合格投资者，还应具备相应风险识别能力和风险承受能力。《私募投资基金监督管理暂行办法》第16条第1款规定："私募基金管理人自行销售私募基金的，应当采取问卷调查等方式，对投资者的风险识别能力和风险承担能力进行评估，由投资者书面承诺符合合格投资者条件；应当制作风险揭示书，由投资者签字确认。"第17条规定："私募基金管理人自行销售或者委托销售机构销售私募基金，应当自行或者委托第三方机构对私募基金进行风险评级，向风险识别能力和风险承担能力相匹配的投资者推介私募基金。"卖方机构是否有对投资者的风险认知、风险偏好和风险承受能力进行测试，是认定卖方机构是否履行了解客户风险识别能力、风险承受能力这一义务的重要因素。

卖方机构是否对投资者的风险识别能力、风险承受能力进行适当了解和评估，相关举证责任仍是由卖方机构承担。《九民纪要》第75条规定，卖方机构对其是否履行了适当性义务承担举证责任，其中包括提供已经建立金融产品（或者服务）的风险评估及相应管理制度、对金融消费者的风险认知、风险偏好和风险承受能力进行了测试等。前述（2021）沪0115民初10966号案件中关于举证责任分配的论述，也是贯彻了《九民纪要》相关规定的精神。卖方机构对投资者以问卷调查方式，对投资者的风险识别能力、风险承受能力进行测评，是其履行了解客户义务必不可少的流程。

（3）客户风险测评时点

在私募基金募集中，经常出现客户先支付认购款，基金成立，后补签基金合同及风险测评流程的情况。法院对此种情形下私募基金管理人的责任，出现了两种不同意见。

①私募基金管理人存在未及时进行投资者适当性评估的过失，并应对投资者的损失进行适当赔偿。

典型案例：董某远与北京中融鼎新投资管理有限公司委托理财合同纠纷案［（2020）京0101民初4909号、（2021）京74民终482号］

案件事实：2015年4月1日，董某远向北京中融鼎新投资管理有限公司（以下简称中融鼎新公司）转款101万元。白羊1号基金于4月3日全部募集完成并成立。2015年4月15日，董某远（投资者）与中融鼎新公司（管理人）及中信建投证券股份有限公司（基金托管人，以下简称中信证券公司）签署白羊1号基金合同，并在风险揭示书、合格投资者承诺书、投资者告知书、基金账户申请与交易表、个人基金投资者风险承受能力调查问卷中签字，落款日期倒签为2015年4月1日。

法院认为：

一审法院认为：中融鼎新公司依据董某远填写的调查问卷，对董某远的资金能力、风险识别和承受能力等方面进行调查，通过对董某远年龄、家庭构成、收入来源、生活消费支出、资金能力、财务状况、投资偏好和习惯等的了解，对董某远是否符合私募基金合格投资者进行综合评价，判断认定其为具有“高风险承受能力”的投资者。中融鼎新公司依据前述调查问卷与董某远签订涉案基金合同，在当时并未违规，且根据董某远提供的签约录像中显示董某远在签署涉案基金合同的同时，双方均已完成了调查问卷和签字活动，由于董某远在基金成立之前已将申购款转付到中融鼎新公司指定账户，如果董某远认为与中融鼎新公司签署的白羊1号基金合同具有“较高风险”，其有权在基金成立之后，在中融鼎新公司要求签约前拒绝签署基金合同，或要求中融鼎新公司退还申购资金，但综观整个签约录像的拍摄过程，董某远在销售人员向其进行签约前的风险提示时，并未提出任何异议，亦未明确作出放弃申购的意思表示，而是在销售人员进行风险提示告知后进行签字确认，故对于董某远以中融鼎新公司未尽职调查违规宣传为由要求中融鼎新公司赔偿损失一节，缺乏相应的事实与法律依据。

二审法院认为：即使认定基金合同于2015年4月1日成立生效，但基金合同所涉附件2即风险承受能力调查问卷所反映的中融鼎新公司对投资者进行风险承受能力评估的时间，不因投资者主要合同义务的履行而可视为提前完成。中融鼎新公司对董某远进行风险承受能力评估的时间，应当以评估行为实际发生的时间确定。中融鼎新公司于2015年4月15日才对董某远进行风险承受能力评估并确定其属于高风险承受能力投资者，明显晚于基金成立的时间。虽然经过评估，董某远在评估时点符合案涉基金产品的合格投资者要求，但是中融鼎新公司未及时进行投资者适当性评估的过失无法通过事后补充提供来弥补，其销售产品过程中的不当行为难以嗣后治愈。即使投资者后续评估符合要求，或者充分认识风险并同意继续申购，都无法抵消中融鼎新公司未及时履行自身义务的过错，并认为中融鼎新公司在销售基金产品的过程中履行适当性义务不及时不全面，未能及时评估投资者风险承受能力即接受投资者认购基金产品，存在一定过错。考虑该案中补充进行风险评估的时间与基金成立时间相距较短，投资者风险承受能力在短期内发生明显变化的可能性并不大，后续评估显示董某远符合案涉基金产品的合格投资者要求，且投资者在其后补充签署了基金合同并对认购事宜予以确认，认为中融鼎新公司上述适当性义务的违反并未在实质上过度影响投资者在认购案涉基金方面的自主决定，但仍应对其上述不规范行为对投资者承担一定赔偿责任，并最终结合中融鼎新公司还存在未充分揭示投资风险的情形，酌定中融鼎新公司按照投资者认购金额20%的标准对投资者予以适当赔偿。

裁判结果：

一审判决：驳回董某远的诉讼请求。

二审判决：撤销北京市东城区人民法院（2020）京0101民初4909号民事判决；中融鼎新公司于本判决生效之日起10日内赔偿董某远200，000元；驳回董某远的其他诉讼请求。

②综合事后风险测评结果及投资者的投资经验，私募基金管理人未违反适当性义务。

典型案例：韩某与新川投资管理（上海）有限公司、四川恒康发展有限责任公司其他合同纠纷案［（2021）沪0109民初13592号、（2022）沪74民

终1674号]

案件事实：案涉基金系新川投资管理（上海）有限公司（以下简称新川公司）自销产品，成立于2017年10月28日，并于同年11月15日在中国××协会备案。2018年4月21日，新川公司销售人员王某通过微信向韩某发送案涉基金材料。2018年5月10日，韩某通过微信将付款150万元的银行转账凭证发送给王某。2018年5月11日，王某微信韩某会有回访电话。2018年5月14日，王某与韩某微信沟通签署基金合同。基金合同的落款日期为2018年5月10日。

法院认为：

一审法院认为：首先，韩某对先付款后签约的非常规行为，不仅未提出任何疑问，还默许并配合进行相关文件的倒签；基金合同、补充协议、适当性告知书系销售人员一并邮寄给韩某，韩某实际签署上述文件时间虽晚于付款时间，但其以事后补签资料、倒签填单日期的形式对风险测评及投资行为进行了确认。其次，从风险测评结果看，韩某测评得分为65分，风险承受能力为C4级别，适合产品等级为R4，而案涉基金属于R3风险等级，故韩某风险承受能力可以购买案涉基金产品。再次，韩某自认《适当性告知书》上签字系本人所签，虽然否认测评中的打勾行为非其本人所为，但未能提供任何证据。最后，从投资经历看，韩某并非第一次购买契约型私募产品，其在该销售人员处也曾购买过其他契约型基金，且据其微信自述也有股票投资经历，投资经验较为丰富。综上，一审法院认为，新川公司让韩某倒签基金合同、补充协议、适当性告知书的行为虽有不当，但此瑕疵不足以构成适当性义务的实质性违反。

二审法院认为：韩某虽称适当性告知书中具体内容的勾选并非其本人所为，且存在付款在前、风险测评在后的问题，但法院认为，韩某对先付款后签约的非常规行为，并未提出任何疑问，且默许并配合进行相关文件的倒签，系以事后补签资料、倒签填单日期的行为对风险测评及投资行为进行了确认。另从风险测评结果看，韩某的风险承受能力高于案涉基金产品的风险等级；从投资经历看，韩某并非第一次购买契约型私募产品，其在该销售人员处也曾购买过其他契约型基金，投资经验较为丰富。故一审法院认定新川公司并未实质违反适当性义务，并无不当。

裁判结果：

一审判决：新川公司于本判决生效之日起10日内赔偿韩某投资款损失760,779.08元（若韩某在清算过程中再获清偿，则该清偿款应在前述赔偿金额中予以扣除，扣除金额以前述赔偿金额为限）；四川恒康发展有限责任公司对新川公司第1项付款义务承担连带赔偿责任；驳回韩某的其他诉讼请求。

二审判决：驳回上诉，维持原判。

综合而言，上述两种不同的裁判意见体现了法院在衡量适当性义务上的不同价值取向。上海虹口法院与上海金融法院更多的是从实质性的角度去判断卖方机构是否有违反适当性义务，是否真正导致将不适当的私募基金产品出售给投资者。而北京金融法院则是从适当性义务为先合同义务，维护适当性义务程序价值的角度，对事后弥补风险测评的卖方机构给予否定性评价。相较而言，我们认为，北京金融法院在（2021）京74民终482号民事裁判文书中作出的认定意见更有利于推动建立私募基金产品的合规销售市场秩序，更有助于保障投资者的合法权益。

2. 了解产品

因卖方机构未了解产品而违反适当性义务的案例，在私募基金案件中占比不多。经检索，有关“了解产品”的争议主要集中在对基金产品的了解及风险等级评估上。

（1）未披露拟投项目的相关信息且未尽职调查的，构成未尽到了解产品的义务。

典型案例：周某与易正天道资产管理有限公司、平安银行股份有限公司上海分行委托理财合同纠纷案［（2021）沪0115民初112270号］

案件事实：2018年5月22日，周某作为基金投资者，与作为基金管理人的被告易正天道资产管理有限公司（以下简称易正天道公司）、作为基金托管人的××银行签订了基金合同。“十一、基金的投资”约定，全体基金份额持有人在此授权并同意：被告易正天道公司有权代表本基金与相关方签署基金投资相关文件与协议，并以被告易正天道公司的名义代表本基金办理相关权属登记及变更手续。投资范围：本基金财产将主要用于通过投资安某作为执行事务合伙人的安吉合伙的有限合伙人财产份额，在资金闲置期间，本基金可投资于银行存款、货币型基金。

法院认为：

关于“了解产品”，从现有证据来看，关于基金投资标的，仅在基金合同及《私募基金 Q&A》中进行了笼统的约定，并未披露拟投项目的相关信息，也未提供曾对拟投项目进行过尽职调查的相关证据，故难以确定被告易正天道公司尽到了解产品的义务。

裁判结果：

被告易正天道公司应于本判决生效之日起 10 日内赔偿原告周某损失 100 万元；驳回原告周某的其余诉讼请求。

（2）对产品风险等级已做评定且监管部门未认定产品风险评级有误，关于未了解产品、违反适当性义务的意见不予采信。

典型案例：卢某与嘉实财富管理有限公司委托理财合同纠纷案［（2020）沪 0115 民初 4150 号、（2021）沪 74 民终 148 号］

案件事实：嘉实财富管理有限公司（以下简称嘉实财富公司）作为首金嘉实嘉赢优选 B—2 私募基金的销售机构，向卢某推销涉案私募基金。产品概要封面右下角标明“依据嘉实财富评级标准，该产品优先级风险等级为 R3 级（中风险），适合平衡型、积极型、进取型合格投资者……私募投资有风险，投资需谨慎”；产品概要第 1 页“风险收益特征”部分载明：“本基金优先级属于 R3 级（中风险）投资品种，适合平衡型、积极性、进取型合规投资者……本基金为非保本收益型私募基金，基金份额持有人面临有可能无法获得收益甚至损失本金的风险”，第 1 页“业绩比较基准”部分载明：“本业绩比较基准不是最终收益率……本业绩比较基准也不代表基金管理人、托管人及代销机构对于基金本金及收益的保证或承诺”。后卢某经嘉实财富公司推荐，作为基金委托人，与作为基金管理人的首创公司以及作为基金托管人的上海银行股份有限公司北京分行签订了《首金嘉实嘉赢优选 B—2 私募基金基金合同》。

法院认为：

一审法院认为：根据卢某提交的涉案基金产品概要，其中明确多处记载了“本基金优先级属于R3级（中风险）投资品种，适合平衡型、积极性、进取型合规投资者”“本业绩比较基准不是最终收益率……本业绩比较基准也不代表基金管理人、托管人及代销机构对于基金本金及收益的保证或承诺”等内容，由此可见，嘉实财富公司在销售过程中尽到了解产品特征及风险的义务，并对产品风险等级进行了区分，亦在销售过程中明确地将涉案私募基金的相关风险充分提示了投资者。

二审法院认为：卖方机构承担适当性义务的目的是确保金融消费者能够在充分了解相关金融产品、投资活动的性质及风险的基础上作出自主决定，并承受由此产生的收益和风险。从现有法律法规及相关监管部门规章规定来看，了解产品及其分级的内容主要包括了解产品的特征和风险等因素，并在此基础上划定风险等级。要求卖方机构了解产品是为了对产品风险等级作出正确评估，进而将适当的产品卖给适当的投资者。嘉实财富公司将涉案私募基金产品评定为R3级（中风险）投资品种，并在产品概要中向卢某告知了涉案私募基金产品的风险收益特征及产品情况，虽卢某认为所涉底层资产为虚假债权，但现并无证据证明嘉实财富公司存在明知底层资产为虚假仍向卢某销售涉案私募基金产品的情形。鉴于相关监管部门并未认定涉案私募基金产品的风险评级有误，故对卢某提出的嘉实财富公司未了解产品，违反适当性义务的上诉理由，未予采信。

裁判结果：

一审判决驳回卢某的全部诉讼请求；二审判决驳回上诉，维持原判。

从法院在上述两个案例中对“了解产品”的认定要点来看，卖方机构了解产品的义务，首先是对基金产品本身有充分的了解，尤其是了解影响基金产品风险的各项情况，才能向投资者完整、全面地告知并说明投资风险；其次则是对产品的风险等级进行适当的评估，才能将适当的基金产品销售给适合的投资者。嘉实财富公司虽然是私募基金销售机构，但该案对其了解产品之适当性义务的认定，可以对基金管理人了解产品，尤其是产品风险等级评定相关适当性义务的认定提供有价值的参考。从上述案例来看，我们认为在举证责任方面，卖方机构要证明其在基金合同、推介材料、风险告知书中将基金产品拟投资的项目情况及风险作出揭示与说明，并对基金产品风险等级进行了合理评定，以证实其完成了了解基金产品的相关义务。卖方机构完成上述举证后，投资者如要主张卖方机构未尽到了解产品义务，则由法院根据投资者主张的相关情况、对基金产品风险的影响、卖方机构的工作职责与责任范围以及卖方机构的合理注意义务，结合证据予以综合认定。

3. 告知说明义务

（1）投资者签字确认承担风险不能免除卖方机构的告知说明义务。

典型案例：赵某涛与富立天瑞华商投资管理有限公司、招商证券股份有限公司合同纠纷案［（2021）京0105民初64759号］

案件事实：投资者赵某涛认购富立天瑞华商投资管理有限公司（以下简称富立华商公司）管理的私募基金产品，2016年8月21日支付认购金额310万元。基金产品的《招募说明书》载明：基金类型为私募股权投资基金，存续期限为12个月，可提前结束；本基金的投资目标是以维护基金份额持有人最大利益为宗旨，在有效控制投资风险的前提下，实现管理资产的保值增值；投资策略为利用市场多种金融工具在风险可控的前提下实现委托资产的增值；基于本基金的投资范围及投资策略，本基金不承诺保本及最低收益，属中高风险型投资品种，适合具有一定风险识别、评估、承受能力的合格投资者；交易结构图中列明的投资组合为基金组合；产品亮点包括优质投向、攻守兼备、分散风险，定期公布季度报告、净值管理清晰明了，行业一流、屡创辉煌的管理团队。富立华商公司提交了《风险承受能力调查问卷（自然人）》《投资者类型及风险匹配告知函》《产品认购/申购确认函》，证明赵某涛在上述材料中签字理应知悉投资风险。赵某涛签署的基金合同附件《基金风险提示书》载明：投资者声明，作为私募基金的投资者，本人/机构已充分了解并审慎评估自身风险承受能力，自愿自行承担投资该私募基金所面临的风险，本人/机构作出以下陈述和声明，并逐条签字确认。

玉泉山三号基金于2018年9月2日终止后，2018年9月3日进入清算阶段，向赵某涛分配清算款175,770元，基金尚未清算完毕。

法院认为：

本案中，涉案基金的销售机构为恒宇天泽公司，玉泉山三号基金系成长型基金产品，虽然富立华商公司提交《风险承受能力调查问卷（自然人）》

《投资者类型及风险匹配告知函》《产品认购/申购确认函》，证明赵某涛在上述材料中签字理应知悉投资风险，但签字行为不免除基金销售机构应当履行的风险提示、风险承受能力及风险等级调查、适当性产品匹配义务，现赵某涛否认销售机构向其告知说明了风险，富立华商公司应进一步举证证明销售机构在销售涉案基金产品时向赵某涛履行了告知产品投向、资金使用方式、各方权利义务、投资将产生的最大损失风险及基金无法变现退出的风险，而富立华商公司未进一步提供证据证明其实质履行了前述适当性义务，故法院认定销售机构在销售阶段未向赵某涛全面履行适当性义务。

虽然赵某涛具有购买私募基金的投资记录，但相应投资类别、投资去向、投资期限及投资风险并不完全相同，其既往投资情况不能免除销售机构对玉泉山三号基金的告知说明与适当推荐义务，富立华商公司不能证明其前述适当性义务的违反并未影响赵某涛作出自主决定，故法院对富立华商公司此项抗辩意见不予采信。

裁判结果：

第一，被告富立华商公司于《富立天瑞华商玉泉山三号私募投资基金—基金合同》项下“富立天瑞华商玉泉山三号私募投资基金”清算完成后7日内对原告赵某涛清算后的实际损失（按照本金+利息-已分配款计算，其中，本金为2,924,230元；利息以2,924,230元为基数，自2017年8月22日起至实际付清之日止，按照中国人民银行发布的同期同类存款基准利率计算；如本判决生效并执行前另有其他分配款，则一并予以扣除）承担赔偿责任。第二，驳回原告赵某涛的其他诉讼请求。

（2）告知说明义务不仅限于基金合同的风险提示条款等格式内容。

典型案例：钟某繁与九州期货有限公司、中信建投证券股份有限公司合同纠纷案［（2019）京0105民初67552号］

案件事实：2017年1月9日，钟某繁作为委托人、九州期货有限公司（以下简称九州公司）作为资产管理计划管理人、中信建投证券股份有限公司（以下简称中信建投公司）作为资产管理计划托管人签署《和鑫一号合同》，合同包括《期货公司资产管理业务风险揭示书》《委托资产承诺书》《委托人告知书》及合同内容。钟某繁在《期货公司资产管理业务风险揭示书》上手写：以上《期货公司资产管理业务风险揭示书》的各项内容，本人/本单位已阅读并完全理解。合同第21节风险揭示，提醒投资者买者自负投资原则，在投资者作出投资决策后，计划的运营状况与计划净值变化引致的投资风险，由投资者自行负责；本计划在投资过程中面临的各项风险包括但不限于市场风险、管理风险、信用风险等，信用风险为本计划交易对手方信托计划、和源中心或和源中心投资的一个或多个项目发生交易违约，导致资产管理计划财产损失。

合同签订当日，钟某繁支付认购金额1180万元，资管计划到期后未能收回全部认购本金。

法院认为：

由于普通的金融消费者与产品的销售方在金融专业方面的悬殊以及信息的不对称，告知说明义务不仅限于基金合同的风险提示条款等格式内容，还应以投资者能够理解的方式向投资者告知产品的运作方式以及可能产生的最大风险。具体到本案中，本案产品为高风险产品，但除合同里签署的风险告知书及合同条款中的风险条款外，九州公司未提交任何证据证明其向钟某繁推介案涉基金时将投资本金和收益可能发生的最大损失风险向其作出了特别说明，故法院认定其并未尽到风险告知义务。

裁判结果：

第一，被告九州公司于本判决生效之日起10日内赔偿原告钟某繁损失3,505,277.2元并赔偿利息损失（以11,800,000元为基数，自2017年1月9日起至2018年7月30日止；以3,659,091.32元为基数，自2018年7月31日起至2019年8月15日止；以3,505,277.2元为基数，自2019年8月16日起至实际支付之日止；以上均按照中国人民银行同期定期存款基准利率的标准计算）；第二，驳回原告钟某繁的其他诉讼请求。

（3）应根据产品、投资活动的风险和金融消费者的实际情况，综合理性人能够理解的客观标准和金融消费者能够理解的主观标准。

典型案例：陈某丹与上海国金理益财富基金销售有限公司财产损害赔偿纠纷案［（2020）沪0115民初21684号、（2021）沪74民终1011号］

案件事实：国投互联（北京）投资基金管理有限公司（以下简称国投公

司）委托上海国金理益财富基金销售有限公司（以下简称国金公司）销售私募投资基金产品“国购基金产品”。2017 年 5 月 24 日，陈某丹作为基金委托人、国投公司作为基金管理人及广州证券股份有限公司作为基金托管人签订基金合同，陈某丹认购国购基金产品，申购金额为 100 万元。同日，国金公司向陈某丹出具《风险揭示书》，告知陈某丹国购基金产品可能存在的相关风险。陈某丹在该文件上签字确认。

《风险揭示书》第 7 条“本基金特有风险”第 3 项载明，本基金除采用股权投资外，还将根据投资标的的具体情况采用可转股债权等方式进行投资，如投资标的未能按约归还可转股债权本息的，将导致基金投资人利益受到损失。同时，尽管国购公司提供了相关回购机制，但基金投资者也有面临损失溢价收益甚至是本金的风险，极端情况下可能出现回购方未回购而导致本基金最终持有股权的非现金分配风险。第 4 项载明，本基金在投资过程中，将要求第三方通过保证、差额补足等方式对投资风险进行防范，但在投资标的违约且担保方拒绝履行担保义务的情况下，基金将面临本金和投资收益损失的风险。

陈某丹认为《风险揭示书》等相关文件仅是国金公司为了宣传销售案涉基金所作的格式化条款及文件，存在陈某丹仅签字、国金公司并未向陈某丹充分履行告知说明义务等情况，并不能证明国金公司已经向陈某丹充分履行了产品的适当性管理义务及告知说明义务。

法院认为：

一审法院认为：根据国金公司提供的已由陈某丹签字的《风险揭示书》和《销售机构募集说明》，可证明国金公司在销售过程中已经履行了风险提示、募集说明等相关的告知义务，即使陈某丹否认签署部分文件，但其在购买该基金产品时根据上述基金合同所配套的产品资料应已知晓该基金产品风险。综合上述情况，一审依法确定国金公司在销售过程中已经履行了其应尽之义务。

二审法院认为：首先，告知说明义务不同于适当性义务，卖方机构的告知说明义务是其适当性义务的组成部分之一，而不是全部；告知说明义务是针对卖方金融机构拟销售的金融产品或提供的金融服务，强调的是“信息披露义务”，即金融机构在推销金融产品时，应该向金融消费者充分说明与金融产品相关的市场风险、信用风险、合同的主要内容等重要事项，使得金融消费者对所要投资的金融产品有足够的认识来作出投资决定。其次，卖方机构是否履行告知说明义务应当根据产品、投资活动的风险和金融消费者的实际情况，应综合理性人能够理解的客观标准和金融消费者能够理解的主观标准来确定，即以一般人能够理解的客观标准为主，特定金融消费者能够理解的特别标准为辅的认定路径。最后，从本案情况来看，在客观方面，涉案《风险揭示书》已披露案涉基金的风险等级以及基金投资运作中可能存在的各类风险；上诉人认为《风险揭示书》中的内容并非针对涉案基金产品，但从《风险揭示书》所载内容来看，其中第7条第3项、第4项亦有针对涉案基金产品的特有风险，故该项上诉理由缺乏事实依据，难以采纳；上诉人还签署了《投资风险提示与确认函》，再次以书面签字确认的形式表示其已清楚该产品的投资风险，并自愿自行承担投资目标产品的收益和损失风险；而在被上诉人对上诉人所作的电话回访录音中，上诉人亦明确表示对涉案产品的投资风险已有认知。在主观方面，从上诉人的过往投资经历来看，在购买涉案基金产品之前，其曾购买与涉案基金产品风险等级相当的产品，还曾从事股权投资等风险较高的投资行为，因此，上诉人系具备一定经验的金融消费者，对系争产品发生亏损的风险亦应有所预期。一审法院根据上述被上诉人风险揭示业务流程以及上诉人作出的书面确认和电话录音内容等相关事实，认定被上诉人已履行告知说明义务的做法并无不当，可予维持。

裁判结果：

一审判决驳回陈某丹的全部诉讼请求；二审判决驳回上诉，维持原判。

（4）对于超出自身风险识别与承受能力购买高风险等级产品的投资者，应就产品风险及具体的风险防控措施作进一步的解释说明义务。

典型案例：叶某芳与深圳崇融公司管理有限公司金融委托理财合同纠纷案［（2020）粤0309民初510号、（2021）粤03民终16338号］

案件事实：2017年1月3日，叶某芳与深圳崇融公司管理有限公司（以下简称崇融公司）签订《崇融公司九洲大唐花园（三期）私募投资基金合同》，叶某芳向崇融公司认购该基金，认购金额500万元。基金合同约定该基金不承诺保本及最低收益，属预期风险较高、预期收益较高的投资品种，适合具有风险识别、评估、承受能力的合格投资者。叶某芳主张崇融公司在明知投资标的公司不符合银行委托贷款业务的借款人条件并对此进行隐瞒，导致叶某芳基于错误的意思表示签订涉案合同，构成欺诈，并请求撤销基金合同、返还款项并赔偿经济损失。

法院认为：

一审法院认为：叶某芳关于崇融公司之行为构成欺诈缺乏事实依据，对其诉求均不予支持。

二审法院认为：叶某芳上诉称崇融公司在销售基金时未履行适当性义务，在《风险揭示书》《私募基金投资者风险调查问卷》中伪造自己签名，并提出进行笔迹鉴定。《风险揭示书》《私募基金投资者风险调查问卷》是证明基金销售方履行适当性义务的关键证据，一审未组织鉴定，处理不当。该事实虽然处于真伪不明状态，但是，根据二审法庭调查，即使该两份证据上诉人签名属实，崇融公司也自认根据《风险揭示书》《私募基金投资者风险调查问卷》反映叶某芳属稳健性投资者，而案涉私募产品为较高风险产品，销售给叶某芳并不匹配；崇融公司虽然主张《风险揭示书》中有“客户声明同意”且叶某芳签字同意外，未举证证明依照《私募投资基金募集行为管理办法》等相关监管规定，应就产品风险及具体的风险防控措施作进一步的解释说明义务，比如强制回访义务。

裁判结果：

一审判决：驳回叶某芳的全部诉讼请求。

二审判决：撤销广东省深圳市龙华区人民法院（2020）粤0309民初510号民事判决；崇融公司应于本判决生效之日起10日内向叶某芳返还投资款5,000,000元；崇融公司应于本判决生效之日起10日内向叶某芳赔偿利息损失（以5,000,000元为基数，从2017年2月21日至2019年8月19日按中国人民银行公布的同期贷款利率计算；从2019年8月20日起，按同期全国银行间同业拆借中心公布的一年期贷款市场报价利率计至付清之日）；驳回叶某芳的其他诉讼请求。

综上，根据《九民纪要》第76条规定：告知说明义务的履行是金融消费者能够真正了解各类高风险等级金融产品或者高风险等级投资活动的投资风险和收益的关键，人民法院应当根据产品、投资活动的风险和金融消费者的实际情况，综合理性人能够理解的客观标准和金融消费者能够理解的主观标准来确定卖方机构是否已经履行了告知说明义务。卖方机构简单地以金融消费者手写了诸如“本人明确知悉可能存在本金损失风险”等内容主张其已经履行了告知说明义务，不能提供其他相关证据的，人民法院对其抗辩理由不予支持。上述案例所适用的裁判规则可以说是遵循了《九民纪要》第76条规定的精神，拒绝简单、格式化的风险提示格式条款，要有针对产品具体情况与特点的特殊风险提示，就最大损失风险向投资者进行特别说明，并根据金融消费者的不同理解程度来履行告知说明义务。案例2虽然不是私募基金相关的案例，但系与风险提示格式条款相关，认定卖方机构是否履行告知说明义务的案例。案例3的二审法院上海金融法院就如何理解“理性人能够理解的客观标准和金融消费者能够理解的主观标准”，给出了更具适用性的认定参考，即以一般人能够理解的客观标准为主，特定金融消费者能够理解的特别标准为辅的认定路径。可以理解为，对于同等风险等级产品缺乏投资经验的客户，应按照一般金融消费者对待，除签署基金合同、风险提示书等书面材料来告知说明外，还应以口头、其他书面文件或电话回访等方式向消费者说明该基金产品的具体项目情况，提示存在的特有风险或可能的最大损失，以实现消费者基于对产品风险的真正理解而购买私募基金产品。而案例4二审法院深圳市中级人民法院更是明确指出对于超出自身风险识别与承受能力购买高风险等级产品的投资者，卖方机构应履行更高的告知说明义务。

4. 适当性推介

适当性推介义务要求卖方机构基于对客户、产品的了解，将适当的基金产品销售给适合的投资者。如未尽到了解客户、了解产品的义务，卖方机构向投资者推介、销售基金产品时通常也会违反适当性推介的义务。在客户为合格投资者且对产品也有足够了解的情况下，若有以下情形，仍会被法院认定为未作适当推介。

（1）向投资者推介、销售风险等级高于其风险承受能力的基金产品，构成未履行适当推介义务

典型案例：李某与深圳久久益资产管理有限公司、深圳市招财猫资产管理有限公司、国信证券股份有限公司、深圳市招财猫基金管理有限公司委托理财合同纠纷案［（2020）粤0305民初3744号、（2020）粤03民终27204号］

案件事实：2015年6月17日，李某与深圳久久益资产管理有限公司（以下简称久久益资产）、国信证券股份有限公司（以下简称国信证券）签订基金合同，载明久久益资产为涉案基金的管理人，国信证券为涉案基金的托管人，李某作为投资人出资100万元认购涉案基金份额。同日，李某还在《久久益新三板天星投资基金认购/申购风险提示函》《基金财产合法性及风险承担申明书》签字确认，风险提示函第1条第1款载明，“本基金不承诺保本或最低收益，具有较大投资风险，适合风险识别、评估、承受能力较强的合格投资者”。李某在风险承担申明书尾部手书“本人已认真阅读并准确理解所有基金文件，承诺符合基金合同中关于投资人资格的要求，并愿意依法承担相应的基金投资风险”。同日，李某还填写了《投资者风险承受能力调查问卷》，对于其中第10项问题“您认为您能承受本基金财产的最大损失比例是多少”，李某勾选了“10%以下”。李某自己持有的基金合同版本中该选项的旁边有手书“不接受本金损失”的字样，久久益资产、国信证券持有的基金合同版本中则没有上述手书字样。

法院认为：

一审法院认为：抛开李某自己持有的基金合同中手书的“不接受本金损失”字样，李某在所有的基金合同中《投资者风险承受能力调查问卷》均填写的是最低风险（损失比例在10%以下），可以认定李某是保守型投资者，风险承受能力较弱，本案系争理财产品为非保本型理财产品（涉案基金第1项风险提示函第1条第1款载明本基金不承诺保本或最低收益），风险较大，存在净值下跌较大的可能性，与李某的风险承受能力完全不相匹配，显然并不适宜李某，但久久益资产、深圳市招财猫资产管理有限公司（以下简称招财猫资产）仍主动向李某推介此种产品。久久益资产、招财猫资产称其已经对李某进行风险提示且李某已经手写“本人已认真阅读并准确理解所有基金文件，承诺符合基金合同中关于投资人资格的要求，并愿意依法承担相应的基金投资风险”，其已经尽到了自己的提示义务。一审法院认为，涉案基金风险较大，李某手书上述内容只能证明久久益资产、招财猫资产在推荐过程中提到了基金的风险，但并未提交证据证实其已详细介绍讼争基金的运作方式等相关信息并揭示特别的风险点，故久久益资产、招财猫资产关于已尽信息披露和风险提示义务的辩称不能成立，久久益资产、招财猫资产未履行正确评估及适当推介的义务，李某虽在缔约过程中签字确认知晓相关风险，但据此并不能免除久久益资产、招财猫资产在缔约前的适当推介义务。

二审法院认为：根据久久益资产提供的《投资者风险承受能力调查问卷》，李某对于第10项问题“您认为您能承受本基金财产的最大损失比例是多少”，其勾选了“10%以下”；对于第13项问题“您如何看待投资亏损”，其勾选了“受到较大的影响，对正常生活有了一定影响”；综合上述情况，可知李某系风险承受能力较弱的投资者。而涉案基金合同记载，本基金为股权投资型私募基金，属于私募基金中的高风险品种。鉴于久久益资产、招财猫资产将属于高风险品种的涉案私募基金销售予风险承受能力较弱的投资者李某，故一审法院认定久久益资产、招财猫资产未履行正确评估及适当推介的适当性义务，并无不妥。

裁判结果：

一审判决：第一，久久益资产、招财猫资产于判决生效之日起10日内向李某返还60万元本金及利息（以100万元为基数按银行同期同类存款基准利率从2015年6月18日起计至2017年6月2日止，以60万元为基数按银行同期同类存款基准利率从2017年6月3日起计至实际清偿之日止）；第二，驳回李某的其他诉讼请求。

二审判决：驳回上诉，维持原判。

（2）误导投资者对产品收益的认识，违反适当推介义务

典型案例：黄某珍与中大期货有限公司永康营业部、中大期货有限公司财产损害赔偿纠纷案［（2019）浙0784民初2945号］

案件事实：中大期货有限公司永康营业部（以下简称中大永康营业部）系中大期货有限公司（以下简称中大期货）的分公司。2017年9月20日，黄某珍在中大永康营业部员工胡某意的推介下，与基金管理人上海宇艾股权投

资基金有限公司（以下简称宇艾公司）、基金托管人中信建投证券股份有限公司签订基金合同，认购金额 200 万元。基金合同约定：分配投资者本金及不高于业绩比较基准的基准收益，本基金的业绩比较基准为年化收益率 7.6%，份额基金收益业绩 =7.6% ×该份额存续天数/365，如有剩余基金资产，全部作为业绩报酬支付给基金管理人等。法院查明，胡某意在销售过程中告知黄某珍案涉基金为固定收益。2018 年 9 月 26 日，浙江证监局下发《关于对中大期货有限公司采取责令改正措施的决定》，其中认定公司通过内部员工微信群发布的部分私募基金产品宣传口径存在“年化收益率 7.4%”“7.4%”等表述。

法院认为：

中大期货通过内部员工微信群案涉私募基金产品宣传口径存在固定年化收益的表述，中大期货的销售人员胡某意在向黄某珍销售案涉基金时，亦存在固定收益年化收益率 7.6% 的表述，该表述含有向投资者传达保收益的意思，对于没有专业知识的普通投资者极易造成误导进而购买金融产品，其行为违反了适当推介义务。

除上述违反适当推介义务外，法院还认定两被告存在其他未尽到适当性义务及信息披露告知义务的行为，应对黄某珍主张的合理损失承担相应的民事赔偿责任。因黄某珍作为完全民事行为能力人，理应知晓投资基金产品的风险，其应依照自身的风险承受能力进行合理投资，对本案损失的发生亦具有较小的过错。因此，为了体现公平原则，考虑本案原告已实际收回 84，784.47 元，以及本案的实际情况，法院酌情确定由两被告赔偿原告黄某珍投资本金 200 万元，其余利息损失由原告黄某珍自行承担。

裁判结果：

第一，由被告中大永康营业部、中大期货于本判决生效之日起 15 日内赔偿原告黄某珍投资本金 200 万元。第二，驳回原告黄某珍的其他诉讼请求。

从案例 1 和案例 2 的裁判思路来看，向投资者推介、销售风险等级高于其风险承受能力的基金产品，并不定然违反适当性义务。《九民纪要》第 78 条规定，因金融消费者拒绝听取卖方机构的建议等自身原因导致其购买产品或者接受服务不适当，卖方机构请求免除相应责任的，人民法院依法予以支持。

北京市第二中级人民法院在类似案件如（2021）京02民终2496号案中，有如下论述：关于北京恒宇天泽基金销售有限公司（以下简称恒宇天泽公司）将超过投资者车某恩风险承受等级的产品向车某恩销售的行为，《证券投资基金法》第98条规定，基金销售机构应当向投资人充分揭示投资风险，并根据投资人的风险承担能力销售不同风险等级的基金产品；《私募投资基金监督管理暂行办法》第17条规定，私募基金管理人自行销售或者委托销售机构销售私募基金，应当自行或者委托第三方机构对私募基金进行风险评级，向风险识别能力和风险承担能力相匹配的投资者推介私募基金；2017年6月28日中国基金业协会发布《基金募集机构投资者适当性管理实施指引（试行)》第46条规定，最低风险承受能力类别的普通投资者不得购买高于其风险承受能力的基金产品或服务，且普通投资者主动要求购买与之风险承受能力不匹配的基金产品或者服务的，基金募集机构需要遵循特定的程序。涉案基金成立时及车某恩签署基金合同时，虽然《基金募集机构投资者适当性管理实施指引（试行)》尚未发布，但恒宇天泽公司作为金融机构，在专业知识、信息方面的优势高于投资者，其应当遵守法律的明确规定，根据投资人的风险承担能力销售不同等级的基金产品；车某恩在投资人风险承受能力调查问卷客户声明中虽自愿承担投资超越风险等级基金产品的风险，但恒宇天泽公司并未举证证明其已履行了向投资人充分揭示风险的义务，从而增加了车某恩的投资风险。

该案例虽然并非法院认可向投资者销售风险等级高于其风险承受能力基金产品满足适当性义务的案例，但北京市第二中级人民法院的上述论述，也给出了当投资者主动要求购买风险等级高于其风险承受能力的产品时，卖方机构如何履行适当性义务的观点，可以概括为遵循特定的程序并履行更充分的风险揭示义务。《基金募集机构投资者适当性管理实施指引（试行)》第48条规定，普通投资者主动要求购买与之风险承受能力不匹配的基金产品或者服务的，基金销售要遵循以下程序：①普通投资者主动向基金募集机构提出申请，明确表示要求购买具体的、高于其风险承受能力的基金产品或服务，并同时声明，基金募集机构及其工作人员没有在基金销售过程中主动推介该基金产品或服务的信息；②基金募集机构对普通投资者资格进行审核，确认其不属于风险承受能力最低类别投资者，也没有违反投资者准入性规定；③基金募集机构向普通投资者以纸质或电子文档的方式进行特别警示，告知其该产品或服务风险高于投资者承受能力；④普通投资者对该警示进行确认，表示已充分知晓该基金产品或者服务风险高于其承受能力，并明确作出愿意自行承担相应不利结果的意思表示；⑤基金募集机构履行特别警示义务后，普通投资者仍坚持购买该产品或者服务的，基金募集机构可以向其销售相关产品或者提供相关服务。可以说，《基金募集机构投资者适当性管理实施指引（试行）》的上述规定，已经为卖方机构提供了非常明晰的操作指引，其中也包含了更进一步的风险提示义务。

除了向投资者销售风险等级高于其风险承受能力的基金产品外，误导投资者对产品收益的认识也违反了适当推介义务。黄某珍的案例虽然属于基金销售机构因违反适当推介义务等而担责，但该案例对于考量、认定基金管理人的适当推介义务亦有参考意义。此外，深圳前海合作区人民法院在（2019）粤 0391 民初 2634 号民事判决中还指出：市场实践中卖方机构工作人员为了自身利益，在推荐理财产品的过程中往往夸大理财产品的预期收益率，隐瞒可能遭受的风险；在正式缔约时，又将投资可能面临的各种风险写在风险提示函中，而交易文件多为格式合同，投资者无法变更，在有限的时间内，投资者很难完全阅读和理解交易文件的全部内容，其对理财产品的判断更多的是基于金融机构工作人员的介绍。深圳前海合作区人民法院指出的上述情形都属于卖方机构基于销售目的，有意误导投资者或隐瞒风险，因此违反了适当推介义务。

（三）违反适当性义务的责任承担

《九民纪要》第 77 条第 1 款规定，卖方机构未尽适当性义务导致金融消费者损失的，应当赔偿金融消费者所受的实际损失；实际损失为损失的本金和利息，利息按照中国人民银行发布的同期同类存款基准利率计算。第 2 款则就构成欺诈的销售行为，确认人民法院可以支持投资者以合同文本或宣传资料载明的预期收益率、业绩比较基准或者类似约定，或贷款市场报价利率所主张的利息损失计算标准。[①] 同时，《九民纪要》第75条规定，在案件审理过程中，卖方机构对其是否履行了适当性义务承担举证责任。卖方机构不能提供其已经建立了金融产品（或者服务）的风险评估及相应管理制度、对金融消费者的风险认知、风险偏好和风险承受能力进行了测试、向金融消费者告知产品（或者服务）的收益和主要风险因素等相关证据的，应当承担举证不能的法律后果。

1. 司法实务中各法院在认定实际损失上呈现较大差异

（1）卖方机构对投资者损失承担全部赔偿责任

典型案例：李某良与深圳市恒信财富资产管理股份有限公司、青岛东海恒信资产管理有限公司、陈某东、史某、恒丰银行股份有限公司金融委托理财合同纠纷案［（2021）鲁71民初83号、（2022）鲁民终404号］

案件事实：2016年7月14日，李某良作为投资人，深圳市恒信财富资产管理股份有限公司（以下简称恒信公司）作为管理人，恒丰银行股份有限公司作为托管人，共同签署了案涉基金合同，李某良认购基金份额130万元。2018年8月27日，案涉基金账户向李某良转款124,611.4元。

法院认为：

一审法院认为：恒信公司在案涉基金销售过程中，未履行风险识别能力和风险承担能力评估、风险揭示、冷静期回访等义务，过错程度较大，应当对李某良的损失承担赔偿责任。

恒信公司主张，2018年8月27日案涉基金向李某良支付的124,611.4

---

① 《九民纪要》第77条第2款规定："金融消费者因购买高风险等级金融产品或者为参与高风险投资活动接受服务，以卖方机构存在欺诈行为为由，主张卖方机构应当根据《消费者权益保护法》第55条的规定承担惩罚性赔偿责任的，人民法院不予支持。卖方机构的行为构成欺诈的，对金融消费者提出赔偿其支付金钱总额的利息损失请求，应当注意区分不同情况进行处理：（1）金融产品的合同文本中载明了预期收益率、业绩比较基准或者类似约定的，可以将其作为计算利息损失的标准；（2）合同文本以浮动区间的方式对预期收益率或者业绩比较基准等进行约定，金融消费者请求按照约定的上限作为利息损失计算标准的，人民法院依法予以支持；（3）合同文本虽然没有关于预期收益率、业绩比较基准或者类似约定，但金融消费者能够提供证据证明产品发行的广告宣传资料中载明了预期收益率、业绩比较基准或者类似表述的，应当将宣传资料作为合同文本的组成部分；（4）合同文本及广告宣传资料中未载明预期收益率、业绩比较基准或者类似表述的，按照全国银行间同业拆借中心公布的贷款市场报价利率计算。"

元，为案涉基金分配的投资本金。但根据恒信公司向李某军等人提起诉讼的事实可以看出，案涉基金投资本金尚未从实际用款人处追回，案涉基金尚不具备清算条件。根据案涉基金合同第 18 节第 3 条第 1 项的约定，案涉基金自成立之日起每 12 个月进行一次收益分配。同时，恒信公司于本案法庭调查时，首先当庭认可该次付款为收益分配，后又反言主张为本金分配。综合上述情形，法院认定上述 124,611.4 元为案涉基金分配的收益，李某良的投资本金并未予以返还。对于李某良主张以投资本金为基数，按照全国银行间同业拆借中心公布的 2～5 年期利率 4.75% 计算的间接利息损失。因案涉基金合同约定并不保证基金能够进行固定收益分配，故该项损失应当自李某良实际支付基金份额认购款的次日即自 2016 年 7 月 15 日起计算至李某良主张的 2020 年 7 月 14 日止，以中国人民银行公布的人民币 3 年期整存整取存款基准利率 2.75% 为标准计算，共计 14.3 万元。该数额应当扣除李某良已收到的 124,611.4 元，李某良实际利息损失为 18,388.6 元。李某良投资本金损失数额为 130 万元，其本金及利息损失共计 1,318,388.6 元。

李某良在获得实际赔偿后，不再享有对应的案涉基金份额权益。

二审法院认为：关于 2018 年 8 月 27 日案涉基金向李某良支付的 124,611.4 元的性质。根据当时基金尚不具备清算条件，应当进行收益分配而未进行收益分配等具体情形，一审法院认定该回款属于收益分配，并在应赔偿的利息中予以扣减，并无不当。恒信公司承担完毕赔偿责任以后，相应的投资权益归属恒信公司。

裁判结果：

一审判决：恒信公司于判决生效之日起 10 日内向李某良赔偿 1,318,388.6 元的损失；驳回李某良的其他诉讼请求。

二审判决：驳回上诉，维持原判。

（2）卖方机构根据过错程度及履约情况等因素，对投资者损失承担部分赔偿责任

典型案例：李某与久久益资产、招财猫资产、国信证券、深圳市招财猫基金管理有限公司委托理财合同纠纷案［（2020）粤 0305 民初 3744 号、（2020）粤 03 民终 27204 号］

案件事实：2015 年 6 月 17 日，李某与基金管理人久久益资产、基金托管人国信证券签订基金合同，李某作为投资人出资 100 万元认购涉案基金份额，招财猫资产为基金销售机构。

法院认为：

一审法院认为：久久益资产、招财猫资产未履行正确评估及适当推介的义务，李某虽在缔约过程中签字确认知晓相关风险，但据此并不能免除久久益资产、招财猫资产在缔约前的适当推介义务。根据久久益资产、招财猫资产的过错程度，一审法院酌定久久益资产、招财猫资产对李某的损失承担六成责任。因久久益资产当庭确认有关涉案基金的仲裁裁决尚未执行到任何财产，故未向李某进行结算和分配，即至一审庭审之日李某未能收回任何成本及收益，故久久益资产、招财猫资产应依法承担 60 万元本金及相应利息的损失，涉案基金于 2017 年 6 月 2 日终止，故利息以 100 万元为基数按银行同期同类存款基准利率从 2015 年 6 月 18 日起计至 2017 年 6 月 2 日止，以 60 万元为基数按银行同期同类存款基准利率从 2017 年 6 月 3 日起计至实际清偿之日止。

二审法院认为“市场有风险，投资需谨慎”，司法亦需在维护金融安全、保护行业发展和培养成熟理性投资者、保护金融消费者权益之间找到合适的平衡点。本案中，作为完全行为能力人，李某在缔约过程中签字确认知晓相关风险，不能完全免除久久益资产、招财猫资产在缔约前的适当推介义务，但李某对涉案投资行为的风险应具有一定的认知，其亦应自行承担部分损失。因此，一审法院结合本案具体案情、当事人的过错程度及履约情况等因素，酌定久久益资产、招财猫资产赔偿李某损失本金 60 万元（100 万元 ×60%）及相应利息，并无显著不当。而在久久益资产、招财猫资产违反适当性义务应承担相应赔偿责任的情况下，涉案基金是否完成清算和分配，并不影响本案的实体处理。需要说明的是，无论是久久益资产还是招财猫资产，在承担赔偿责任后，承担责任方可按照承担责任的比例主张享有涉案基金中李某名下的相应权益。

裁判结果：

一审判决：久久益资产、招财猫资产于判决生效之日起 10 日内向李某返还60万元本金及利息（以100万元为基数，按银行同期同类存款基准利率从2015年6月18日起计至2017年6月2日止，以60万元为基数，按银行同期同类存款基准利率从2017年6月3日起计至实际清偿之日止）；驳回李某的其他诉讼请求。

二审判决：驳回上诉，维持原判。

（3）以未清算损失不能确定为由判决驳回诉讼请求

典型案例：车某恩与恒宇天泽公司、国信证券股份有限公司委托理财合同纠纷案［（2020）京0101民初437号、（2021）京02民终2496号］

案件事实：2016年9月28日，车某恩作为投资人，恒宇天泽公司作为管理人，国信证券股份有限公司（以下简称国信证券公司）作为托管人，三方签署《恒宇天泽亚马逊五号私募投资基金——基金合同》。车某恩认购金额为100万元。涉案基金于2019年7月8日正式结束并进入清算期，清算尚未完成。

法院认为：

一审法院认为：恒宇天泽公司虽对车某恩进行了风险评估，但未说明投资冷静期，且并未设立回访确认程序，其行为未遵守相关规范；车某恩在投资人风险承受能力调查问卷客户声明中虽自愿承担投资超越风险等级基金产品的风险，但恒宇天泽公司并未举证证明其已履行了向投资人充分揭示风险的义务，从而增加了车某恩的投资风险。

车某恩主张的投资损失应为现实确定的损失，即不可再次从市场中获得弥补的损失，还应是固有利益的损失，即投资本金的亏损不应包括预期收益及后续的资金占用费。由于涉案基金的清算尚未完成，车某恩就涉案基金是否享有投资收益抑或存在投资损失尚无法确定。车某恩主张其损失可以确定为基金存续期满后的现金损失，包括车某恩未能通过基金财产以现金形式分配获得的投资本金和预期收益，及之后发生的资金占用费的意见，法院不予采信。由于车某恩的投资损失尚无法确定，现车某恩要求恒宇天泽公司、国信证券公司赔偿其损失的诉讼请求，不具有事实依据，法院不予支持。

二审法院认为：基金合同并不存在期限届满后可保证车某恩获得投资收益或者保证本金不受损失的约定，基金份额持有人有权分享基金财产收益及参与分配清算后的剩余基金财产，但分享收益及参与分配的前提应为对基金财产的清算。

首先，涉案基金的存续期已满，基金财产已进入清算阶段，虽然基金合同约定基金的收益分配以投资单元现金形式的基金财产为限进行，但因本案基金财产并非以投资股票等有价证券的形式进行收益分配，而是以股权投资的形式，通过股权转让实现退出。涉案基金的清算尚未完成，股权尚未转让无法转变为现金形式，对于股权转让实际获得的现金收益尚无法确定，因而本案基金收益分配的条件尚未成就。

其次，车某恩主张的投资损失应为现实确定的损失，即不可再次从市场中获得弥补的损失，还应是固有利益的损失，即投资本金的亏损不应包括预期收益及后续的资金占用费。由于涉案基金的清算尚未完成，车某恩就涉案基金是否享有投资收益抑或存在投资损失尚无法确定。

裁判结果：

一审判决：驳回车某恩的诉讼请求。

二审判决：驳回上诉，维持原判。

（4）卖方机构承担赔偿责任（未清算），投资人不再享有相应基金份额

典型案例：赵某洪与秃鹰公司、恒丰银行金融委托理财合同纠纷案［（2022）鲁71民初9号、（2023）鲁民终163号］

案件事实：2018年年初，赵某洪经秃鹰公司的工作人员推荐，拟投资秃鹰公司作为管理人，恒丰银行作为托管人的“金眸1期特殊机会私募基金”。赵某洪先向案涉基金募集账户转款100万元，后收到加盖秃鹰公司及恒丰银行印章的案涉基金合同，约定的认购金额为100万元，之后赵某洪又向募集账户转款100万元、150万元。

法院认为：

一审法院认为：秃鹰公司在案涉基金销售过程中，未对赵某洪充分履行风险识别能力和承担能力评估、投资回访等义务，过错程度较大，应对赵某洪未能如期获得的投资本息损失承担赔偿责任。关于赵某洪的损失数额，根据《九民纪要》第77条第1款“卖方机构未尽适当性义务导致金融消费者损失的，应当赔偿金融消费者所受的实际损失。实际损失为损失的本金和利息，

利息按照中国人民银行发布的同期同类存款基准利率计算”的规定，秃鹰公司应赔偿赵某洪损失的本金和利息。

因基金合同约定并不保证基金能够进行固定收益分配，赵某洪关于按照约定的业绩比较基准计算利息的请求不能成立，现有证据亦不能证实秃鹰公司在基金合同的订立、募集过程中存在欺诈行为，本案利息应以中国人民银行发布的同期同类存款基准利率计算。秃鹰公司应赔偿赵某洪的利息损失以100万元本金为基数。

赵某洪在实际获得清偿后，对相应的基金份额不再享有权利。

二审法院认为：卖方机构未尽适当性义务导致金融消费者损失的，应当赔偿金融消费者所受的实际损失。实际损失为损失的本金和利息。秃鹰公司辩称，涉案基金并未清算，实际损失并不确定。因此，涉案基金成立于2018年1月12日，约定的基金存续期限为12个月，最长延期不超过12个月，但涉案基金经延期在2020年1月11日到期后，管理人在并未征得基金份额持有人同意的情况下，又将基金存续期限自动延长且底层资产迟迟未能变现，不符合基金合同约定，亦对赵某洪有失公允，故法院对于秃鹰公司的抗辩理由不予采信，一审法院判决秃鹰公司赔偿赵某洪350万元投资本金及按照同期同类存款利率计算的利息，并无不当。但如一审法院所言，赵某洪获得清偿后，对相应的基金份额不再享有权利，否则将构成重复受偿。

裁判结果：

一审判决：第一，秃鹰公司于判决生效之日起10日内赔偿赵某洪本金350万元及利息（利息以100万元本金为基数，自2018年1月5日起至2018年2月25日止；以200万元本金为基数，自2018年2月26日起至2018年2月28日止；以350万元本金为基数，自2018年3月1日起至实际付清之日止，均按照中国人民银行发布的同期同类存款基准利率计算）；第二，驳回赵某洪其他诉讼请求。

二审判决：驳回上诉，维持原判。

(5) 卖方机构承担赔偿责任（未清算），后续清算过程中投资人获得的清偿应在赔偿金额中予以扣除

典型案例：陈某鑫与钜洲公司、钜派集团私募基金合同纠纷案［(2021)

沪0115民初10966号、(2021)沪74民终1743号]

案件事实：2016年6月，陈某鑫（作为基金投资者）与钜洲公司（作为基金管理人）、招商证券股份有限公司（作为基金托管人）签署基金合同，认购“钜洲智能制造2018私募股权投资基金”。2016年6月21日，陈某鑫支付基金认购款100万元和认购费1万元。

法院认为：

一审法院认为：钜洲公司作为管理人，因管理过程中的重大过错及未尽适当性义务导致陈某鑫损失，应对陈某鑫所受的实际损失承担赔偿责任，实际损失应为损失的本金和利息。对于陈某鑫的损失本金101万元，一审法院依法予以确认。关于利息的计算，因基金合同已无法继续履行，其预期收益已无法实现，故陈某鑫主张钜派集团、钜洲公司自2016年6月29日起至2019年8月19日止的利息，按人民银行同期贷款年利率4.75%计算，自2019年8月20日起至实际清偿之日止的利息按全国银行间同业拆借中心公布的同期贷款市场报价利率计算，一审法院依法予以确认。

二审法院认为：基金的清算结果是认定投资损失的重要依据而非唯一依据，有其他证据足以证明投资损失情况的，人民法院可以依法认定损失。首先，根据钜洲公司发布的《临时信息披露公告》及庭审查明事实，案涉基金资产已被案外人恶意挪用，涉嫌刑事犯罪，且主要犯罪嫌疑人尚未到案；其次，基金合同约定，案涉基金的权益基础为明×××对卓×××的股权收益，现明×××并未依照基金投资目的取得卓×××股权，合同约定的案涉基金权益无实现可能；最后，根据基金合同中约定的清算程序，由清算小组统一接管基金财产，并在基金财产清理、确认债务债权后，对剩余财产进行分配，而现实客观情况是，募集的基金资产已经脱离管理人控制，清算小组也未接管基金财产。因此，考虑到基金清算处于停滞状态，无法预计继续清算的可能期限，且无证据证明清算小组实控任何可清算的基金财产，如果坚持等待清算完成再行确认当事人损失，不具有现实可行性，故一审判决据此认定当事人损失已经固定，以投资款（注：全部投资本金）、资金占用利息作为损失基数，二审法院予以认可；另需明确陈某鑫如在后续清算过程中获得清偿，应在钜洲公司、钜派集团赔偿金额中予以扣除，此亦符合损失填平及公平原则。

裁判结果：

一审判决：被告钜洲公司应于本判决生效之日起10日内赔偿原告陈某鑫本金1,010,000元；被告钜洲公司应于本判决生效之日起10日内赔偿原告陈某鑫自2016年6月29日起至2019年8月19日止的资金占用损失150,628元，以及自2019年8月20日起至实际清偿之日止的资金占用损失（以101万元为基数，按全国银行间同业拆借中心公布的同期贷款市场报价利率计算）；被告钜派集团对被告钜洲公司的上述判决主文中第1项至第2项赔偿义务承担连带责任。

二审判决：驳回上诉，维持原判。

（6）卖方机构于清算完成后对投资者的实际损失承担赔偿责任

典型案例：赵某涛与富立华商公司、招商证券股份有限公司合同纠纷案[（2021）京0105民初64759号]

案件事实：投资者赵某涛认购富立华商公司管理的私募基金产品，2016年8月21日支付认购金额310万元。涉案基金于2018年9月2日终止后，2018年9月3日进入清算阶段，向赵某涛分配清算款175,770元，基金尚未清算完毕。

法院认为：

法院认定销售机构在销售阶段未向赵某涛全面履行适当性义务，富立华商公司不能证明其适当性义务的违反并未影响赵某涛作出自主决定。关于清算损失，基金合同约定依据基金财产清算的分配方案，将基金财产清算后的全部剩余资产扣除基金财产清算费用及各项负债后，按照基金合同约定分配给基金份额持有人，现涉案基金存续期已届满，已进入清算阶段，但尚未完成清算，故赵某涛就涉案基金是否存在投资损失以及实际损失金额尚无法确定。但富立华商公司因违反适当性义务而应承担的赔偿责任范围已可确定，根据现有证据，不足以认定富立华商公司存在欺诈行为，故赵某涛可获得赔偿的损失应以实际损失为限，即损失本金及按照中国人民银行发布的同期同类存款基准利率计算的利息，鉴于其已经接受部分清算分配款，已经接受的分配款应予扣除。为避免赵某涛诉累，法院先行就富立华商公司的赔偿范围作出判决，赵某涛主张本金为2,924,230元，法院不持异议；赵某涛主张的利息基数及起算日未高于法律规定，法院不持异议，利息标准法院依法予以调整；赵某涛超出部分的请求，法院不予支持。

裁判结果：

第一，被告富立华商公司于《富立天瑞华商玉泉山三号私募投资基金—基金合同》项下“富立天瑞华商玉泉山三号私募投资基金”清算完成后7日内对原告赵某涛清算后的实际损失（按照本金+利息-已分配款计算，其中，本金为2,924,230元；利息以2,924,230元为基数，自2017年8月22日起至实际付清之日止，按照中国人民银行发布的同期同类存款基准利率计算；如本判决生效并执行前另有其他分配款，则一并予以扣除）承担赔偿责任。第二，驳回赵某涛的其他诉讼请求。

2. 卖方机构对投资者损失赔偿责任的承担不应受到基金清算的限制

从上述案例来看，各地法院在处理未清算的私募基金纠纷时，关于判决赔偿投资者损失及判决方式上呈现支持与否及支持模式多样化的现象。笔者认为，适当性义务是法定义务，亦是先合同义务，卖方机构违反适当性义务直接导致的是投资者购买未适当匹配的基金产品，即合同签订与销售行为本身就存在瑕疵，因此以基金合同中关于“不保证获得投资收益或者不保证本金不受损失”的内容及基金清算与财产分配的相关约定来限制未适当购买的投资者的损失受偿，有失公平合理性。且该类案件基本系投资者起诉基金管理人、销售机构承担赔偿责任，基金产品是否清算并不与卖方机构的责任承担有必然联系。如以基金清算结果来确定投资者的实际损失，则该类问题基金的清算时间漫长、清算的不确定因素多，也给卖方机构以理由来推诿承担其未履行适当性义务的法律责任，反而不利于推动建立“卖方尽责、买方自负”的良性市场秩序。因此，对于基金未清算仍判决卖方机构承担赔偿责任的法院，应给予肯定性的评价，至于判决时如何解决赔偿责任及日后清算分配的问题，有待于实务中进一步的检验探索及最高法相关统一意见的出台。

二、私募投资基金管理人的忠实、勤勉义务

发端于欧美法的“信义义务”，最初在信托关系中得以确立，后逐步适用于公司法领域。在私募基金的关系中，“投资人基于对管理人业务能力和职业

操守的信任，将财产和权利全部交给管理人，对财产不再享有控制权；管理人提供专业的资产管理服务，享有对财产的全部控制权”，显然也属于比较典型的信义关系。[①]

通常认为信义义务主要包括忠实义务和勤勉义务两个方面，有关忠实勤勉义务的相关规定见诸于《证券投资基金法》[②]、《私募条例》[③] 以及行业自律准则规范等文件，但并没有明确的法律规定给予忠实义务和勤勉义务具体定义或义务内容的界定。一般认为，忠实义务属于刚性义务，即不得为某些行为，如根据《证券投资基金法》第 20 条，《私募条例》第 28 条、第 30 条等规定，禁止财产混同、禁止不公平对待、禁止利用基金财产或职务便利谋取私利、禁止违规承诺、禁止不当关联交易或利益输送等；勤勉义务属于弹性义务，更多取决于管理人的专业能力和敬业程度，因此对勤勉义务的判断需要更广泛和灵活的维度。笔者认为，法律规定仅是勤勉义务最基本的标准，如《证券投资基金法》第 19 条、《私募条例》第 11 条规定的分账管理、有效风控、信息披露、谨慎投资等。对于勤勉义务的具体限定，更多来自基金管理人与投资人之间的约定，如“按照基金合同约定管理私募基金并进行投资，建立有效的风险控制制度；按照基金合同约定确定私募基金收益分配方案，向投资者分配收益；按照基金合同约定向投资者提供与私募基金管理业务活动相关的信息”“按基金合同约定的投资范围进行投资；按内部决策意见进行对外投资；按合同关于止损、补仓、减仓、平仓、清盘的约定进行投资；按约定对私募基金进行清算”[④]。

以下笔者围绕忠实义务与勤勉义务的内涵进行案例检索，试图从司法判例角度，具体分析涉基金管理人忠实义务与勤勉义务的纠纷常见事由、责任

---

① 参见肖宇、许可：《私募股权基金管理人信义义务研究》，载《现代法学》2015 年第 6 期。

② 《证券投资基金法》第 9 条第 1 款规定：“基金管理人、基金托管人管理、运用基金财产，基金服务机构从事基金服务活动，应当恪尽职守，履行诚实信用、谨慎勤勉的义务。”

③ 《私募条例》第 3 条规定：“私募基金管理人管理、运用私募基金财产，私募基金托管人托管私募基金财产，私募基金服务机构从事私募基金服务业务，应当遵守法律、行政法规规定，恪尽职守，履行诚实守信、谨慎勤勉的义务。”

④ 参见 2022 年 12 月最高人民法院工作会议记录《全国法院金融审判工作会议纪要（征求意见稿）》第 63 条的规定。

认定及赔偿问题。

1. 基金管理人超越投资范围，违反合同约定造成投资损失，承担赔偿责任

典型案例：韩某等与四川恒康发展有限责任公司其他合同纠纷案[（2021）沪0109民初13952号、（2022）沪74民终1674号]

案件事实：案涉基金系新川公司自销产品，成立于2017年10月28日，并于同年11月15日在中国××协会备案。韩某作为甲方（基金份额持有人）、新川公司作为乙方（资产管理人）、上海银行作为丙方（资产托管人）签署基金合同。韩某作为基金份额持有人、新川公司作为资产管理人、上海银行作为资产托管人签署补充协议，约定对原签订的基金合同作如下修改：原基金合同第5.3条基金的投资范围条款修改为拟直接投资或通过认购中国基金业协会备案基金份额的形式投资保和堂焦作E有限公司、上海F有限公司等拥有核心技术或者创新经营模式的高成长型未上市企业的股权。

2020年，新川公司（代案涉基金）100%持股博然公司。博然公司以91,930,192元对价受让恒康医疗基金的基金份额。恒康医疗基金持有上市公司恒康医疗集团股票的收益权，由北京H有限公司担任基金管理人。收购恒康医疗基金份额时，恒康医疗集团股票处于停牌状态。2018年6月29日复牌后，恒康医疗公司股价不断下跌，恒康医疗基金到期后退出受阻。现恒康医疗集团已完成破产重整恢复上市，但目前股价远低于购入时价格，故暂未实现变现退出。

法院认为：

一审法院认为：根据《证券投资基金法》的相关规定，基金管理人管理、运用基金财产，基金服务机构从事基金服务活动，应当恪尽职守，履行诚实信用、谨慎勤勉的义务。涉案基金合同亦约定了自本合同生效之日起，基金管理人有义务按照诚实信用、勤勉尽责的原则管理和运用基金财产。本案中，一是案涉基金通过博然公司认购恒康医疗基金，而恒康医疗基金的底层资产为上市公司恒康医疗集团的股权，此与案涉基金“非上市公司”的投资范围相悖。新川公司辩称，投资范围应以直接投资标的为论，不能以投资标的的投资标的来论。然一审法院认为，若仅以管理基金的直接投资标的论，则意

味着管理人可以通过直接投资标的的转投资规避投资范围的限制，如此，缔约各方在签订合同时所约定的投资范围将被架空，最终项目的投资范围将与缔约时各方的真实意思表示相悖。因此，关于投资范围的审查，应穿透投资层级，以实际投资标的来论。综上，一审法院认为新川公司在案涉基金的投资管理中超越了合同约定的投资范围，违反了管理人诚信、勤勉义务，对投资者造成了损失。

二审法院认为：基金合同及补充协议约定基金投资范围系“直接投资或通过认购中国基金业协会备案基金份额的形式投资保和堂焦作E有限公司、上海F有限公司等拥有核心技术或创新经营模式的高成长型未上市企业的股权”。据此，新川公司投向博然公司的91,930,192元投资款全部用于受让“恒康医疗股票收益权投资基金”的基金份额，虽未直接投资上市公司股票，但基金该部分收益与上市公司股票价格直接挂钩，已明显违反基金应投资“未上市企业”的投资范围约定。案涉基金终止并进入清算程序，韩某的投资损失已实际产生，且该损失与新川公司未按照合同约定的投资范围进行投资等行为具有因果关系，新川公司作为管理人对此具有重大过错，故应承担相应赔偿责任。

裁判结果：

一审判决：对于赔偿范围的认定，鉴于涉案基金合同对于新川公司如何承担违约赔偿责任并未约定具体的损失赔偿计算方式，而违约损害赔偿的目的在于填补受害人所遭受的损害，故损害赔偿的计算应结合韩某与新川公司的过错程度及韩某的实际损失予以衡量。综上，韩某应对自己的投资损失承担30%的责任，新川公司对韩某投资损失承担70%的责任。对于韩某诉请要求赔偿投资本金及利息的主张，一审法院综合考虑韩某的实际损失情况，酌定韩某的投资损失为投资本金150万元。因判决前，韩某已收到清偿款413,172.74元，故新川公司还需赔偿韩某损失1,086,827.26元中的70%即760,779.08元。判决后，若韩某在清算过程中再获清偿，则该清偿款应在判决的赔偿金额中予以扣除，扣除金额以前述赔偿金额为限。

二审判决：驳回上诉，维持原判。

2. 基金管理人未尽谨慎投资义务（未尽调、未监控资金流向、未配备足够专业人员、内部分控不具独立性等），承担赔偿投资本金及利息损失的责任

典型案例：钜派集团等与曹某委托理财合同纠纷案［（2021）沪0115民初35314号、（2021）沪74民终1478号］

案件事实：2016年6月，曹某（作为基金投资者）与钜洲公司（作为基金管理人）、案外人E股份有限公司（作为基金托管人）签订了《钜洲智能制造2018私募股权投资基金基金合同》，其中，“投资策略”条款载明：本基金募集资金主要投资于由北京A公司（执行事务合伙人）、广州D公司作为普通合伙人发起设立的天河B合伙企业（有限合伙）。根据合伙协议的约定，合伙企业的目的主要是对标的企业C公司进行股权投资。

法院认为：

一审法院认为：在基金发行阶段，未对案涉基金产品进行审慎审核及风险管控。主要表现在未对基金募投项目标的公司C公司及相关方××股份公司、潘某某等开展募投项目尽职调查，未对合作伙伴广州D公司开展尽职调查，对于合伙企业工商登记的合伙人不是广州D公司这一异常情况也从未提出异议并调查原因，作为具有高度人合性合伙企业的合伙人，直到诉讼阶段也无法提供有力证据佐证合伙协议的真实性及已按约履行，有悖于一般合伙企业合作伙伴之间紧密的合作模式，亦有违基金发行人应履行的审慎审核及风险管控之基本职责。

在基金投资、管理阶段，未尽到基金管理人的谨慎勤勉管理义务。主要表现在：钜洲公司享有法律赋予的查阅权、监督权，然其却在未审核北京A公司提供的历年报告材料来源以及天河B合伙企业的财务报告、资金流水之真实、准确、合法的情况下，在其管理报告中直接引用并作为向投资者介绍基金运行情况的依据，有违基金管理人勤勉、尽责的管理职责；就基金资金的流向，钜洲公司未主动通过向银行、××股份公司查询等渠道予以核实审查，仅被动接受北京A公司单方面提供的材料进行形式审查，且根据已查明的事实，案涉基金向天河B合伙企业支付的投资款总额为230,006,400元（其中还包括管理费），然所谓的《股权代持协议书》却载明“天河B合伙企业实际出资233,776,144元投资C公司”、对公账户对账单却又记载“天河B

合伙企业账户转出金额为231,000,000元”，故即使从形式审查的角度看，钜洲公司也未尽到审慎注意义务，未对金额不一致的情况提出异议并调查原因，有违勤勉尽责管理基金财产的义务。

二审法院认为：《钜洲智能制造2018私募股权投资基金基金合同》中约定，基金管理人应“按照诚实信用、勤勉尽责的原则管理和运用基金财产”，并“配备足够的具有专业能力的人员进行投资分析、决策”，“对本基金投资范围内的投资标的进行详细调查”。同时，根据中国基金业协会自律规则《私募投资基金管理人内部控制指引》的要求，私募基金管理人内部风控遵循独立性原则，应具备控制风险的组织结构和内部机制。而在本案中，钜洲公司作为基金管理人未体现出应有的专业性和独立性。一审查明的事实反映，案涉私募基金实际上是由钜派集团进行实质管理，而两上诉人未提供证据证明，钜洲公司在涉案基金运作过程中专业、独立、尽责地履行了管理人义务。同时，涉案基金财产被案外人侵占转移，与钜派公司、钜洲公司未切实履行管理人义务有相当因果关系。一审法院已就此详细论述，二审法院不再赘述。因此，一审判决钜洲公司、钜派公司对被上诉人曹某在投资中遭受的全部损失承担连带赔偿责任，认定事实和适用法律并无不当。

裁判结果：

一审判决：钜洲公司应于判决生效之日起10日内赔偿曹某损失101万元、自2016年6月21日起至2019年8月19日止的利息153,786.53元，以及自2019年8月20日起至实际清偿之日止的利息（以101万元为基数，按照同期全国银行间同业拆借中心公布的贷款市场报价利率计算）。

二审判决：驳回上诉，维持原判。

3. 基金管理人未落实风控措施，承担赔偿投资本金及利息损失的责任

典型案例：信文资产管理（江苏）有限公司等与胡某华委托理财合同纠纷案［（2021）京0105民初68332号、（2023）京74民终803号］

案件事实：2017年6月7日，胡某华作为基金投资者、信文资产管理（江苏）有限公司（以下简称信文资产公司）作为基金管理人、兴业银行股份有限公司苏州分行（以下简称兴业银行苏州分行）作为基金托管人签订《信文1号合同》。2017年4月12日，信文资产公司与兴乐集团、一开电气集

团有限公司（以下简称一开集团）签订《关于收购一开集团之合作框架协议》，约定：信文资产公司通过恒丰银行温州乐清支行向兴乐集团发放不超过2.2亿元委托贷款，用于偿还一开集团所欠银行负债和提供部分股权收购价款，资金来源于信文资产公司将发起设立的“信文兴乐1号契约型私募投资基金”，兴乐集团向信文资产公司提出融资的利率为14.52%/年。

后因兴乐集团未能按期还款成诉，浙江省温州市中级人民法院作出（2018）浙03民初1151号民事判决认为：信文资产公司有权宣布委托贷款全部提前到期，兴乐集团应承担立即还本付息的违约责任；虽然恒丰银行温州乐清支行与兴乐集团签署了《应收账款质押合同》，与虞某品、虞某杰分别签署了《委托贷款质押合同》，但是相应质权因未经权力机关登记而未设立，故对信文资产公司有关应收账款、股权进行处置并享有优先受偿权的诉讼请求不予支持。

法院认为：

一审法院认为：信文资产公司在运作基金过程中未能落实风控措施，包括未能落实股权质押登记、应收账款质押登记、实际办理抵押的不动产抵押物与计划不符且价值偏低等情形，信文资产公司所述各项理由均不足以合理解释其未尽到勤勉谨慎义务的事实，该种违约行为使得基金的资金损失风险增高，有悖于投资者合理预期，应认定为重大违约。由于未能落实风控措施，在兴乐集团未按期偿还贷款后，信文资产公司至今未能从兴乐集团及其保证人、抵押人、质押人处追回贷款，给基金的投资人造成实际损失。

二审法院认为：根据基金合同约定，私募基金管理人按照诚实信用、谨慎勤勉的原则履行受托人义务，管理和运用基金财产。本案中，虽然信文资产公司提交了尽调报告，主张其在基金运作前进行了详细的尽职调查，但尽调报告中载明的相应风控措施并未完全充分落实，包括未能落实股权质押登记、应收账款质押登记、实际办理抵押的不动产抵押物与计划不符且价值偏低等情形。在前述风控措施均未落实的情况下，信文资产公司仍指示受托银行放款，增加了案涉私募基金的投资风险，且未能及时向投资者披露相关信息。信文资产公司提交的证据不能证明其完全履行了忠实、勤勉义务，故一审法院认定信文资产公司未能尽到基金管理人的勤勉谨慎义务，构成重大违约，并无不当，法院予以确认。

裁判结果：

一审判决：信文资产公司于判决生效之日起10日内赔偿胡某华投资资金损失100万元；信文资产公司于判决生效之日起10日内赔偿胡某华资金占用期间利息损失（以100万元为基数，自2019年6月10日起至2019年8月19日止，按照中国人民银行同期贷款基准利率计算；自2019年8月20日起至实际付清之日止，按照同期全国银行间同业拆借中心公布的贷款市场报价利率计算）。

二审判决：驳回上诉，维持原判。

4. 基金管理人投资期限错配导致无法退出、不当延长债务人还款期限，承担赔偿投资本金及利息损失的责任

典型案例：吴某红与华宇国信投资基金（北京）有限公司合同纠纷案［（2021）京0101民初24050号］

案件事实：2017年12月1日，吴某红向中信建投证券基金外包募集专户华宇国政信37号账户转账500万元。2017年12月6日，吴某红通过非华宇国信投资基金（北京）有限公司（以下简称华宇国信公司）自行销售的渠道购买了案涉募集基金产品，签订了华宇国信政信37号私募基金合同。合同约定私募基金的投资，本基金主要投资于“2017年中诚信托至诚5号单一资金信托”并通过“2017年中诚信托至诚5号单一资金信托”向贵州西南交通投资实业集团有限公司发放信托贷款。2017年8月4日，华宇国信公司（委托人）与中诚信托有限责任公司（受托人，以下简称中诚信托公司）签订2017年中诚信托至诚5号单一资金信托项目资金信托合同，委托人是华宇国信公司，受托人是中诚信托有限责任公司，借款人是贵州西南交通投资实业集团有限公司。信托资金为3亿元，信托资金分次交付。信托期限自第一期信托生效日起算，至最后一笔信托资金发放日满36个月之日止。

后借款人逾期还款，华宇国信公司于2021年4月22日发布华宇国信—政信37号私募基金逾期进展情况公告，将融资方给予的支付函向投资人进行公告。支付函中显示的兑付日期自2024年3月开始进行兑付。

法院认为：

委托人华宇国信公司指定中诚信托公司将全部信托资金用于向借款人发放借款。案涉基金于 2020 年 11 月 19 日终止，但投资的信托计划向借款人发放的首笔数贷款 2020 年 12 月方到期。华宇国信公司作为基金管理人将基金财产投向终止时间晚于基金终止时间的信托产品，基金终止时信托计划尚未到期，直接导致不能清算的结果。且借款 2020 年 12 月贷款逾期，借款人却在 1 年后承诺 2024 年 3 月至 12 月进行还款，履行期限达 4 年，对投资人利益有严重影响。华宇国信公司未能向法院举证证明召开了基金份额持有人大会同意该还款方案，作为管理人亦未采取诉讼或增加增信措施等其他方式进行催收，违反了管理人谨慎勤勉的管理义务。

华宇国信公司作为基金销售者严重违反了金融机构适当性义务，作为基金管理人严重违反了诚实信用、谨慎勤勉的义务，直接导致案涉基金终止后未能向吴某红进行分配。华宇国信公司虽然辩称案涉基金正在清算中，但其作为管理人在未经诉讼程序、未经基金份额持有人同意的情况下，将 2020 年已届清偿期的借款同意展期至 2024 年，导致资产变现无法进行，本可以退出但无法退出。该变现及退出不能的后果不应由投资人承担，且华宇国信公司自认其在担任管理人期间，主动申请注销了基金管理人资格，存在无法通过清算底层资产向份额持有人进行分配的可能，其作为管理人具有严重过错。吴某红要求华宇国信公司赔偿其本金及资金占用损失的诉讼请求具有事实及法律依据，法院予以支持，但法院对其主张的资金占用损失标准予以酌情调整，将华宇国信公司已经分配的款项 1,260,108.41 元优先抵扣资金占用损失后，经核算吴某红本金损失为 4,281,528.58 元，但华宇国信公司向吴某红承担赔付本金及利息损失的违约责任后，吴某红不能再通过基金合同获取收益并赎回本金，其持有份额可以与华宇国信公司协商转让，如有争议另行解决。

裁判结果：

被告华宇国信公司于本判决生效后 10 日内赔偿原告吴某红投资本金损失 4,281,528.58 元，于本判决生效后 10 日内支付原告吴某红资金占用损失（自 2020 年 9 月 24 日起至实际支付之日止，按照全国银行间同业拆借中心发布的同期市场报价利率标准计算）。

5. 同一基金管理人管理的不同基金对同一投资标的进行相反操作，未被认定为“不公平对待投资者”

典型案例：郭某霞与深圳前海春阳资产管理有限公司合伙协议纠纷案［（2020）粤0391民初2174号］

案件事实：2016年10月31日，深圳前海春阳资产管理有限公司（以下简称春阳公司）与郭某霞等10名自然人签订一份《深圳春阳鑫材新能源产业投资基金（有限合伙）合伙协议》，约定：春阳鑫材基金为有限合伙企业，春阳公司为普通合伙人，郭某霞等人为有限合伙人，合伙期限自2015年11月27日至2019年12月31日止，郭某霞的认缴出资额为100万元。

2018年1月8日，春阳鑫材基金召开项目投资决策会会议，全体投资决策委员会委员傅某如、刘某、武某参加会议，会议形成决议，内容如下：春阳鑫材基金投资决策委员会一致表决决定，同意春阳鑫材基金从2018年1月开始将按照不低于8元/股的价格通过全国中小企业股份转让系统以协议转让及其他方式减持所持有的嘉元科技全部股份。2018年9月29日，春阳鑫材基金召开2018年第一次合伙人会议，全体合伙人（含郭某霞）对《关于广东嘉元科技股份有限公司项目部分退出资金预分配方案的议案》均投票表示同意。

春阳公司同时管理了另一只基金，即深圳市鑫阳资本管理合伙企业（有限合伙，以下简称鑫阳合伙企业），普通合伙人为春阳公司，有限合伙人为特变电工股份有限公司、深圳前海商贾股权投资管理中心（有限合伙）、宁波梅山保税港区鲁程京洋投资合伙企业（有限合伙），有限合伙人特变电工股份有限公司委派1名委员，具有一票否决权。鑫阳合伙企业于2017年4月25日通过全国中小企业股份转让系统以协议转让方式受让广东梅雁吉祥水电股份有限公司所持有的嘉元公司共计16,186,300股，持股比例由0.00%变更为10.79%。

2019年7月23日，嘉元公司在上交所科创板上市。

法院认为：

春阳鑫材基金与鑫阳合伙企业的投资决策委员会的运作机制并不一致，对于决议事项，因特变电工股份有限公司委派人员具有一票否决权，春阳公司在鑫阳合伙企业投资决策委员会中的话语权要小于其在春阳鑫材基金中的话语权。由此也可说明，春阳鑫材基金与鑫阳合伙企业在对投资项目进行决策时，存在作出不同方案之可能性。故不能以两只基金的投资决策有差异，即认定春阳公司不公平地对待其管理的不同基金财产。

春阳鑫材基金、鑫阳合伙企业投资嘉元公司的时间并不相同，而同一管理人管理的不同基金投资同一目标公司也不必然构成利益冲突，《私募投资基金监督管理暂行办法》对此类行为是否构成利益冲突亦无规定。

综上所述，现有证据并不足以证明春阳公司在春阳鑫材基金减持嘉元公司股份过程中存在违反信义义务的行为，基于此，原告郭某霞要求春阳公司赔偿损失缺乏依据，法院不予支持。在投资实践中，投资市场瞬息万变，既充满机遇也蕴含风险，而限于知识、技术和经验等因素影响，管理人对经济形势和投资对象的走势判断也未必精准。即便两只基金的管理人相同，因基金内部机制、投资人的风险承受能力等方面的差异，也有可能会影响管理人作出不一样的判断。此外，基金管理人的信义义务更多强调的是过程性义务而非结果性义务，投资人如因基金的最终投资结果未达到预期，即要求管理人承担责任，也与“卖者尽责，买者自负”的精神不相符合。

裁判结果：

驳回原告郭某霞的全部诉讼请求。

6. 利用基金财产进行关联交易并非为法律禁止，若不损害投资人利益，关联交易合同仍为有效，基金管理人无须承担赔偿责任

典型案例：宁某与上海茂丰投资管理合伙企业（有限合伙）等其他合同纠纷案［（2021）沪0110民初17990号］

案件事实：被告上海茂丰投资管理合伙企业（有限合伙）（以下简称茂丰合伙企业）于2011年8月4日核准成立，营业期限自2011年8月4日至2021年8月3日止，登记状态为存续，普通合伙人为阚某东和上海创丰昕汇创业投资管理有限公司（以下简称创丰公司），执行事务合伙人为创丰公司，委派代表为彭某；原告宁某及第三人彭某等系有限合伙人。

2012年9月30日，谢某波作为甲方（转让方）与被告茂丰合伙企业作为乙方（受让方）签订《泰坦公司股权之股权转让协议》，约定：甲方向乙方转让其持有的泰坦公司1.5625%的股权，转让价格为5,000,000元。2018年

12月20日，被告茂丰合伙企业作为甲方（转让方）与新壹合伙企业作为乙方（受让方）签订《股权转让协议》，约定：甲方同意将其持有的泰坦公司571,375股股票转让给乙方；甲方、乙方协商一致确认本协议项下标的股份转让价格为19.91元/股，经计算合计股权转让价款为11,376,076.25元。

泰坦公司《招股说明书（申报稿）》，载明：发行人股东梁某英（持股1.45%）为股东彭某岳母，为关联股东；温州东楷之私募基金管理人温州东楷昕文创业投资管理有限公司与创丰公司、上海东楷创业投资管理有限公司均受发行人股东彭某实际控制，因此彭某、梁某英、厦门创丰、上海创丰、上海东楷、古交金牛、温州东楷为关联股东。

法院认为：

（1）系争股权转让是否属于关联交易

判断该股权转让是否为关联交易，主要从交易主体之间是否存在关联关系进行考量。系争股权转让的转让方为茂丰合伙企业，受让方为新壹合伙企业。茂丰合伙企业的执行事务合伙人及基金管理人为创丰公司，而创丰公司曾经的法定代表人为彭某，且其委派至茂丰合伙企业的代表亦为彭某。泰坦公司的《招股说明书》中载明，东楷公司受彭某实际控制。而东楷公司系新壹合伙企业的普通合伙人及基金管理人。从上述组织构架可见，茂丰合伙企业和新壹合伙企业之间存在关联关系，故可以认定系争股权转让确属利用基金财产进行的关联交易。

（2）利用基金财产进行的关联交易是否为法律所禁止

我国《证券投资基金法》未对于私募基金的关联交易予以规制，但在“公开募集基金的投资与信息披露”部分规定，运用基金财产买卖基金管理人、基金托管人及其控股股东、实际控制人或者与其有其他重大利害关系的公司发行的证券或承销期内承销的证券，或者从事其他重大关联交易的，应当遵循基金份额持有人利益优先的原则，防范利益冲突，符合国务院证券监督管理机构的规定，并履行信息披露义务。可见，《证券投资基金法》并未禁止使用基金财产进行的关联交易，但利用基金财产进行的关联交易，应当遵循投资人利益优先的原则，并履行信息披露义务。该交易准则属于对基金管理人忠实义务的具体要求，亦应适用于私募基金领域。而系争交易是否侵害投资人利益，下文再作阐述。

（3）系争股权转让是否应当经过合伙人会议讨论通过

《证券投资基金法》并未规定利用基金财产进行的关联交易必须经过合伙人会议通过。而根据《合伙企业法》的规定和涉案《有限合伙协议》的约定，合伙事务由普通合伙人执行，合伙人会议不应讨论合伙企业的投资事务，有限合伙人不执行任何合伙事务。且《有限合伙协议》亦未单独约定合伙企业利用基金财产的关联交易交由合伙人会议讨论，故系争股权转让应当属于授权普通合伙人决策和执行的事项，无须合伙人会议通过。

（4）系争股权转让是否侵害投资人利益

首先，系争股权转让系通过全国中小企业股份转让系统即新三板来完成的。从被告提交的《招股意向书》可见，在系争股票转让的同期，泰坦公司股票的转让价格均在20元左右，即系争股权转让的价格并未明显低于市场价格。其次，系争股权买入总价为5,000,000元，卖出总价为11,376,076.25元，其中差价为6,376,076.25元属于该交易所获取的收益。可见，通过系争股权转让，被告茂丰合伙企业并未亏损，反而获取超1倍的利润，即实现了投资收益。

故法院认为，系争股权的转让不属于低价转让，亦未侵害到投资人利益，符合投资人利益优先的原则。

裁判结果：

对原告宁某的诉讼请求，不予支持。

7. 未及时清算导致投资人损失，基金管理人承担赔偿投资本金及利息的责任

典型案例：张某慧、江苏中杏艺禾资本管理有限公司与第一创业证券股份有限公司、王某斌等财产损害赔偿纠纷案［（2019）苏0104民初7320号、（2020）苏01民终5949号］

案件事实：2016年5月，张某慧经南京鑫山洪投资管理有限公司（以下简称鑫山洪公司）总经理蔡某武推荐，决定购买中杏资本—鑫洪1号邮币基金。

案涉基金实际募集规模达3760万元，投资者共计20人，于2016年6月

6日在中国基金业协会备案。2017年1月23日，江苏中杏艺禾资本管理有限公司（以下简称中杏艺禾公司）申请撤销该基金的备案。但之后该基金仍在南京文交所正常运作。

2017年6月29日，南京文交所发布交易平台系统升级公告，宣布自2017年7月1日起暂停交易，交易平台系统升级完成后，将恢复正常交易，具体时间另行公告。故案涉基金自2017年7月1日起停止交易。

基金资产净值为68,988,242.6元。之所以至今尚未完成清算，是由于标的市场于2017年6月29日突然宣布自2017年7月1日起暂停交易，并且至今没有恢复正常交易，导致基金持仓无法变现。

法院认为：

张某慧于2016年5月27日通过银行转账方式，将280万元款项汇入第一创业证券股份有限公司（以下简称第一创业证券公司）基金与金融产品直销专户用于认购案涉基金，现因南京文交所于2017年7月1日起暂停交易至今，致案涉基金到期后无法正常结算，张某慧不能收回投资本金，故其投资本金280万元应当认定为张某慧购买案涉基金遭受的损失。

中杏艺禾公司作为基金管理人有权根据基金运作、市场行情等情况自行决定终止基金合同、成立清算小组负责基金清算资产的保管、清理、估价、变现和分配。据此，中杏艺禾公司于2017年1月23日撤销案涉基金备案后，应当将该事项告知张某慧并提前终止基金合同、及时成立清算小组，但其不但未告知张某慧基金已撤销备案这一重大信息，反而继续违规运作案涉基金。如果中杏艺禾公司在2017年1月23日撤销案涉基金备案后至2017年7月1日南京文交所暂停交易前履行信息披露义务、终止基金合同、成立清算小组进行清算，亦不至于导致目前基金无法结算的后果，故中杏艺禾公司的过错行为与张某慧的损失之间具有因果关系，中杏艺禾公司应当予以赔偿。

裁判结果：

一审判决：中杏艺禾公司应于判决生效之日起10日内给付张某慧本金280万元及利息（以280万元为基数，自2016年6月2日起至实际给付之日止，按中国人民银行同期同类存款利率计算）。

二审判决：驳回上诉，维持原判。

事实上，基金管理人的忠实义务及勤勉义务贯穿于基金业务“募、投、管、退”的各个阶段，正如（2020）粤0391民初2174号郭某霞与春阳公司合伙协议纠纷一审民事判决书中审理法院所述“忠实义务要求管理人忠于受托目的和受益人的利益，管理人应抵御自我利益的诱惑，不以受益人利益为手段促进自身或他人利益；注意义务，则强调管理人为实现受托目的和提升受益人利益的能力与努力”，基金管理人无论是故意违反了忠实义务还是消极地未履行勤勉义务（或称“注意义务”），都可能承担对投资人的赔偿责任。虽然投资人的最终损失可能受到有市场投资风险的影响，但在大量案例中，只要存在基金管理人违反忠实、勤勉义务的情形，通常被判令基金管理人赔偿投资人的全部损失（当然，也有部分案例根据管理人的过错程度权衡赔偿范围），[①] 不得不说忠实、勤勉义务是悬在基金管理人头上的一把“达摩克利斯之剑”。从基金管理人的角度，固然要时刻秉承“受人之托、忠人之事”的理念，而从立法者和监管的角度，需更加完善管理人的义务履行标准，制定更加完整、精细的行为准则规范，以免忠实、勤勉义务成为惩罚管理人的口袋罪，或成为投资人实现投资保本的变相保障。

三、私募投资基金管理人信息披露义务

《私募投资基金监督管理暂行办法》第24条规定，私募基金管理人、私募基金托管人应按照合同约定，如实向投资者履行信息披露义务，披露的内容包括基金投资、资产负债、投资收益分配、基金承担的费用和业绩报酬、可能存在的利益冲突情况以及可能影响投资者合法权益的其他重大信息，不得隐瞒或者提供虚假信息。中国基金业协会为规范私募基金信息披露工作，出台了《私募投资基金信息披露管理办法》。该办法规定的应当向投资者披露的信息，除《私募投资基金监督管理暂行办法》第24条规定的事项外，还明确应包括基金合同、招募说明书等宣传推介文件、基金销售协议中的主要权利义务条款（如有）、涉及私募基金管理业务、基金财产、基金托管业务的重

① 参见徐某强等财产损害赔偿纠纷案，上海市金融法院（2023）沪74民终290号二审民事判决书，以及韩某等与四川恒康发展有限责任公司其他合同纠纷案，上海市金融法院（2022）沪74民终1674号二审民事判决书。

大诉讼、仲裁；从私募基金募集期间和运作期间两个层面，规定各期间信息披露义务人应履行的信息披露义务。因基金募集期间的信息披露义务所引发的纠纷，主要集中在风险告知、风险揭示上，与基金管理人、基金销售机构的适当性义务相关，在前面适当性义务的案例部分已有涉及，故以下将聚焦于基金运作期间的信息披露义务案例。

根据检索，私募基金有关信息披露义务的案例主要涉及信息披露义务的确定、未履行信息披露义务的情形以及违反信息披露义务的法律责任三个方面，具体如下。

（一）信息披露义务的确定

典型案例：贺某洋与北京泓实资产管理有限公司、中信建投证券股份有限公司金融委托理财合同纠纷案［（2021）京0101民初14286号］

案件事实：2018年4月27日，贺某洋作为基金投资者与基金管理人北京泓实资产管理有限公司（以下简称泓实公司）、基金托管人中信建投证券股份有限公司（以下简称中信建投公司）签署基金合同，约定贺某洋认购睿兴十号基金产品。

原告贺某洋诉请：判令二被告向原告提供泓实资产睿兴十号私募投资基金相关文件及信息，具体如下：（1）泓实资产睿兴十号私募投资基金的基金管理人向基金业协会提供的自2018年5月15日起至2021年9月6日止的泓实资产睿兴十号私募投资基金信息披露报告；（2）基金的投资运作情况和运用杠杆情况（包含底层资产投向与具体投资的证券名称）；（3）基金的资产负债情况；（4）基金的投资收益分配和损失承担情况；（5）基金的最新净值和基金份额总额（本判决生效之日的基金净值和基金份额总额）；（6）基金管理人取得的管理费和业绩报酬，包括计提基准、计提方式和支付方式；（7）基金所涉的关联交易事项；（8）基金运作期报告（2018年三季度报告、四季度报告、2019年一季度报告、二季度报告、2018年年度报告、2019年年度报告、临时报告）；（9）基金作出投资决策的相关文件（包含证券分析报告、尽职调查报告和基金管理人作出投资决策的流程性文件）；（10）基金托管人依据基金管理人提交的基金资产净值、基金份额净值、基金份额申购赎回价格、基金定期报告中的财务数据所作的信息复核确认工作资料；（11）基金托管人对基金财务会计报告、中期和年度基金报告出具的意见，办理与基金托管业务活动有关的信息披露事项的工作资料，复核基金管理人编制的基金定期报告而定期出具的书面意见。

法院认为：

关于私募基金信息披露问题的相关规定，主要包括《证券投资基金法》[①]、中国证监会发布的《私募投资基金监督管理暂行办法》[②] 和中国基金业协会发布的《私募投资基金信息披露管理办法》[③]，前者属于部门规章，后

---

① 《证券投资基金法》第75条规定："基金管理人、基金托管人和其他基金信息披露义务人应当依法披露基金信息，并保证所披露信息的真实性、准确性和完整性。"第10章非公开募集基金部分，第95条规定，基金管理人、基金托管人应当按照基金合同的约定，向基金份额持有人提供基金信息。

② 《私募投资基金监督管理暂行办法》第24条规定："私募基金管理人、私募基金托管人应当按照合同约定，如实向投资者披露基金投资、资产负债、投资收益分配、基金承担的费用和业绩报酬、可能存在的利益冲突情况以及可能影响投资者合法权益的其他重大信息，不得隐瞒或者提供虚假信息。信息披露规则由基金业协会另行制定。"

③ 《私募投资基金信息披露管理办法》第3条规定，信息披露义务人应当按照中国基金业协会的规定以及基金合同、公司章程或者合伙协议约定向投资者进行信息披露。第4条规定，信息披露义务人应当保证所披露信息的真实性、准确性和完整性。第5条规定，私募基金管理人应当按照规定通过中国基金业协会指定的私募基金信息披露备份平台报送信息。私募基金管理人过往业绩以及私募基金运行情况将以私募基金管理人向私募基金信息披露备份平台报送的数据为准。第6条规定，投资者可以登录中国基金业协会指定的私募基金信息披露备份平台进行信息查询。第2章一般规定中，第9条规定，信息披露义务人应当向投资者披露的信息包括：（1）基金合同；（2）招募说明书等宣传推介文件；（3）基金销售协议中的主要权利义务条款（如有）；（4）基金的投资情况；（5）基金的资产负债情况；（6）基金的投资收益分配情况；（7）基金承担的费用和业绩报酬安排；（8）可能存在的利益冲突；（9）涉及私募基金管理业务、基金财产、基金托管业务的重大诉讼、仲裁；（10）中国证监会以及中国基金业协会规定的影响投资者合法权益的其他重大信息。第10条规定，私募基金进行托管的，私募基金托管人应当按照相关法律法规、中国证监会以及中国基金业协会的规定和基金合同的约定，对私募基金管理人编制的基金财产净值、基金份额净值、基金份额申购赎回价格、基金定期报告和定期更新的招募说明书等向投资者披露的基金相关信息进行复核确认。第4章基金运作期间的信息披露中，第16条规定，私募基金运行期间，信息披露义务人应当在每季度结束之日起10个工作日以内向投资者披露基金净值、主要财务指标以及投资组合情况等信息。单只私募证券投资基金管理规模金额达到5000万元以上的，应当持续在每月结束后5个工作日以内向投资者披露基金净值信息。第17条规定，私募基金运行期间，信息披露义务人应当在每年结束之日起4个月以内向投资者披露以下信息：（1）报告期末基金净值和基金份额总额；（2）基金的财务情况；（3）基金投资运作情况和运用杠杆情况；（4）投资者账户信息，包括实缴出资额、未缴出资额以及报告期末所持有基金份额总额等；（5）投资收益分配和损失承担情况；（6）基金管理人取得的管理费和业绩报酬，包括计提基准、计提方式和支付方式；（7）基金合同约定的其他信息。第18条规定，发生以下重大事项的，信息披露义务人应当按照基金合同的约定及时向投资者披露：（1）基金名称、注册地址、组织形式发生变更的；（2）投资范围和投资策略发生重大变化的；（3）变更基金管理人或托管人的；（4）管理人的法定代表

者属于行业自律规则。

从上述规范的效力及内容看，《证券投资基金法》作为法律，仅作出“应当按照基金合同的约定”披露“基金信息”的原则性规定；《私募投资基金监督管理暂行办法》系监管规章，对私募基金信息披露的主要事项做了进一步规定，其中写明“应当按照合同约定”，并对信息披露的范围予以重点列举，所重点列举的内容应理解为应予披露的核心内容；《私募投资基金信息披露管理办法》虽为自律规则，但对私募基金信息披露义务的范围和内容做了较为全面的指引，可以作为判断具体事项是否应予披露的重要参考。基于此，对信息披露义务人的具体披露义务应首先依据基金合同约定确定，其次对于合同未涉及或标准低于规章规则要求的内容，应依据监管规章并参照自律规则予以披露。

关于诉讼请求中第1~8项，法院确认泓实公司应就第1项向贺某洋提供其向中国基金业协会提供的自2018年5月15日至2021年5月28日止的泓实资产睿兴十号私募投资基金信息披露报告，确认应提供贺某洋请求的第2~7项资料，及就第8项应向贺某洋提交经中信建投公司复核过财务数据的季度报告、年度报告。

关于诉讼请求中第9项，贺某洋要求泓实公司向其提供基金作出投资决策的相关文件，包含证券分析报告、尽职调查报告和基金管理人作出投资决策的流程性文件。案涉基金合同及监管规章、自律规则中均没有明确约定，且法院认为上述文件属于基金管理人履行职责的商业考量和商业判断的文件，不属于向投资人披露的范围，所以，对贺某洋的该项诉讼请求不予支持。

关于诉讼请求中第10项、第11项，根据案涉基金合同的约定，中信建投公司仅是对基金管理人编制的基金资产净值、基金份额净值、基金份额申

人、执行事务合伙人（委派代表）、实际控制人发生变更的；（5）触及基金止损线或预警线的；（6）管理费率、托管费率发生变化的；（7）基金收益分配事项发生变更的；（8）基金触发巨额赎回的；（9）基金存续期变更或展期的；（10）基金发生清盘或清算的；（11）发生重大关联交易事项的；（12）基金管理人、实际控制人、高管人员涉嫌重大违法违规行为或正在接受监管部门或自律管理部门调查的；（13）涉及私募基金管理业务、基金财产、基金托管业务的重大诉讼、仲裁；（14）基金合同约定的影响投资者利益的其他重大事项。

购赎回价格、基金定期报告中的财务数据进行复核确认，对基金定期报告定期出具书面意见；根据《证券投资基金法》第36条第7项规定："基金托管人应当履行下列职责：……（七）对基金财务会计报告、中期和年度基金报告出具意见"，而上述复核确认的工作资料或书面意见的出具人为中信建投公司，并非合同约定或法定的信息披露事项，且贺某洋无法明确指出工作资料包含的内容，故贺某洋无权要求泓实公司、中信建投公司提供。

案涉基金合同中基金托管人义务处约定基金托管人办理与基金托管业务有关的信息披露事项，《证券投资基金法》第36条第6项也规定："基金托管人应当履行下列职责：……（六）办理与基金托管业务活动有关的信息披露事项"，《证券投资基金托管业务管理办法》第20条规定："基金托管人应当按照法律法规的规定以及基金合同的约定办理与基金托管业务有关的信息披露事项，包括但不限于：披露基金托管协议，对基金定期报告等信息披露文件中有关基金财务报告等信息及时进行复核审查并出具意见，在基金年度报告和中期报告中出具托管人报告，就基金托管部门负责人变动等重大事项发布临时公告。"根据上述规定及合同约定内容，法院认为基金托管人只是办理与基金托管业务有关的信息披露事项，如复核数据、出具相应意见书或报告，而非是将办理事项的内容或结果向投资人进行披露。故贺某洋无权要求中信建投公司向其披露办理与基金托管业务活动有关的信息披露事项的工作资料、复核基金管理人编制的基金定期报告而定期出具的书面意见。上述内容也并非法定或约定披露范围，故贺某洋无权要求泓实公司进行披露。

裁判结果：

（1）被告泓实公司于本判决生效之日起10日内向原告贺某洋披露泓实公司向中国基金业协会提供的自2018年5月15日至2021年5月28日止的泓实资产睿兴十号私募投资基金信息披露报告；（2）被告泓实公司于本判决生效之日起10日内向原告贺某洋披露泓实资产睿兴十号私募投资基金的投资运作情况和运用杠杆情况（包含底层资产投向与具体投资的证券名称），基金的资产负债情况，基金的投资收益分配和损失承担情况，本判决生效之日基金的净值和基金份额总额，基金管理人取得的管理费和业绩报酬，包括计提基准、计提方式和支付方式，基金所涉的关联交易事项；（3）被告泓实公司于本判决生效之日起10日内向原告贺某洋披露泓实资产睿兴十号私募投资基金临时报告，经过被告中信建投公司进行财务数据复核后的泓实资产睿兴十号私募投资基金2018年三季度报告、2018年四季度报告、2019年一季度报告、2019年二季度报告、2018年年度报告、2019年年度报告；（4）驳回原告贺某洋的其他诉讼请求。

由上述案例可见，对信息披露义务人的具体披露义务应首先依据基金合同约定确定，其次对于合同未涉及或标准低于规章规则要求的内容，应依据监管规章并参照自律规则予以披露。

（二）未履行信息披露义务的情形

1. 披露项目少于合同约定应披露的项目，且披露信息不符合真实性、准确性和完整性的要求

典型案例：李某某止与新川投资管理（上海）有限公司、四川恒康发展有限责任公司其他合同纠纷案［（2021）沪0109民初13950号、（2022）沪74民终1474号］

案件事实：川能1号私募基金系新川投资管理（上海）有限公司（以下简称新川公司）自销产品，成立于2017年10月28日，并于同年11月15日在中国××协会备案。2018年1月11日，李某某止作为甲方（基金份额持有人）、新川公司作为乙方（资产管理人）、上海银行股份有限公司市南分行作为丙方（资产托管人）签署基金合同。基金合同第18条“信息披露与报告”约定，运作期报告，基金管理人向基金份额持有人提供的报告种类、内容和提供时间；净值报告，基金管理人每周将经基金托管人复核的上周最后一个交易日的基金净值、基金份额净值以各方认可的形式提交基金份额持有人；年度报告，基金管理人应当在每年度四月底之前，编制完成基金年度报告并经基金托管人复核，向基金份额持有人披露投资状况、投资表现等信息。李某某止支付认购款500万元。

根据中国B协会私募基金公示信息，截至2020年12月16日，“川能1号私募基金”信息披露情况为：当月月报应披露0条，按时披露0条，未披露0条；季报应披露0条，按时披露0条，未披露0条；半年报应披露3条，

按时披露3条，未披露0条；年报应披露3条，按时披露3条，未披露0条。

新川公司在其官网“信息披露报告”栏“川能1号”子目录中上传了川能1号2017年年度报告、2018年半年度报告、2018年年度报告、2019年第一季度报告、2019年第二季度报告、川能1号私募基金退出及分配方案征询公告、2020年第一次基金份额持有人大会法律意见书、2019年年度报告、2020年第一季度报告、2020年半年度报告、第二次基金份额持有人大会及其法律意见书、债权人大会的回应说明、清算公告等，但未见净值报告及基金合同。

2020年2月28日，证监会上海××局出具沪证监决〔2020〕44号《行政监管措施决定书》，载明：经查，新川公司在川能一号私募基金的管理过程中，未对基金产品进行风险评级、未按合同约定向投资者披露可能影响投资者合法权益的重大信息，违反了《私募投资基金监督管理暂行办法》的相关规定。

法院认为：

一审法院认为：在披露形式上，基金合同约定，基金管理人通过书面形式向基金份额持有人提供报告，内容包括本合同、净值报告、定期报告等。一审法院认为，新川公司既未于合同中载明官方网址也未告知信息披露方式为官网，在投资者不知情的情况下，径行在其官方网站“信息披露”栏公示案涉基金的季度/年度报告、清算公告等信息，确属不当。

在披露内容上，本案基金合同约定，基金管理人应该根据法律法规、中国证监会和中国基金业协会的要求履行报告义务；基金管理人向基金份额持有人提供的报告包括本合同、净值报告、定期报告等。《私募投资基金信息披露管理办法》第4条规定：信息披露义务人应当保证所披露信息的真实性、准确性和完整性。因此，新川公司作为信息披露义务人，应按照合同约定对相关内容进行真实、准确和完整的披露。本案中，一是新川公司官网的“信息披露栏”中缺失合同约定的披露内容，如基金合同，净值报告；二是《2019年年度报告》与《2020年半年度报告》年报上披露的项目投资时间存有矛盾，且项目投资金额与新川公司陈述的实际情况不符。新川公司将上述时间、金额的不一致解释为投资款中存在交叉、转投情况及金额差距不大、属正常出入，法院难以认同。另外，2020年，证监会上海××局亦出具沪证监决〔2020〕44号《行政监管措施决定书》，载明：新川公司在川能一号私募基金的管理过程中，未按合同约定向投资者披露可能影响投资者合法权益的重大信息，违反了《私募投资基金监督管理暂行办法》的相关规定，对新川公司予以警示。综上，一审法院认为，新川公司上述不当行为已构成披露义务上的实质性违约。

新川公司未妥善履行基金销售者及管理人义务与李某某止损失之间存在因果关系。新川公司在销售阶段未履行适当性义务，在管理阶段未依约履行信息披露义务、未按照合同约定的投资范围谨慎履行管理人职责，具有严重过错，其违规违约行为与李某某止的财产损失之间存在相当因果关系。

二审法院认为：关于信息披露义务的认定，根据已查明的事实，新川公司在其官网进行信息披露虽符合基金合同所约定的“书面形式”，但其披露项目少于合同约定应披露的项目，披露内容与一审陈述的实际投资情况有较大出入。对此，新川公司将金额差异解释为投资款中存在交叉、转投、预留部分流动资金等原因造成，但新川公司并未将该等情况一并向投资者进行披露，故其官网披露的信息不符合真实性、准确性和完整性的要求。证监会上海××局对此亦明确认定新川公司存在未按合同约定向投资者披露重大信息的违规行为。并且，新川公司提供的证据并不能佐证其已按照基金合同的约定和法律法规的规定履行信息披露义务。据此，一审认定新川公司违反信息披露义务，具有相应事实依据，二审法院予以确认。

案涉基金终止并进入清算程序，李某某止的投资损失已实际产生，且该损失与新川公司违反适当性义务、违反信息披露义务、未按照合同约定的投资范围进行投资等行为具有因果关系，新川公司作为管理人对此负有重大过错，故应承担相应赔偿责任。一审据此认定新川公司应赔偿范围为投资本金500万元，在此基础上扣减已收到的清偿款，且认定若清算过程中再获清偿的，应在赔偿金额中予以扣除，已对损失填补原则及双方当事人利益的平衡进行了充分考虑，二审法院依法予以维持。

裁判结果：

一审判决：新川公司赔偿李某某止投资款损失为3,622,757.52元（若李某某止在清算过程中再获清偿，则该清偿款应在前述赔偿金额中予以扣除）；

恒康公司对新川公司第1项付款义务承担连带赔偿责任；驳回李某某止其他诉讼请求。

二审判决：驳回上诉，维持原判。

2. 风控措施未落实到位属于“可能影响基金份额持有人合法权益的重大信息”，未予披露构成违约

典型案例：洪某刚与信文资产管理（江苏）有限公司、信泉和业（济南）私募基金管理有限公司合同纠纷案［（2020）京0105民初57045号、（2022）京74民终667号］

案件事实：2017年5月27日，洪某刚作为基金投资者、信文资产管理（江苏）有限公司（以下简称信文资产公司）作为基金管理人、兴业银行股份有限公司苏州分行作为基金托管人签订《信文兴乐基金合同》。洪某刚支付认购款420万元。基金合同到期后，洪某刚未收回投资本金。

洪某刚提交《信文—兴乐1号契约型投资基金尽职调查报告》（以下简称《尽职调查报告A》）和推介资料，《尽职调查报告A》的“项目背景”一节介绍风控措施包括：兴乐集团61.5%股权后置质押给委托贷款银行，兴乐集团实际控制人虞某杰、董事长虞某品提供个人连带责任保证；一开集团土地抵押，开立资金监管专户作为接收融资贷款的账户，确保融资支付至一开集团指定债权人；兴乐集团将预计2.4亿元的应收账款质押给信泉和业（济南）私募基金管理有限公司（以下简称信泉和业公司），信泉和业公司对回款账户进行监管。“交易对手情况”一节对兴乐集团、一开集团进行介绍并列示企业财务报表，列示预计作为抵押物的不动产（不动产当时抵押在其他权利人名下，需待逐笔放款后解除抵押再抵押给信泉和业公司）等。洪某刚提交的推介材料中介绍风控措施为：土地抵押，抵押物位于上海；针对国家电网等优质的2.4亿元的应收账款质押给本基金，并到中国人民银行办理质押登记手续；兴乐集团61.5%股权后置质押给委托贷款银行；兴乐集团实际控制人虞某杰及董事长虞某品提供个人连带责任保证；以上项目交易所涉及的抵押合同、委托贷款合同、质押合同、担保合同等项目交易文件实行强制执行公证。

信文资产公司在庭审中不认可上述文件真实性，并提交《信文兴乐1号契约型私募投资基金尽职调查报告》（以下简称《尽职调查报告B》），称该

份尽职调查报告是该公司制作的真实报告，属于内部文件，没有向投资人出示用于宣传。经查，《尽职调查报告B》的“项目方案”一节介绍风控措施包括：实际控制人虞某品及虞某杰所持兴乐集团股权后置质押给委托贷款银行（上述股权已质押给其他机构，由兴乐集团提供承诺函在信文资产公司办理基金提供的资金到位后办理解质），兴乐集团实际控制人虞某品提供个人连带责任担保；一开集团土地后置抵押，开立资金监管专户作为接收融资贷款的账户，确保融资支付至一开集团指定债权人，兴乐集团将预计2.5亿元的应收账款质押给委托贷款银行，信文资产公司对回款账户进行监管。“交易对手情况”一节对兴乐集团、一开集团介绍内容更丰富，列示预计作为抵押物的不动产与《尽职调查报告A》相同，并写明抵押物评估价值约为1.3亿元。

基金成立后，虞某品、虞某杰所持兴乐集团的股权未质押给委托贷款银行；应收账款质押没有在中国人民银行征信中心办理登记，而是在中征应收账款融资服务平台办理了登记，不具有质押登记效力；原拟在信文资产公司发放贷款后，一开集团及其关联公司配合解除土地及房产的抵押再抵押给恒丰银行温州乐清支行，但是贷款发放后，一开集团没有配合提供抵押物，经协商兴乐集团提供明硕公司位于江西省于都县楂林工业园的不动产作为抵押物，并办理了抵押登记。

2019年9月6日，中国证监会江苏监管局（以下简称江苏证监局）作出《关于对信文资产公司采取出具警示函行政监管措施的决定》，载明：经查，信文资产公司在开展私募基金业务中存在尽调报告中的部分风控措施未落实到位的问题，因违反《私募投资基金监督管理暂行办法》第4条的规定，江苏证监局于对信文资产公司采取出具警示函的行政监管措施。

法院认为：

一审法院认为：洪某刚提交的《尽职调查报告A》与信文资产公司提交的《尽职调查报告B》内容上有一定差别，但是大部分内容相同，对于案涉基金的介绍以及风控措施的介绍基本相同，洪某刚提交的推介材料与《尽职调查报告B》也基本相符。没有证据证明上述文件是投资人伪造，故应当认定《尽职调查报告A》和推介材料的真实性，洪某刚有理由相信上述文件是信文资产公司对案涉基金所作的推介和宣传，并有理由基于上述推介和宣传材料的内容作出投资判断。信文资产公司在运作基金过程中未能落实风控措施，包括未能落实股权质押登记、应收账款质押登记、实际办理抵押的不动产抵押物与计划不符且价值偏低等情形。信文资产公司所述各项理由均不足以合理解释其未尽到勤勉谨慎义务的事实，该种违约行为使得基金的资金损失风险增高，有悖于投资者合理预期，应认定为重大违约。上述风控措施未落实到位属于“可能影响基金份额持有人合法权益的重大信息”，信文资产公司未予披露，亦构成违约。

二审法院认为：本案中，虽然信文资产公司提交了尽调报告，主张其在基金运作前进行了详细的尽职调查，但尽调报告中载明的相应风控措施并未完全充分落实，包括未能落实股权质押登记、应收账款质押登记、实际办理抵押的不动产抵押物与计划不符且价值偏低等情形。在前述风控措施均未落实的情况下，信文资产公司仍指示受托银行放款，增加了案涉私募基金的投资风险，且未能及时向投资者披露相关信息。故一审法院认定信文资产公司未能尽到基金管理人的勤勉谨慎的义务，构成重大违约，并无不当，二审法院予以确认。

裁判结果：

一审判决：被告信文资产公司于本判决生效之日起 10 日内赔偿原告洪某刚投资资金损失 300 万元；被告信文资产公司于本判决生效之日起 10 日内赔偿原告洪某刚资金占用期间利息损失（以 300 万元为基数，自 2019 年 5 月 12 日起至 2019 年 8 月 19 日止，按照中国人民银行同期贷款基准利率计算；自 2019 年 8 月 20 日起至实际付清之日止，按照同期全国银行间同业拆借中心公布的贷款市场报价利率计算）；被告信泉和业公司就本判决第 1 项、第 2 项确定的被告信文资产公司应给付款项，向原告洪某刚承担连带清偿责任；被告信文资产公司向原告洪某刚承担赔偿责任后，原告洪某刚在信文兴乐 1 号契约型私募投资基金后续清算中享有的权利，在赔偿金额范围内由被告信文资产公司继受；驳回原告洪某刚其他的诉讼请求。

二审判决：驳回上诉，维持原判。

3. 披露投后管理报告，构成严重违约

典型案例：北京中美建德科技有限公司与北京万方鑫润基金管理有限公

司、中恒天建筑工程有限公司、万方投资控股集团有限公司合同纠纷案[（2020）京0105民初57043号]

案件事实： 2018年3月9日，北京中美建德科技有限公司（以下简称中美建德公司）作为投资人与私募基金管理人北京万方鑫润基金管理有限公司（以下简称万方鑫润公司）、基金托管人恒泰证券股份有限公司签订基金合同。中美建德公司支付“万方鑫润—不良资产收益权私募基金”基金认购款2100万元，基金到期日为2019年8月11日。到期后，万方鑫润公司称由于基金投资的不良资产债权转为不动产权，需要待处置不动产取得收益，并多次公告延长基金清算分配日至2021年8月31日。

万方鑫润公司提交了2018年第一季度至2020年第一季度万方鑫润不良资产收益权私募基金投后管理报告。中美建德公司对上述证据均不认可，称报告为万方鑫润公司单方制作，未向中美建德公司告知和公告。

法院认为：

关于信息披露义务，基金管理人在发行私募基金产品以及管理私募基金财产的过程中，均应当按照法律法规的规定以及基金合同等文件的约定，真实、准确、完整并及时地披露相关信息，维护委托人的知情权。通过对所认购的私募基金产品基本情况和目标投资去向等基本信息的了解，是委托人能够有效行使委托人权利的基础和前提。虽然万方鑫润公司提交了投后管理报告，但万方鑫润公司未举证证明在不良资产收益权基金存续期内通过官网或者合同约定的其他方式向中美建德公司披露了投后管理报告，故万方鑫润公司未在投后管理阶段尽到信息披露义务，构成严重违约。万方鑫润公司投前未尽适当性义务，投后管理阶段存在上述重大违约情况，应当对投资者的损失承担赔偿责任。

裁判结果：

（1）被告万方鑫润公司于本判决生效之日起7日内支付原告中美建德公司投资本金20,795,918.37元；（2）被告万方鑫润公司于本判决生效之日起7日内支付原告中美建德公司资金占用利息损失（以本金2100万元为基数，自2018年5月3日起至2019年8月19日止，按照中国人民银行同期同类贷款基准利率计算，自2019年8月20日起至2020年1月22日止，按照同期全国银行间同业拆借中心公布的一年期贷款市场报价利率标准计算；以本金20,795,918.37元为基数，自2020年1月23日起至实际付清之日止，按照同期全国银行间同业拆借中心公布的一年期贷款市场报价利率标准计算；扣除已经收到的利息79,590.08元）；（3）被告万方鑫润公司向中美建德公司承担赔偿责任后，原告中美建德公司在“万方鑫润—不良资产收益权私募基金”后续清算中享有的权利，在赔偿金额范围内由被告万方鑫润公司继受；（4）驳回原告中美建德公司的其他诉讼请求。

4. 未披露案涉基金被撤销备案信息等致基金无法结算，应予以赔偿

典型案例：张某慧与中杏艺禾公司、第一创业证券公司、王某斌等财产损失赔偿纠纷案［（2019）苏0104民初7320号、（2020）苏01民终5949号］

案件事实：2016年5月，张某慧经鑫山洪公司总经理蔡某武推荐，决定购买中杏资本—鑫洪1号邮币基金。张某慧与中杏艺禾公司、第一创业证券公司签订《中杏资本—鑫洪1号邮币基金基金合同》一份，张某慧为基金投资者、中杏艺禾公司为基金管理人、第一创业证券公司为基金托管人、鑫山洪公司为投资顾问。基金合同约定基金的投资范围为：南京文交所钱币邮票交易中心的电子挂牌藏品，资金闲置时可投向国债逆回购、货币市场基金、银行存款或者银行发行的理财产品，以提高资金的使用率。

案涉基金于2016年6月6日在中国基金业协会备案。2017年1月23日，中杏艺禾公司申请撤销该基金的备案。但之后该基金仍在南京文交所正常运作。

2017年6月29日，南京文交所发布交易平台系统升级公告，宣布自2017年7月1日起暂停交易，交易平台系统升级完成后，将恢复正常交易，具体时间另行公告。故案涉基金自2017年7月1日起停止交易。

中杏艺禾公司在向中国基金业协会回复自律核查通知的复函中，称之所以至今尚未完成清算，是由于标的市场于2017年6月29日突然宣布自2017年7月1日起暂停交易，并且至今没有恢复正常交易，导致基金持仓无法变现。

法院认为：

一审法院认为：根据案涉基金合同约定及《证券投资基金法》第74条规定，基金管理人、基金托管人和其他基金信息披露义务人应当依法披露基金

信息，并保证所披露信息的真实性、准确性和完整性。案涉基金在2017年1月23日由中杏艺禾公司申请撤销备案，该事项系基金运作过程中的重大事项。中杏艺禾公司在回复有关监管部门的质询时，也明确表示其知道该事项应向基金份额持有人披露，但其因故未向张某慧进行披露。

中杏艺禾公司的行为（包括违反适当性义务和上述信息披露义务）明显违反案涉基金合同约定及相关法律规定，亦属于重大过错。中杏艺禾公司在向张某慧进行赔偿后，其在清算时为张某慧保留的现金及非现金资产份额可由其自行处理。

二审法院认为：中杏艺禾公司作为案涉基金的管理人，应当按照案涉基金合同约定，如实向投资者披露基金投资、资产负债、投资收益分配、基金承担的费用和业绩报酬、可能存在的利益冲突情况以及可能影响投资者合法权益的其他重大信息，不得隐瞒或者提供虚假信息。经查，案涉基金于2016年6月6日在中国基金业协会备案，案涉基金合同约定的基金存续期限为15个月（前12个月为投资期，后3个月为退出期），中杏艺禾公司却于2017年1月23日申请撤销该基金备案。基金撤销备案事项显属明显影响投资者合法权益的重大信息，但中杏艺禾公司并未将该重大信息告知投资者。中杏艺禾公司作为基金管理人，其上述行为明显违反法律规定和合同约定，应当认定其作为基金管理人未履行诚实信用、谨慎勤勉义务，具有重大过错。中杏艺禾公司关于其已通过电话方式告知投资者基金撤销备案事项的上诉意见，无任何证据予以证明，法院不予采纳。

关于中杏艺禾公司的过错行为与张某慧的损失之间有无因果关系的问题。根据《证券投资基金法》第94条第1款，非公开募集基金募集完毕，基金管理人应当向基金行业协会备案。案涉基金合同第5条、第21条、第22条亦约定基金在中国基金业协会完成备案后方可进行投资运作、中杏艺禾公司作为基金管理人有权根据基金运作、市场行情等情况自行决定终止基金合同、成立清算小组负责基金清算资产的保管、清理、估价、变现和分配。据此，中杏艺禾公司于2017年1月23日撤销案涉基金备案后，应当将该事项告知张某慧并提前终止基金合同、及时成立清算小组，但其不但未告知张某慧基金已撤销备案这一重大信息，反而继续违规运作案涉基金。如果中杏艺禾公司在

2017 年 1 月 23 日撤销案涉基金备案后至 2017 年 7 月 1 日南京文交所暂停交易前履行信息披露义务、终止基金合同、成立清算小组进行清算，亦不至于导致目前基金无法结算的后果，故中杏艺禾公司的过错行为与张某慧的损失之间具有因果关系，中杏艺禾公司应当予以赔偿。

一审关于中杏艺禾公司在向张某慧进行赔偿后，其在清算时为张某慧保留的现金及非现金资产份额可由中杏艺禾公司自行处理的认定，亦无不当，应予维持。

裁判结果：

一审判决：中杏艺禾公司应于判决生效之日起 10 日内给付张某慧本金 280 万元及利息（以 280 万元为基数，自 2016 年 6 月 2 日起至实际给付之日止，按中国人民银行同期同类存款利率计算）；王某斌对中杏艺禾公司的上述付款义务承担连带担保责任；驳回张某慧的其他诉讼请求。

二审判决：驳回上诉，维持原判。

5. 基金托管人的信息披露不能免除基金管理人的信息披露义务

典型案例：谢某与广州市犇鑫投资管理有限公司、广发证券股份有限公司、华林证券股份有限公司广州体育西路证券营业部合同纠纷案［（2019）粤 0112 民初 14 号、（2019）粤 01 民终 21112 号、（2020）粤民申 9499 号］

案件事实：2018 年 3 月 9 日，谢某向广发证券股份有限公司（以下简称广发证券）运营外包业务直销账户汇入 101 万元（含 100 万元认购金及 1 万元申购手续费）用于认购五号基金。3 月 16 日，广州市犇鑫投资管理有限公司（以下简称犇鑫公司）工作人员潘某通过微信告知谢某通过广发证券的基金验证平台网络查询该基金净值等信息的方法。3 月 19 日，谢某（基金委托人）与犇鑫公司（基金管理人）、广发证券（基金托管人）签订了五号基金合同。根据基金合同约定，基金管理人有按照法律法规及本基金合同约定计算并按时向基金投资者披露基金份额净值等信息，基金管理人每月将经基金托管人复核后的基金份额净值通过法律法规允许的或本基金合同约定的方式告知基金份额持有人；基金管理人应通过信函、基金管理人网站、传真、电子邮件或电话的方式向基金份额持有人披露相关信息。

2018 年 11 月 6 日，五号基金净值跌至 0. 792 元，触发止损线，产品终止。11月30日，五号基金产品清算，基金托管方向谢某退还基金剩余资金789,196.79元。

谢某认为，犇鑫公司没有履行信息披露义务，侵犯了谢某的知情权和监督权，谢某无法及时止损；二审中还提出犇鑫公司风控高管变更未向其告知，也没有按规定在10日内报送中国基金业协会，损害了投资者对产品运作相关事项的知情权。

法院认为：

一审法院认为：根据合同约定及《证券投资基金法》第95条，基金管理人、基金托管人应当按照基金合同的约定，向基金份额持有人提供基金信息。参照《私募投资基金信息披露管理办法》第2条第3款的规定，信息披露义务人委托第三方机构代为披露信息的，不得免除信息披露义务人法定应承担的信息披露义务。犇鑫公司作为基金管理人，应按照合同约定通过指定方式向谢某披露基金净值、基金季度报告等信息。犇鑫公司抗辩称已提供通过广发证券的网络平台查询该基金净值的方法，但仍不能免除其信息披露的义务，故对其抗辩一审法院不予支持。

犇鑫公司风险评估不规范、未向谢某披露基金相关信息、使用无资质人员参与募集的行为已违反合同约定以及法律法规强制性规定，犇鑫公司的行为属于重大过失，已构成违约。按照五号基金合同第25条约定，犇鑫公司违反本基金合同，且存在重大过失，应当承担违约责任，并予以赔偿。根据原《合同法》第113条第1款，当事人一方不履行合同义务或者履行合同义务不符合约定，给对方造成损失的，损失赔偿额应当相当于因违约所造成的损失，包括合同履行后可以获得的利益，但不得超过违反合同一方订立合同时预见到或者应当预见到的因违反合同可能造成的损失。谢某在购买五号基金份额时，向犇鑫公司支付了1万元的申购费用，该款项属于合同履行后犇鑫公司可以获得的利益，系犇鑫公司违约对谢某造成的损失，故犇鑫公司应赔偿谢某1万元。

二审法院认为：根据合同约定及《证券投资基金法》第95条，基金管理人、基金托管人应当按照基金合同的约定，向基金份额持有人提供基金信息。犇鑫公司抗辩已经向谢某提供五号基金托管人广发证券的查询净值等相关信息的平台，认为投资者可自行注册登录查询，但其没有按照基金合同的约定定期向谢某提供基金相关信息，一审法院参照《私募投资基金信息披露管理办法》第2条第3款规定，“信息披露义务人委托第三方机构代为披露信息的，不得免除信息披露义务人法定应承担的信息披露义务”，认定犇鑫公司存在未向谢某披露基金相关信息的过失行为，并无不当。

封闭期届满后，谢某依约可在开放日赎回基金份额，但此时其持有基金份额已经属于亏损状态，虽然证券投资基金受证券市场波动的影响较大，投资者应自行承担相应投资风险，谢某也可自行登录广发证券基金信息平台查询基金基本状况，但犇鑫公司未向谢某披露基金相关信息、风控负责人更替未及时公示披露等因素都会对谢某的后续投资决定产生一定的影响，故二审法院酌定犇鑫公司应对2018年7月1日至11月6日期间谢某的基金份额损失承担20%的赔偿责任即29,200元［100万元×（0.938－0.792）×20%］。综上，二审法院酌定犇鑫公司应就其违约行为向谢某赔偿91,200元。谢某要求犇鑫公司赔偿其全部投资差额损失208,000元，理据不足，超出上述酌定可获赔偿的部分，二审法院不予支持。一审法院确定犇鑫公司应承担赔偿谢某10,000元的违约责任，与犇鑫公司违约行为造成的损失不相当，二审法院予以纠正。

再审法院认为：犇鑫公司因销售涉案五号基金时未对投资者进行风险识别能力和风险承担能力进行评估、其工作人员潘某不具备基金从业资格而被中国证监会广东监管局出示警示函，受到行政处罚。犇鑫公司没有按照基金合同的约定定期向谢某提供基金相关信息，存在过失；五号基金亦曾在一段时间内出现风控负责人缺失或对该相关信息披露不及时。据此，二审法院认定犇鑫公司在五号基金的募集和运营过程中未尽到投资者适当性管理义务，存在多项违约违规行为，应承担相应的赔偿责任，并无不当。二审法院综合考量犇鑫公司违约违规行为在基金封闭期、开放期对基金净值下跌的影响及犇鑫公司的过错程度等因素，判令犇鑫公司对谢某持有的五号基金封闭期内的基金净值下跌份额承担全部责任，对之后至产品终止期间谢某的基金份额损失承担20%的赔偿责任，亦无不妥。

裁判结果：

一审判决：（1）犇鑫公司应自判决生效之日起3日内赔偿谢某10,000元；（2）驳回谢某的其他诉讼请求。

二审判决：（1）撤销广东省广州市黄埔区人民法院（2019）粤0112民初14号民事判决第2项；（2）变更广东省广州市黄埔区人民法院（2019）粤0112民初14号民事判决第1项为：犇鑫公司应自判决生效之日起3日内赔偿谢某91,200元；（3）驳回谢某的其他诉讼请求。

再审判决：驳回犇鑫公司的再审申请。

（三）违反信息披露义务的法律责任

前面的案例都是法院认定基金管理人违反信息披露义务，并以此作为事由或事由之一，判决基金管理人承担赔偿责任的相关案例，因此在本小节中不再涉及判决担责的案例，而是就法院认定基金管理人违反信息披露义务，但未支持投资者损失的案例予以介绍。

1. 未充分履行信息披露义务属于履行瑕疵，不构成根本性违约

典型案例1：刘某萍与浙江守成资产管理有限公司、恒丰银行股份有限公司金融委托理财合同纠纷案［（2022）鲁71民初78号、（2023）鲁民终304号］

案件事实：2016年4月18日，刘某萍与浙江守成资产管理有限公司（以下简称浙江守成公司）、恒丰银行股份有限公司（以下简称恒丰银行）签订案涉基金合同，约定：基金管理人为浙江守成公司，托管人为恒丰银行。基金合同第10节基金的投资中约定，本基金仅限投资于由淄博华康股权投资管理有限公司和北京长城弘瑞投资管理有限公司作为普通合伙人的淄博华诺合伙企业之有限合伙份额。

案涉基金在运作过程中，浙江守成公司在中国基金业协会网站对案涉基金部分信息进行了公示。

刘某萍请求解除基金合同，理由之一是浙江守成公司存在根本违约，造成其合同目的无法实现，其中包括未履行基金信息披露义务。

法院认为：

一审法院认为：浙江守成公司未按照基金合同报告义务条款的约定，充分履行向基金份额持有人提供定期基金财产管理报告的义务，该行为亦构成基金信息披露违约。但在本案中，刘某萍签订基金合同的目的在于通过认购案涉基金份额，委托浙江守成公司将案涉基金募集财产投资于淄博华诺合伙企业的有限合伙份额，并通过基金清算、分配最终获取投资回报。而浙江守成公司在基金成立、合同生效后，按照约定对基金财产进行了实际投资运作，并向刘某萍实际分配了部分投资本金及收益。浙江守成公司未充分履行信息披露义务的违约行为，并不属于根本性违约，对刘某萍合同目的的实现不产生实质性影响。

二审法院认为：根据一审法院查明的事实，浙江守成公司在涉案基金运行过程中虽然存在未充分履行信息披露义务等违约行为，但考虑到浙江守成公司已经按照约定对基金财产进行了实际投资运作，并向刘某萍实际分配了部分投资本金及收益，故上述违约行为属于履行瑕疵，并未导致刘某萍合同目的无法实现，不构成根本性违约。

裁判结果：

一审判决：驳回刘某萍全部诉讼请求。

二审判决：驳回上诉，维持原判。

2. 投资者损失与信息披露不存在因果关系，不构成根本性违约

典型案例 2：天津海盛石化建筑安装工程有限公司与佰仕信（上海）股权投资华鑫宽众投资基金管理有限公司合同纠纷案［（2019）京 0105 民初 86661 号］

案件事实：2017 年 8 月，天津海盛石化建筑安装工程有限公司（以下简称海盛公司）作为投资者与佰仕信（上海）股权投资华鑫宽众投资基金管理有限公司（以下简称佰仕信公司）作为私募基金管理人签订基金合同，海盛公司出资 500 万元购买佰信泰盈 1 号私募投资基金。

海盛公司主张佰仕信公司在基金合同履行中存在违约、违规行为，应该承担赔偿责任，其中包括未依约履行信息披露义务。

就未依约履行信息披露义务，海盛公司称，依照基金合同约定，基金管

理人应定期向基金份额持有人披露月报告、季度报告、年度报告、临时报告等，佰仕信公司未尽到前述披露义务，直至2019年7月，经海盛公司请求，佰仕信公司联系人才通过邮件、微信发送了投后管理报告、风险揭示的电子版，除此之外截至2018年2月5日，佰仕信公司未曾向海盛公司发送任何月报告、季度报告、年度报告、临时报告，未曾披露基金运行信息；被投资企业的实际控制人颜某于2018年1月17日被证监会立案调查后，佰仕信公司直至2018年2月6日才首次发布风险提示。佰仕信公司称，自海盛公司签订合同至2018年1月，基金遭遇风险事件仅5个月，不足半年，其在泰盈1号存续期间均按照基金业协会的要求，定期向协会披露基金运营状况，并提交《泰盈1号私募投资基金季度、半年度投后管理报告》、中国基金业协会资产管理业务综合报送平台定期信息披露报告；风险事件发生后，其通过风险告知函、工作进展函、季报、半年报、年报等形式进行披露，并提交《关于佰仕信泰盈1号私募投资基金到期回购偿付的警示函》《关于本公司实际控制人颜某先生收到中国证券监督管理委员会立案调查说明》《关于佰仕信泰盈1号私募投资基金产品逾期兑付的风险提示函》《关于佰仕信泰盈1号私募投资基金产品逾期兑付的最新情况说明函》等证据。

法院认为：

佰仕信公司已举证证明其定期向基金业协会披露基金运营状况，风险事件发生后，亦通过风险告知函、工作进展函、季报、半年报、年报等形式进行披露，信息披露方面无明显过失，即便存在部分瑕疵，因逾期兑付主要系流动性风险导致，海盛公司的损失与信息披露也并不存在因果关系。

裁判结果：

驳回原告海盛公司全部诉讼请求。

由案例1和案例2的裁判思路可以窥见，未充分履行信息披露义务属于履行瑕疵，不构成主要义务的违反，且未充分履行信息披露义务与投资者损失不存在因果关系，所以，未充分履行信息披露义务不构成根本性违约。信息披露义务作为基金管理人应当履行的一项法定义务，亦是贯穿于私募基金“募、投、管、退”各个阶段，与募集阶段基金管理人的适当性义务有所交叉重叠；因需要定期或临时性地予以履行，如未适当履行信息披露义务也会被法院认为基金管理人未尽到谨慎勤勉义务，如洪某刚与信文资产公司、信泉和业公司合同纠纷案中二审法院的论述。[①] 从检索的案例来看，未见到单独以违反信息披露义务而向投资者承担赔偿责任的案例，投资者起诉要求基金管理人履行信息披露义务并提供相关报告资料的案件数量也不多，大多数案件属于投资者以信息披露义务及其他义务的违反一并提起主张，要求基金管理人赔偿损失等。信息披露义务的重点在于保障投资者的知情权，在使投资者充分、及时、完整地知晓私募基金各项信息的情况下，更好地作出决策并行使投资者相关权利，那么，未适当履行信息披露义务通常不是造成投资者损失的唯一直接原因。因此，认定信息披露义务的违反，并不能得出基金管理人向投资者承担赔偿等责任的必然结果，法院基本根据信息披露义务未适当履行的具体情节与投资者的投资损失是否存在因果关系入手，予以论证并作出裁判。这样的裁判规则，在以侵权之诉提起的案件中，符合《民法典》侵权责任编中因果关系这一构成要件的要求，在以合同之诉提起的案件中，也符合关于合同解除、违约责任的相关规定及审核要求。

第四节　私募投资基金托管人的民事法律责任

《私募条例》第 16 条第 1 款规定，私募基金财产由私募基金托管人托管的，私募基金托管人应当依法履行职责。具体而言，基金托管人的职责主要源于法定义务与合同义务。目前，私募投资基金托管人的法定义务散见于《证券投资基金法》《证券投资基金托管业务管理办法》《私募投资基金备案须知》及中国基金业协会《关于发布私募投资基金合同指引的通知》等法律、部门规章及行业规范中，从上述文件内容来看，基金托管人的法定义务集中于安全保管基金财产、信息披露义务以及对管理人进行投资监督三部分。针对基金托管人未依法依约履职导致的法律责任，《证券投资基金法》第 145 条规定，“违反本法规定，给基金财产、基金份额持有人或者投资人造成损害的，依法承担赔偿责任。基金管理人、基金托管人在履行各自职责的过程中，

---

① 参见北京金融法院二审民事判决书，（2022）京 74 民终 667 号。

违反本法规定或者基金合同约定，给基金财产或者基金份额持有人造成损害的，应当分别对各自的行为依法承担赔偿责任；因共同行为给基金财产或者基金份额持有人造成损害的，应当承担连带赔偿责任”。

目前在司法实践中，对基金托管人提起的诉讼集中于因基金托管人违反信息披露义务与监督义务引发的争议，案件争议焦点多集中于基金托管人对基金管理人的投资行为是否具有实质审查义务。对此，下文将以基金资金募集、基金投资、投后管理、清算退出四个阶段涉及的典型案件为例进行分析。

一、私募投资基金托管人“募、投、管、退”阶段的审查监督义务

（一）资金募集阶段

在资金募集阶段，目前主要有两种审理思路：一种认为托管人在募集阶段对基金合同是否成立具有审查义务；另一种则认为基金托管人不对基金募集行为负有监督义务。

1. 托管人在募集阶段对基金合同是否成立具有审查义务

典型案例：中国民生银行股份有限公司、史某合同纠纷案［（2018）粤03民终16127号］

案件事实：2016年6月28日，史某、深圳前海中泰富资产管理有限公司（以下简称中泰富公司）、中国民生银行股份有限公司（以下简称民生银行）共同签订了基金合同、补充协议，确认史某为基金投资者，中泰富公司为基金管理人，民生银行为基金托管人，基金名称为深圳中泰富新能源股权1号投资基金，基金的投资目标是江苏某某新材料科技股份有限公司股权，资金存续期限为自基金成立之日起18个月，基金合同对基金的份额、当事人权利义务等事项均作出了相应的约定。按照合同约定，基金若要成立，投资者交付的认购金额合计不得低于3500万元，并约定对目标公司投资的总额度为5600万元，资金的存续期限为基金成立之日起18个月。

同日，史某、中泰富公司、陈某签订了担保合同，合同约定中泰富公司、陈某按照基金主合同中的约定义务对基金份额持有人的投资基金的合规合法性作出共同保证担保，保证方式为连带责任保证，保证期间为自合同生效之

日起至主合同到期且清算完毕之日止。对于投资款基金合同约定，若募集基金失败，基金管理人应当在初始销售期届满后30日内返还基金投资者已缴纳的款项，并加计银行的同期活期存款利息。

2016年6月28日，史某向开设于民生银行户名为深圳中泰富新能源股权1号投资基金的账户中转入金额100万元。截至2018年3月30日，基金投资者交付的认购金额仍然没有达到3500万元的标准，且基金的存续期限已经到期。史某向法院主张基金管理人向其返还投资款及利息，并要求担保人陈某及基金托管人民生银行承担连带保证责任。

法院认为：

一审法院认为：民生银行作为基金托管人，应当按照合同的约定监督基金管理人对基金财产的投资运作，在行使监督职责时，发现基金管理人的投资指令违反本合同约定的，应当拒绝执行，立即通知基金管理人。民生银行在接到中泰富公司划款300万元给目标公司的投资指令后，明知划款金额并未达到合同中约定的金额，却没有提出异议或者告知中泰富公司，而是直接将基金开设账户内的300万元汇入了投资的目标公司账户，汇款后也没有针对中泰富公司的后续投资进行询问或者督促。合同中虽然约定了部分关于基金托管人的免责事由，但是民生银行仍然应当按照合同约定的责任对基金投资事项履行监督的义务。民生银行怠于履行基金合同中约定的监管义务，构成违约，应当对投资人的损失承担补充清偿责任，并据此判令托管人承担补充清偿责任。民生银行对一审判决不服，提起上诉，

二审法院认为：无论是法律规定，还是基金合同约定，都对基金管理人和基金托管人的职责有明确的规定和约定，基金管理人和基金托管人有违反职责行为，给基金财产带来损害的，对基金财产依法承担赔偿责任；给基金份额持有人带来损害的，对基金份额持有人依法承担赔偿责任。考虑基金托管人的主要职责在于基金财产的保管、清算交割、投资监督、信息披露等，不参与基金财产的投资运作，基金托管人承担的责任界限也应当与基金管理人相区别，在尽可能保障投资者合法权益的同时，不应过分加重托管人责任。故为贯彻民法公平原则和权利与义务、过错与责任相一致的一般原则，综合考量民生银行等当事人的过错程度、对造成损失的影响以及与投资人所遭受损失

的因果关系等因素，认定民生银行对投资人的损失承担15%的补充赔偿责任。

裁判结果：

一审法院判决：中泰富公司向史某返还投资款100万元，于判决生效之日起3日内一次性付清；中泰富公司向史某支付逾期付款利息（以100万元为基数，以中国人民银行同期同类人民币贷款基准利率为基础，自2017年3月18日起计算至所有款项付清之日止），于判决生效之日起3日内一次性付清；陈某对上述款项向史某承担连带清偿责任；民生银行对中泰富公司的上述债务向史某承担补充清偿责任；驳回史某的其他诉讼请求。如果未按判决指定的期间履行给付金钱义务，应当按照原《民事诉讼法》第253条之规定，加倍支付迟延履行期间的债务利息。案件受理费7245元，由中泰富公司、陈某、民生银行共同负担。

二审法院判决：（1）维持广东省深圳市前海合作区人民法院（2018）粤0391民初619号民事判决第1项、第2项、第3项；（2）撤销广东省深圳前海合作区人民法院（2018）粤0391民初619号民事判决第5项；（3）变更广东省深圳市前海合作区人民法院（2018）粤0391民初619号民事判决第4项为：民生银行对中泰富公司的上述债务不能清偿部分向史某承担15%的赔偿责任；（4）驳回史某的其他诉讼请求。

2. 基金托管人不对基金募集行为负有监督义务

典型案例：孙某园、中国农业银行股份有限公司绍兴越城支行侵权责任纠纷案［（2016）浙06民终4190号］

案件事实：2011年7月4日，案外人金某民、黄某国、金某玉投资设立绍兴百泰股权投资合伙企业（普通合伙）。2011年8月1日，绍兴百泰股权投资合伙企业与农行浙江省分行签订托管协议一份，协议约定，绍兴百泰股权投资合伙企业（甲方）委托农行浙江省分行（乙方）作为本合伙企业财产的托管人。乙方指定辖属中国农业银行股份有限公司（以下简称农行越城支行）负责托管资产营运和投资监督等工作。孙某园与绍兴百泰股权投资合伙企业签订基金募集协议书，由绍兴百泰股权投资合伙企业作为普通合伙人及管理人拟发起设立的绍兴百泰投资基金。

后因该基金募集违反“不得通过在媒体直接或间接向不特定对象进行推

介、不得向投资者承诺确保收回投资本金或获得固定回报、不得公开发行”等规定，且募集资金未实际用于投资股权，而是进入绍兴百泰股权投资合伙企业法定代表人金某民个人账户，最终经法院判决金某民构成集资诈骗罪。孙某园主张被告农行越城支行存在拨付托管资金的用途违法；对托管账户资金使用没有尽到审慎的监督审查义务；未予实质审查股权投资行为，并最终造成投资者的损失，因此应对其投资损失承担赔偿责任。

法院认为：

“投资有风险，决策需谨慎”。不少金融投资项目常以“银行托管”作为吸引眼球、增加信用之卖点，银行托管确也具有一定的保障资金的安全功能，但因托管银行多为单纯履行形式审查之义务，故银行托管并不能完全为投资项目的资金安全“背书”。作为投资者应审核托管协议内容，了解托管银行“托管”内涵，综合考虑投资项目的投资范围、收益回报、风险控制、市场形势等因素，审慎作出投资决策。

裁判结果：

一审法院判决：驳回孙某园的诉讼请求。

二审法院判决：驳回上诉，维持原判。

（二）基金投资阶段

审理实践显示，基金投资阶段主要为基金托管人是否对基金管理人的投资指令负有实质审查义务引发争议。目前现有案例显示，一种裁判意见认为基金托管人对投资指令负有实质审查义务；另一种裁判意见则认为基金托管人对投资指令仅负有形式审查义务。

1. 基金托管人对投资指令仅负有形式审查义务

典型案例：朱某如与渤海银行股份有限公司、开源证券股份有限公司财产损害赔偿纠纷案［（2020）陕0113民初10080号］

案件事实：2016年9月1日，中隆华夏（北京）投资基金管理有限公司（以下简称中隆华夏）代表绿谷基金（委托人）与开源证券股份有限公司（以下简称开源证券）（管理人）、渤海银行股份有限公司（以下简称渤海银行）（托管人）签订了《开源智荟4号定向资产管理计划资产管理合同》。

2016年11月，原告与中隆华夏、被告渤海银行签订《绿谷水岸生态旅游产业私募投资基金基金合同》，约定：原告通过认购绿谷水岸生态旅游产业私募投资基金向被告开源证券所管理的开源智荟4号定向资产管理计划进行定向投资，投资额为人民币500万元。合同重要提示中载明“基金管理人提醒投资者基金投资的‘买者自负’原则，在作出投资决策后，基金运营状况与基金净值变化引致的投资风险，由投资者自行负担”。此外，《绿谷水岸生态旅游产业私募投资基金基金合同》的风险提示书中对私募基金的风险作了详尽说明。

当日，原告通过中国银行向中隆华夏账户转入500万元，用途载明“认购绿谷水岸生态旅游基金”。2016年11月25日，中隆华夏向渤海银行发送《绿谷水岸生态旅游产业私募基金划款指令》，载明由中隆华夏绿谷水岸生态旅游产业私募投资基金账户向渤海银行开源智荟4号定向资产管理计划划款500万元，资金用途为认购开源证券作为资产管理人的“开源智荟4号定向资产管理计划”份额。11月29日，渤海银行作为托管人通过渤海银行开源智荟4号定向资产管理计划的账户向陕西富通丰润置业有限公司的民生银行西安土门支行账户划款500万元，划款用途为第一期委托资产投向陕西富通丰润置业有限公司的经营性收益权。2016年11月29日，被告开源证券出具《委托资产起始运作通知书》，载明“2016年11月29日，资产委托人已将初始委托资产（现金资产500万元）转入本委托资产开立的委托资产专用账户，本委托资产已经具备正式项目运作的条件。管理人签发《委托资产起始运作通知书》的当日作为资产管理委托起始日”。

2017年2月3日，开源证券向中隆华夏发送告知函一份，载明其发现中隆华夏在“绿谷水岸生态旅游产业私募投资基金”推介过程中存在冒用“开源智荟4号定向资产管理计划”“开源证券股份有限公司”等名义进行虚假宣传的违法违规行为，对此其要求立即停止相关不当推介行为。2017年2月7日，开源证券向中国基金业协会出具《开源证券股份有限公司关于不法机构冒用“开源智荟4号定向资产管理计划”名义进行虚假宣传的报告》。2018年4月2日，中国基金业协会发布《关于失联私募机构最新情况及公示第二十批拟失联私募机构的公告》，其中中隆华夏亦在失联名单上。

原告主张被告开源证券作为专业的证券公司在资产管理过程中存在诸多

未勤勉尽责履行管理人义务的侵权行为，给作为投资人的原告造成了巨额的财产损失，被告开源证券的前述侵权行为已经由中国证监会陕西监管局予以确认。被告渤海银行作为涉诉基金及涉诉资管计划的托管人，应当承担开立并管理托管账户、安全保管资产、执行资金划拨指令、履行投资监督和信息披露等职责，但是其并未对投资过程中的资金进行安全管理及未对管理人的投资运作进行监督，且原告维权过程中多次沟通及发函要求二被告向原告提供涉诉资管计划相关的材料，被告渤海银行一直无故推脱，不予配合。被告渤海银行与被告开源证券共同侵权导致了原告财产损失。原告据此请求基金管理人开源证券、基金托管人渤海银行对其承担财产损害赔偿责任。

法院认为：

原告主张被告除了形式审查之外，还需进一步进行实质审查，于约定无据，亦系过分苛责被告的义务。其一，“投资有风险，决策需谨慎”。不少金融投资项目常以“银行托管”作为吸引眼球、增加信用之卖点，银行托管确也具有一定的保障资金安全功能，但因托管银行多为形式审查之义务，故银行托管并不能完全为投资项目的资金安全“背书”。其二，“卖者尽责、买者自负”。委托人作为理性的商事主体，在合同已经约定由其自行判断并承担风险的情况下，应当认真审查投资风险、了解审核托管协议内容，知悉托管银行“托管”内涵，综合考虑投资项目的投资范围、收益回报、风险控制、市场形势等因素，审慎作出投资决策。

裁判结果：

驳回原告朱某如的诉讼请求。

2. 基金托管人负有实质审查之义务

典型案例：江某与中国民生银行股份有限公司北京分行等财产损害赔偿纠纷案［（2018）京02民终6942号］

案件事实：2014年11月21日，毛某营（资产委托人）与深圳新华富时资产管理有限公司（后更名为新华富时公司，资产管理人）、中国民生银行股份有限公司总行营业部（后更名为中国民生股份有限公司北京分行，以下简称民生银行北京分行，资产托管人）签订《新华富时民鲁1号专项资产管理计划资产管理合同》，合同目的是明确资产委托人、资产管理人和资产托管人在开展特定多个客户资产管理业务过程中的权利、义务及职责，确保资产管理计划财产的安全，保护各方当事人的合法权益，并明确拟将资金投资于《华融·尚图元1号证券投资单一资金信托计划》。

2014年12月3日，江某依约将1000万元资金打入投资协议书指定账户中。资金运作1年以后，江某的1000万元投资资金亏损，未能收回。江某以财产损害赔偿纠纷为由要求毛某营、李某芹、新华富时公司、华融信托公司、民生银行北京分行承担相应的赔偿责任。

法院认为：

一审法院认为：被侵权人有权请求侵权人承担侵权责任。行为人因过错侵害他人民事权益，应当承担侵权责任。当事人对自己提出的诉讼请求所依据的事实或者反驳对方诉讼请求所依据的事实，应当提供证据加以证明，但法律另有规定的除外。在作出判决前，当事人未能提供证据或者证据不足以证明其事实主张的，由负有举证证明责任的当事人承担不利的后果。

二审法院认为：关于李某芹购买＊ST华锦股票问题。案涉信托合同及资产管理合同均约定不得主动投资于＊ST类上市公司发行的证券，而在特定投资指令权人李某芹发出不符合约定的购买＊ST华锦股票的投资建议时，新华富时公司作为资产管理人违反合同约定运作资产管理计划，民生银行北京分行作为资产托管人在发现新华富时公司的投资指令违反合同时未拒绝执行，华融信托公司作为受托人在接受上述投资建议时，并未及时通知特定投资指令权人，并要求特定投资指令权人另行作出投资建议，而是基于上述投资建议进行了交易，因此上述各方均存在一定过错。

裁判结果：

一审判决：驳回江某的全部诉讼请求。

二审判决：驳回上诉，维持原判。

由上述案例可见，基金投资者向托管人索赔的理由为基金托管人在资金投资过程中未尽到监督或实质审查义务。《证券投资基金法》第37条规定："基金托管人发现基金管理人的投资指令违反法律、行政法规和其他有关规定，或者违反基金合同约定的，应当拒绝执行，立即通知基金管理人，并及时向国务院证券监督管理机构报告，基金托管人发现基金管理人依据交易程序已经生效的投资指令违反法律、行政法规和其他有关规定，或者违反基金合同约定的，应当立即通知基金管理人，并及时向国务院证券监督管理机构报告。”就此，基金托管人对于投资指令负有明确的审查义务。但实践中常引发争议的是基金托管人对基金管理人投资行为的审查标准。其实，鉴于基金管理人与基金托管人在基金运作过程中有明确的职责分工，对于基金托管人的实质审查义务不应过分苛责。如基金托管人对于投资指令的发出、是否加盖印鉴、内容要素是否完备等形式要件尽到了审慎的核实义务，且未有其他证据证明基金托管人对于投资者利益受损存在过错的情形下，不宜认定基金托管人负有补充赔偿责任。

（三）投后管理阶段

在该阶段，私募投资基金托管人的义务集中于信息披露义务，根据《私募条例》第32条第1项，私募基金托管人提供、报送的信息应当真实、准确、完整，不得进行虚假记载、误导性陈述或者有重大遗漏。现有裁判结果显示，托管人如未履行基金报告义务及信息披露义务将因此承担连带赔偿责任。

典型案例：宋某晶、杨某兰、国泰君安证券股份有限公司委托理财合同纠纷案［（2020）鲁1311民初180号］

案件事实：杨某兰原系农行罗庄支行聘用的大厅服务人员，与宋某晶属同村。宋某晶系农行罗庄支行的客户，经常性通过杨某兰办理银行业务，并持有部分银行理财类存款。2017年11月，杨某兰经周某艳（音译）推荐了涉案理财产品，随即推荐宋某晶购买，声称该理财产品不通过银行代理销售，一年期、利息收益高、没有什么风险。宋某晶出于对杨某兰的信任，在杨某兰的帮助下通过农行罗庄支行大厅自动柜员机于2017年11月29日、12月28日、12月29日分7次向国泰君安证券股份有限公司（以下简称国泰证券公司）运营外包户账号“30××90”转账共计201万元，银行卡交易明细清单提示为“种子款”，转账成功后，杨某兰未向宋某晶交付权利凭证。

宋某晶向国泰证券公司转账购买的为瑞奇固利增赢贰号私募投资基金，该基金产品成立于2017年10月10日，于2017年10月17日在中国基金业协会备案，基金管理人为北京瑞奇融通投资管理有限公司（以下简称北京瑞奇公司），经查询，北京瑞奇公司目前处于失联（异常）状态，异常原因为未按要求进行产品更新或重大事项更新累计2次及以上，未按要求按时提交经审计的年度财务报告，于2019年2月3日被北京证监局采取责令改正的行政监管措施。瑞奇贰号基金信息最后更新时间为2017年10月17日，当月月报应披露未披露。在北京瑞奇公司作为私募基金管理人与国泰证券公司作为私募基金托管人签订的《瑞奇基金合同》中约定了私募基金管理人、私募基金托管人的权利义务。

宋某晶认为，杨某兰违反诚实信用原则，以虚假宣传的方式将宋某晶的存款款项转付到了国泰证券公司开立的账户名下，且国泰证券公司在收到款项后亦未尽到核实及返还的义务，均存在重大过错，进而导致宋某晶财产损失，其行为共同侵害了宋某晶的合法财产权，应依法承担返还财产及赔偿损失的连带责任，为此诉至法院。

法院认为：

杨某兰在向宋某晶推销案涉理财产品时并未告知理财产品的基金性质和基金管理人北京瑞奇公司状况，相应的宋某晶将投资款向国泰证券公司外保户账户转账后未要求立即取回，应取决于对国泰证券公司的信任，为此如何避免出现资产风险，或者避免出现较大资产风险，这就需要作为专业金融机构的基金托管人在基金产品运行过程中予以全程监督，约束基金管理人，凭借自身金融专业机构优势，对基金产品的市场价值予以评定，及时通报投资者，提高基金产品获得收益的概率或者做到及时止损。本案中，国泰证券公司接收了宋某晶转存的投资款201万元，但未提供谨慎勤勉尽到托管人义务相关证据，庭审中亦未能对托管基金的投资记录、收益分配以及回赎情况作出说明，无法证实其已经按照合同约定或法律规定向宋某晶履行了基金报告复核、信息披露等义务，特别是在中国基金业协会公告基金管理人北京瑞奇公司失联（异常）状态，瑞奇贰号基金应披露未披露月报的情况下，仍未尽到审查基金资产净值，监督投资运作，召集投资者代表大会等义务，即未履行基金托管人的任何重要义务，属于严重失职或者积极帮助行为，造成投资者宋某晶的投资款损失，依法应承担民事赔偿责任。

裁判结果：

（1）被告杨某兰于本判决生效后10日内返还原告宋某晶投资存款本金

201 万元,并赔偿利息损失（利息分别自每期转账之日起按照年利率 6% 计算至实际给付之日止）；（2）被告国泰证券公司在返还原告宋某晶投资本金 201 万元及利息（利息分别自每期转账之日起按照中国人民银行发布的同期同类存款基准利率计算至实际给付之日止）范围内承担连带清偿责任；（3）驳回原告宋某晶的其他诉讼请求。

（四）清算退出阶段

《证券投资基金法》第 81 条第 1 款、第 2 款规定："基金合同终止时，基金管理人应当组织清算组对基金财产进行清算。清算组由基金管理人、基金托管人以及相应的中介机构组成。"据此，对基金财产清算属于基金管理人的法定职责，基金托管人负有参与清算组的法定义务。

典型案例：莫某东与深圳市金色木棉投资管理有限公司、恒丰银行股份有限公司民间委托理财合同纠纷案［（2020）鲁 71 民初 147 号］

案件事实：深圳市金色木棉投资管理有限公司（以下简称金色木棉公司）系在中国基金业协会登记备案的私募基金管理人。金色木棉—锦腾 1 号私募投资基金三期于 2017 年 4 月 5 日成立。2017 年 5 月 4 日，金色木棉公司在中国基金业协会办理了金色木棉—锦腾 1 号私募投资基金三期备案，基金编号为 SS75XX。2017 年 4 月 27 日，莫某东与金色木棉公司、恒丰银行股份有限公司（以下简称恒丰银行）签订合同编号为 JMTZ－2017－05××××－××{025} 的《金色木棉—锦腾 1 号私募投资基金三期基金合同》，莫某东作为投资人，认购金色木棉公司作为基金管理人、恒丰银行作为托管人的金色木棉—锦腾 1 号私募投资基金三期。

原告莫某东主张金色木棉公司未对融资方康菲科技公司进行合理的尽职调查并向投资人如实披露融资方可能涉及重大诉讼的风险，严重影响投资人的投资判断。金色木棉公司在项目推介过程中未向投资人如实披露风控措施的可能风险，亦未实际落实风控措施，而案涉私募基金配套风控措施的执行系影响投资人作出投资决策的重要因素，管理人存在重大过错。根据基金合同等约定，案涉私募基金应于 2019 年 4 月 4 日到期，金色木棉公司、恒丰银行应及时就案涉私募基金成立清算小组对基金财产予以清算并分配。至莫某东起诉日止，金色木棉公司、恒丰银行仍未组建清算小组履行基金合同约定的相关义务，导致莫某东迟迟无法收回投资款及相应收益，构成违约。

法院认为：

莫某东主张的恒丰银行于涉私募基金到期终止后未立即组织成立清算小组，履行对基金财产进行清算分配的义务，导致莫某东无法按期收回本金及收益。根据案涉基金合同约定，在基金项下的财产未处置完毕，管理人需处理基金后续事务的情况下，管理人可延长基金合同期限；在基金合同终止后，管理人应立即组织成立清算小组；清算小组成员由管理人、托管人组成；基金合同终止后，应当按照法律法规和基金合同的有关规定对基金财产进行清算。据此，恒丰银行并不负有组织成立清算小组的义务，其实际履行基金清算义务以管理人组织成立清算小组为前提。故莫某东要求基金托管人对损失承担连带赔偿责任，缺乏事实及法律依据。

裁判结果：

（1）金色木棉公司于本判决生效之日起 10 日内赔偿莫某东本金损失 300 万元及利息损失（利息以 300 万元为基数，自 2019 年 4 月 5 日起至实际清偿之日止，按照中国人民银行发布的同期同类存款基准利率计算）；（2）驳回莫某东其他诉讼请求。

二、私募投资基金托管人未履行审查监督义务等造成投资者损失的，应当承担补充损失赔偿责任

较于投资者诉请基金管理人因其对涉案基金管理不当承担损害赔偿责任而言，实践中针对基金托管人提起的损害赔偿之诉相对较少。对于基金托管人责任的认定，应以明确基金托管人的法定义务与约定义务为前提。原则上，基金托管人不对基金管理人负有实质审查义务，但基金托管人仍应在资金募集、基金投资、投后管理以及清算退出的全过程审慎履行安全保管义务、信息披露义务以及监督义务。在基金托管人未履行上述职责，对于投资者损失存在过错的情形下，需要对投资者的损失承担补充赔偿责任。承担责任的具体比例由法院结合案件事实予以具体考量。

第二章　涉私募投资基金行政责任典型案例

第一节　涉私募投资基金主体的行政责任

《私募条例》将契约型、公司型、合伙型等组织形式的私募证券投资基金、私募股权投资基金、创业投资基金纳入监督管理范畴，并从“募、投、管、退”全过程对私募投资基金业务活动进行规制，填补了私募基金行业监督管理规则中上位法的空白。一方面，《私募条例》具化了《证券投资基金法》《信托法》等法律关于私募基金监督管理的规定，填补了与《私募投资基金监督管理暂行办法》等部门规章及中国基金业协会发布的行业自律规则之间的上位法空白；另一方面，《私募条例》突出对私募投资基金“募、投、管、退”行为的监督管理要求，并针对各类违法违规行为设置了要素齐备、结构合理、衔接紧凑的处罚体系。

《私募条例》第6章“法律责任”部分设置的处罚体系涵括了要求行为主体依据其违法违规的具体情形承担程度不同的民事法律责任、行政法律责任，构成犯罪的依法追究其刑事法律责任。当然，《私募条例》针对相关主体的违法违规情形主要规定了宽严相济的处罚措施和相对严格的行政法律责任，体现为以下三个方面：

一是规制的对象广泛。《私募条例》规制的对象涵盖私募基金的管理人、托管人、服务机构及其从业人员，私募基金管理人的股东、实际控制人、合伙人，私募基金管理人或托管人的董事、监事、高级管理人员及其从业人员等。

二是规制的情形较为全面。《私募条例》不但规范私募基金的登记、备案，私募基金管理人的忠实义务、勤勉义务、适当性义务及披露义务等，私募基金管理人的股东、实际控制人、合伙人的行为，还规范私募基金业务活动的募集和投资运作，涉及私募基金“募、投、管、退”全过程。例如《私募条例》规定，在私募投资基金资金的募集筹备阶段，基金管理人应当对投资者的主体资格进行合格性审查，并按照风险识别和责任承担能力为投资者匹配基金产品，做到“了解产品”“了解客户”；在私募投资基金管理运作阶段，基金管理人、基金托管人共同构成投资者的受托人，应当为投资者合法权益的维护履职尽责。

三是行政处罚的力度较大。一方面，《私募条例》第6章“法律责任”针对私募基金管理人、托管人及其相关责任人员违法违规行为规定了多种行政监管措施，包括：市场禁入等资格罚，给予警告、通报批评等声誉罚，责令停止私募基金业务、责令改正等行为罚，没收违法所得、罚款等财产罚。另一方面，《私募条例》针对违法违规行为的严重程度分别规定了不同的违法后果。依据《私募条例》的规定，《私募条例》“法律责任”部分主要规制15种违法违规情形，并且该条例针对15种违法违规情形整合了6类行政处罚措施。具体如下：

第一类：(1）未履行登记手续，使用“基金”或“基金管理”字样或者近似名称进行投资活动的；(2）私募基金管理人的股东、实际控制人、合伙人虚假出资、抽逃出资，或者未经法定程序擅自干预私募基金管理人的业务活动，或要求私募基金管理人利用基金财产牟取利益而损害投资者利益的；(3）违反私募基金募集不得向不合格投资者募集、不得公开宣传、不得虚假宣传、不得承诺保本保息、私募基金管理人不得委托他人募集资金等私募基金合格投资者管理和募集方式规定的；(4）私募基金管理人、托管人及其从业人员将其固有财产、他人财产混同于私募基金财产，或者利用私募基金财产、职务便利为投资者以外的人牟取利益，或侵占、挪用私募基金财产，或利用、泄露因职务便利获取的未公开信息从事、明示或暗示他人从事相关证券、期货交易活动及其法律、行政法规和国务院证券监督管理机构规定不得实施的其他行为。

针对上述违法违规情形，《私募条例》规定：没收违法所得，并处违法所得1倍至5倍罚款；没有违法所得或者违法所得不足100万元的，并处10万元以上100万元以下罚款；对直接负责的主管人员和其他直接责任人员处3万元以上30万元以下罚款。针对第一类情形（1），《私募条例》同时要求"责令改正"，对直接负责的主管人员和其他直接责任人员给予警告；针对第一类情形（2），《私募条例》同时要求"责令改正，给予警告或通报批评"，对直接负责的主管人员和其他直接责任人员给予警告或通报批评；针对第一类情形（3），《私募条例》同时要求"责令改正，给予警告或通报批评"，对直接负责的主管人员和其他直接责任人员给予警告或通报批评。

第二类：（1）私募基金管理人不符合财务状况良好并持续保持与业务类型和管理资产规模相适应的运营资金的要求，或法定代表人、执行事务合伙人或者委派代表、负责投资管理的高级管理人员未按照中国证监会规定持续持有一定比例的私募基金管理人的股权或者财产份额的要求，或不符合中国证监会规定的其他要求的；（2）私募基金管理人未聘用具有相应从业经历的高级管理人员负责投资管理、风险控制、合规等工作，或者未建立从业人员投资申报、登记、审查、处置等管理制度的。

针对上述违法违规情形，《私募条例》规定：责令改正，拒不改正的给予警告或通报批评，并处10万元以上100万元以下罚款，责令其停止私募基金业务活动并予以公告；对直接负责的主管人员和其他直接责任人员给予警告或通报批评，并处3万元以上30万元以下罚款。针对第二类情形（1），《私募条例》设置了前置条件，即私募基金管理人拒不改正的，将给予警告或通报批评。

第三类：未按照规定建立业务隔离机制保证私募基金财产独立和安全的，责令改正，给予警告或者通报批评，并处5万元以上50万元以下罚款；对接负责的主管人员和其他直接责任人员给予警告或通报批评，并处3万元以上30万元以下罚款。

第四类：（1）未向投资者充分揭示投资风险，并误导其投资与其风险识别能力和风险承受能力不匹配的私募基金产品；（2）私募基金服务机构及其从业人员违反法律、行政法规规定，未恪尽职守、勤勉尽职；（3）私募基金管理人未对募集完毕的私募基金办理备案的。

针对第四类违法违规情形，《私募条例》规定：给予警告或者通报批评，并处10万元以上30万元以下罚款；情节严重的，责令停止私募基金业务活动。对直接负责的主管人员和其他直接责任人员给予警告或通报批评，并处3万元以上10万元以下罚款。针对第四类情形（1），《私募条例》规定责令停止私募基金业务活动的同时予以公告；针对第四类情形（2），处10万元以上30万元以下罚款，对直接负责的主管人员和其他直接责任人员给予警告或通报批评，并处3万元以上10万元以下罚款。

第五类：（1）将私募基金财产用于经营或变相经营资金拆借、贷款等业务，或者要求地方政府承诺回购本金的；（2）私募基金管理人委托他人行使投资管理职责或委托不符合《证券投资基金法》规定的机构提供投资建议服务的；（3）私募基金管理人从事关联交易的；（4）私募基金管理人或者私募基金托管人及其从业人员未按照规定提供、报送相关信息，或者提供、报送信息存在虚假记载、误导性陈述或重大遗漏，或对投资业绩进行预测，或向投资者承诺投资本金不受损失或者承诺最低收益的。

针对上述违法违规情形，《私募条例》规定：责令改正，给予警告或通报批评，没收违法所得，并处10万元以上100万元以下罚款；对直接负责的主管人员和其他直接责任人员给予警告或通报批评，并处3万元以上30万元以下罚款。

第六类：私募基金管理人、私募基金托管人、私募基金服务机构及其从业人员违反本条例或者国务院证券监督管理机构的有关规定，情节严重的，国务院证券监督管理机构可以对有关责任人员采取证券期货市场禁入措施。

以上六类是依据《私募条例》规定的违法后果进行的类型化。然而，如上文所言，对私募投资基金活动的监管主要是对私募基金管理人、托管人、服务机构及其从业人员行为的规制。因此，依据私募基金监督管理规范规定的义务群，可以将从事私募投资基金活动的行为整合为因严重违反忠实义务、勤勉义务、适当性义务、信息披露义务、合规义务五类而受到的行政处罚。

第二节　典型案例分析

（一）基金托管人违法承诺或变相承诺保本保收益、违反适当性义务及合规义务，应受行政处罚

典型案例：王某贵与中国证监会深圳监管局金融行政管理（金融）行政处罚纠纷案［（2020）粤03行初99号］

案件事实：2015年9月18日至2019年3月28日，王某贵担任深圳市恒富汇通投资管理有限公司（以下简称恒富汇通公司）法定代表人、执行董事及总经理期间，恒富汇通公司有8只私募基金产品未在中国基金业协会办理备案手续，其中7只私募基金产品未对投资者进行风险识别能力和风险承担能力的评估，存续的28只私募基金产品未进行风险评级。并且，恒富汇通公司在发行私募基金产品过程中通过股东深圳恒富金融集团有限公司与投资者签订回购协议，变相向投资者承诺本金不受损失和最低收益。恒富汇通公司募集到资金后，将部分私募基金投资款转移至案外人个人银行账户。2019年12月26日，中国证监会深圳监管局作出行政处罚决定书决定，对恒富汇通公司给予警告，并处以3万元罚款；对王某贵、王某天、刘某给予警告，并分别处以3万元罚款。王某贵不服，向深圳市中级人民法院提起行政诉讼。

法院认为：

被告中国证监会深圳监管局在法定举证期限内提交的证据、来源及形式符合法律规定，与案件具有关联性，能够佐证案件基本事实。因此，中国证监会深圳监管局认定恒富汇通公司在发行私募基金产品过程中有未依法备案、未对投资者进行风险评估、未进行风险评级、变相承诺、侵占基金财产的违法行为，有事实依据。违法行为发生期间，王某贵担任恒富汇通公司法定代表人，王某贵声称为亲属代持恒富汇通公司之母公司的股权，其未有实际参与恒富汇通公司经营管理、对上述违法行为均不知情，并不足以免除相应的行政法律责任。

裁判结果：

王某贵有关撤销被诉行政处罚的诉讼请求不能成立，驳回王某贵的诉讼请求。

上述案件中，王某贵担任恒富汇通公司法定代表人期间，恒富汇通公司存在发行私募基金未在中国基金业协会办理备案手续、未对投资者进行风险识别能力和风险承担能力评估且未对私募基金进行风险评级、变相向投资者承诺本金不受损失和最低收益、侵占基金财产等违法违规行为。依据《私募条例》第44条[①]、第49条[②]、第55条[③]、第56条[④]及《私募投资基金监督管理暂行办法》第38条[⑤]的规定，王某贵应当受到行政处罚。

其一，私募投资基金刚性兑付可定义为“私募基金管理人、募集机构、销售机构、投资顾问机构及关联方、从业人员等与投资者达成的关于投资风险再次分配的承诺”，无论承诺以何种方式、何种形式、何时作出，均不影响承诺性质。[⑥] 刚性兑付的具体情形包括：（1）资产管理产品的发行人或者管

---

① 《私募条例》第44条规定：“未依照本条例第十条规定履行登记手续，使用‘基金’或者‘基金管理’字样或者近似名称进行投资活动的，责令改正，没收违法所得，并处违法所得1倍以上5倍以下的罚款；没有违法所得或者违法所得不足100万元的，并处10万元以上100万元以下的罚款。对直接负责的主管人员和其他直接责任人员给予警告，并处3万元以上30万元以下的罚款。”

② 《私募条例》第49条规定：“违反本条例第十九条规定，未向投资者充分揭示投资风险，并误导其投资与其风险识别能力和风险承担能力不匹配的私募基金产品的，给予警告或者通报批评，并处10万元以上30万元以下的罚款；情节严重的，责令其停止私募基金业务活动并予以公告。对直接负责的主管人员和其他直接责任人员给予警告或者通报批评，并处3万元以上10万元以下的罚款。”

③ 《私募条例》第55条规定：“私募基金管理人、私募基金托管人及其从业人员有本条例第三十条所列行为之一的，责令改正，给予警告或者通报批评，没收违法所得，并处违法所得1倍以上5倍以下的罚款；没有违法所得或者违法所得不足100万元的，并处10万元以上100万元以下的罚款。对直接负责的主管人员和其他直接责任人员给予警告或者通报批评，并处3万元以上30万元以下的罚款。”

④ 《私募条例》第56条规定：“私募基金管理人、私募基金托管人及其从业人员未依照本条例规定提供、报送相关信息，或者有本条例第三十二条所列行为之一的，责令改正，给予警告或者通报批评，没收违法所得，并处10万元以上100万元以下的罚款。对直接负责的主管人员和其他直接责任人员给予警告或者通报批评，并处3万元以上30万元以下的罚款。”

⑤ 《私募投资基金监督管理暂行办法》第38条规定，私募基金管理人、私募基金托管人、私募基金销售机构及其他私募服务机构及其从业人员违反本办法第7条、第8条、第11条、第14条至第17条、第24条至第26条规定的，以及有本办法第23条第1项至第7项和第9项所列行为之一的，责令改正，给予警告并处3万元以下罚款；对直接负责的主管人员和其他直接责任人员，给予警告并处3万元以下罚款。

⑥ 参见黄伟峰、程俊杰：《私募基金涉诉纠纷疑难问题研究》，载《法律适用》2023年第4期。

理人违反真实公允确定净值原则，对产品进行保本保收益；（2）采取滚动发行等方式，使得资产管理产品的本金、收益、风险在不同投资者之间发生转移，实现产品保本保收益；（3）资产管理产品不能如期兑付或者兑付困难时，发行或者管理该产品的金融机构自行筹集资金偿付或者委托其他机构代为偿付；（4）金融管理部门认定的其他情形。实质上，刚性兑付是投资人不与私募基金共担风险，即保底协议使投资者不承担本应自负的投资风险，将该投资风险转嫁给私募基金管理人等主体。[①] 刚性兑付情形中，融资方承诺保本保收益，诱导投资者进行投资，事实上将最终损害金融秩序，不利于形成“卖者尽责、买者自负”的投资环境。司法实践中，法院一般以刚性兑付违背公序良俗为由否定其效力。[②]《私募条例》第 20 条、第 32 条第 1 项规定，私募基金管理人、私募基金托管人及其从业人员不得向投资者承诺投资本金不受损失或者承诺最低收益。《九民纪要》规定，法院在审理金融产品发行人、销售者以及金融服务提供者与金融消费者之间因销售各类高风险等级金融产品和为金融消费者参与高风险等级投资活动提供服务而引发的民商事案件中，必须坚持“卖者尽责、买者自负”原则，将金融消费者是否充分了解相关金融产品、投资活动的性质及风险并在此基础上作出自主决定作为应当查明的案件基本事实，依法保护金融消费者的合法权益，规范卖方机构的经营行为，推动形成公开、公平、公正的市场环境和市场秩序。所以，在私募基金募集过程中不得夸大、片面宣传私募基金，包括使用“安全”“保本”“零风险”“收益有保障”“高收益”“本金无忧”等可能导致投资者不能准确认识私募基金风险的表述，或者向投资者宣传预期收益率、目标收益率、基准收益率等类似表述；在给投资者提供、报送的信息过程中不得存在任何形式的保本保收益承诺。上述案件中，恒富汇通公司在发行私募基金产品过程中与投资者签订回购协议，变相承诺保本保收益，违背了法律法规禁止刚性兑付的规定。

其二，私募基金管理人应当向投资者充分揭示投资风险，根据投资者的

---

① 参见黄伟峰、程俊杰：《私募基金涉诉纠纷疑难问题研究》，载《法律适用》2023 年第 4 期。

② 参见刘贵祥：《关于金融民商事审判工作中的理念、机制和法律适用问题》，载《法律适用》2023 年第 1 期。

风险识别能力和风险承担能力匹配不同风险等级的私募基金产品。私募基金管理人、服务机构发行和销售私募基金产品，应当秉持“了解产品”和“了解客户”的经营理念，加强投资者适当性管理，向投资者销售与其风险识别能力和风险承担能力相适应的资产管理产品。禁止欺诈或者误导投资者购买与其风险承担能力不匹配的资产管理产品，也不得通过拆分资产管理产品的方式，向风险识别能力和风险承担能力低于产品风险等级的投资者销售资产管理产品。上述案件中，恒富汇通公司有 7 只私募基金产品未对投资者进行风险识别能力和风险承担能力评估，未履行私募基金管理人适当性义务。

其三，私募基金管理人开展基金募集、投资管理等私募基金业务活动前应当向中国基金业协会报送基本信息和材料，履行登记手续，未经登记不得使用“基金”“基金管理”字样或者近似名称进行私募基金投资业务活动。上述案件中，恒富汇通公司有 8 只私募基金募集完毕后未按照规定到中国基金业协会办理备案手续，违反了私募基金管理人不得管理未备案私募基金的相关规定，恒富汇通公司基金管理人未履行私募基金管理人适当性义务和合规义务。另外，上述案件中的恒富汇通公司还违反了私募基金管理人应当忠实的义务。

相似案例还有“武汉华中汇富股权投资基金管理有限公司管理的武汉华中汇富聚银投资企业（有限合伙）等5 只私募基金违法违规案”［中国证监会湖北证监局行政处罚决定书（2017）5 号］。

（二）基金托管人违反忠实、勤勉义务，应受行政处罚

典型案例：国鹏投资违法违规案［中国证监会北京监管局行政处罚决定书（2021）11 号］

案件事实：国鹏投资是国鹏鼎盛契约型私募基金、国鹏鼎盛 2 号契约型私募基金（以下简称国鹏鼎盛基金）的管理人。完成备案前，国鹏鼎盛基金向宁波公佑出资 27,396 万元，青岛圆融国鹏盛世 1 号契约型私募基金、青岛圆融国鹏盛世 2 号契约型私募基金（以下简称国鹏盛世基金）代国鹏鼎盛基金向宁波公佑支付出资款为 27,396 万元。通过持有宁波公佑的份额，间接持有盛跃网络科技（上海）有限公司（以下简称盛跃网络）1.06% 的股份。完

成备案后，国鹏投资将国鹏鼎盛基金银行账户中的27,169万元转至关联公司天津铭正通达国际贸易有限公司和坤微盛世资产管理（北京）有限公司银行账户。其中，有5182万元资金转至国鹏盛世基金银行账户，剩余21,987万元资金最终转至柳州市汇骏汽车销售有限公司等企业以及若干自然人的银行账户。

处罚结果：

责令改正，给予警告，并处9万元罚款。

该案中，国鹏鼎盛基金完成备案后，募集资金实际最终转至若干企业及自然人银行账户，资金运用既不符合国鹏鼎盛基金基金合同关于投资范围的约定，也未用于偿还代垫投资款，而是被国鹏投资挪作他用，即国鹏投资存在将他人财产混同于基金财产从事投资活动、挪用基金财产、委托不具有基金托管人资格的机构担任基金托管人等违法违规行为，依据《私募条例》第53条[①]、第55条的规定，国鹏投资应当受到行政处罚。

首先，私募基金管理人、托管人、销售机构及其他私募服务机构及其从业人员从事私募基金业务活动应当保证私募基金财产独立，不得将其固有财产或者他人财产混同于基金财产，且不得侵占、挪用基金财产。[②] 国鹏鼎盛基金完成备案后，募集资金实际最终转至若干企业及自然人银行账户，资金运用既不符合基金合同约定，也未用于偿还代垫投资款，而是被挪作他用。

其次，私募基金管理人应当勤勉尽责，自行募集资金，除中国证监会另有规定外不得委托他人募集资金，并且应当自行管理基金，不得将投资管理职责委托他人行使。《私募条例》第3条第3款规定，私募基金管理人管理、运用私募基金财产，私募基金托管人托管私募基金财产，私募基金服务机构从事私募基金服务业务，应当遵守法律、行政法规规定，恪尽职守，履行诚实守信、谨慎勤勉的义务。本案中，国鹏投资委托不具有基金托管人资格的

---

① 《私募条例》第53条规定："违反本条例第二十七条规定，私募基金管理人委托他人行使投资管理职责，或者委托不符合《证券投资基金法》规定的机构提供证券投资建议服务的，责令改正，给予警告或者通报批评，没收违法所得，并处10万元以上100万元以下的罚款。对直接负责的主管人员和其他直接责任人员给予警告或者通报批评，并处3万元以上30万元以下的罚款。"

② 参见《私募条例》第30条的规定。

青岛银行股份有限公司担任国鹏鼎盛基金的托管人，未尽到恪尽职守、谨慎勤勉的义务。

（三）私募基金管理人违反适当性义务、信息披露义务，应受行政处罚

典型案例：广州亚投股权投资基金管理有限公司违法违规案［中国证监会广东监管局行政处罚决定书（2019）1号］

案件事实：广州亚投股权投资基金管理有限公司（以下简称广州亚投）在募集、管理基金时存在：（1）在设立“6号资管计划”“10号资管计划”“9号基金”“11号基金”向投资者募集资金时，存有84名投资者投资单只私募产品的金额不足100万元。（2）通过广东广播电台公开宣传其组织的投资推广会，招揽投资者参加，并在投资推广会上向不特定对象宣传推介广州亚投正在募集的“6号资管计划”“10号资管计划”。（3）募集设立“6号资管计划”时，在与甄某炽等7名投资者签订的合同中约定保本，并给予8%的收益底线保证；在与吴某等7名投资者签订的合同中约定保本，并给予年化12%的收益分配；募集设立“10号资管计划”时，与陈某等6名投资者签订的合同中约定保本，并在与陈某签订的“10号资管计划”合同中还人工添加了“客户陈某视同为亚投基金委托经纪人，认购公司基金产品，公司给予年化基金净值1.10元的保障”。（4）在募集设立“6号资管计划”“10号资管计划”“9号基金”时，没有按照规定对所有投资者的风险识别能力和风险承担能力进行评估，部分投资者没有签署合格投资者承诺书或风险揭示书，且没有自行或委托第三方机构对私募基金进行风险评级。（5）未按照与投资者约定将投资者的投资资金存入专门账户，且违反约定，挪用投资者投资“6号资管计划”的部分资金。募集失败后，广州亚投未按照与投资者约定的期限返还投资者的投资资金。（6）广州亚投只保存了部分投资者的基金合同及与投资者适当性管理相关的记录等有关资料，其余大部分资料都已遗失。

处罚结果：

对广州亚投给予警告，并处以3万元罚款；对张某飞给予警告，并处以2万元罚款；对钟某才给予警告，并处以1万元罚款。

从该案的案件事实可见，广州亚投存在向合格投资者之外的个人募集资

金、向不特定对象宣传推介私募基金产品、向投资者承诺投资本金不受损失或者最低收益、未落实投资者风险评估要求、未对私募基金进行风险评级、不按照约定履行职责、挪用基金财产及未妥善保存基金合同、投资者适当性管理相关记录等有关资料的违法违规行为，依据《私募条例》第 48 条[①]、第 49 条[②]、第 55 条、第 56 条及《私募投资基金监督管理暂行办法》第 38 条的规定，广州亚投、张某飞、钟某才应当受到行政处罚。

首先，私募基金应当向合格投资者募集或者转让，单只私募基金的投资者累计不得超过法律规定的人数；不得采取为单一融资项目设立多只私募基金等方式，突破法律规定的人数限制；不得采取将私募基金份额或者收益权进行拆分转让等方式，降低合格投资者标准。《私募投资基金监督管理暂行办法》第 12 条第 1 款规定，私募基金的合格投资者是指具备相应风险识别能力和风险承担能力，投资于单只私募基金的金额不低于 100 万元且符合净资产不低于 1000 万元的单位、金融资产不低于 300 万元或者最近 3 年个人年均收入不低于 50 万元的个人。其次，妥善保存基金合同、投资者适当性资料等私募基金业务相关资料、根据投资者风险识别能力和风险承担能力匹配不同风险等级的私募基金产品是私募基金管理人的法定义务。该案中，广州亚投未落实投资者风险评估要求、未对私募基金进行风险评级、不按照约定履行职责、未妥善保存基金合同或者投资者适当性管理相关记录等有关资料，募集资金时存有 84 名投资者投资单只私募产品金额不足 100 万元的行为，未履行适当性义务，违反了《证券投资基金法》《私募条例》《私募投资基金监督管理暂行办法》关于合格投资者的规定，同时违反了上述关于减少存量风险、严防增量风险，私募基金管理人应当履行忠实、勤勉义务的相关规定。另外，

---

① 《私募条例》第 48 条规定："违反本条例第十七条、第十八条、第二十条关于私募基金合格投资者管理和募集方式等规定的，没收违法所得，并处违法所得 1 倍以上 5 倍以下的罚款；没有违法所得或者违法所得不足 100 万元的，并处 10 万元以上 100 万元以下的罚款。对直接负责的主管人员和其他直接责任人员给予警告，并处 3 万元以上 30 万元以下的罚款。"

② 《私募条例》第 49 条规定："违反本条例第十九条规定，未向投资者充分揭示投资风险，并误导其投资与其风险识别能力和风险承担能力不匹配的私募基金产品的，给予警告或者通报批评，并处 10 万元以上 30 万元以下的罚款；情节严重的，责令其停止私募基金业务活动并予以公告。对直接负责的主管人员和其他直接责任人员给予警告或者通报批评，并处 3 万元以上 10 万元以下的罚款。"

广州亚投向不特定对象宣传推介基金产品，承诺投资本金不受损失或者承诺最低收益的行为亦违反了私募基金监管规定。

总而言之，私募基金的本质属性是以非公开方式向合格投资者募集资金，所以，投资者人数累计不能超过法律规定。若是私募基金募集方式、募集人数突破法律规定，募集方式将转变为公开募集，私募基金与公募基金之间的差异将被弱化，相应的金融风险随之被隐匿，很难审查合格投资者的身份属性以及控制金融风险范围，将突破我国金融监管法规对于私募活动的规制。如此，私募基金的违法公开募集资金行为本身就具备了非法集资犯罪的公开性和非法性、社会性特征，[①] 相应的行为也将可能被定性为非法集资行为或非法吸收公众存款行为，私募基金管理人、托管人及其从业者将可能被追究刑事责任。

（四）违反私募基金管理人忠实义务，利用因职务便利获取的未公开信息从事相关证券、期货交易活动，应受行政处罚

典型案例：陈某超、陈某林利用未公开信息交易股票案［中国证监会行政处罚决定书（2020）72 号］

案件事实：自 2015 年 10 月起，陈某超担任深圳前海联合利业投资管理有限公司（以下简称联合利业）董事长，系投资决策委员会成员，2018 年 5 月 21 日，其担任联合利业 3 期基金经理。自 2015 年 10 月起，陈某林担任联合利业风控总监，系投资决策委员会成员。陈某超、陈某林均参与联合利业上述 3 个产品的交易决策，知悉上述产品交易标的股票的未公开信息。2016 年 6 月 15 日至 2019 年 8 月 7 日，陈某超使用“陈某超”“詹某圳”多个证券账户与联合利业相关产品证券账户趋同交易，趋同交易成交金额 12,385.76 万元，趋同交易盈利 1,085,128.02 元。同时期，陈某林使用“陈某林”多个证券账户与联合利业相关产品证券账户趋同交易，趋同交易成交金额 8227.95 万元，趋同交易盈利 785,100.79 元。

---

① 参见齐晓丹：《私募基金涉刑民交叉若干法律适用问题辨析——以私募基金违法公开募集为视角》，载《法律适用》2021 年第 9 期。

处罚结果：

对陈某超责令改正，没收违法所得1,085,128.02元,并处以1,085,128.02元罚款;对陈某林责令改正,没收违法所得785,100.79元,并处以780,000元罚款。

上述案件中，陈某超、陈某林利用因职务便利获取的未公开信息从事相关证券、期货交易活动，依据《私募条例》第55条的规定，应当受到行政处罚。基金管理人、托管人及其从业人员应当忠实勤勉地履行受托管理责任，不得泄露因职务便利获取的未公开信息，利用该信息从事或明示、暗示他人从事相关证券、期货交易活动。泄露未公开信息交易，利用该信息进行交易活动的行为背弃了基金管理人、托管人对基金财产或基金份额持有人负有的信义义务、忠实勤勉义务，违背了资本市场公开公平公正原则，扰乱了基金行业正常交易秩序。因此，私募投资基金监督管理相关规定历来重视对该类行为的规制，并为之设置了严格的法律责任。

（五）违反信息披露义务、忠实义务，向投资者提供虚假信息、从事损害基金财产和投资者利益的投资活动并从中牟取利益，应受行政处罚

典型案例：亿鑫投资管理扬州有限公司违法违规案［中国证监会江苏监管局行政处罚决定书（2021）10号］

案件事实：2018年3月1日，亿鑫投资管理扬州有限公司（以下简称亿鑫投资）管理的亿鑫3期净值为0.8085元，亿鑫6期净值为0.9596元。而亿鑫投资网站披露2018年3月1日，亿鑫3期净值为1.0481元，亿鑫6期净值为1.055元。2017年6月23日，亿鑫3期产品份额净值为0.8226元，已触及基金合同约定的止损线0.85元；2017年7月7日，亿鑫6期产品份额净值为0.8944元，已触及基金合同约定的预警线0.9元；至2017年7月19日，该产品份额净值一直小于0.9元。亿鑫投资均未按基金合同约定进行平仓操作。2018年4~5月，亿鑫投资在明知亿鑫18期、亿鑫20期投资标的严重亏损的情况下，未及时向托管机构发送投资标的净值，导致基金份额净值严重高估，并以高估的净值为部分投资者办理赎回，损害基金财产和其他投资者利益。2018年5月9日，亿鑫投资从亿鑫20期上述赎回交易中提取了659,282.23元

业绩报酬。

处罚结果：

中国证监会江苏监管局决定对亿鑫投资给予警告，并处以3万元罚款；对直接责任人员王某平给予警告，并处以3万元罚款。

该案中，亿鑫投资在明知亿鑫18期、亿鑫20期投资标的严重亏损的情况下，未及时向托管机构发送投资标的净值，导致基金份额净值严重高估，并以高估的净值为部分投资者办理赎回，损害基金财产和其他投资者利益，也即亿鑫投资存在向投资者提供虚假信息、从事损害基金财产和投资者利益的投资活动并从中牟取利益的违法违规行为。依据《私募条例》第55条、第56条的规定，亿鑫投资、责任人王某平应当受到行政处罚。在资金募集、投资运作过程中，私募基金管理人应当按照中国证监会的规定和基金合同约定，向投资者提供真实、准确、完整的信息，并且私募基金管理人须以基金利益及其投资人利益为最高行为准则，不得利用基金财产为自己或其他人牟取利益。[①] 亿鑫投资公司网站上发布的基金净值与实际不符，其行为构成向投资者提供虚假信息；在明知亿鑫18期、亿鑫20期投资标的严重亏损的情况下，未及时向托管机构发送投资标的净值，导致基金份额净值严重高估，并以高估的净值为部分投资者办理赎回，损害基金财产和其他投资者利益。

相似案例还有景润基金违反私募法规案［中国证监会上海监管局行政处罚决定书沪（2023）8号］。

（六）违反开展私募基金活动应当履行合规义务的规定，应受行政处罚

典型案例：上海意隆、上海郁泰、上海西尚、易财行等违反私募投资基金法律法规案［中国证监会行政处罚决定书（2020）1号］

案件事实：朱某栋、赵某权通过阜兴集团及其全资子公司上海源岑投资有限公司等持有或委托赵某、唐某等实际持有上海意隆、上海郁泰、上海西尚、易财行（以下简称阜兴系私募机构）的股权。阜兴系私募机构发行并备案的私募基金产品共计160只，存在：（1）阜兴系私募机构向不特定投资者

① 参见许可：《私募基金管理人义务统合论》，载《北方法学》2016年第2期。

公开宣传推介私募产品。阜兴系私募机构通过盲打电话、盲发短信，要求客户将产品转介绍给其他亲友，销售人员利用上海意隆公司网站上的“预约评估”栏目、上海郁泰公司网站上的“在线咨询”栏目获取的联系方式联系不特定投资者，且在公司网站或微信公众号上推送宣传推介材料等向不特定投资者公开宣传私募产品。(2) 向投资者承诺投资本金不受损失及保障最低收益。在产品设计环节，产品推介文件中包含大量保证函、流动性支持函、股份回购等变相承诺保本保收益的内容；在产品宣传环节，存在诱导性宣传行为；在产品兑付环节，由朱某栋、赵某权指示阜兴集团资金部及上海郁泰完全按照产品预期收益率兑付而未考虑产品的实际盈亏情况。(3) 阜兴系私募机构侵占、挪用基金财产。阜兴系私募机构发行基金产品募集资金，大部分产品资金在募集后未按照产品设计投向约定用途使用，而是通过阜兴集团关联企业或关联个人账户多次过桥后，汇入阜兴集团控制的“资金池”账户，由朱某栋、赵某权用于兑付基金及常州恒琪债权包产品本息、偿还财通证券资管产品本息、归还信托及银行债务本息、各类资产或股权购买、偿付被重组公司债务、二级市场股票操纵、提成奖励、个人挥霍、日常费用等。(4) 阜兴系私募机构在全部160只产品的相关定期报告和临时报告等信息披露文件中，均未向投资者披露基金资产运作中存在的关联交易情况。

处罚结果：

对朱某栋、赵某权采取终身证券市场禁入措施；对余某亮采取10年证券市场禁入措施；对徐某铭、张某敏、李某松、王某采取3年证券市场禁入措施。

该案中，朱某栋、赵某权作为阜兴系私募机构实际控制人，阜兴集团董事长、总裁，实际控制阜兴系私募机构的经营管理，是阜兴系私募机构违法行为的组织、策划和领导者，应当认定为直接负责的主管人员；余某亮、王某源等人作为阜兴系私募机构的主要负责人，直接参与私募机构的经营和决策，牵头实施私募基金管理人的相关违法行为；李某松、徐某铭、张某敏等人作为阜兴系私募机构的主要管理人员，参与实施相关违法行为，均应当认定为对前述违法行为负责的其他直接责任人员。从该案来看，朱某栋、赵某权、阜兴系私募机构等存有向不特定投资者公开宣传推介私募基金产品、借用其他名义对外开展业务、侵占或挪用基金财产、向投资者承诺投资本金不受损失及最低收益、未按照合同约定向投资者披露可能存在的利益冲突情况以及可能影响投资者合法权益的重大信息等违法违规行为，依据《私募条例》第44条、第55条及《私募投资基金监督管理暂行办法》第38条的规定，朱某栋、赵某权、阜兴系私募机构应当受到行政处罚。

首先，私募基金不得通过报刊、电台、电视台、互联网等大众传播媒介，电话、短信、即时通信工具、电子邮件、传单，或者讲座、报告会、分析会等方式向不特定对象宣传推介；不得以虚假、片面、夸大等方式宣传推介；不得以私募基金托管人名义宣传推介；不得向投资者承诺投资本金不受损失或者承诺最低收益。若是私募基金存在上述违法违规行为，除了面临行政制裁，还可能涉嫌构成非法吸收公众存款罪。①

其次，以非公开方式募集资金设立投资基金，私募基金管理人应当以自己的名义实施法律行为；基金设立后，私募基金管理人应当以登记备案的私募基金名义从事相应活动。而私募基金管理人在资金募集、投资运作过程中，则应当按照国务院证券监督管理机构的规定和基金合同约定，向投资者提供信息。② 一方面，私募基金管理人应当遵循投资者利益优先原则，建立从业人员投资申报、登记、审查、处置等管理制度，防范利益输送和利益冲突。另一方面，私募基金管理人、私募基金托管人应当按照合同约定，如实向投资者披露基金投资、资产负债、投资收益分配、基金承担的费用和业绩报酬、可能存在的利益冲突情况以及可能影响投资者合法权益的其他重大信息，不得隐瞒或者提供虚假信息。

相似案例还有纽某文违反私募监管法规案［中国证监会深圳监管局行政处罚决定书（2023）6号］。

---

① 《私募条例》第20条规定："私募基金不得向合格投资者以外的单位和个人募集或者转让；不得向为他人代持的投资者募集或者转让；不得通过报刊、电台、电视台、互联网等大众传播媒介，电话、短信、即时通讯工具、电子邮件、传单，或者讲座、报告会、分析会等方式向不特定对象宣传推介；不得以虚假、片面、夸大等方式宣传推介；不得以私募基金托管人名义宣传推介；不得向投资者承诺投资本金不受损失或者承诺最低收益。"

② 参见《私募条例》第31条的规定。

第三章 涉私募投资基金相关主体的刑事责任

私募基金管理人、托管人、服务机构及其从业人员从事私募投资基金业务活动，若违反《刑法》的规定，侵害我国刑法保护的法益，不但依法需要承担民事责任、行政责任，违法行为将入罪追究刑事责任。刑事责任相比民事责任、行政责任而言，责任程度加重，因此，刑事规范为基金管理人、托管人、服务机构及其从业人员从事私募投资基金业务活动更不可逾越的红线。《私募条例》第58条第2款和第59条规定，严重违反法律规定构成犯罪的，依法追究行为人的刑事责任。从事私募投资基金业务活动严重违反法律规定的，构成犯罪，具体可能涉嫌构成非法吸收公众存款罪、集资诈骗罪、合同诈骗罪、挪用资金罪、职务侵占罪、操纵证券市场罪、利用内部信息交易罪、洗钱罪、背信运用受托财产罪、非法经营罪、吸收客户资金不入账罪及违规披露、不披露重要信息罪等。其中，较为常见的有非法吸收公众存款罪、集资诈骗罪、合同诈骗罪、诈骗罪、利用未公开信息交易罪及组织、领导传销活动罪。

第一节 非法吸收公众存款罪

一、涉私募投资基金活动构成非法吸收公众存款罪典型案例

典型案例：沈某华、谌某建非法吸收公众存款案［（2019）藏01刑初42号、（2020）藏刑终13号、（2020）藏刑申9号］

案件事实：2017年12月29日，西藏天布公司注册登记成立，登记类型为有限责任公司（自然人独资），沈某华系唯一股东，并任执行董事、经理及

法定代表人。自2017年11月起，沈某华、谌某建在未向中国基金业协会履行私募基金管理人登记备案手续的情况下，在产品宣传册上私自使用其他私募基金管理人的登记编号，先后以冒用磨轮（上海）股权投资基金管理有限公司（以下简称上海磨轮公司）名义和直接以西藏天布公司名义发行天布季喜、天布双季喜A、天布惠金A、天布惠金C、天布季喜、天布双季喜A、天布惠金A、天布惠金C等多只私募基金产品。2017年11月至2018年11月，被告人沈某华、谌某建通过向西藏天布公司招募员工下达销售业绩指标的方式，以销售人员口口相传、发布手机微信朋友圈、散发传单以及举行推介会等形式向社会不特定公众宣传私募理财产品，承诺利息高于银行同期利息并以年化利率8%～15%的比例保证定期还本付息，并谎称投资人投资款直接进入项目公司江苏摩西公司账户，以咨询服务人上海磨轮公司或西藏天布公司名义和项目公司江苏摩西公司名义与客户签订《出借咨询与服务协议》562份，先后向373名投资人销售天布季喜、天布双季喜A等私募理财产品，累计集资7904万元，其中含谌某建投资款438万元。

法院认为：

一审法院认为：被告人沈某华、谌某建违反金融管理法规，以上海磨轮公司和西藏天布公司名义通过公开宣传并以高息利诱方式，以销售私募基金产品的形式，向不特定社会公众吸收资金7904万元，扰乱金融秩序，其行为构成非法吸收公众存款罪，且数额巨大，依法应予惩处。二被告人系共同犯罪，沈某华系主犯，谌某建系从犯。谌某建归案后如实供述罪行，属坦白；主动退还个人犯罪所得120万元，结合其在共同犯罪中的作用，决定予以从轻处罚。

二审法院认为：以发行私募基金产品方式吸收资金违反金融管理法规，符合非法吸收公众存款罪应当同时具备的违法性、公开性、利诱性、社会性特征。通过公开宣传并以高息利诱方式，以销售私募基金产品的形式，向不特定社会公众销售、吸收资金，扰乱金融秩序，构成非法吸收公众存款罪，依法应予惩处。沈某华作为公司负责人，提起犯意并积极组织实施，直接占有、支配集资款，在非法吸收公众存款犯罪中系主犯；谌某建受雇于沈某华，为沈某华非法吸收资金提供帮助，系从犯。

裁判结果：

一审法院判决：被告人沈某华犯非法吸收公众存款罪，判处有期徒刑7年，并处罚金人民币20万元；被告人谌某建犯非法吸收公众存款罪，判处有期徒刑3年6个月，并处罚金人民币5万元。在案扣押的涉案资金1629.86万元按比例发还被害人，继续追缴违法所得2809.14万元后按比例发还被害人。

二审法院判决：对被告人沈某华、谌某建的定罪量刑予以维持，并判决撤销“在案扣押的涉案资金1629.86万元按比例发还被害人，继续追缴违法所得2809.14万元后按比例发还被害人”，继续追缴违法所得2789.14万元后按比例发还集资参与人。

再审裁定：二审认定事实清楚，证据确实、充分，定罪准确，量刑适当。

相似案例还有吴某艳非法吸收公众存款案［湖北省宜昌市中级人民法院（2018）鄂05刑终245号］、虞某非法吸收公众存款案［山西省太原市中级人民法院（2021）晋01刑终324号］等。

二、涉私募投资基金活动构成非法吸收公众存款罪的犯罪构成及认定

非法吸收公众存款罪是非法吸收公众存款或者变相吸收公众存款，扰乱金融秩序的行为。结合上述案例中法院判决适用的裁判规则可见，行为人从事私募投资基金活动，违反金融管理法规，以高息利诱、保本保收益等方式向不特定社会公众公开宣传私募基金或基金产品、吸收或变相吸收不特定公众资金，构成非法吸收公众存款罪。行为表现形式为通过公开宣传并以高息利诱方式销售私募基金、基金产品，从而吸收不特定社会公众资金。具体行为包括行为人不具有募集私募基金主体资格向公众直接或变相吸收资金和虽然具有向公众吸收资金的主体资格但采取违法方式吸收公众存款。依据最高人民法院《关于审理非法集资刑事案件具体应用法律若干问题的解释》的规定，向社会公众（包括单位和个人）吸收资金的行为，同时具备：（1）未经有关部门依法许可或者借用合法经营的形式吸收资金；（2）通过网络、媒体、推介会、传单、手机信息等途径向社会公开宣传；（3）承诺在一定期限内以货币、实物、股权等方式还本付息或者给付回报；（4）向社会公众即社会不

特定对象吸收资金等要件的，构成非法吸收公众存款或者变相吸收公众存款。[①] 该规定表明非法吸收公众存款罪等非法集资类犯罪具有“非法性、公开性、利诱性、社会性”四个特征。

非法性是指行为人从事私募投资基金活动未经监管部门依法批准、采取非法手段获得监管部门批准或借用合法经营的形式掩盖非法吸收资金的事实。非法吸收公众存款或者变相吸收公众存款行为的公开性，也意味着其行为对象的公众性。[②] 最高人民法院、最高人民检察院、公安部《关于办理非法集资刑事案件适用法律若干问题的意见》表明，公开性的表现形式为直接或变相向社会公开宣传私募基金、基金产品，即以各种途径向社会公众传播销售私募基金、基金产品的信息以吸收资金或者明知是通过销售私募基金、基金产品的形式吸收资金仍然放任其向社会公众传播等。利诱性是行为人承诺或变相承诺一定期限内以货币、实物、股权等方式还本付息或给付回报，通常以保底条款或刚性兑付承诺的形式呈现。社会性是行为人向社会不特定对象公开或变相公开吸收资金，“不特定”也意味着投资者与资金吸收者之间没有直接联系且可能随时增加。[③] 因此，一旦私募基金、基金产品违规发行人数突破监管规定的限制，即具有了非法性、公开性、利诱性和社会性特征，同时与私募基金产品本身与生俱来的利诱性特征相结合，就容易具备构成非法集资犯罪的四个特征。[④]

所以，法院在司法实践中认定涉私募基金活动类的非法集资犯罪构成要件时，一般从募集对象、募集方式、募集手段等方面，结合私募基金专业性

---

① 参见最高人民法院《关于审理非法集资刑事案件具体应用法律若干问题的解释》第 1 条规定，违反国家金融管理法律规定，向社会公众（包括单位和个人）吸收资金的行为，同时具备下列四个条件的，除刑法另有规定的以外，应当认定为《刑法》第 176 条规定的“非法吸收公众存款或者变相吸收公众存款”：（1）未经有关部门依法许可或者借用合法经营的形式吸收资金；（2）通过网络、媒体、推介会、传单、手机信息等途径向社会公开宣传；（3）承诺在一定期限内以货币、实物、股权等方式还本付息或者给付回报；（4）向社会公众即社会不特定对象吸收资金。未向社会公开宣传，在亲友或者单位内部针对特定对象吸收资金的，不属于非法吸收或者变相吸收公众存款。

② 参见张明楷：《刑法学》（第 5 版），法律出版社 2016 年版，第 779 页。

③ 参见张明楷：《刑法学》（第 5 版），法律出版社 2016 年版，第 779 页。

④ 参见齐晓丹：《私募基金涉刑民交叉若干法律适用问题辨析——以私募基金违法公开募集为视角》，载《法律适用》2021 年第 9 期。

特点，对上述“四性”要件进行审查。[①] 上述案件中，沈某华和谌某建违反私募基金应当登记备案、向合格投资者募集或转让相关规定，向社会公众吸收资金的行为，同时具备了非法吸收公众存款罪非法性、公开性、利诱性、社会性四个条件。

关于违法私募投资基金活动构成非法吸收公众存款罪的认定。《关于审理非法集资刑事案件具体应用法律若干问题的解释》第 2 条第 4、6、9、11 项规定，行为人实施以下行为之一的，构成非法吸收公众存款罪：（1）不具有销售商品、提供服务的真实内容或者不以销售商品、提供服务为主要目的，以商品回购、寄存代售等方式非法吸收资金的；（2）不具有募集基金的真实内容，以假借境外基金、发售虚构基金等方式非法吸收资金的；（3）利用民间“会”“社”等组织非法吸收资金的；（4）以委托理财、融资租赁等方式非法吸收资金的。[②] 第 3 条规定：（1）非法吸收或者变相吸收公众存款数额在 100 万元以上的；（2）非法吸收或者变相吸收公众存款对象 150 人以上的；（3）非法吸收或者变相吸收公众存款，给存款人造成直接经济损失数额在 50 万元以上的；（4）非法吸收或者变相吸收公众存款数额在 50 万元以上或者给存款人造成直接经济损失数额在 25 万元以上，同时具有曾因非法集资受过刑事追究、2 年内曾因非法集资受过行政处罚或者造成恶劣社会影响或其他严重后果情形之一的，应当依法追究刑事责任。

---

① 参见赵秉志、杨清惠：《涉私募基金非法集资犯罪司法治理研究》，载《北京师范大学学报（社会科学版）》2017 年第 6 期。

② 《关于审理非法集资刑事案件具体应用法律若干问题的解释》第 2 条规定，实施下列行为之一，符合非法吸收公众存款或者变相吸收公众存款认定条件的，应当依照《刑法》第 176 条的规定，以非法吸收公众存款罪定罪处罚：（1）不具有房产销售的真实内容或者不以房产销售为主要目的，以返本销售、售后包租、约定回购、销售房产份额等方式非法吸收资金的；（2）以转让林权并代为管护等方式非法吸收资金的；（3）以代种植（养殖）、租种植（养殖）、联合种植（养殖）等方式非法吸收资金的；（4）不具有销售商品、提供服务的真实内容或者不以销售商品、提供服务为主要目的，以商品回购、寄存代售等方式非法吸收资金的；（5）不具有发行股票、债券的真实内容，以虚假转让股权、发售虚构债券等方式非法吸收资金的；（6）不具有募集基金的真实内容，以假借境外基金、发售虚构基金等方式非法吸收资金的；（7）不具有销售保险的真实内容，以假冒保险公司、伪造保险单据等方式非法吸收资金的；（8）以网络借贷、投资入股、虚拟币交易等方式非法吸收资金的；（9）以委托理财、融资租赁等方式非法吸收资金的；（10）以提供“养老服务”、投资“养老项目”、销售“老年产品”等方式非法吸收资金的；（11）利用民间“会”“社”等组织非法吸收资金的；（12）其他非法吸收资金的行为。

关于违法私募投资基金活动构成非法吸收公众存款罪的处罚。《刑法》第176条规定："非法吸收公众存款或者变相吸收公众存款，扰乱金融秩序的，处三年以下有期徒刑或者拘役，并处或者单处罚金；数额巨大或者有其他严重情节的，处三年以上十年以下有期徒刑，并处罚金；数额特别巨大或者有其他特别严重情节的，处十年以上有期徒刑，并处罚金。单位犯前款罪的，对单位判处罚金，并对其直接负责的主管人员和其他直接责任人员，依照前款的规定处罚。有前两款行为，在提起公诉前积极退赃退赔，减少损害结果发生的，可以从轻或者减轻处罚。"

第二节　集资诈骗罪

一、涉私募投资基金活动构成集资诈骗罪典型案例

1. 以非法占有为目的，以获取定期收益、承诺担保回购为诱饵向社会不特定公众公开宣传、募集资金，构成集资诈骗罪

典型案例：最高人民检察院指导案例第175号"张某强等人非法集资案"

案件事实：2014年10月至2018年8月，张某强、白某杰将其投资并实际控制的公司的经营项目作为发行私募基金的投资标的，并在南京等多地设立分公司，采取电话联络、微信推广、发放宣传册、召开推介会等方式公开虚假宣传，夸大项目公司经营规模和投资价值，骗取投资人信任，允许不适格投资者以"拼单""代持"等方式购买私募基金，与投资人订立私募基金份额回购合同，承诺给予年化收益率为7.5%～14%不等的回报。自2016年8月起，鹿某梅负责国盈系公司"资金池"及其投资项目公司之间的资金调度、划拨以及私募基金本金、收益的兑付。张某强、白某杰控制国盈系公司通过上述方式先后发行销售133只私募基金，非法公开募集资金人民币76.81亿余元。张某强、白某杰指定部分公司账户作为国盈系公司"资金池"账户，将绝大部分募集资金从项目公司划转至"资金池"账户进行统一控制、支配。上述集资款中，以募新还旧方式兑付已发行私募基金本金及收益49.76亿余元，用于股权、股票投资3.2亿余元，用于"溢价收购"项目公司股权2.3

亿余元，用于支付员工薪酬佣金、国盈系公司运营费用、归还国盈系公司及项目公司欠款等 17.03 亿余元，用于挥霍及支付张某强个人欠款等 4.52 亿余元。张某强所投资的项目公司绝大部分长期处于亏损状态，国盈系公司主要依靠募新还旧维持运转。案发时，集资参与人本金损失共计 28.53 亿余元。

法院认为：

张某强等人成立的国盈系公司虽取得基金管理人资格，但从案件实际情况看，张某强等人的行为明显违反了《证券投资基金法》等相关规定。其一，张某强等人通过回购合同、承诺书等方式向投资人承诺保本保收益，违反了《私募投资基金监督管理暂行办法》；其二，张某强等人向不特定人群进行宣传，未履行对投资人尽职调查程序，向不特定对象进行集资，甚至由销售人员将多人投资归集到一人名下，违反了《证券投资基金法》《私募投资基金监督管理暂行办法》；其三，张某强等人对私募基金理财进行公开宣传的行为，违反了非公开募集基金不得通过报刊、电台、电视台、互联网等大众传播媒介，电话、短信、即时通信工具、电子邮件、传单，或者讲座、报告会、分析会等方式向不特定对象宣传推介的规定；其四，张某强等人存在“募新还旧”的行为，在募集资金之前已控制项目公司，待所募集资金进入项目公司后，将大部分资金用于兑付其他到期私募基金的本息，造成巨额财产损失。综上所述，张某强等人销售私募基金产品已不属于正常的投资理财行为，其以非法占有为目的，使用诈骗方法非法集资，造成集资参与人特别重大损失，构成集资诈骗犯罪。

裁判结果：

一审判决：南京市中级人民法院以犯集资诈骗罪判处被告人张某强无期徒刑，剥夺政治权利终身，并处没收个人全部财产；判处被告人白某杰有期徒刑 15 年，没收财产 1500 万元；判处被告人鹿某梅有期徒刑 12 年，没收财产 1000 万元。

二审判决：驳回上诉，维持原判。

2. 私募机构以非法占有为目的，以发行私募基金为名实施非法集资，构成集资诈骗罪

典型案例：最高人民法院发布人民法院依法惩治金融犯罪典型案例之上

海“阜兴”集资诈骗案

案件事实： 自2014年9月起，被告人朱某栋、赵某权等人决定阜兴集团开展融资业务，使用虚构投资标的、夸大投资项目价值、向社会公开宣传等方式，并以高收益、承诺到期还本付息等为诱饵，设计销售债权类、私募基金类等理财产品，向社会公众非法集资，并发新还旧，不断扩大资金规模，以维持资金链。至2018年6月，阜兴集团非法集资565亿余元，案发时未兑付本金218亿余元。其间，阜兴集团、朱某栋等人集中资金优势、持股或持仓优势或者利用信息优势联合或连续买卖“大连电瓷”股票，并通过控制上市公司信息的生成或者控制信息披露的内容、时点、节奏，误导消费者作出投资决策，影响证券交易价格或者证券交易量，操纵证券市场，情节特别严重。

法院认为：

阜兴集团以非法占有为目的，使用诈骗方法非法集资，其行为已构成集资诈骗罪。朱某栋、赵某权等作为阜兴集团直接负责的主管人员或其他直接责任人员，其行为均已构成集资诈骗罪；阜兴集团、朱某栋等的行为还构成操纵证券市场罪，且情节特别严重，应数罪并罚。

裁判结果：

以集资诈骗罪、操纵证券市场罪判处阜兴集团罚金人民币21亿元；以集资诈骗罪、操纵证券市场罪判处朱某栋无期徒刑，剥夺政治权利终身，并处罚金人民币1500万元；以集资诈骗罪判处赵某权无期徒刑，剥夺政治权利终身，并处罚金人民币800万元；追缴违法所得后发还被害人。

相似案例还有董某寨、陈某材犯集资诈骗案［北京市高级人民法院（2021）京刑终59号］、傅某辉集资诈骗案［北京市高级人民法院（2019）京刑终71号］。

二、涉私募投资基金活动构成集资诈骗罪的犯罪构成及认定

《刑法》第192条规定：“以非法占有为目的，使用诈骗方法非法集资，数额较大的，处三年以上七年以下有期徒刑，并处罚金；数额巨大或者有其他严重情节的，处七年以上有期徒刑或者无期徒刑，并处罚金或者没收财产。单位犯前款罪的，对单位判处罚金，并对其直接负责的主管人员和其他直接

责任人员，依照前款的规定处罚。”因此，集资诈骗罪是以非法占有为目的，使用诈骗方法非法集资，骗取集资款数额较大的行为。集资诈骗罪侵犯的客体是国家的金融管理秩序和公私财物所有权，客观上表现为使用诈骗方法骗取集资款数额较大，主体为一般主体，主观方面为故意且具有非法占有目的。[①] 依据最高人民法院《关于审理非法集资刑事案件具体应用法律若干问题的解释》的规定，“只要客观行为属于非法吸收或变相吸收公众存款，并具有非法占有的目的，就以集资诈骗罪论处”[②]。所以，是否具有非法占有目的是区分非法吸收公众存款罪与集资诈骗罪的关键。[③] 当然，非法吸收公众存款罪与集资诈骗罪的界限，除了行为主体实施犯罪行为时是否具有非法占有目的外，构成集资诈骗罪以使用诈骗方法为必要要件，非法吸收公众存款罪则不然；客体方面，集资诈骗罪侵犯的客体是国家的金融管理秩序和公私财物所有权，非法吸收公众存款罪行为侵犯的客体是国家的金融管理秩序。

判断非法集资人是否具有非法占有目的，主要围绕私募基金宣传推介方式、收益分配规则、投资人信息、资金实际去向等进行认定。[④] 具体言之，私募基金募集过程的宣传推介方式、合格投资者确认过程、投资资金实际来源、实际投资人信息、实际利益分配方案等资料，以及私募基金投资运作过程中的募集资金投资项目、募集资金流向等与项目投资决策过程、经营管理状况、实际盈亏情况等财务资料为判断要点。所以，在开展私募投资基金募集、投资运作过程中，非法集资人虽然将部分集资款投入生产经营活动，但投资决策随意，明知经营活动盈利能力不具有支付本息的现实可能性，仍然向社会

---

① 高铭暄等撰稿：《刑法学》（第8版），北京大学出版社2017年版，第417页。

② 张明楷：《刑法学》（第5版），法律出版社2016年版，第797页。

③ 在共同犯罪或者单位犯罪中，因行为人层级、职责分工、获利方式、对全部犯罪事实的知情程度不同，犯罪目的存在差异，集资诈骗罪与非法吸收公众存款罪的界定应当根据非法集资人是否具有非法占目的进行判断。

④ 最高人民法院《关于审理非法集资刑事案件具体应用法律若干问题的解释》第7条第2款规定：“使用诈骗方法非法集资，具有下列情形之一的，可以认定为‘以非法占有为目的’：（一）集资后不用于生产经营活动或者用于生产经营活动与筹集资金规模明显不成比例，致使集资款不能返还的；（二）肆意挥霍集资款，致使集资款不能返还的；（三）携带集资款逃匿的；（四）将集资款用于违法犯罪活动的；（五）抽逃、转移资金、隐匿财产，逃避返还资金的；（六）隐匿、销毁账目，或者搞假破产、假倒闭，逃避返还资金的；（七）拒不交代资金去向，逃避返还资金的；（八）其他可以认定非法占有目的的情形。”

公众大规模吸收资金，兑付本息主要通过“募新还旧”实现，致使集资款不能返还的，应认定具有非法占有目的。客观层面，对集资人是否构成集资诈骗罪的认定需要结合私募基金“募、投、管、退”全过程依法进行。首先，私募投资基金募集、基金产品销售过程实际上是否存在变相公开宣传、承诺固定收益、变相提供担保、向不合格投资者销售、未履行风险告知义务等情形。其次，在投资和管理环节，需要判断私募投资基金实质上是否存在自融、“资金池”运作、挪用私募基金财产、未按约定用途投资、投资项目虚假、管理人未履行管理义务以及披露虚假信息等情形。最后，在基金退出环节，需要判断私募投资基金是否存在非依靠投资收益“募新还旧”、刚性兑付。具体言之，私募基金管理人、托管人及其从业人员未经有关部门依法许可或者借用合法经营的形式吸收资金，以发行销售私募基金产品形式公开宣传，向社会公众吸收资金，并承诺保本保收益的，属于非法集资或变相非法集资。那么，打着发行销售私募基金的幌子进行公开宣传，向社会公众吸收资金，并承诺还本付息的，属于变相非法集资。向私募基金投资者隐瞒未将募集资金用于约定项目的事实、虚构投资项目经营情况，应当认定为使用诈骗方法。

综上，以非法占有为目的，假借发行、销售私募基金、私募基金产品名义，使用诈骗方法非法集资，构成集资诈骗罪。

第三节　合同诈骗罪

一、涉私募投资基金活动构成合同诈骗罪的典型案例

典型案例：郭某文、郭某鸿合同诈骗罪案［（2019）沪02刑终847号、（2018）沪0107刑初1317号、（2023）沪02刑申33号］

案件事实：被告人郭某文、郭某鸿于2013年12月注册成立金夙公司，郭某文担任法定代表人，负责公司的管理，郭某鸿为金夙公司产品部负责人，负责私募产品的承接、认购等。2016年12月14~26日，郭某文、郭某鸿以投资购买《赐羿国投1号》私募基金产品为由，诱使被害人朱某波、瞿某1、李某、郭某岩、周某勤分别与金夙公司签订《定向委托投资管理计划合同》，

骗取共计人民币100万元投资款，后伪造100万元转账凭证，谎称已购买该基金产品，钱款实际被用于个人公司运营。2017年1月4日及同年1月23日，郭某文、郭某鸿再次以投资购买《安盈开投一号》私募基金产品为由，诱使被害人王某娥、孙某与金夙公司签订《定向委托投资管理计划合同》，骗取共计70万元投资款后，将该70万元用于个人公司运营。2018年5月8日，郭某文被公安机关抓获，郭某鸿至公安机关投案。

法院认为：

一审法院认为：被告人郭某文、郭某鸿结伙以非法占有为目的，在签订、履行合同过程中，骗取对方当事人钱款，数额特别巨大，其行为均已构成合同诈骗罪，依法应予处罚。

二审法院认为：上诉人郭某文、郭某鸿共同以非法占有为目的，在签订、履行合同过程中，骗取对方当事人财物，数额特别巨大，行为构成合同诈骗罪。

再审法院认为：郭某文、郭某鸿以非法占有为目的，在签订、履行合同过程中虚构事实，骗取被害人投资款170万元为共同设立的金夙公司使用，数额特别巨大，两人共同构成合同诈骗罪。

裁判结果：

一审判决：被告人郭某文犯合同诈骗罪，判处有期徒刑11年6个月，剥夺政治权利1年，并处罚金人民币9万元；被告人郭某鸿犯合同诈骗罪，判处有期徒刑10年6个月，剥夺政治权利1年，并处罚金人民币8万元；责令被告人郭某文、郭某鸿退赔各名被害人的被骗钱款。

二审判决：驳回上诉，维持原判。

再审裁定：一审、二审事实清楚，证据确实、充分，适用法律正确，量刑适当，且审判程序合法，依法应予确认。

二、涉私募投资基金活动构成合同诈骗罪的犯罪构成及认定

由上述案例可见，行为人以非法占有为目的，在私募基金“募、投、管、退”各阶段通过签订、履行合同的形式，使用欺骗手段骗取对方资金，数额特别巨大的，构成合同诈骗罪。所以，涉私募投资基金活动构成合同诈骗罪的行为须同时满足：（1）诈骗行为发生在私募基金合同签订、履行过程中；

(2) 行为人实施了骗取私募基金合同对方当事人财物的行为；(3) 骗取对方当事人的财产数额较大。依据《刑法》第 224 条规定，以非法占有为目的，在签订、履行合同过程中，采取虚构的单位或者冒用他人名义签订合同，或伪造、变造、作废的票据或者其他虚假的产权证明作担保，或没有实际履行能力但以先履行小额合同或者部分履行合同的方法诱骗对方当事人继续签订和履行合同，或收受对方当事人给付的货物、货款、预付款或者担保财产后逃匿等方法骗取对方当事人财物，数额较大的，构成合同诈骗罪。因此，郭某文、郭某鸿以投资购买私募基金产品为由，诱使被害人签订合同，骗取被害人投资款，构成合同诈骗罪。

涉私募投资基金活动构成合同诈骗罪的行为认定需要与一般民事纠纷相区分。首先，合同诈骗罪的成立与私募基金合同有效与否无关，构成合同诈骗罪不以私募基金合同无效为前提。其次，涉私募投资基金活动构成合同诈骗罪与私募基金纠纷中的民事欺诈的关系属于特殊与一般的关系，因此，入罪与出罪的关键在于行为人是否具有非法占有对方当事人财物的目的。而行为人是否具有非法占有的目的，一般从行为人是否积极履行合同义务和对财物的处置行为等方面进行认定。若行为人主体身份真实，且订立合同或履行合同时具有完全履行合同义务的能力，合同订立后积极履行义务的，不应认定为合同诈骗罪。①

第四节　诈　骗　罪

一、涉私募投资基金活动构成诈骗罪的典型案例

典型案例：孙某然犯诈骗案［(2020) 辽刑终 102 号、(2019) 辽 02 刑初 108 号］

案件事实：自 2016 年 8 月开始，孙某然虚构其办理私募基金牌照需要资金的事实，让李某 1 提供资金入股，并承诺李某 1 先前投资炒股的资金及相

① 参见高铭暄等撰稿：《刑法学》(第 8 版)，北京大学出版社 2017 年版，第 448 页。

应的利润可以一并入股，且以办理 2 个私募基金牌照后变卖其中之一可获取巨额盈利为诱饵，骗取李某 1 持续多次投资。2016 年 9 月 23 日，李某 1 通过其母亲张某 1 向孙某然的银行账户转账 860 万元人民币；2017 年 6 月 5 日，李某 1 通过杨某 2 的银行账户向孙某然的银行账户转账 500 万元人民币；2017 年 8 月 9 日，李某 1 在加拿大向孙某然指定的银行账户汇款 100 万美元（折合人民币约 666 万元）；2017 年 11 月 30 日，李某 1 在加拿大向孙某然指定的银行账户汇款 90 万美元（折合人民币约 594 万元）。孙某然在骗取上述款项后，未按事先约定用于炒股及办理私募基金牌照，而是将其中 1515 万元人民币借给他人，剩余款项均被用于个人消费及偿还债务。

法院认为：

一审法院认为：被告人孙某然以非法占有为目的，虚构事实、隐瞒真相，骗取他人财产，其行为已构成诈骗罪。

二审法院认为：上诉人孙某然以非法占有为目的，采取虚构事实、隐瞒真相的手段骗取他人财产，数额达 2236.5 万元，其行为已构成诈骗罪；孙某然诈骗数额特别巨大，犯罪后果严重，到案后虽曾如实供述犯罪事实，但不足以对其从轻处罚。

裁判结果：

一审法院判决：被告人孙某然犯诈骗罪，判处无期徒刑，剥夺政治权利终身，并处没收个人全部财产；责令被告人孙某然退赔违法所得人民币 2236.5 万元给被害人李某 1。

二审法院判决：驳回上诉，维持原判。

二、涉私募投资基金活动构成诈骗罪的犯罪构成及认定

以非法占有为目的，虚构事实、隐瞒私募基金或基金产品真相，骗取他人财产，构成诈骗罪。《刑法》第 266 条规定：“诈骗公私财物，数额较大的，处三年以下有期徒刑、拘役或者管制，并处或者单处罚金；数额巨大或者有其他严重情节的，处三年以上十年以下有期徒刑，并处罚金；数额特别巨大或者有其他特别严重情节的，处十年以上有期徒刑或者无期徒刑，并处罚金或者没收财产。本法另有规定的，依照规定。”因此，涉私募投资基金活动构

成诈骗罪的行为要件包括：（1）行为人以销售私募基金、私募基金产品的名义实施欺诈行为；（2）对方当事人因行为人销售私募基金、私募基金产品的行为陷入错误认识；（3）对方当事人基于错误认识而处分财产；（4）行为人或第三人因此取得财产。涉私募投资基金活动构成诈骗罪的主体为一般主体，即年满16周岁且具有刑事责任能力的自然人；行为人的主观方面为直接故意，且以非法占有为目的。

第五节 利用未公开信息交易罪

一、涉私募投资基金活动构成利用未公开信息交易罪的典型案例

典型案例：姜某君利用未公开信息交易案［（2019）沪刑终76号、（2018）沪01刑初30号］

案件事实：2010年12月，被告人姜某君设立上海云腾投资管理有限公司（以下简称云腾公司）。2011年3月，姜某君设立“云腾一期”私募基金，并通过该私募基金从事证券交易。2009年4月至2015年1月，被告人柳某担任泰信基金公司基金经理，管理泰信蓝筹基金，负责该基金的运营和投资决策。2009年4月至2013年2月，被告人姜某君频繁与被告人柳某交流股票投资信息。柳某明知姜某君经营股票投资业务，仍将利用职务便利所获取的泰信蓝筹基金交易股票的未公开信息泄露给姜某君；或使用泰信蓝筹基金的资金买卖姜某君向其推荐的股票，并继续与姜某君交流所交易的特定股票，从而泄露相关股票交易的未公开信息。姜某君则利用上述从柳某处获取的未公开信息，使用所控制的证券账户进行股票交易。上述时间段内，姜某君控制的“杨某某”“金某”“叶某”证券账户及“云腾一期”私募基金证券账户与泰信蓝筹基金账户趋同买入且趋同卖出股票76只，趋同买入金额人民币7.99亿余元（以下币种均同），趋同卖出金额6.08亿余元，获利4619万余元。

法院认为：

一审法院认为：被告人姜某君、柳某违反规定，共同利用柳某担任基金管理公司从业人员职务便利获取的未公开信息，从事相关证券交易活动，非

法获利4619万余元，情节特别严重，其行为均已构成利用未公开信息交易罪，且系共同犯罪。

二审法院认为：原判认定上诉人姜某君、柳某利用未公开信息交易犯罪的事实清楚，证据确实、充分，适用法律正确，审判程序合法。

裁判结果：

一审判决：被告人姜某君犯利用未公开信息交易罪，判处有期徒刑6年6个月，并处罚金人民币4000万元；被告人柳某犯利用未公开信息交易罪，判处有期徒刑4年6个月，并处罚金人民币620万元；违法所得予以追缴。

二审判决：维持一审判决的第3项，撤销第1项、第2项，对姜某君犯利用未公开信息交易判处有期徒刑5年9个月并处罚金人民币4000万元，对柳某犯利用未公开信息交易判处有期徒刑4年并处罚金人民币620万元。

二、涉私募投资基金活动构成利用未公开信息交易罪的犯罪构成及认定

私募基金管理人、托管人、服务机构及其从业人员因职务便利获取未公开信息从事相关证券交易活动，情节特别严重，构成利用未公开信息交易罪。根据《刑法》第180条第2款的规定，该罪是指证券公司、期货经纪公司、基金管理公司等金融机构的从业人员以及有关监管部门或者行业协会的工作人员，利用因职务便利获取的内幕信息以外的其他未公开的信息，违反规定，从事与该信息相关的证券、期货交易活动，或者明示、暗示他人从事相关交易活动。

需要说明的是，其一，私募投资基金业务活动构成利用非公开信息交易罪中的“利用未公开信息交易”是指利用因职务便利获取的内幕信息以外的其他未公开信息，[①] 具体指对证券、期货交易价格有重要影响的、非公开的、内幕信息以外的信息。[②] 行为类型分为两类：一是本人利用未公开信息从事相

---

① 最高人民法院、最高人民检察院《关于办理利用未公开信息交易刑事案件适用法律若干问题的解释》第1条规定：“刑法第一百八十条第四款规定的‘内幕信息以外的其他未公开的信息’，包括下列信息：（一）证券、期货的投资决策、交易执行信息；（二）证券持仓数量及变化、资金数量及变化、交易动向信息；（三）其他可能影响证券、期货交易活动的信息。”

② 参见高铭暄、马克昌：《刑法学》（第8版），高等教育出版社、北京大学出版社2017年版，第407页。

关金融交易；二是本人在知悉未公开信息的基础上建议他人从事相关金融交易。[①] 而明示、暗示他人从事相关交易活动则应当综合行为人是否具有获取未公开信息的职务便利，行为人获取未公开信息的初始时间与他人从事相关交易活动的初始时间的关联性，行为人与他人之间是否具有亲友关系、利益关联、交易终端关联等关联关系，相关交易是否与他人从事相关交易的证券、期货品种、交易时间与未公开信息所涉证券、期货品种、交易时间等方面基本一致，是否存有他人从事的相关交易活动明显不具有符合交易习惯、专业判断等正当理由，且行为人对明示、暗示他人从事相关交易活动没有合理解释等方面进行认定。[②] 正因如此，上述案例中姜某君、柳某利用未公开信息从事证券、期货交易活动，已构成利用未公开信息交易罪。

其二，该条规定中的“情节严重”是指利用未公开信息交易，违法所得数额在 50 万元以上，或者证券交易成交额在 500 万元以上，或者期货交易占用保证金数额在 100 万元以上，具有下列情形之一的，应当认定为“情节严重”：（1）以出售或者变相出售未公开信息等方式，明示、暗示他人从事相关交易活动的；（2）因证券、期货犯罪行为受过刑事追究的；（3）2 年内因证券、期货违法行为受过行政处罚的；（4）造成恶劣社会影响或者其他严重后果的。[③] “情节特别严重”是指利用未公开信息交易，违法所得数额在 1000 万元以上的，应当认定为“情节特别严重”。违法所得数额在 500 万元以上，或者证券交易成交额在 5000 万元以上，或者期货交易占用保证金数额在 1000 万元以上，具有最高人民法院、最高人民检察院《关于办理利用未公开信息交易刑事案件适用法律若干问题的解释》第 6 条规定的上述四种情形之一的，应当认定为“情节特别严重”。对于二次以上利用未公开信息交易，依法应予行政处理或者刑事处理而未经处理的，相关交易数额或者违法所得数额累计计算。

---

① 参见陈晨：《利用未公开信息交易犯罪疑难问题研析：基于理论和实践的双重坐标》，载《证券法苑》第 26 卷，第 300 页。

② 参见最高人民法院、最高人民检察院《关于办理利用未公开信息交易刑事案件适用法律若干问题的解释》第 4 条的规定。

③ 参见最高人民法院、最高人民检察院《关于办理利用未公开信息交易刑事案件适用法律若干问题的解释》第 6 条的规定。

第六节 组织、领导传销活动罪

一、涉私募投资基金活动构成组织、领导传销活动罪的典型案例

典型案例：冯某涉嫌组织、领导传销活动案［（2018）陕0902刑初209号、（2019）陕09刑终141号］

案件事实：2011年9月8日，马某某（贵州省黔东南州凯里市司法机关管辖）与他人共同出资在北京市注册成立北京东方财星国际资本管理咨询有限公司，法人代表为马某某。该公司成立后至2015年年底，马某某相继以北京东方财星国际资本管理咨询有限公司与他人合伙成立了多家下属子公司。2013年12月24日，马某某在北京市工商管理局海淀分局注册成立了北京国宏金桥财星创业投资中心（有限合伙），注册合伙人陈某甲、周某甲（由贵州省黔东南州凯里市司法机关管辖）、北京东方财星国际资本管理咨询有限公司。该公司成立后，2014年1月马某某以“中科泰能”镍碳电池、库车杰丰果业等项目为名，成立了私募股权基金即北京国宏金桥财星创业投资中心。同年4月23日，北京东方财星国际资本管理咨询有限公司正式获得中国基金业协会颁发的《私募投资基金管理人登记证书》，在中国基金业协会备案1只基金（国宏金桥），成为开展私募证券投资、股权投资、创业投资等私募基金业务的私募基金管理人。管理人员马某某、赵某某、林某霞、刘某、王某、赵某、赵某芹七人私下研究并制定协议，以募集资金总额的30%作为佣金，并按照发展会员的业绩层层发放给各级代理人，同时还商定在整个传销组织体系中设定的11个点位（会员账号），将11个点位置于整个传销组织体系中的顶层，并将这11个点位所产生的奖金平均分为8份。该组织制定有“国宏金桥基金”投资运营收益规则，规则中对投资人身份级别进行划分，即投资1手3万元，可成为信息专员，对应奖励3万积分，多投多积分累加计算；投资3手9万元，可成为信息主管；投资6手18万元，可成为信息经理；投资90万元的，可成为市级代理；投资180万元的，可成为省级代理。根据该规则，凡是购买国宏金桥基金的会员，在购买基金后，可选择两种收益方式：

第一种是等到国宏金桥到期或者投资项目上市后进行置换收益；第二种是“传递信息”，在等待预期收益的同时，会员可以通过发展其他人投资国宏金桥基金来赚取网上“会员平台”设置好的各项奖励津贴。

法院认为：

一审法院认为：被告人冯某为谋取经济利益，缴纳30,000元后成为“国宏金桥基金”会员，加入了该传销组织，之后其又继续缴纳费用获得该传销组织省总召集人的资格，引诱参加者继续发展他人参加该传销组织，扰乱经济社会秩序，其行为已构成组织、领导传销活动罪。

二审法院认为：上诉人（原审被告人）冯某为谋取经济利益缴纳30,000元成为“国宏金桥基金”会员，之后又继续缴纳费用获得该传销组织省总召集人的资格，通过宣传吸引、引诱参加者继续发展他人参加传销活动，扰乱经济社会秩序，直接或者间接发展下线会员412人，情节严重，其行为已构成组织、领导传销活动罪。

裁判结果：

一审判决：被告人冯某犯组织、领导传销活动罪，判处有期徒刑3年，并处罚金100万元。罚金限判决生效后30日内一次性缴纳。

二审判决：驳回上诉，维持原判。

二、涉私募投资基金活动构成组织、领导传销活动罪的犯罪构成及认定

以募集资金、销售私募基金、私募基金产品为名要求投资者或其他参加者以缴纳投资款、购买基金产品等方式获取加入资格，并按照一定顺序组成层级以发展投资者人数作为计酬或者返利依据骗取财物的，构成组织、领导传销活动罪。根据《刑法》第224条之一的规定，[①] 涉私募基金类组织、领导传销活动罪是指以募集私募基金、销售私募基金产品等活动为名，要求投资

① 《刑法》第224条之一规定：“组织、领导以推销商品、提供服务等经营活动为名，要求参加者以缴纳费用或者购买商品、服务等方式获得加入资格，并按照一定顺序组成层级，直接或者间接以发展人员的数量作为计酬或者返利依据，引诱、胁迫参加者继续发展他人参加，骗取财物，扰乱经济社会秩序的传销活动的，处五年以下有期徒刑或者拘役，并处罚金；情节严重的，处五年以上有期徒刑，并处罚金。”

者或其他参加者以缴纳投资款、购买基金产品等方式获取加入资格，并按照一定顺序组成层级，直接或者间接以发展投资者人数作为计酬或者返利依据，引诱、胁迫投资者或其他参加者继续发展他人参加，骗取财物的，构成组织、领导传销活动罪。该罪的主体限于在传销活动中起到组织、领导作用的发起人、决策人、操纵人，以及在传销活动中担负策划、指挥、布置、协调等重要职责，或者在传销活动实施中起到关键作用的人员。所以，上述案例中的冯某，为谋取经济利益缴纳会费、获取传销组织省总召集人的资格，并通过宣传吸引、引诱参加者继续发展他人参加，发展下线获取不正当收益，已构成组织、领导传销活动罪。